OWN

历 史 ， 是 昨 天 的 事 实

量化经济史经典译丛

总主编　曾咏梅　白彩全　冯　晨

［美］　多拉·L.科斯塔 (Dora L. Costa)
　　　娜奥米·R.拉摩洛克斯 (Naomi R. Lamoreaux)　　主编

Understanding Long-Run Economic Growth

曾咏梅　漆文萍　孙步忠　译

Geography, Institutions, and the Knowledge Economy

理解长期经济增长
地理、制度与知识经济

社会科学文献出版社
SOCIAL SCIENCES ACADEMIC PRESS (CHINA)

OWN

历史，是昨天的事实

主编简介

多拉·L. 科斯塔（Dora L. Costa）：加州大学洛杉矶分校经济学教授，加利福尼亚人口研究中心副主任，美国国家经济研究局（NBER）群体研究工作组研究员、主任。

娜奥米·R. 拉摩洛克斯（Naomi R. Lamoreaux）：耶鲁大学经济学、历史学教授，美国艺术与科学院院士，美国国家经济研究局研究员。

主要作者简介

斯坦利·L. 恩格曼（**Stanley L. Engerman**）：罗彻斯特大学 John H. Munro 经济学教授、历史学教授，美国国家经济研究局研究员。

肯尼思·L. 索科洛夫（**Kenneth L. Sokoloff**）（**1952~2007**）：加州大学洛杉矶分校经济学教授，美国国家经济研究局研究员。

卡米洛·加西亚-吉麦罗（**Camilo García-Jimeno**）：麻省理工学院经济系研究生。

詹姆斯·A. 鲁滨逊（**James A. Robinson**）：哈佛大学 David Florence 政府学教授，Weatherhead 国际事务中心助理教授，美国国家经济研究局研究员。

斯蒂芬·哈伯（**Stephen Haber**）：斯坦福大学文理学院 A. A. and Jeanne Welch Milligan 教授、社会科学史项目主任，胡佛研究所 Peter and Helen Bing 高级研究员，斯坦福经济政策研究所高级研究员，国际发展中心高级研究员，美国国家经济研究局研究型经济学家。

塞巴斯蒂安·加里亚尼（**Sebastian Galiani**）：圣路易斯华盛顿大学经济学教授。

苏库·金（Sukkoo Kim）：圣路易斯华盛顿大学经济学副教授，美国国家经济研究局研究助理。

菲利普·T. 霍夫曼（Philip T. Hoffman）：加州理工学院 Rea A. and Lela G. Axline 商业经济学教授、历史学教授。

吉勒斯·波斯特尔−维纳（Gilles Postel-Vinay）：美国国家农业研究所（INRA）研究主任，社会科学高级研究学院（EHESS）研究主任。

珍妮−劳伦特·罗森塔尔（Jean-Laurent Rosenthal）：加州理工学院 Rea A. and Lela G. Axline 商业经济学教授兼社会科学执行主任，美国国家经济研究局研究型经济学家。

丹·博加特（Dan Bogart）：加州大学欧文分校经济学副教授。

约翰·马耶夫斯基（John Majewski）：加州大学圣巴巴拉分校主席，历史学教授。

B. 佐里娜·卡恩（B. Zorina Khan）：鲍登学院经济学教授，美国国家经济研究局研究员。

娜奥米·R. 拉摩洛克斯（Naomi R. Lamoreaux）：耶鲁大学经济学、历史学教授，美国艺术与科学学院研究员，美国国家经济研究局研究员。

丹诺斯·索斯菲萨尔（Dhanoos Sutthiphisal）：麦吉尔大学经济学副教授，美国国家经济研究局教职研究员。

克劳迪娅·戈尔丁（Claudia Goldin）：哈佛大学 Henry Lee 经济学教授，美国国家经济研究局经济发展项目主任。

劳伦斯·F. 卡茨（Lawrence F. Katz）：哈佛大学 Elisabeth Allison 经济学教授，美国国家经济研究局助理研究员。

罗伯特·W. 福格尔（Robert W. Fogel）：芝加哥大学布斯商学院 Charles R. Walgreen 杰出教授，诺贝尔经济学奖获得者，美国国家经济研究局研究员。

乔尔·莫基尔（Joel Mokyr）：西北大学艺术和科学学院 Robert H. Strotz 教授，兼任经济学、历史学教授，特拉维夫大学伊坦·伯格拉斯经济学院 Sackler 教授研究员。

彼得·H. 林德特（Peter H. Lindert）：加州大学戴维斯分校经济学教授，美国国家经济研究局研究员。

曼努埃尔·特拉伊滕贝格（Manuel Trajtenberg）：以色列总理办公室国家经济委员会主席，特拉维夫大学 Eitan Berglas 经济学院教授，美国国家经济研究局副研究员。

译者简介

　　曾咏梅，江西九江人，经济学博士，南昌大学经济管理学院副教授。主要研究领域为区域经济学、制度经济学。主持完成国家社科基金项目 1 项，参与完成 5 项；主持及参与完成省级项目 12 项。发表论文 20 余篇。

　　漆文萍，江西吉安人，南昌大学公共政策与管理学院博士研究生，南昌大学经济管理学院讲师。主要从事金融学研究。

　　孙步忠，河北宣化人，南昌大学教授，博士（后）。主要从事经济社会学研究。

目　录

前　言

多拉·L. 科斯塔（Dora L. Costa）

娜奥米·R. 拉摩洛克斯（Naomi R. Lamoreaux）

　　本书是为了纪念肯尼思·L. 索科洛夫（Kenneth L. Sokoloff），由他的同事、合著者、学生、老师和朋友们撰写的与其作品主题相关的论文集，目的是展示索科洛夫在经济史及其他领域的影响力，弘扬他最著名的学术事业。

　　索科洛夫毕生致力于理解长期增长的源泉，特别是要素禀赋和制度在创造经济持续发展的条件方面所发挥的作用。他最重要的贡献之一是与斯坦利·恩格曼（Stanley Engerman）合作，研究美洲不同地区的初始要素禀赋对这些地区的国家后续发展道路的影响（Engerman and Sokoloff, 2002）。本书开篇第一章是关于这个项目的一篇新文章，之后两章继续探讨这个主题并将其推向新的方向。其余章节涉及的范围更广，但都体现了恩格曼和索科洛夫研究的中心思想：地理环境决定了制度发展模式，人们可以利用由此产生的增长轨迹差异来理解制度与地理环境对经济发展的影响。

　　近年来，关于制度是由外部决定，还是作为增长过程的一部分由内部发展而来，学术界一直存在很多争论。索科洛夫认识到答案从来都不是非此即彼的。更准确地说，他主要关心的是，如何通过探讨特定的要素禀赋组合和特定的制度选择对增长的影响，来进一步了解经济发展。他惯常的做法是通过跨时间、跨地区、跨国家的比较，来推断因果关系的方向。本书各章均采用了这一基本方法，通过对不同国家或同一个国家的不同地区进行比较，探索索科洛夫作品中突出的一些主题：随着利润率的提高、促进技术发现机制的完善以及鼓励人力资本投资因素的增加，市场将如何扩张。正如索科洛夫在整个职业生涯中所强调的，这些主题都是相互关联的。持续的技术变革是长期经济增长的关键，但它不会自然而然发生。只有在扩大市场创造了新的赢利机会、制度（如专利制度）为知识产权提供安全保障时，创新者才会将资源用于技术发现。他们还需要新的知识来源和激励措施，以便在成本高昂的人力资本方面进行投资。成功经济体的政府能够提供基础设施而不鼓励寻租，以促进市场增长、产权安全和人力资本发展。人类社会如何创造这样一个成功的经济体，是索科洛夫在其学术生涯中所面临的一个更大的问题，也是本书所要研究的问题。

　　去世之前，索科洛夫和恩格曼差不多已经完成了关于美洲不同经济增长路径的项目①。他们的出发点是，19世纪和20世纪增长记录最好的社会通常是殖民时期并不特别富裕的社会，他们假设这种模式并非偶然。最富有、最受重视的殖民地是那些要素禀赋有助于使用奴隶劳动生产高价值作物或在采矿及其他采掘活动中利用大量土著人口的殖民地。这些殖民地从一开始就具有财富分配极不平等的特点，位于该社会等级制度顶层的精

---

① 该项目成果由剑桥大学出版社在1912年出版，书名为《1500年以来美洲的经济发展：禀赋与制度》（*Economic Development in the Americas Since 1500：Endowments and Institutions*）。

英建立了确保其统治地位的制度。相比之下，在要素禀赋并不太利于从事这些高价值活动的殖民地，财富在殖民人口中的分配更为平均，当时发展起来的制度结构更加民主。恩格曼和索科洛夫认为，这些早期的制度差异是这些经济体独立后不同增长经历的关键。他们在一系列论文中提出这一观点，并研究了这些差异对选举权规则的后续演变以及学校教育等公共产品的供给的影响（Engerman and Sokoloff，2002，2005；Engerman，Mariscal and Sokoloff，2009）。

本书第 1 章"很久很久以前在美洲：新大陆的土地和移民政策"是这项研究的继续。本章探索要素禀赋与殖民政府的移民政策和土地分配政策之间的联系，基本论点是：精英阶层只有在需要吸引劳动力时才允许其广泛获得土地。在主要的西班牙殖民地，美洲原住民人口稠密，这意味着几乎不需要额外的欧洲劳动力，因此政府实际上限制移民。在那些土地适合生产蔗糖和其他同等价值农作物的地方（如巴西和加勒比群岛），被强制移民的非洲人解决了劳动力短缺问题。只有在英属北美地区，政府才会推行使移民能够（通过规范劳役合同）且愿意（通过向完成劳役条件的移民提供土地）来到这里的政策。

恩格曼和索科洛夫认为，这些不同的经历在独立后很重要，因为在殖民时期没有必要吸引移民的社会中，精英拥有更大的权力。在墨西哥和其他拥有大量美洲原住民的地方，当权者通过掠夺原住民的土地，确保自身继续优先获得劳动力。在那些依赖奴隶劳动的殖民地，他们阻止将边疆土地分配给社会地位较低者的政策出现，即使他们对到种植园工作的移民进行补贴。前英属北美殖民地的精英们也试图这么做，但没有成功。随着时间的推移，美国和加拿大的土地分配政策变得更加慷慨。尽管要素禀赋在 19 世纪的土地政策形成中继续发挥作用，但殖民时期的制度遗产是一个更占主导地位的因素。美国和阿根廷的疆域都很大，但是它们的分配政策截然不同。到 20 世纪末，美国农村地区 75% 的成年男性拥有土地，而在阿根廷，这个数字只有 1/3。

第 2 章是由卡米洛·加西亚-吉麦罗（Camilo García-Jimeno）和詹姆斯·A. 鲁滨逊（James A. Robinson）撰写的"边疆的神话"。本章探讨了与第 1 章类似的主题。鲁滨逊与其合著者达伦·阿塞莫格鲁（Daron Acemoglu）、西蒙·约翰逊（Simon Johnson）一直在从事与恩格曼和索科洛夫的研究密切相关的研究，两个团队经常交换想法和信息。在本章，鲁滨逊与加西亚-吉麦罗运用一个跨国回归框架来研究要素禀赋（在本案例中为边疆的存在）与制度之间的关系。一个多世纪前，弗雷德里克·杰克逊·特纳（Frederick Jackson Turner）发表了一篇著名的论文，将美国民主制度的出现与西部的土地免费获得政策联系起来（Turner，1894）。加西亚-吉麦罗和鲁滨逊指出，美洲许多国家都有广阔的边疆，但没有发展出类似的民主政治制度，他们试图弄清楚是特纳弄错了，还是要素禀赋和制度之间存在更复杂的关系。他们的发现加强了恩格曼和索科洛夫在本书第 1 章中的观念。重要的不是有没有实际的边疆，而是 19 世纪各国政府如何分配边疆土地，而这又取决于这些国家从殖民时期继承下来的制度。根据加西亚-吉麦罗和鲁滨逊的"有条件的边疆理论"，只有在现有制度有利于广泛分配土地的情况下，边疆才有利于民主。在现有制度允许精英们自己占领土地的情况下，边疆实际上有可能通过帮助富裕集团巩固权力而使结果变得更糟。

19 世纪，精英能够在多大程度上支配美洲各国政府，这关系到各国相对的经济表现及政治结构。正如斯蒂芬·哈伯（Stephen Haber）在第 3 章"金融发展的不同路径：来自新大陆的证据"中所指出的那样，精英对银行体系的控制是金融不发达的一个重要原因。哈伯在加州大学洛杉矶分校读研究生时曾与索科洛夫合作，后来又与恩格曼和索科洛夫合作进行了美洲比较研究（Engerman，Haber and Sokoloff，2000）。在第 3 章，他通过对三个国家（墨西哥、巴西和美国）的个案研究，探讨了殖民时期的制度遗产与金融体系结构之间的关系。他指出，在墨西哥和巴西，19世纪的政府领导人将银行垄断权授予精英阶层中有权势的成员，以换取他们为保持权力所需的资金和政党支持。虽然银行为工业企业提供资金，但获得资金的大多局限于与执政联盟有关联的企业。相比之下，在美国，精英集团限制其他主体进入银行业的类似努力并没有成功。相反，广泛的特许经营权使各种主体可以自由进入银行业，从而形成一个由成千上万家小型银行组成的金融体系。尽管这样的体系也有其自身的问题，但它有效地将储蓄引导到经济发展中。

由地位稳固的精英阶层统治的政府往往高度集权，塞巴斯蒂安·加利亚尼（Sebastian Galiani）和苏库·金（Sukkoo Kim）（后者在索科洛夫指导下在加州大学洛杉矶分校获得博士学位）在第 4 章"政治集权和城市首位：来自美洲各国首都和省会的证据"中，探讨了这种趋势对城市结构的影响。马克·杰斐逊（Mark Jefferson）观察到，在大多数国家，最大、最重要的城市是政治首都（Jefferson，1939）。受其影响，加利亚尼和金以其他经济变量和地理变量为控制变量，探讨了一个城市的政治地位（包括首都、省会和州首府）与其相对规模之间的关系。他们利用 20 世纪的数据发现，大多数拉丁美洲国家城市的政治地位对城市规模的影响要比美国大得多。继恩格曼和索科洛夫之后，他们将这种差异归因于每个地区从殖民时代继承下来的制度类型。在拉丁美洲，政治权力（包括国家权力和地方权力）更多地集中在精英手中，他们也更有可能居住在首都和省会城市。其结果之一是，相较于美国，拉丁美洲各国政府在公共产品上的支出更多地集中在首都和省会城市。

城市结构之所以重要，是因为人口集中在城市可以产生集聚效应，促进经济增长。亚当·斯密（Adam Smith）提出过一个著名的假设，即市场的扩张使更高生产率的劳动分工成为可能。索科洛夫在自己的研究中进一步发展了这一想法，并在 Jacob schmooker（1966）的启发下，利用专利数据研究表明，市场的扩张鼓励了发明活动。例如，他指出，城市的人均专利率高于其他地区，而且只要交通改善能提供更宽松的市场准入条件，专利率就会飙升（Sokoloff，1988）。

索科洛夫的长期同事珍妮-劳伦特·罗森塔尔（Jean-Laurent Rosenthal）和另外两位朋友菲利普·T. 霍夫曼（Philip T. Hoffman）、吉勒斯·波斯特尔-维纳（Gilles Postel-Vinay）在本书第 5 章指出集聚效应发挥了类似的重要作用。这三位合著者撰写了大量关于公证人在 20 世纪以前巴黎信贷交易中所扮演的中介角色的文章（Hoffman，Postel-Vinay and Rosenthal，2000）。在第 5 章"19 世纪法国的历史、地理和抵押贷款市场"中，他们根据从法国村庄和城市的公证记录中收集到的大量数据，研究了 19 世纪中期法国市场准入与中长期贷款供给之间的关系。他们发现，附近有其他城镇的城镇贷款额最大。地理位置接近这一点很重要，因为它促进了公证人网络的发展，从而整合了邻近地区的信贷市场。这些网络缓解了借款人和贷款人之间信息不对称的问题，也降低了搜索成本。结果是，这些城镇的人均贷款水平明显高于地理位置更为孤立的同等规模的城镇。

在与恩格曼合作的研究中，索科洛夫试图回答几年前他的另一位老朋友理查德·伊斯特林（Richard Easterlin）提出的一个问题："为什么不是整个世界都发达？"（Easterlin，1981）。不过，索科洛夫也有兴趣比较其中有成功经济增长记录的国家。他认为，通过研究富裕经济体所走的不同发展道路，可以了解各国转向经济持续增长的其他途径。索科洛夫特别感兴趣的是，美国的经历与其前殖民者英国的经历有何不同，因为这两个国家在文化和制度上有非常多的共同点。例如，他和他的合著者戴维·多拉

尔（David Dollar）试图理解为什么早期英国主要采取家庭手工业的形式
来实现制造业增长，而小工厂在美国更为重要。他们发现这种差异是由于
英国农业具有更强的季节性。在农业劳动力需求高峰期，英国制造商无法
雇到劳动力。因为工厂和设备在一年中有部分时间是闲置的，他们不会将
资本投资于工厂和设备，而是专注于将制造任务分配给农户（Sokoloff and
Dollar，1997）。

　　在本书中，丹·博加特（Dan Bogart）和约翰·马耶夫斯基（John
Majewski）探讨了美国和英国的另一个不同之处。博加特和马耶夫斯基都
是在加州大学洛杉矶分校获得的博士学位，在撰写论文的过程中，他们从
索科洛夫的指导中受益匪浅。在"交通革命的两条道路：英国和美国的
早期公司"一章中，他们试图理解为什么美国的州立法机构在 18 世纪末
和 19 世纪初特许的交通运输公司比英国议会批准的多得多，以及为什么
美国的特许费用要比英国便宜得多。与索科洛夫和多拉尔一样，他们在地
理上找到了很多解释。美国有大量分散的农村人口，它迫切需要一个交通
运输系统来将农产品从内陆运输到沿海市场，但其低人口密度意味着这些
项目中只有少数可能对投资者有利。如果在美国获得特许权的成本很高，
就没有人会去寻求特许权。相比之下，英国的人口密度要高得多，这使得
交通运输项目有利可图，而且议会可从中赢利。博加特和马耶夫斯基认
为，制度也是重要原因之一。虽然美国从英国继承了许多制度，但其政治
结构在以下两个关键方面与英国不同：第一，其选举制度更加民主；第
二，其分散的联邦制度意味着对公司等事务的权力主要掌握在各州手中。
前者的差异迫使各州立法机构更加积极地响应民众对低成本交通运输的需
求；后者使各州立法机构在建设交通项目方面相互竞争，以将农产品从内
陆输送到各自的大西洋港口。

　　尽管索科洛夫的许多作品强调了要素禀赋和其他地理因素在经济发展

过程中的重要性，但他认识到，制度的选择也可以发挥重要作用。他和 B. 佐里娜·卡恩（B. Zorina Khan）将美国的专利制度与英国等欧洲国家的专利制度进行了比较（Khan and Sokoloff，1998，2004），研究表明，比起 19 世纪其他国家的专利制度，美国的专利制度以更低的成本为产权提供了更好的保障。结果不仅是人均专利率更高，而且使得非精英人士如技工、工匠和农民等更多地参与到技术改进过程中来。卡恩和索科洛夫认为，美国的制度更加开放是由于其抛弃了欧洲的观点，在欧洲，只有一小部分公民拥有进行发明创造所需的教育机会和其他资源。例如，在英国，降低专利获得成本的努力遭到了反对，反对意见认为降低费用只会鼓励普通人为微不足道的改进寻求保护。卡恩在"优质的发明：专利和奖励作为激励机制在英国和美国（1750～1930 年）"这一章中进一步探讨了这种精英主义的含义。她和索科洛夫通过传记词典和从其他来源收集的美国和英国伟大发明家的数据，系统地比较了那些因技术发现而获奖的人和那些没有获奖的人的特征。与美国同行相比，英国的伟大发明家更有可能来自精英阶层。但即使考虑到这种差异，英国的精英阶层也比美国的精英阶层更容易获得奖项。近年来，专利制度的批评者已经把奖励作为鼓励技术发明的一种优越方式，但卡恩的发现表明，奖励委员会可以被精英团体"俘获"，他们将奖项授予自己的成员，使奖项与成就在某种程度上不匹配。

美国专利制度赋予发明家有保障的产权使专利技术市场的发展成为可能，这反过来又促进了分工，使发明家能够专注于新技术创意，并将这些创意出售或授权给其他更适合商业开发的人。索科洛夫和娜奥米·R. 拉摩洛克斯记录了该市场的兴起（Lamoreaux and Sokoloff，2003）。他们还研究了该市场在 20 世纪初衰落的因素。他们认为，第二次工业革命带来的新技术增加了有效发明所需的资本（包括人力资本和物力资本）数量，提高了技术创新人才从事独立发明家职业的难度。进入壁垒提高的一个后果是大型企业内部研究实验室的兴起，这在文献中是很常见的。另一个不太为人所知的因素是，中西部出现了硅谷式的经济。在那里，风险资本家、企业家和发明家交织形成网络，创建了大量的高科技公司（Lamoreaux and Sokoloff, 2009; Lamoreaux, Levenstein and Sokoloff, 2007）。在"20世纪早期美国发明活动的重组"一章中，娜奥米·R. 拉摩洛克斯和丹诺斯·索斯菲萨尔继续了这一研究路线，在加州大学洛杉矶分校，他们的论文是由索科洛夫指导的。两位作者挑战了传统的学术观点，认为大公司的研发实验室开始在发明活动中占据主导地位，因为它们是组织技术发明的最佳方式。他们利用20世纪20年代末新的专利数据样本研究表明，中西部的创新地区直到20世纪30年代一直是技术创新的场所。二战后大型企业在研发领域占有支配地位主要是大萧条的结果，大萧条破坏了曾经推动中西部小型企业经济发展的风险资本家网络。相比之下，大公司拥有更丰富的内部资源。它们不仅在经济动荡中幸存的比例更高，而且在大萧条期间大幅增加了研发投资，储备了足够的技术，这使其能够在繁荣回归后迅速扩张。

如果没有广泛的教育，美国发明家无论是独立经营还是为其他公司工作，都不可能源源不断地提出新的技术思想。美国的教育体系使普通人能够获得有效发明所需的知识，特别是第二次工业革命所需的科学技术方面的知识。索科洛夫一直希望了解为什么各国在人力资本投资意愿方面存在如此大的差异。在与恩格曼和埃莉萨·马里斯卡尔（Elisa Mariscal）合著的另一篇关于美洲的论文（2009）中，他追踪了初始要素禀赋和殖民制度之间，以及在19世纪和20世纪，识字率和学校教育有用性之间的关系。在这个比较中，美国因其早期的高识字率和广泛的公立学校系统脱颖而出。

在阐明美国独特的教育历史方面，没有人比索科洛夫以前的合著者克劳迪娅·戈尔丁（Claudia Goldin）及其美国经济史研究生导师劳伦斯·F. 卡茨（Lawrence F. Katz）做得更多。在本书第 9 章，戈尔丁和卡茨研究了 20 世纪大众中学教育的供给情况。有些人断言，义务教育法和童工法使美国人获得广泛的中等教育，他们特别有兴趣了解这个影响到底有多大。他们发现，尽管法律的某些方面对入学率产生了积极影响，但与这一时期高中入学率的大幅增长相比，这种影响很小。影响不大的部分原因是，法律的主要目的不是鼓励儿童留在学校，而是确保他们要么在学校、要么在工作，而不是无所事事。但主流解释是，入学率是经济机会的内生因素。大多数家长希望他们的孩子能够继续上学，并从额外的教育中获得可观的经济回报。此外，经济增长使家庭财富增加，从而使父母更容易为子女提供这种机会。

在索科洛夫的大部分工作中，尤其是在与恩格曼合作的项目中，他关心的是为什么一些经济体未能转型，实现经济持续增长。同时，他也对最近成功转型的国家的经验感兴趣，特别是"亚洲四小龙"。索科洛夫撰写了几篇论文，对政府产业政策是这些成就背后的支撑的观念进行评论（Dollar and Sokoloff，1992）。他还参与了由世界银行牵头的在一些亚洲国家进行的工业普查的设计和执行，为进一步探讨这一问题提供了原始数据。

索科洛夫的导师、诺贝尔经济学奖获得者、经济学家罗伯特·W. 福格尔（Robert W. Fogel）在本书中谈到了亚洲的增长这一主题。第 10 章"亚洲奇迹对经济增长理论的影响"回顾了经济增长理论的起源和演变，展示了理论对全球事件的反应，发现理论常常被这些事件弄得措手不及，而经济史学家的著作却经常领先于理论进步。福格尔从罗伯特·索洛（Robert Solow）的开创性研究开始，认为索洛的研究将经济学家的注意力从劳动生产率转移到全要素生产率，并将全要素生产率作为衡量经济效率

变化或技术变革的主要指标（Solow，1957）。但摩西·阿布拉莫维茨
（Moses Abramovitz）在索洛的作品出版之前发现，在 1869～1944 年和
1878～1953 年的 75 年间，劳动、资本和土地的增长仅占美国产出增长的
14%。剩下的 86% 是由无法解释的生产力的增长所带来的，这些无法解释
的因素或者被描述为我们的无知，或者被描述为技术变革（Abramovitz，
1956）。索洛的模型和其他 20 世纪 50～60 年代规范的增长模型将这种技
术变革视为外生，但经济史学家和其他"语言理论家"再次站在了前面，
在理论家开始写出内生技术变革的规范的模型之前，就将技术变化视为内
生。例如，西蒙·库兹涅茨（Simon Kuznets）指出，经济结构的重大变化
带来经济增长，而经济增长又导致经济结构的重大变化（Kuznets，
1966）。农业生产力的提高是制造业增长的必要条件，而制造业反过来又
刺激了农业技术的变革。

　　增长理论解释不了亚洲奇迹，福格尔认为，增长理论需要从历史的视
角来理解。20 世纪 80 年代的增长理论主要针对的是二战后欧洲和美国的
发展，争论的焦点是欧洲和美国之间的趋同。20 世纪 90 年代上半期，人
们的注意力转移到了韩国、中国香港、新加坡和中国台湾，这些国家和地
区在过去几十年快速增长，被称为"亚洲四小龙"。在 20 世纪 90 年代初
之前，人们普遍认为，这些高增长率只是昙花一现，不可能持续下去。中
国和印度直到 20 世纪 90 年代后半期才被纳入这场讨论之中，但福格尔预
测，到 2040 年，中国的人均 GDP 可能将超过现在的欧盟 15 国，中国
GDP 将占世界 GDP 的 40%，而美国仅占 14%。福格尔强调，发展中国家
的成功在很大程度上应归功于劳动生产率的变化。由于中国大部分劳动力
仍在农业领域，随着中国继续赶超经济前沿，农业劳动力向工业和服务业
转移，中国有着巨大的增长潜力。他同意德怀特·珀金斯（Dwight
Perkins，2006）的观点，认为中国未来面临的主要挑战是如何维持稳定

的经济增长环境。福格尔指出，美国目前处于经济前沿，能否持续增长取决于其开发新技术的速度。因此，这在很大程度上取决于美国是否愿意大力投资科学研究和开发，并提高受过科学教育的人口比例。

本书最后有三个较短的章节，介绍了索科洛夫的学术影响力和他在这些研究领域中所起的关键作用。乔尔·莫基尔（Joel Mokyr）介绍了索科洛夫对技术经济史的贡献，彼得·林德特（Peter Lindert）介绍了索科洛夫对不平等比较史学的贡献。最后，曼努埃尔·特拉伊滕贝格（Manuel Trajtenberg）用寥寥数笔，勾画出这位对我们所有人都有着深刻影响的杰出人物。正如这些纪念文章所表明的那样，随着索科洛夫的去世，这些领域不仅失去了一位知识巨人，而且失去了重要的活力源泉。索科洛夫凭借其强大的人格魅力，帮助引导学术争论朝着富有成效的方向前进，推动了知识的前沿。希望对他的回忆能激励我们砥砺前行。

感谢斯坦利·恩格曼和克劳迪娅·戈尔丁的有益评论。

参考文献

Abramovitz, Moses. 1956. "Resource and Output Trends in the United States Since 1870." *American Economic Review* 46: 5-23.

Dollar, David, and Kenneth L. Sokoloff. 1992. "Labor Productivity Growth in Follower Countries: The Case of South Korea." In *Studies in Labor Markets and Institutions*, edited by Kenneth L. Sokoloff, 97-125. Los Angeles: Institute of Industrial Relations, University of California, Los Angeles.

Easterlin, Richard A. 1981. "Why Isn't the Whole World Developed?" *Journal of Economic History* 41: 1-19.

Engerman, Stanley L., Stephen Haber, and Kenneth L. Sokoloff. 2000. "Inequality, Institutions, and Economic Growth: A Comparative Study of New World Economies Since the Sixteenth Century." In *Institutions, Contracts, and Organizations: Perspectives from New*

Institutional Economics, edited by Claude Menard, 108 – 136. Cheltenham, UK: Edward Elgar.

Engerman, Stanley L. , Elisa V. Mariscal, and Kenneth L. Sokoloff. 2009. "The Evolution of Schooling Institutions in the Americas, 1800 – 1925." In *Human Capital and Institutions: A Long Run View*, edited by David Eltis, Frank Lewis, and Kenneth L. Sokoloff, 93 – 142. New York: Cambridge University Press.

Engerman, Stanley L. , and Kenneth L. Sokoloff. 2002. "Factor Endowments, Inequality, and Paths of Development among New World Economies." *Economia* 3: 41 – 109.

——. 2005. "The Evolution of Suffrage Institutions in the New World." *Journal of Economic History* 65: 891 – 921.

Goldin, Claudia, and Lawrence F. Katz. 2008. *The Race between Education and Technology*. Cambridge: Harvard University Press.

Hoffman, Philip T. , Gilles Postel-Vinay, and Jean-Laurent Rosenthal. 2000. *Priceless Markets: The Political Economy of Credit in Paris, 1660 – 1870*. Chicago: University of Chicago Press.

Jefferson, Mark. 1939. "The Law of the Primate City." *Geographical Review* 29: 226 – 232.

Khan, B. Zorina, and Kenneth L. Sokoloff. 1998. "Two Paths to Industrial Development and Technological Change." In *Technological Revolutions in Europe, 1760 – 1860*, edited by Maxine Berg and Kristine Bruland, 292 – 313. Cheltenham, UK: Edward Elgar.

——. 2004. "Institutions and Democratic Invention in 19th-Century America: Evidence from 'Great Inventors,' 1790 – 1930." *American Economic Review* 94: 395 – 401.

Kuznets, Simon. 1966. *Modern Economic Growth: Rate, Structure, and Spread*. New Haven: Yale University Press.

Lamoreaux, Naomi R. , Margaret Levenstein, and Kenneth L. Sokoloff. 2007. "Financing Invention during the Second Industrial Revolution: Cleveland, Ohio, 1870 – 1920." In *Financing Innovation in the United States, 1870 to the Present*, edited by Naomi R. Lamoreaux and Kenneth L. Sokoloff, 39 – 84. Cambridge: MIT Press.

Lamoreaux, Naomi R. , and Kenneth L. Sokoloff. 2003. "Intermediaries in the U. S. Market for Technology, 1870 – 1920." In *Finance, Intermediaries, and Economic Development*, edited by Stanley L. Engerman, Philip T. Hoffman, Jean-Laurent Rosenthal, and Kenneth L. Sokoloff, 209 – 246. New York: Cambridge University Press.

——. 2009. "The Rise and Decline of the Independent Inventor: A Schumpeterian Story?" In *The Challenge of Remaining Innovative: Lessons from Twentieth Century American*

Business, edited by Sally H. Clarke, Naomi R. Lamoreaux, and Steven Usselman, 43 – 78. Stanford: Stanford University Press.

Perkins, Dwight. 2006. "Stagnation and Growth in China over the Millennium: A Comment on Angus Maddison's 'China in the World Economy, 1300–2030'." *International Journal of Business* 11: 255–264.

Schmooker, Jacob. 1966. *Invention and Economic Growth*. Cambridge: Harvard University Press.

Sokoloff, Kenneth L. 1988. "Inventive Activity in Early Industrial America: Evidence from Patent Records, 1790–1846." *Journal of Economic History* 48: 813–850.

Sokoloff, Kenneth L., and David Dollar. 1997. "Agricultural Seasonality and the Organization of Manufacturing in Early Industrial Economies: The Contrast Between England and the United States." *Journal of Economic History* 57: 288–321.

Solow, Robert M. 1957. "Technical Change and the Aggregate Production Function." *Review of Economics and Statistics* 39: 312–320.

Turner, Frederick Jackson. 1894. "The Significance of the Frontier in American History." In *Annual Report of the American Historical Association for the Year 1893*, 197 – 227. Washington, D. C.: Government Printing Office.

1 很久很久以前在美洲：新大陆的土地和移民政策

斯坦利·L. 恩格曼（Stanley L. Engerman）

肯尼思·L. 索科洛夫（Kenneth L. Sokoloff）

1.1 欧洲移民

500 多年前，欧洲人开始了一场大规模的长期运动，即通过在世界各地建立永久殖民地，从人口稀少或防御不足的领土上榨取物质财富和获取其他优势①。欧洲内部也有大量移民，他们或向东、或向西，包括欧洲人和非欧洲人征服的欧洲内部的区域性定居点②。18 世纪和 19 世纪，还有大量从东欧、中欧来到俄罗斯和西伯利亚的契约劳工③。新奇的、多样化的环境为他们提供了巨大的经济机会，但也带来了难以解决的组织问题。这种经济状况使得适应和创新成为必要，随着时间的推移，各殖民地的经济结构和制度都明显发生了巨大变化，即使同为欧洲国家，也是如此④。随着人们不断深入了解制度在经济增长和发展过程中的作用，许多学者开始意识到，欧洲殖民史提供了丰富的准自然实验证据，可以对这些证据进行分析，以确定制度或经济体在演变过程中是否存在系统的模式，以及可能涉及哪些因果机制⑤。本章正是基于这一主旨撰写。

欧洲人在非洲和亚洲的殖民运动，与在美洲的殖民运动大约同时开始。这些人口密度高的地区，本地劳动力充足，几乎不需要大量的殖民者

---

① 参见 Engerman 和 Sokoloff（2011）。关于 1000 年以来世界经济的最新描述，参见 Findlay 和 O'Rourke（2007）。

② 参见 Moch（1992）、Emmer 和 Mörner（1992）、Canny（1994）（尤其是 Phillips 和 Sánchez-Albornoz 的论文）以及 Altman 和 Horn（1991）的研究。在更早些时候，蒙古人和奥斯曼人等也曾入侵过欧洲。

③ 早期参见 Bartlett（1993），晚期参见 Bartlett（1979）。Peter Lindert（2011）指出，俄罗斯农民东进使农民获得小农场，也导致被束缚。

④ 有关制度变迁及其影响的讨论，参见 Engerman 和 Sokoloff（1997，2002）。有 9 个欧洲国家参与了新大陆的殖民运动，其中一些国家还参与了亚洲和非洲的殖民运动。

⑤ 参见 Acemoglu、Johnson 和 Robinson（2001），Nugent 和 Robinson（2010），Engerman 和 Sokoloff（2005a，2006）。

或来自其他地方的移民。很少有欧洲人愿意长途跋涉来到这些殖民地，因此，相对于土著人口，他们的数量很少（见表 1.1 中 19 世纪后期殖民地的人口构成）。1788 年后，英国人也大量迁往澳大利亚和新西兰，这两个国家的人口和殖民模式与美洲有些相似。19 世纪末，英国和其他欧洲国家进入非洲和大洋洲。

表 1.1　欧洲殖民地的人口构成

		非白人(人)	白人(人)	白人与非白人的比值
英国	1850 年			
欧洲		15	347691	23179.400
亚洲		97356000	62162	0.001
澳大拉西亚①		155000	131800	0.850
非洲		242800	67868	0.280
北美洲		120000	1410400	11.753
南美洲		99571	3958	0.040
西印度群岛		639708	71350	0.112
小计		98613094	2095229	0.021
法国	1926 年			
非洲(全)		32883000	1331400	0.040
美洲(全)		492500	48500	0.098
亚洲		20415000	23500	0.001
大洋洲		71600	16400	0.229
小计		53862100	1419800	0.026
德国	1913 年			
非洲		12084436	22405	0.002
太平洋/大洋洲		961000	6454	0.007
意大利	1931 年			
非洲		2380560	69441	0.029
比利时	1900 年			
非洲		30000000	1958	0.00007

		非白人（人）	白人（人）	白人与非白人的比值
				续表
荷兰	1900 年			
东印度群岛		36000000	75927	0.002
西印度群岛		85571	6310	0.074
葡萄牙	1935 年			
非洲		7619258	85024	0.011

注：由于人口统计和政治的周期性变化，西班牙殖民地（主要是在美洲、菲律宾和非洲）的种族构成随时间的推移变化很大。1570 年和 1650 年的估计数见表 1.4。1890 年，在美西战争结束之前，在古巴、波多黎各和菲律宾等殖民地，85% 是非白人。

① 包括澳大利亚、新西兰及太平洋西南岛屿。——译者注

资料来源：英国的资料，参见 Martin（1967）；法国的资料，参见 Southworth（1931：26）；德国的资料，参见 Townsend（1930：265~266）；意大利的资料，参见 Clark（1936：35）；葡萄牙的资料，参见 Kuczynski（1936：95）；荷属西印度群岛的资料，参见 Kuczynski（1936：103）；荷属东印度群岛的资料，参见《政治家年鉴》（*Statesman's Yearbook*）（1909：881~934）；比利时的资料，参见《政治家年鉴》（1901：505）。对比利时属刚果的估计，参见 Hochschild（1998：232~233）。

　　然而，在美洲，欧洲殖民者所面对的环境与亚洲和非洲大不相同。虽然各地条件有所不同，但总的来说，人口密度低（劳动力短缺）是一个普遍规律。因此，殖民者（或当局）面临的经济问题集中在：如何在最初没有掌握多少劳动力从事实际生产性劳动的情况下，开发丰富的土地及其他自然资源。这个挑战的核心涉及两个基本且密切相关的问题，第一个问题是，土地所有权或使用权将如何在某个殖民地背后的国家或公司实体、个体移民、美洲原住民以及教会等有关各方之间进行分配？土地处置政策不仅影响这一关键资源的投资开发率和产出，而且还影响劳动力供给的数量和地点。其措施主要有：使个人更容易实现其耕作（可能投资）土地的回报，或向潜在移民（国际和国内）提供土地补贴。在某些情况下，土地政策涉及提供未被占用或耕种的可用土地，但经常有人将土地的所有权或使用权从以前的使用者——如本地人或擅自占用者——转让或没

收转移给其他方。土地政策对区域发展的速度有重大影响，但它受到权力集中程度的影响，如国家政府是否对土地政策拥有专属管辖权，州、省或其他地方行政区是否允许单独的土地政策存在。

殖民当局面临的第二个关键问题是，如何获得或吸引足够的劳动力，以利用丰富的土地和其他自然资源。美洲殖民地并不是唯一关注劳动力供给是否充裕的地方①。事实上，在全球许多地区，人口问题一直是许多精英和政治家，特别是那些重商主义者所关心的问题②。尽管一些国家的决策者，如英国的决策者认为，欧洲部分地区存在人口过剩和马尔萨斯陷阱，并鼓励向外移民，但一些国家仍然关注人口不足问题，并对移民实行限制③。欧洲殖民者发现，由于冲突与随之而来的疾病，新大陆劳动力极度匮乏。据估计，美洲原住民人口减少超过80%④。在1492年之前，美洲人口可能超过西欧12个主要国家的总人口⑤，但在此之后，人口锐减。作为第一批在美洲建立殖民地的欧洲国家，西班牙认识到要从殖民地攫取收入，劳动力是必不可少的，这也是其选择把精力集中在诸如墨西哥和秘鲁这样人口更稠密、更富裕地区的一个主要原因（定居地区的财富是另一个原因）。在那里，西班牙人采纳了阿兹特克人和印加人使用的一些等级制度，并引入他们自己的制度（如委托监护制），允许西班牙殖民者从

---

① 有关英属北美殖民地问题的论述，参见 Galenson（1996）、Smith（1947）和 Baseler（1998）。有关西班牙殖民地相关问题的描述，参见 Elliot（2006）。Boucher（2008）和 Prichard（2004）描述了法国的情况。

② 参见 Heckscher（1935）。

③ 对英格兰来说，主要的问题是人口过剩，这导致了对移民的鼓励政策。在其他地方，问题恰恰相反，当局试图限制向外移民。有关移民限制的审查，参见 Engerman（2002）。有关当时欧洲人口的一般性论述，参见 De Vries（1976）。

④ 参见 Denevan（1976）中 Ubelaker 撰写的总论，也可参见 Livi-Balci（2008）。

⑤ 1500年的欧洲人口，参见 Maddison（2003）。这12个西欧国家的人口估计有4800万。根据 Sánchez-Albornoz（1974）的调查，在欧洲人到达之前，美洲原住民人口估计为1330万～1.12亿。

美洲原住民那里索取劳动力或贡品，以获得所需的大部分劳动力供给。

一个世纪之后建立的殖民地，无论是英国、法国、葡萄牙、荷兰、瑞典，还是丹麦，都不得不在没有多少当地劳动力的情况下进行管理，因此它们不得不利用外部资源。在没有法律或道德约束的情况下（例如，在新大陆，没有一个殖民地或国家在 1777 年之前禁止奴隶制或奴隶贸易），那些气候和土壤适合种植糖料作物或可可树等农作物的地区，从非洲奴隶市场获得了大部分的劳动力①。尽管它们对奴隶的严重依赖可能是因为它们靠近非洲，但最重要的原因似乎是帮派和组织奴隶劳动的其他制度的发展，这些制度使得大型奴隶种植园在生产这些高利润商品方面具有明显的效率优势②。具有合适的自然禀赋的殖民地很快开始专门生产这些作物，其对劳动力的需求使奴隶价格过高，使那些更适合生产粮食或从事混合农业的雇主承担不起③。结果是，在美洲，那些既缺乏大量本地人口，又缺乏糖料作物和其他奴隶密集型作物生产条件的少数殖民地，不得不努力动员来自欧洲和欧洲后裔的劳动力。

北美大陆的英国殖民地（格兰德河以上）就是这种模式的代表。建立在这些地区的 13 个殖民地美洲原住民稀少，尤其是印第安人患上了从欧洲传入的疾病之后大幅减少，而奴隶直到 18 世纪后才有少量流入（主要是梅森—迪克森线以北的各州），因此这 13 个殖民地（或它们的统治

---

① 1777 年，佛蒙特州成为第一个废除奴隶制的地方，但这需要一段时间的学徒期，而且最多解放 19 名奴隶。相对那些被认为是天生自由的人，大多数奴隶并没有在解放后立即获得自由，而是需要一段 15～30 年的学徒期。

② 奴隶制并不是美洲殖民者的制度创新，因为奴隶制在许多地方早已存在。奴隶劳动力在种植园生产糖也不是什么新鲜事，因为这在十字军东征后的地中海地区影响很大。参见 Galloway（1989）和 Engerman（2007）。

③ 在英属和法属西印度群岛，最初以自由白人或契约劳工为基础生产烟草，后来大约经历了 25～50 年的时间，发展了奴隶制和制糖业。有关法国的情况，参见 Boucher（2008）；有关英国的情况，参见 Appleby（1996）。

当局）意识到：想要成功，必须增加人口。当局迅速着手设计制度和政策，以吸引来自欧洲的移民。这场运动的基础是契约奴制度，该制度意味着通过几年的劳动来换取移民费用，从而使那些资金不够的人也可以移民。经过一个漫长的过程，13 个殖民地通过和实施了旨在改善契约双方执行情况（并改善条款以确保对竞争对手的优势）的法律。这种做法非常有效，它解释了从欧洲来到 13 个殖民地的 75% 以上的移民①。所有这些殖民地还长期提供其他激励措施，包括可以非常低的成本轻易地拥有土地，以及某种形式的免税。

英国殖民地在新大陆对欧洲移民的主动追求与西属美洲的政策形成了鲜明对比②。虽然西班牙殖民地的第一批移民，特别是那些来自军队或有精英背景的移民，得到了土地赠与、美洲原住民的赔偿、税收减免等奖励，但王室在 16 世纪早期开始规范和限制欧洲移民前往美洲殖民地③。当然，由于人口的变化和流动（如 17 世纪早期摩里斯科人被驱逐移民），限制的严格程度确实会有所不同。西班牙政府偶尔会采取干预措施，促使欧洲人口和奴隶向墨西哥、秘鲁等殖民地定向迁移，这些措施被认为特别值得或需要支持，但总的来说，西班牙的政策肯定不是鼓励而是限制了欧洲人向新大陆的迁移④。一个突出的例子是西班牙王室未批准契约奴贸易，即通过免费运输以换取未来劳动服务的提议。西班牙和英国在新大陆的殖民地对待移民的态度截然不同，这可能令人困惑，特别是它们农业部门的构成相似，都主要由谷物和动物产品组成，但我们认为，这种差异的根本原因是，西班牙最重要的殖民地（即墨西哥、秘鲁和哥伦比亚）相对

---

① 参见 Smith（1947）和 Grubb（1985）等。有关法国契约劳工的讨论，参见 Boucher（2008）。
② 参见 Elliot（2006）、Haring（1947）以及 Altman 和 Horn（1991）。
③ 参见 Elliot（2006）。
④ 参见 Moses［（1898）1965］和 Sánchez-Albornoz（1974）。17 世纪，西班牙也出现了人口下降，参见 Parry（1966）。

于英国在新大陆的殖民地来说，劳动力相对充足。1700 年，西班牙三个主要殖民地的人口密度是英国在新大陆的殖民地的好几倍①。相对庞大的美洲原住民人口使得非熟练劳动力的回报率保持在低水平，这降低了那些可能会考虑移民到新大陆的西班牙人的积极性，同时也意味着殖民地的精英阶层不需要游说国王来改变其政策。我们认为，维持对移民的严格限制，背后的另一个重要因素是更大程度的中央集权或政治权力的集中。不仅西班牙所有在美洲殖民地的移民都被强加控制，而且墨西哥城和利马的西属美洲政府机构被置于中心位置，这意味着具有不同条件和劳动力需求的边远地区（如阿根廷）基本上被剥夺了自治权，甚至在政策上没有影响力。

19 世纪，美洲的大多数社会都已独立，成为名义上的民主国家，殖民地早期土地政策和劳动力政策的差异持续到此时，在政治上已经被超越②。尽管有关移民的政治紧张（即使不是冲突）周期性爆发，而且通常与宏观经济紧缩（或专注于特定的种族群体）相吻合，但美国（和加拿大）继续奉行总体上对移民极为有利的政策。尽管当时西部边境地区或其内部各州（省）和地方政府在吸引移民方面可能是最积极的，但美国和加拿大政府以低成本向所有想定居的人提供小块公共土地，这种一贯的自由主义立场的重要性不应被低估。提供易于获得的土地在吸引移民方面的有用性得到了普遍的认可，而且这确实有助于解释在劳动力短缺时代，担心劳动力供给的东部城市和老殖民地为什么会极力反对联邦政府以慷慨的条件处置西部土地。

尽管大多数社会已经实现了独立，政治环境也发生了巨大变化，但在拉丁美洲，政策仍有很强的延续性。最值得注意的可能是，该地区在很大程度上仍然依赖于在那里出生的人口——无论是欧洲人后裔还是美洲原住

---

① 参见 McEvedy 和 Jones（1978）、Maddison（2003）、Carter（2006）的估计。
② 关于拉丁美洲独立的时间，参见 Rout（1976）。

民后裔。除了阿根廷、乌拉圭、巴西、智利及几个 19 世纪末才建国的小国外，来自国外的移民不过是涓涓细流[1]。拉丁美洲吸引移民失败不能完全归咎于这些国家的政策。随着美国在工业化过程中可以提供的物质福利和经济机会的增加，它成为欧洲日益强大的竞争对手，是欧洲移民的主要接收国[2]。但令人吃惊的是，尽管拉丁美洲有许多呼吁吸引更多移民的项目，部分是受到美国成功的启发而设立的，但大多数以此为目标的项目，要么构建得非常狭隘，要么在设计上有缺陷。即使有公共土地可供购买，法律条款或其他细节也往往会导致价格居高不下，或有利于富人和特权阶级获得土地。当局明显不关心向移民提供激励的问题，这可能与整个拉丁美洲在提供公共教育方面的记录普遍不佳有关（尽管阿根廷、乌拉圭和智利的情况要好一些，因为这些地区劳动力相对稀缺），也与一些国家（如墨西哥和哥伦比亚）在 19 世纪末实施的政策有关（当时土地价值上升），这些政策将传统上由美洲原住民作为共同财产拥有和耕作的土地的所有权转移给了大地主。

本章为以下观点奠定基础，即美洲殖民化以来的土地和移民制度演变记录，支持了这样一个观点：初始的要素禀赋具有极大的重要性。我们特别强调劳动力短缺或丰裕的重要性，而不是像 Lindert（2011）所说的那样把重点放在政治因素上。在劳动力匮乏的地方，即使是在制度设计上拥有过多权力的政治和经济精英们，也愿意将特权（包括低成本获得土地）扩大到普通人，以此作为吸引或动员他们的手段。劳动力短缺不仅会产生直接、即时的影响，而且可能对促进更大范围的经济和政治

---

① 参见 Willcox（1929）和 Davie（1936）。

② 关于 19 世纪美国和拉丁美洲人均收入之间的巨大差距，参见 Maddison（2003）。拉丁美洲的相对落后，在脱离西班牙独立，以及一系列内战和国际战争之后似乎日益严重。不断变化的政治结构（或缺乏政治结构）也是重要原因。

平等，以及由此引发的不同结果产生长期的影响。然而，在劳动力相对丰富的地方，精英们没有什么理由分享特权来吸引更多的劳动力，而且有能力形成有利于自己的制度。在 1.2 节，我们简要概述了殖民时期土地和移民制度的历史，从而展开我们的论述。在 1.3 节，我们讨论这些制度在 19 世纪是如何演变的，详细说明拉丁美洲各国之间以及美国各州之间的差异是如何与我们的假设基本一致的。1.4 节涉及英国其他几个殖民地，1.5 节是结论。

1.2 移民到美洲

对所有殖民地来说，核心问题都是劳动力供给。劳动力供给对是否能充分利用丰富的土地资源和其他自然资源有着明显和重要的影响。这一严重的限制是西班牙人——第一批到达的欧洲人——选择在美洲原住民人口最多且最集中的地区建设殖民地的主要原因（见表 1.2）。新大陆劳动力相对短缺的另一个明显表现是，尽管运输成本高昂，欧洲和非洲的移民（见表 1.3）仍然以前所未有的规模横跨大西洋①。1500~1760 年，大约有70% 的移民是被迫成为奴隶的非洲人，这个比例在 1580 年前大约只有25%，在 1700~1760 年上升到了 75%，这一情况证明了美洲的劳动生产率高（由于劳动力短缺）。因为奴隶价格是由竞争性的国际市场确定的，奴隶最终会流动到生产率最高的地区，而在气候和土壤适合种植糖料作物和其他主要作物的地区，奴隶的生产率往往最高。在殖民地拥有或使用奴隶，是不存在严重的民族或文化障碍的，因为奴隶制在所有殖民地都是合

---

① 表 1.3 的数据以 David Eltis（1999，2002）的估计为基础。1830 年之前的估计数据，参见 Eltis（1983）。Eltis 关于殖民模式最重要的发现是，到 1830 年，在新大陆被奴役的非洲人是自由的欧洲人的 3 倍。

法的，在所有的欧洲大国殖民地都是受欢迎的。1760 年之前，在西班牙和英国殖民地，来自非洲的移民占 1/2~2/3。相比之下，其他国家的殖民地更加依赖奴隶劳动：在法国和荷兰殖民地的移民中，80%以上是奴隶，在葡萄牙的殖民地，这个数字是 70%。

表 1.2　美洲原住民的分布估计（大约 1492 年）	
	单位：人
北美洲(美国、加拿大、阿拉斯加和格陵兰)	4400000
墨西哥	21400000
中美洲	5650000
加勒比海	5850000
安第斯山脉中部	11500000
低地南美洲	8500000

资料来源：William N. Denevan（1976：291）。

表 1.3　1500~1760 年按欧洲国家和原籍大陆分列的欧洲定向跨大西洋移民情况			
			单位：人
	乘坐各国船只离开非洲的非洲人（净额）	离开各国去往美洲的欧洲人	抵达各国的美洲殖民地的非洲人
1500~1579 年			
西班牙	10	139	45
葡萄牙	56	58	13
英　国	2	0	0
总　计	68	197	58
1580~1639 年			
西班牙	0	188	289
葡萄牙	594	110	181
法　国	0	4	2
荷　兰	10	2	8
英　国	3	87	4
总　计	607	391	484

	乘坐各国船只离开 非洲的非洲人（净额）	离开各国去往 美洲的欧洲人	续表 抵达各国的美洲 殖民地的非洲人
	1640~1699 年		
西班牙	0	158	141
葡萄牙	259	50	225
法 国	40	23	75
荷 兰	151	13	49
英 国	379	285	277
总 计	829	529	767
	1700~1760 年		
西班牙	1	193	271
葡萄牙	958	300	768
法 国	458	27	414
荷 兰	223	5	123
英 国	1206	222	1013
总 计	2846	747	2589

资料来源：David Eltis（1999，2002）。

　　加勒比地区、南美洲北部海岸和巴西，在糖料作物、可可树和其他一些作物的生产上有比较优势，它们很快在大型种植园中专门种植这些作物，在奴隶贸易中获得了大部分劳动力。这些殖民地不怎么需要欧洲移民。出于不同的原因，西属美洲也是如此。欧洲移民（和克里奥尔人①）最初的目标是击败美洲原住民，建立对领土的控制权并保卫领土，建立基本的政治和经济结构，但劳动力的大部分是由美洲原住民提供的。

　　西班牙是建立大规模殖民地的先驱，1500~1580 年，抵达美洲的移民中有70%以上是在西班牙殖民地登陆的。随着时间的推移，这一比例急剧下降，1700~1760 年降至14%。这种断崖式下降的部分原因是其他欧洲国家殖民地的

---

① creoles，指在殖民地出生的欧洲后裔。——译者注

崛起，但更重要的原因是西班牙严格限制了那些移民到其殖民地的人[1]。与其他主要的欧洲殖民者不同，西班牙在当地的半岛人[2]和克里奥尔人的支持（即使不是怂恿）下，对那些可能冒险去新大陆寻求财富的人实施了更加严格的限制。西班牙当局的动机似乎是，既希望通过限制人口中心的数量来保持低成本，又希望从政治上保护那些早期到达者，或那些早期到达者的后裔，以保持他们的特权地位[3]。早在 16 世纪，西班牙当局就开始实施严格的控制，这表现在颁发美洲定居许可证的要求中，定居许可证会优先颁发给那些已经在美洲的人的亲属，而拒绝颁发给西班牙之外其他欧洲国家的公民以及非天主教徒。定居许可证最初只限于单身男子，最终扩大到有家人的已婚男子；单身白人妇女从不被允许，部分原因是可以利用美洲本土女性[4]。如果没有大量的印第安人在土地上劳作，或利用精英阶层和西班牙王室拥有的资产进行生产，这种限制移民的态度似乎不太可能持续。至少从这个意义上来说，首选的政策最终应归功于要素禀赋[5]。另一种机制是，通过保持非熟练劳动力的低回报，降低西班牙非熟练劳动力移民的愿望，美洲原住民提供的相对充足

---

① 西班牙移民人数只是相对下降，其绝对人数是增加的。

② pensulares，指出生在西班牙本土，随后来到美洲的白人。——译者注

③ 大片土地和对美洲土著劳动力的权利，常常作为对早期移民潮的激励或奖励，特别是对军人、传教士和其他一些知名人士的奖励。虽然小块土地可以通过出售获得，但一般来说，政府的土地赠与越重要，持有的土地会越多，财富和政治权力的分配就会越不平等。最初被赠与的土地，接受者通常是不能交易的，但可由西班牙王室转让。因此，后来移居到殖民地的移民可能确实侵蚀了早期殖民者拥有的财产权的价值。因此，不难理解为什么已经站稳脚跟的欧洲后裔在殖民地时期对自由移民政策缺乏热情。关于西班牙在新大陆的殖民情况，参见 Elliott（2006）和 Gibson（1966）。

④ 参见 Moses［（1898）1965］、Elliott（2006）和 Parry（1966）。

⑤ 起初，在一些殖民地，如阿根廷，没有大量现成的印第安劳动力供给，但西班牙当局没有积极鼓励移民到殖民地，这似乎有点令人困惑，因为与要素禀赋是政策的关键决定因素的观点相矛盾。但反过来看，西班牙对于移民到阿根廷这种地方的政策似乎只是附带，它对于移民到新大陆的整体政策，是基于整个西属美洲的要素禀赋和政治而制定的。因此，西班牙的政策很可能是根据墨西哥和秘鲁这两个人口最多、最受重视的殖民地的条件制定的。由于西属美洲的中心地区有大量的印第安劳动力，当地的精英和西班牙当局能够维持限制性的政策。

的劳动力可以减少移民。

从表 1.4 给出的估计值中可以看出，直到 19 世纪，在西属美洲和以制糖业为主业的经济体中，欧洲后裔在人口中所占的比例有多么的小。在那些适合种植糖料作物的殖民地，如巴巴多斯、牙买加和巴西，那些在大型奴隶种植园中工作的非洲人后裔在人口中所占比例最大①。西班牙殖民地的人口主要由印第安人和梅斯蒂索人②组成。这在很大程度上是因为这些殖民地是在之前有大量美洲原住民的地方建立起来的，也是因为欧洲人的流动受到西班牙移民政策的限制。如果没有这些政策，南锥体国家，比如阿根廷和智利，很可能在殖民时期吸引了更多来自欧洲的移民。因此，直到 19 世纪初，在西属美洲，白人在总人口中所占比例不到 20%③。

北美洲北部的温带殖民地，即今天的美国和加拿大，因依赖于吸引欧洲移民而与众不同（后来在某种程度上被迫依赖阿根廷、智利和乌拉圭的南部温带殖民地）。北部温带地区在北美大陆东部边缘只有极少的美洲原住民，但那里同时又是欧洲殖民者定居点，因此，那里的人口组成基本上取决于移民群体及其各自的自然增长率。这在新英格兰尤其显著，因为那里的净移民数量在殖民时期是负数，但自然增长率非常高。尽管南方殖民地使用了大量的奴隶，但总体而言，13 个殖民地和加拿大的要素禀赋更有利于谷物、烟草和动物产品的生产，而不是糖。因此，这一地区的殖

---

① 需要指出的是，关于英国殖民地的资料，参见 Dunn（1972），关于巴西的资料，参见 Schwartz（1985）。在巴西殖民地早期，奴隶也被用于采矿。

② mestizaje，指欧洲人与美洲原住民混血而成的拉丁民族。——译者注

③ 关于印第安人和混血梅斯蒂索人在西属美洲人口中的比例估计值见表 1.4 的注释。移民政策对欧洲单身女性的限制尤其严格，长期来看，这很可能导致白人人口比例很小。西班牙安的列斯群岛的白人相对较多，表明在人口减少之后，限制了印第安人的数量，在殖民地建立之初到 19 世纪初糖业兴盛之前，那里的发展长期滞后。关于整个加勒比地区，以及关于古巴殖民地模式的讨论，参见 Knight（1990）。1750 年、1830 年和 1880 年加勒比人口的种族分布，参见 Engerman 和 Higman（1997）。

民地吸收的欧洲人远远多于非洲奴隶，他们在这个大陆上很突出，约占劳动力的85%。

表1.4　新大陆经济体的人口分布和构成

单位：%

地区	年份	白人	黑人	印第安人	在新大陆人口中的比重
A					
西属美洲	1570	1.3	2.5	96.3	83.5
	1650	6.3	9.3	84.4	84.3
	1825	18.0	22.5	59.5	55.2
	1935	35.5	13.3	50.4	30.3
巴西	1570	2.4	3.5	94.1	7.6
	1650	7.4	13.7	78.9	7.7
	1826	23.4	55.6	21.0	11.6
	1935	41.0	35.5	23.0	17.2
美国和加拿大	1570	0.2	0.2	99.6	8.9
	1650	12.0	2.2	85.8	8.1
	1825	79.6	16.7	3.7	33.2
	1935	89.4	8.9	1.4	52.6
B					
巴巴多斯	1801	19.3	80.7		
墨西哥	1793	18.0	10.0	72.0	
秘鲁	1795	12.6	7.3	80.1	
委内瑞拉	1800~1809	25.0	62.0	13.0	
古巴	1792	49.0	51.0		
巴西	1798	31.1	61.2	7.8	
智利	1790	8.3	6.7	85.0	

注：1825年，在"种族"这个类别中，包括梅斯蒂索人、白黑混血儿（mulatto）等，这些人占西属美洲总人口的18.17%，其中2/3被划分为印第安人，1/3被划分为黑人，但这不包括安的列斯群岛，因为那里所有的人都被看作黑人。1935年，还有一个数字算作"其他人"（一般是亚洲人），所以这些分布的总数可能没有达到100%。

资料来源：A. 1570年、1650年和1825年的数据由Rosenblat［1954：88（1570），58（1650），35~36（1825）］提供，1935年的数据由Kuczynski（1936：109~110）提供。安的列斯群岛一直被纳入西属美洲。B. 第1行数据来自Watts（1987：311），第2~5行数据来自Lockhart和Schwartz（1983：342），第6行数据来自Merrick和Graham（1979：29），第7行数据来自Mamalakis（1980：7~9）。

也许是因为北美洲北部的殖民地在殖民时期是新大陆唯一依赖于吸引大量来自欧洲的自愿移民的地区，在实施了支持移民和吸引移民的制度之后不久就脱颖而出。13 个殖民地愿意接受苦役犯劳工是历史事实的一个方面（美国人倾向于不强调这一点），但这一模式中更广为人知和重要的是契约奴。按照合同，契约奴承诺在指定的殖民地和指定的时间段为招聘代理人（或者是分配或出售合同的代理人）工作。这种制度最早由弗吉尼亚公司引进，明确的目的是吸引来自英国的潜在移民，但这种在法律上与畜牧业雇员（即使不是学徒）合同有关的创新很快就传播开来，把来自欧洲各国的移民运送到英国殖民地①。在整个殖民地时期，超过 75% 的欧洲移民是以契约奴的身份来到英属美洲的。虽然有人会认为，英国殖民地广泛使用契约奴主要是由于英国特有的传统，但这种说法似乎没有根据。许多欧洲国家和地区，包括西班牙、葡萄牙、法国，以及早期的意大利北部和西西里岛，都存在类似的合同形式，使用学徒、畜牧业雇员和苦役犯劳工等。但西班牙王室却选择不签署这一提案，即提供到殖民地的运输服务以换取到达后的义务劳动②。证据显示：对欧洲工人的迫切需求促进了制度创新及其在欧洲人中的扩散。

北美洲北部殖民地努力吸引移民的另一种方式是使土地所有权的获得变得更容易。相对于劳动力来说，这里的土地极其丰富，因此相对于工资，土地非常便宜，而且很容易通过市场获得（按照欧洲标准）。但北美大陆殖民地的经验有时远远不止这些，因为地方政府会利用土地补贴来吸引移民。在英国殖民地，一旦土地从英国王室转让给英国殖民地的所有者或政府，土地的分配权就留给了各殖民地。随着时间的推移，出现了一些

---

① 关于美国的苦役犯劳工问题，参见 Ekirch（1987），也可参见 Galenson（1981）、Smith（1947）和 Perry（1990）。

② 参见 Reynolds（1957）、Coates（2001）、Boucher（2008），以及 Altman 和 Horn（1991）。

完全不同但持续的区域模式。新英格兰殖民地会向个人授予土地，一般是小块土地，但是土地授予并没有（像其他地方那样）被直接用来吸引契约奴——也许是因为来到这个地区或者需要来到这里的移民人数相对较少①。

在种植烟草和水稻等主要农作物的南方殖民地（州），对欧洲劳工的需求可能特别高，因此土地授予在吸引契约奴和其他移民方面最有针对性。17世纪，弗吉尼亚州引入了领地世袭制（将土地分配给定居者，或分配给那些诱使他人来定居的人）以刺激移民，唯一的要求是3年的定居期。来到弗吉尼亚的契约奴，一般在契约到期后可以得到50英亩土地。马里兰和卡罗来纳采用了弗吉尼亚的领地世袭制。但是，新泽西和宾夕法尼亚这样的中大西洋殖民地采用了领地世袭制的变体，在这两个地区，购买土地有补贴，但不是免费的。18世纪末美国独立后，许多现在的州政府扩大了其自由土地政策，包括擅自占地者有优先购买权②。

或许值得强调的是，与欧洲相比，北美洲北部对土地所有权的关注及普及程度有哪些不同。在英国和法国，租佃制和农场劳动明显比美洲殖民地更为普遍，因为欧洲的土地分配制度是在一个漫长的历史中，在完全不同的土地-劳动比的条件下形成的③。例如，马里兰和宾夕法尼亚曾试图引入英国庄园制的变体，加拿大试图引入法国的封建领主制度，但是，考虑到土地的可用性、可种植的庄稼及最佳生产规模，这些尝试都不成功。因此，在法国和英国的美洲殖民地，土地政策有所调整，允许自住业主耕

---

① 参见 Bidwell 和 Falconer（1925）、Harris（1953）。关于荷兰的资料，参见 Rife（1931）。

② 参见 Gray（1933）、Gates（1968）和 Ford（1910）。

③ 关于英国的资料，参见 Allen（1992）。关于法国与英国的对比，参见 Heywood（1981），也可参见 Nettels（1963）、Barnes（1931）、Craven（1970）、Ackerman（1977）和 Bond（1919）。

种较小单位的土地，使生产更加灵活[1]。这些调整意味着土地分配和调拨在这些殖民地之间更为类似，跟欧洲宗主国反倒不同。由于长期以来对投票权的财产要求，土地的更广泛分配不仅仅是出于经济目的，而且意味着更广泛的投票基础[2]。因此，选举可以影响土地政策，土地政策也可以影响选举。

当然，西属美洲没有这样宽松的土地政策。西属美洲对吸引更多的移民到殖民地没有强烈的兴趣，但为了维持对美洲原住民的控制，获得劳动收入流，几乎所有有大量人口的殖民地，最初实行的政策都是委托监护制，其中包括在国王的授予下向那些在以前居住的土地上耕作的土著索取进贡（包括货物、劳务、时间和现金）。这些巨额进贡只有很少的部分被授予给了单个殖民地，16 世纪上半叶从未超过 500 个。在墨西哥，科尔特斯（Cortes）被分配了 115000 个原住民，而皮萨罗（Pizarro）在秘鲁被分配了 20000 个。在 16 世纪中叶的秘鲁，只有 5% 的西班牙人持有委托监护权[3]。这些持有委托监护权的人及其家族，实际上就是西属美洲的贵族。迫于人口减少的压力、商品经济的发展以及教会对美洲原住民待遇的关注，西属美洲殖民地开始改变委托监护制，然而，即使是在这样的情况下，他们依然处于有利地位，聚敛了大量的私人财产，拥有位置最好的、最肥沃的土地。随着时间的推移，西属美洲的土地高度集中，财富、人力资本、政治影响等方面的极度不平等随之而来。

---

[1] 关于法属加拿大的封建领主制度，参见 Trudel（1967）及其引用的文献。

[2] 参见 Keyssar（2000）和 Rusk（2001），也可参见 Engerman 和 Sokoloff（2005b）。

[3] 参见 Burkholder 和 Johnson（2001）。关于委托监护权的讨论，参见 Simpson（1982）和 Himmerichy Valencia（1991），关于米塔（mita）制度［指的是西班牙殖民者对印第安人的一种特殊的徭役制度。根据这一制度，印第安人每年定期要向殖民当局提供男性总数的 4%（在墨西哥）至 14%（在秘鲁），从事强制性劳动。——译者注］，参见 Cole（1985）。

1.3 美洲的土地政策和移民政策

18 世纪末 19 世纪初，随着美国成为一个主权国家和大部分西属美洲殖民地从西班牙独立出来，在整个美洲，与移民和土地政策密切相关的制度和经济环境都发生了许多重大变化。首先，即使不是最重要的，政府机构的结构发生了根本性变化。尽管在 19 世纪 60 年代之前，加拿大是一个自治有限的殖民地，巴西在 1822 年之后才成为一个独立的君主制国家，但大多数社会是独立的，而且至少在名义上是民主的，即使还有奴隶制，对奴隶的进口也有严格的限制[1]。新成立的国家政府及其制定符合本国利益（如国内各群体感受到并表达出来的）的政策和执行的能力，是至关重要的新元素。当然，这些利益中包括，如何在不扩张边界的情况下，处理国家边界内未被占领的领土？这导致了 19 世纪代价高昂的战争[2]。新开拓的殖民地带来的利益推动了自由的移民政策（以及国内迁移政策）和土地政策，尤其是在劳动力特别稀缺的国家。

另一个对移民和土地政策的制定有重大影响的因素是美国和西欧开始工业化，技术变革加速。经济增长和跨洋运输成本的降低增强了欧洲人迁徙到新大陆的意愿（无须依靠契约），也使美国作为移民目的地相对于新大陆其他国家更具吸引力[3]。这些进步也刺激了国际贸易的增长，提高了新大陆开发丰富的土地和自然资源的回报。所有这些都提高了土地价值，

---

① 关于拉丁美洲的奴隶制，参见 Rout（1976）和 Klein（1986）。关于独立运动，参见 Lynch（1986）。

② 参见 Gates（1968）。关于 19 世纪拉丁美洲战争和美国与印第安人的战争数据，参见 Clodfelter（2008）。对美国印第安人和白人关系及其对土地变化的影响的调查，参见 Washburn（1975）。

③ 参见 Willcox（1929）和 Davie（1936）的数据。

不仅影响了那些可获得土地的国家中移民的行为，也影响了那些政治权力过于集中的国家的精英们的行为。

虽然在具体细节上经常变化，但总的来说，美国政策的基本方向具有明显的连续性，即支持移民以及获得小块土地相对容易。在国家层面，虽然不时地有人呼吁对移民要有所限制，但除了在 1808 年结束国际奴隶贸易、以公共卫生的名义采取某些措施，以及（1880 年以后）对日本和中国移民进行限制，在 20 世纪 20 年代之前，对移民并没有实施严格的限制措施[1]。但是，各州的政策大相径庭。19 世纪，这些新加入美利坚合众国的州经常向国外派遣代表团或张贴广告，以吸引周边地区的移民，强调移民将享有自由居住和自由参加地方选举的资格，并做出潜在移民特别感兴趣的公立学校和其他基础设施方面的承诺[2]。但在 19 世纪晚期，由于移民集中在工业城市，因此一些州（主要是在东北部）引入对投票人的识字测试，从而提高了移民的难度。同样，劳动力短缺和针对移民的公共政策之间似乎也存在某种关系[3]。

随着美利坚合众国的建立，许多原来的州放弃了对西部土地的要求，并将制定公共土地政策的主要权力转让给了联邦政府。这可能证明维持自由的土地政策是偶然的——这些政策通常会随着时间的推移，通过新的立法（见表 1.5）而逐步演变，使个人获得土地并定居变得更加容易[4]。这些变化是国会中不同地区代表争论的基础，往往与其他政治分歧交织在一起。这反映了关于土地的争论所涉及的问题非常广泛。例如，由于政府的预算约束，在土地出让收入和东北部的制造商们青睐的保护性关税收入之间

---

① 参见 Hutchinson（1981）、Risch（1937）和 Farnam（1938），也可参见 Engerman（2002）。

② 其他资料可参见 Hibbard（1924）、Robbins（1942）和 Stephenson（1917）的讨论。

③ 参见 Keyssar（2000）和 Rusk（2001），也可参见 Engerman 和 Sokoloff（2005b）。

④ 参见 Atack、Batema 和 Parker（2000）与 Gates（1968）。

表1.5 1785～1916年美国颁布的重要公共土地法和相关事件

年份	法律和事件	最低价格（美元/英亩）	最小面积（英亩）	最大面积（英亩）	相关条件或条款
1785	《1785年土地法令》	1	640	无	现金支付
1787	《1787年西北土地法令》	1	640	无	现金支付1/2，余款3个月内付清
1796	《1796年土地法》	2	640	无	30天内支付1/2，余款1年内付清
1800	《哈里森土地法》	2	320	无	30天内支付1/4，余款3年内付清，利率6%
1804	《1804年土地法》	2	160	无	现金支付价格为1.64美元/英亩；信贷款遵循1800《哈里森土地法》
1812	土地管理总办公室成立				
1820	《1820年土地法》	1.25	80	无	仅现金支付
1830	《1830年先占权法案》	1.25		160	允许置自占用土地者购买
1832	《1832年土地法》	1.25	40	无	现金支付
1841	《1841年一般先占权法案》	1.25	40	160	优先购买权，现金支付
1854	《逐级降价法》	0.125	40	无	30年后未售出土地的价格逐步降至12.5美分/英亩
1862	《宅地法》	免费	40	160	10美元注册费用，连续居住5年即可获得土地的全部产权
1873	《育林法》	免费	160	160	在1/4的土地上种植树木，即可获得产权。1878年修订为土地的1/16
1877	《荒地法》	1.25	640	640	灌溉地块3年，符合规定的按0.25美元/英亩支付余款
1878	《木材与碎石法》	2.5	40	160	规定木材、石材仅供个人使用，不得用于投机或其他用途
1909	《扩大宅地法》	免费		320	居住5年并持续耕作
1912	《三年宅地法》	免费	160		3年内每年居住7个月
1916	《牧畜宅地法》	免费		640	只适合放牧的土地

资料来源：Atack，Bateman和Parker（2000）。

存在着取舍。考虑到土地政策可能会影响各地区的人口分布（进而影响工资率）、商品价格、土地价值以及产出的位置和结构，出现政治分歧不足为奇。也许最引人注目的是，尽管存在这样的政治分歧，但向那些想在公共土地上定居的人提供广泛机会的做法在总体上继续保持并得到强化①。

然而，作为既定政策组合起点的土地政策，在南北战争前就发生了多次转变，后来转向了更为自由的方向②。1796~1820 年，政府向购买者提供信贷。虽然这种情况随着 1819 年的大恐慌和大量的违约而结束，但银行系统的发展将影响降到了最低。土地政策的其他方面向自由化方向发展。调查和提供土地的速度加快了。之后的 10 年，立法更加适应个人需要，即使事先没有明确所有权，根据《1841 年一般先占权法案》，定居者（擅自占用者）可以在拍卖之前购买已定居的土地，他们在所有权合法化之前所做改进的价值被允许保留。允许购买的最小面积从 1796 年的 640英亩下降到 1832 年的 40 英亩，但南北战争后有所调整，主要是因为开荒、林业等对土地规模有更高需求。随着最低价格从 1796 年的 2 美元/英亩下降至 1820 年及之后的 1.25 美元/英亩，一块地块的最低购买价格从1796 年的 1280 美元降至 1832 年的 50 美元。其他政策也使得土地更加容易获得。1854 年的《逐级降价法》规定，尚未出售的土地可以低于 1.25美元/英亩的价格出售，价格根据出售前的时间长短按比例计算（30 年后为 12.5 美分/英亩）。1862 年的《宅地法》（在 1920 年以前多次扩大范围或放宽条件）为每户户主提供了 160 英亩土地，条件是已经在土地上居住了 5 年，居住 6 个月以上者可以 1.25 美元/英亩的价格购买。西进运动在 19 世纪加速，更多低收入群体能够获得土地，在很大程度上归因于自

---

① 其他资料参见 Wellington（1914）和 Feller（1984）。
② 参见 Gates（1968）。

由的土地政策。

政府选择高价土地政策还是低价土地政策会产生许多影响。土地低价或免费将使更多的人获得土地，从而吸引更多的人来到西部。他们有的一开始就是土地所有者，有的只是租户，但怀揣着将来会成为土地所有者的希望。一般来说，低价意味着低收入，还会导致对其他收入来源（比如关税）的依赖，这是东北部地区所希望的。但鼓励工人向西部迁移将减少劳动力流出地区可用劳动力的供给，提高工资率（这是东北制造业不愿看到的）。在复杂的政治环境中，维持自由的土地政策并不是一开始就注定了的，但最终，高度民主的政治制度、坚信这种政策将普遍提高劳动报酬的信念，以及自由移民带来的好处，可能是决定性的。

不是每个人都接受自由土地政策，即使是在一个劳动力短缺的国家，这种政策也可能不被提倡或采纳，两位著名的经济学家——美国人亨利·查尔斯·凯里（Henry Charles Carey）和英国人爱德华·吉本·韦克菲尔德（Edward Gibbon Wakefield）——提出的支持高地价和减缓移民的论点，就说明了这一点[①]。

凯里认为，高土地价格会减缓移民的步伐，但城市和早期殖民地区较高的人口密度会带来正外部性。韦克菲尔德提出了一套更具影响力的政策，无论是在理论上还是在对决策者的影响上都是如此。韦克菲尔德对英国人在澳大利亚和新西兰的殖民很感兴趣，认为通过确保老地区的劳动力、减缓新地区土地所有者的移民速度，有助于这些地区的增长和发展。这项政策需要付出高土地价格（"足够的价格"）来限制劳动力

---

① 参见凯里（1837~1840）和 Dorfman（1947，包括 1946~1959 年出版的五卷本）的论述。韦克菲尔德的观点，可参见他在 1829 年和 1849 年的著作。凯里很熟悉韦克菲尔德的作品。韦克菲尔德认为，西班牙在美洲的失败，是因为土地不够集中。参见 Burroughs（1965）。虽然凯里对土地政策没有什么直接影响，但韦克菲尔德的想法在几个案例中得到了实施，尽管成效有限。

从老地区流出，同时使用与这笔支付有关的资金来帮助补贴新移民。因此，韦克菲尔德的提议有助于吸引移民，但也使劳动力集中在有限的定居点。这样的政策实际上在澳大利亚和新西兰的部分地区都实行了，但是，考虑到制度需要适应小农户的愿望，因此降低了对土地面积的要求，韦克菲尔德的政策在这两个地方都没有成为永久性的固定政策①。

另一个影响更长久的例子是巴西采纳了韦克菲尔德的观点。巴西在1822 年独立时，废除了殖民政府的土地赠与政策（其中也包括以相对较低的价格购买土地），之后擅自占用就成为各阶层获得土地的主要手段，为了获得土地，他们在处女地上耕种或定居。这些安排通常不被法律认可，并被视为咖啡生产和发展的重大障碍。咖啡种植园需要明确的、有保障的土地权利，但也需要劳动力。《1850 年土地法》（最初的草案是在1842 年提出的）就是按照韦克菲尔德所描述的方式来处理这些问题的②。政府高价提供公共土地，并要求所有地块的勘测费用由购买者支付。虽然早期的法律草案规定要征收土地税，加上土地出售收入和勘测费用，旨在补贴来自海外的移民，但最终的立法削减了税收。《1850 年土地法》的通过和实施严重限制了普通人——包括移民——获得公共土地，但由于降低了劳动成本，因此有助于精英阶层，因为他们有各种能力获得土地。《1850 年土地法》是否比容易获得土地的政策更有效地刺激了移民，目前尚不清楚，但其细节表明，随着时间的推移，该法的通过和维持至少部分是由于巴西普遍存在极端的政治和经济不平等。和许多其他拉丁美洲国家一样，在这里，相对于更加民主和平等的社会，精英阶

---

① 关于澳大利亚的资料，参见 Roberts（1968），Macintyre（1999），Wadham、Wilson 和 Wood（1964），以及 Powell 和 Williams（1975）。关于新西兰的资料，参见 Jourdain（1925）、Smith（2005）和 McDonald（1952）。

② 参见 Viotti da Costa（1985）。

层更有能力制定政策和制度，以服务于他们自身的利益。政治权力差异的作用对理解决策是至关重要的，但又有人认为，政治权力的性质本身就受到基本的资源禀赋的影响。

正如我们所强调的，在 19 世纪，几乎所有的美洲经济体实际上都拥有充足的公共土地供应，尤其是在人们把美洲原住民按惯例当作公地而占有和耕种的土地视为公共土地时——如果原来的长期占有者被灭绝或被驱赶，就更是完全没有阻碍了。由于每个殖民地、省或国家的政府都被视为土地资源的所有者，因此它们能够实施控制土地供给、制定土地价格、确定最小或最大面积、提供信贷、设计土地税收体系的政策，来影响财富的分配，并将移民速度控制在有助于有效生产的水平。19 世纪，农业是整个美洲的主要部门，因此如何最好地利用这种公共资源来维护国家利益，以及如何使土地可供私人使用，这些问题被广泛认为是非常重要的，而且往往成为突出的政治辩论和斗争的主题。土地政策也被用作一种工具，政府通过提供土地来鼓励移民，或通过限制进入和提高土地价格来影响劳动力的区域分配（或雇佣劳动的供给），从而影响劳动力规模。

在这方面，美国从未遇到过重大障碍，而且，如上所述，19 世纪，土地的购置变得更加容易①。1862 年的《宅地法》基本上使所有那些在土地上定居和耕种了一定时期的人能免费获得适合家庭农场耕种的土地，这大概是此类促进广泛获得土地的政策的顶点。加拿大也采取了类似的政策：1872 年的《自治领地法》在精神和实质上都与《宅地法》极为相似②。阿根廷和巴西（如上所述），以及智利也实行了类似的鼓励移民的

---

① 参见 Gates（1968）对美国土地政策的全面概述，也可参见 Atack、Bateman 和 Parker（2000）。

② 关于加拿大土地政策的论述，包括 Martin（1938）、Solberg（1987）、Adelman（1994）和 Pomfret（1981）。

变革，但这些努力的针对性要小得多，虽然移民也获得了一定好处，但这些国家在向小农户提供土地方面不如美国和加拿大成功①。例如，阿根廷于 1876 年通过了一项综合性的《土地法》，随后又在 1884 年通过了一项极其严格的《宅地法》（仅适用于巴塔哥尼亚），这其中似乎有许多因素可以解释北美和拉丁美洲的差异。首先，在布宜诺斯艾利斯，精英阶层倾向于将稀缺劳动力保留在省内（即使不在首都），但因为城市人口的比例更大，相比北美的同类城市，在削弱或阻止这些项目方面更有效率。其次，即便是那些名义上旨在扩大土地获取途径的政策，往往也涉及向土地开发商提供大量赠款，其逻辑是，通过私人代理商之间的交换或向土地占用者（包括放牧者）进行转让，可以实现最高的配置效率。虽然关于土地法的辩论经常提到北美邻国的例子，但相比美国和加拿大，阿根廷在将公共土地转让给私人所有者时，涉及的土地规模更大、更集中。最后，在没有规模经济的情况下，大块土地零碎化的过程可能在阿根廷进行得非常缓慢：土地一旦落入私人手中，土地在放牧方面的潜在价值就可能使土地价格上涨过高，从而使移民和其他普通的潜在农民无法经营。更普遍的是，抵押贷款和金融体系的落后，加剧了这些限制②。由于这些国家在教育和其他方面的政策与西班牙类似，所以它们在独立后并没有从经济增长

---

① 关于阿根廷的资料，参见 Adelman（1994）、Amaral（1998）、Castro（1991）和 Solberg（1987）。关于智利的资料，参见 Solberg（1969）、Collier 和 Sater（1996）。巴西的土地政策，除 Viotti da Costa（1985）之外，还可参见 Dean（1971）、Adelman（1994）、Barickman（1998）、Schwartz（1985）、Summerhill（2003），以及 Alston、Libecap 和 Mueller（1999）的精彩论述。

② 一般认为，西班牙人在 16 世纪到达阿根廷时将畜牧业引入阿根廷，是 19 世纪出现并收获野牛群的基础。这种动物产品（皮和牛肉）的生产与规模经济相关，并不需要太多的劳动力。这些条件可能提高了劳动力稀缺但土地丰富的大型庄园的经济生存能力。相比之下，由于美国北部和加拿大扩张时生产的主要农作物是谷物，其生产相对劳动密集，规模经济的特点很不明显，因此鼓励小农经营的政策是有效的。更多讨论可参见 Adelman（1994）、Engerman 和 Sokoloff（2002）。

中获益。

事实上，随着 19 世纪中后期国际贸易数量的增长和多样化，土地价值上升，在整个拉丁美洲似乎掀起了一波政策变化的浪潮，这波政策变化非但避开了在美国明显取得成功的自由土地政策，反而加强了所有权的集中。19 世纪末，巴西废除了奴隶制，增加了对来自西班牙、葡萄牙和意大利的欧洲劳动力的需求，在比种植园更小的单位土地上生产供出口的咖啡①。对劳动力的这种需求促使政府提供运输、现金或土地补贴，以吸引来自南欧的移民。另一种模式在阿根廷和智利得到发展，这两个国家更早废除奴隶制，对来自西班牙和意大利的劳动力实行了有限的补贴，但种植作物没有发展到巴西的程度。

阿根廷、加拿大和美国都拥有特别丰富的几乎无人居住的公共土地可以转让给私人，这有助于将这些公共资源投入生产和其他领域。然而，在墨西哥这样的社会中，土地政策所涉及的问题却截然不同。好的土地相对稀缺，劳动力相对丰富。这里的问题是土地长期被美洲原住民控制，但没有个人的私有财产权。在 19 世纪末和 20 世纪第一个 10 年，墨西哥将大部分土地的所有权授予非美洲原住民的大型土地所有者，但它并不是唯一一个推行这种政策的国家②。1878～1908 年，在波菲利奥·迪亚斯（Porfirio Díaz）的统治下，墨西哥将这些土地（占全国领土的 10.7% 以上）大规模转让给大型土地拥有者，如勘测和土地开发公司，方式是对这些公司提供的服务或对法定价格直接给予补贴。

在表 1.6 中，我们提供了 19 世纪末和 20 世纪初 4 个国家在农村地区拥有土地的部分户主（或类似身份）的估计数。调查结果表明，各国农

---

① 关于巴西后奴隶制的调整，参见 Eisenberg（1974）。
② 有关墨西哥土地政策的论述，参见 Mcbride（1923）、Tannenbaum（1929）和 Holden（1994）。

村地区成年男性人口的土地所有权普及程度存在巨大差异。在 1910 年墨西哥革命前夕的人口普查显示，墨西哥农村只有 2.4% 的户主拥有土地。这个数字很低。19 世纪末墨西哥引人注目的土地政策，可能成功地使大部分公共土地私有化，但它们也使绝大多数农村人口不能拥有土地所有权。相关证据显然很好地证明了这一观点，即在墨西哥这样一个一开始就处于极端不平等的社会中，体制的演变对精英阶层获得经济机会极为有利，进一步导致这种极端不平等持续存在。

表 1.6　20 世纪前后墨西哥、美国、加拿大和阿根廷农村地区的土地持有情况

单位：%

国家和选定地区	拥有土地的户主比例[a]
墨西哥(1910 年)	
北部	3.4
中部	2.0
海湾	2.1
南太平洋	1.5
墨西哥总计	2.4
美国(1900 年)	
北大西洋	79.2
南大西洋	55.8
中北部	72.1
中南部	51.4
西部	83.4
美国总计	74.5
加拿大(1901 年)	
艾伯塔省	95.8
萨斯喀彻温省	96.2
马尼托巴省	88.9
安大略省	80.2

	续表
国家和选定地区	拥有土地的户主比例[a]
魁北克省	90.1
加拿大总计	87.1
阿根廷（1895 年）	
查科省	27.8
福尔摩沙省	18.5
米西奥内斯省	26.7
拉潘帕省	9.7
内乌肯省	12.3
里奥内格罗省	15.4
丘布特省	35.2
圣克鲁斯省	20.2
阿根廷总计	18.8

注：a 拥有土地的户主比例定义如下：在墨西哥，拥有土地的户主比例；在美国，农场经营者的比例；在加拿大，拥有所有权的农田使用者的比例；在阿根廷，土地所有者与 18~50 岁男性人数的比例。

资料来源：墨西哥：作者根据 McBride（1923：154）中 1910 年的人口普查结果计算得到；美国：美国人口普查局（1902，第一部分，lxvi~xxxv）；加拿大：加拿大统计局（1914，第四卷，xii，表 6）；阿根廷：作者根据 Cárcano（1925）中 1895 年的人口普查结果和阿根廷共和国指导委员会（1898，clvii，表 iv-d）的数据计算得出。

相比之下，美国农村地区拥有土地的成年男性比例相当高，1900 年仅略低于 75%。在黑人过于集中的南方，土地所有权的普及率明显较低，而且在这些拥有土地的人口中，白人比例较高。美国的总体情况是，一系列自由的土地政策催生了 1862 年的《宅地法》，提供了大量经济机会。加拿大有更好的记录，1901 年，加拿大将近 90% 的户主拥有土地。这两个国家土地拥有量的估计值支持了这样的观点，即土地政策改变了现状，尤其是与阿根廷比较时更是如此。阿根廷的边境省份都是农村地区，人们预期那里的土地所有权普及率会比布宜诺斯艾利斯更高。然而，数据表明，与北美最北部的两个经济体相比，这里的土地所有权普及率要低得多①。不过，与墨西哥相比，这些国家在向公众提供土地所有权方面都更为有效。为小块土地供给提供便利的美国和加拿大，与美洲其他国家——如阿根廷和墨西哥——之间的反差，符合一个假设，即初始的不平等程度影响制度的演变方式，并且随着时间的推移，会导致这种不平等持续存在②。

1.4 制度和政策

经济史学家和其他社会科学家最近重新开始研究制度在经济增长和发展进程中的作用。他们的注意力多集中在制度从何而来，以及为什么有些社会似乎拥有有利于进步的制度，而另一些社会似乎长期受到那些支持度较低（即使不是破坏性的）的制度的困扰。一些学者认为，制度通常是外生的，起因于一些特殊事件，这些事件会导致特有的制度遗产，而且影响非常持久，比如来自大城市的事件，或如法国大革命这样的大规模动荡事件，它们难以预测，往往会带来意料之外的后果。另一些人则认为，制

---

① 我们根据 1914 年阿根廷人口普查数据进行分析，得出了相同的定性结论。值得注意的是，1895 年的人口普查夸大了拥有土地的家庭比例。仔细检查原稿发现，阿根廷的许多地方都存在双重计算问题，即夫妻双方都被列为土地所有者。

② 我们在这里省略了对其他拉丁美洲国家和地区的论述，对这些国家和地区，我们也有一些关于它们的土地政策及其变化的资料。例如，哥伦比亚 [Bergquist（1998）、Bushnell（1993）、Mcgreevey（1971）和 Palacios（1980）]、秘鲁 [Davies（1984）、Ford（1955）和 Jacobson（1993）]、哥斯达黎加 [Gudmundson（1986）]、玻利维亚 [Klein（1993）]、萨尔瓦多 [Lindo-fuentes（1990）]、危地马拉 [Mccreery（1994）]、多米尼加 [Mmoya Pons（1995）]、中美洲 [Pérez Brignoli（1989），Roseberry、Gudmundson 和 Samper Kutschbach（1995）]、厄瓜多尔 [Pineo（1996）]和委内瑞拉 [Yarrington（1997）]。关于整个拉丁美洲，有大量有用的资料。参见 Bethell 主编的《剑桥拉丁美洲史》各卷本（特别是 1985 年和 1986 年出版的）以及 Bulmer-Thomas（1994），Bulmer-Thomas、Coatsworth 和 Cortés Conde（2006a，2006b），Glade（1969），Lockhart 和 Schwartz（1983）。

度演变的方式是由社会在面对由特定环境、技术状态、要素禀赋等构成的挑战和机遇时的处理方式而决定的，具有强大的系统模式。制度是外生的还是内生的？制度如何灵活地适应环境变化？对这些问题的研究是充分了解制度在经济发展中所发挥作用的关键①。

澳大利亚在 1788 年英国殖民开始时，土著人口数量相对较多，直到 19 世纪 50 年代，欧洲人才达到这个数量，而澳大利亚的土著人口随着英国人的到来而减少，此后再没有达到过早期的数量②。因为和美洲一样，欧洲疾病的到来导致当地人口急剧下降。英国在澳大利亚的殖民最初是由大量的罪犯开始的，虽然有人试图与土著协商购买土地，但没有成功，很快就出现了军事行动，欧洲人获得了土地。澳大利亚每个州最初都有自己的土地政策，但随着时间的推移，各州政策越来越相似。虽然韦克菲尔德认为他的土地政策适用于整个澳大利亚，但在早期殖民时期，只有在南澳大利亚和西澳大利亚实施了韦克菲尔德的政策，而且在这两个州也只实施了几十年③。最初，人口最多的新南威尔士州给个人或公司提供大量的补助，但随着时间的推移，结果往往是小块土地的擅自占有者能够获得土地的永久所有权。后来的政策允许个人以最低价格购买 40~320 英亩的土地，支付方式为先支付购买价格的 1/4，余额在 3 年内付清④。澳大利亚在很多方面与美国相似，土地人口比很高，因此，随着时间的推移，白人越来越容易获得土地所有权。虽然在澳大利亚，养羊业的重要性更大，畜牧业需要更大单位的土地，但小农场的所有权比例也很高。澳大利亚和美

---

① 参见 Engerman 和 Sokoloffff（2008）。

② 参见 Vamplew（1987）。Butlin（1983）认为对刚抵达澳大利亚时的土著人口数量的估计过高。

③ 除了第 25 页脚注①中提到的资料来源之外，还可参见 Powell（1970）、Shaw（1966）、Sinclair（1976）和 Coghlan（1969）。

④ 参见 Powell（1970）。

国相同的一点是，原住民都被迫离开了原定居点而被安置在保留地。另一个相似之处是，两国都在热带地区发展制糖业。这首先是基于某种形式的强制劳动力，如 1860 年前路易斯安那州的奴隶，以及 19 世纪 70 年代前昆士兰的契约太平洋岛民①。另外，这两个国家的糖料作物种植园比典型的粮食农场大得多。

19 世纪 40 年代摆脱澳大利亚的新西兰也有本土居民——毛利人，尽管在欧洲人到达后，他们并没有像澳大利亚（和美洲）的本土居民那样遭受严重的数量下降②。但由于出现大量白人移民，毛利人在白人殖民的几十年间在新西兰人口中的比重下降到 10% 以下。相比于澳大利亚土著人，毛利人与英国人达成了更好的和解，包括向白人出售土地，但新西兰仍然是一个土地人口比很高的国家。

在 1876 年之前，新西兰的土地分配都是由州政府决定的，土地经常被用来补贴移民。土地供给政策要求达到一定的居住时间才能获得土地所有权，而政府会提供信贷，以促进土地销售。几十年后，这种旨在使移民能够获得 320 英亩以下较小地块的政策已普及。韦克菲尔德提出的政策影响了早期的殖民模式，包括使用土地收入补贴移民和以高价出售大块土地。但是，和其他地方一样，这项政策随着时间的推移而被修改为允许向移民低价出售土地③。因此，和澳大利亚一样，随着时间的推移，在新西兰，韦克菲尔德的土地政策逐渐放宽，使得土地更容易被小土地所有者获得。

英国在邻近东非的两个地区的殖民提供了另一个有趣的例子，展示了英国殖民政策的变化。19 世纪末，肯尼亚和乌干达的殖民地在当地制度上

---

① 关于美国的资料，参见 Gray（1933）和 Sitterson（1953）。关于澳大利亚的资料，参见 Fitzgerald（1982）、Shlomowitz（1996）和 Graves（1993）。

② 参见 McLauchlan（1984）。

③ 除了第 25 页脚注①中提到的资料来源之外，还可参见 Condliffffe（1930）、Hawke（1985）和 Sinclair（1959）。

产生了重大差异①。这两个地区几乎全是非洲黑人居住。在肯尼亚，白人殖民者可以获得 160~640 英亩的土地，其中 5 英亩土地分配给非洲人和亚洲人，为期一年，没有所有权。到了 1840 年，欧洲人口约占总人口的 1%，但拥有 18% 的土地，而且是最好的土地。乌干达面积较大，与肯尼亚有类似的非洲人和欧洲人的组合，但实施了一套完全不同的土地分配制度。当时很少有欧洲定居者和土地所有者，因为在 1894 年建立保护国时期，大部分土地都给了当地酋长，由他们拥有永久产权。与肯尼亚不同的是，乌干达主要在小规模农场生产棉花，而肯尼亚在欧洲人拥有的种植园里用非洲劳动力种植的作物是用于出口的咖啡。在某种程度上，肯尼亚和乌干达之间的差异是由于气候和土壤类型的不同，从而导致了相当不同的制度和政治控制。

英国在非洲更早的殖民地是 1814 年从荷兰人手中夺取的南非，这里拥有大量的可用土地，其殖民模式有些不同②。虽然也有从其他地方主要是印度洋地区输入的奴隶劳工，但主要的控制是针对当地土著的，通过剥夺和限制土地购买，强迫他们为白人劳动。根据英国废奴法，1834 年奴隶制被废除。在南非，白人在人口中所占比例高于东非，1836 年在开普敦殖民地该比例约为 33%，在整个殖民地中所占比例稍低一些，但和肯尼亚一样，白人在南非采取了一定措施，拥有了土地，生产用于出口的产品③。到 1780 年，土地所有权通常被认为是为白人保留的，奴隶和"自由"的非洲居民则被迫为白人劳动。后来，到 1913 年，土著人口按照法

---

① 本段借鉴了以下著作：Harlow、Chiver 和 Smith（1965），Van Zwanenberg 和 King（1975），Wa-Githumo（1981），Ochieng'（1985）。Tricia Redeker Hepner 对非洲殖民地的研究，让我们受益匪浅。

② 参见 Feinstein（2005）、Elphick 和 Giliomee（1989）、Wilson 和 Thompson（1969）、Duly（1968）、Ross（1993）和 Hellman（1949）。

③ 参见 Martin（1967）。Feinstein（2005）估计，1850 年，在整个南非，欧洲人大约占 10%。1904 年第一次人口普查显示，白人占 21.6%。

律被安置在保留地，保留地拥有 7% 的土地，但他们在那里仍然是为白人种植园主和矿主工作[①]。

1.5 制度和殖民化

本章将美洲的殖民化视为一种准自然实验，我们可以利用这种实验来更多地了解制度的起源。其重点是移民、土地和劳工政策或制度的长期演变，这些政策或制度通常被认为是经济发展的重要途径。尽管还有很多工作要做，但我们的研究结果似乎符合这样的观点，即殖民地在制定移民政策和土地政策时，受到了自身要素禀赋的强烈影响。在殖民地时期，西属美洲由于集中在美洲原住民人口较多的地区，因此相对于其他地区，无论是自愿还是非自愿，它们对移民的依赖程度要低得多。事实上，西班牙对移民对象和规模都保持着非常严格的限制。巴西和加勒比海岛屿专门生产适合大型奴隶种植园生产的糖和其他一些热带作物，因此严重依赖进口奴隶以解决劳动力短缺问题。只有北美洲的北部地区不得不通过欧洲的自愿移民来获得大部分劳动力。采用契约劳役制度和向移民慷慨提供土地补助，似乎是解决劳动力短缺、使殖民地更好地利用其丰富的土地和其他资源的政策工具，这不是巧合，也不完全是由于英国的国家遗产。

独立运动席卷整个美洲之后，战略性的土地和移民制度既有延续性，也有变化。美国，其次是加拿大，继续积极寻求海外移民。尽管两国不再需要契约奴或没有能力获得契约奴，但都采用了非常自由的土地政策来吸引移民。同样引人注目的是，最支持自由土地政策和其他移民敏感政策的地区，正是美国西部地区和加拿大最缺乏劳动力的地区。当然，随着时间

① 参见 Feinstein（2005）。

的推移，这些边界也在演变。这些政策内生性的证据似乎令人难以接受。相比之下，拥有西班牙传统的新兴国家（或拥有葡萄牙传统的国家，如巴西）现在可以自由制定符合自身利益的政策，开始积极寻求移民。像北部邻国（美国和加拿大）一样，巴西和阿根廷等国从殖民早期开始就缺乏劳动力，而且拥有大量可用于农业和其他用途的土地。

　　然而，令人好奇的是，它们向移民或当地居民提供土地时所采用的方案，远不如美国慷慨。这种吝啬可能与整个拉丁美洲适合生产农业出口品的土地价值普遍上涨有关，正如许多其他拥有大量美洲土著人口的国家所采取的政策一样，这些政策实际上将土地控制权从印第安人转移到了精英阶层手中。这也可能与整个拉丁美洲普遍存在的极端的政治和经济不平等有关，而这种极端的政治和经济不平等，我们在其他地方大多会将之归为广义的要素禀赋。

参考文献

Acemoglu, Daron, Simon Johnson, and James A. Robinson. 2001. "The Colonial Origins of Comparative Development: An Empirical Investigation." *American Economic Review* 91: 1369–1401.

Ackerman, Robert K. 1977. *South Carolina Colonial Land Policies*. Columbia: University of South Carolina Press.

Adelman, Jeremy. 1994. *Frontier Development: Land, Labor, and Capital on Wheatlands of Argentina and Canada, 1890–1914*. New York: Oxford University Press.

Allen, Robert C. 1992. *Enclosure and the Yeoman*. Oxford: Clarendon Press.

Alston, Lee J., Gary D. Libecap, and Bernardo Mueller. 1999. *Titles, Conflict, and Land Use: The Development of Property Rights as Land Reform on the Brazilian Amazon Frontier*. Ann Arbor: University of Michigan Press.

Altman, Ida, and James Horn, eds. 1991. *"To Make America": European Emigration in the Early Modern Period.* Berkeley: University of California Press.

Amaral, Samuel. 1998. *The Rise of Capitalism on the Pampas: The Estancias of Buenos Aires, 1785–1870.* Cambridge: Cambridge University Press.

Appleby, John C. 1996. "English Settlement in the Lesser Antilles during War and Peace, 1603–1660." In *The Lesser Antilles in the Age of European Expansion*, edited by Robert L. Paquette and Stanley L. Engerman, 86 – 104. Gainesville: University Press of Florida.

Atack, Jeremy, Fred Bateman, and William N. Parker. 2000. "Northern Agriculture and the Westward Movement." In *Cambridge Economic History of the United States, Volume 2: The Long Nineteenth Century*, edited by Stanley L. Engerman and Robert E. Gallman, 285–328. Cambridge: Cambridge University Press.

Barickman, B. J. 1998. *A Bahian Counterpoint: Sugar, Tobacco, Casava, and Slavery in the Reconcava 1780–1860.* Stanford: Stanford University Press.

Barnes, Viola Florence. 1931. "Land Tenure in English Colonial Charters of the Seventeenth Century." In *Essays in Colonial History Presented to Charles McLean Andrews by His Students*, 4–40. New Haven: Yale University Press.

Bartlett, Robert. 1993. *The Making of Europe: Conquest, Colonization, and Cultural Change, 950–1350.* Princeton, N. J.: Princeton University Press.

Bartlett, Roger P. 1979. *Human Capital: The Settlement of Foreigners in Russia, 1762–1804.* Cambridge: Cambridge University Press.

Baseler, Marilyn C. 1998. *"Asylum for Mankind": America 1607 – 1800.* Ithaca, N. Y.: Cornell University Press.

Bergquist, Charles W. 1998. *Coffee and Conflict in Colombia, 1886 – 1910.* Durham, N. C.: Duke University Press.

Bethell, Leslie, ed. 1985. *The Cambridge History of Latin America, Volume 3: From Independence to c. 1870.* Cambridge: Cambridge University Press.

——. 1986. *The Cambridge History of Latin America, Volume 4: c. 1870 to 1930.* Cambridge: Cambridge University Press.

Bidwell, Percy Wells, and John I. Falconer. 1925. *History of Agriculture in the Northern United States, 1620–1860.* Washington: Carnegie Institution.

Bond, Beverley W. , Jr. 1919. *The Quit-Rent System in the American Colonies.* New Haven: Yale University Press.

Boucher, Philip P. 2008. *France and the American Tropics to 1700.* Baltimore: Johns Hopkins University Press.

Bulmer-Thomas, Victor. 1994. *The Economic History of Latin America Since*

Independence. Cambridge：Cambridge University Press.

Bulmer-Thomas, Victor, John H. Coatsworth, and Roberto Cortés Conde, eds. 2006a. *The Cambridge Economic History of Latin America, Volume 1：The Colonial Era and the Short Nineteenth Century*. Cambridge：Cambridge University Press.

——. 2006b. *The Cambridge Economic History of Latin America, Volume 2：The Long Twentieth Century*. Cambridge：Cambridge University Press.

Burkholder, Mark A., and Lyman L. Johnson. 2001. *Colonial Latin America*. 4th ed. New York：Oxford University Press.

Burroughs, Peter. 1965. "Wakefield and the Ripon Land Regulations of 1831." *Historical Studies* 11：452–466.

Bushnell, David. 1993. *The Making of Modern Colombia：A Nation in Spite of Itself*. Berkeley：University of California Press.

Butlin, Noel. 1983. *Our Original Aggression：Aboriginal Populations of Southeastern Australia, 1788–1850*. Sydney：G. Allen and Unwin.

Canny, Nicholas, ed. 1994. *Europeans on the Move：Studies in European Migration, 1500–1800*. Oxford：Clarendon Press.

Cárcano, Miguel Angel. 1925. *Evolución historica del régimen de la tierra pública, 1810–1916*. 2nd ed. Buenos Aires：Library "The Faculty," J. Roldán y c. a.

Carey, Henry Charles. 1837–1840. *Principles of Political Economy*. Philadelphia：Carey, Lea, and Blanchard.

Carter, Susan B., Scott Sigmund Gartner, Michael R. Haines, Alan L. Olmstead, Richard Sutch, and Gavin Wright, eds. 2006. *Historical Statistics of the United States：Earliest Times to the Present*, Millennial ed. Cambridge：Cambridge University Press.

Castro, Donald Steven. 1991. *The Development and Politics of Argentine Immigration Policy, 1852–1914：To Govern is to Populate*. San Francisco：Mellen Research University Press.

Clark, Grover. 1936. *The Balance Sheet of Imperialism：Facts and Figures on Colonies*. New York：Columbia University Press.

Clodfelter, Michael. 2008. *Warfare and Armed Conflicts：A Statistical Encyclopedia of Casualty and Other Figures, 1494–2007*. 2nd ed. Jefferson, N. C.：McFarland.

Coates, Timothy J. 2001. *Convicts and Orphans：Forced and State-Sponsored Colonizers in the Portuguese Empire, 1550–1755*. Stanford：Stanford University Press.

Coghlan, T. A. (1918) 1969. *Labour and Industry in Australia*. Melbourne：Macmillan.

Cole, Jeffffrey A. 1985. *The Potosi Mita, 1573–1700：Compulsory Indian Labor in the Andes*. Stanford：Stanford University Press.

Collier, Simon, and William F. Sater. 1996. *A History of Chile, 1808 - 1894.* Cambridge: Cambridge University Press.

Condlifffe, J. B. 1930. *New Zealand in the Making: A Survey of Economic and Social Development.* Chicago: University of Chicago Press.

Craven, Wesley Frank. 1970. *The Southern Colonies in the Seventeenth Century, 1607-1689.* Baton Rouge: Louisiana State University Press.

Davie, Maurice R. 1936. *World Immigration: With Special Reference to the United States.* New York: Macmillan.

Davies, Keith A. 1984. *Landowners in Colonial Peru.* Austin: University of Texas Press.

Dean, Warren. 1971. "Latifundia and Land Policy in Nineteenth-Century Brazil." *Hispanic American Historical Review* 57: 606-625.

Denevan, William N. , ed. 1976. *Native Populations of the Americas in 1492.* Madison: University of Wisconsin Press.

De Vries, Jan. 1976. *Economy of Europe in an Age of Crisis, 1600-1750.* Cambridge: Cambridge University Press.

Dorfman, Joseph. 1946-1959. *The Economic Mind in American Civilization* (5 Vols). New York: Viking Press.

Duly, Leslie Clement. 1968. *British Land Policy at the Cape: A Study of Administrative Policies in the Empire.* Durham, N. C. : Duke University Press.

Dunn, Richard S. 1972. Sugar and Slaves: *The Rise of the Planter Class in the English West Indies, 1624-1713.* Chapel Hill: University of North Carolina Press.

Eisenberg, Peter L. 1974. The Sugar Industry in Pernambuco: Modernization without Change, 1840-1910. Berkeley: University of California Press.

Ekirch, A. Roger. 1987. *Bound for America: The Transportation of British Convicts to the Colonies, 1718-1775.* New York: Oxford University Press.

Elliott, J. H. 2006. *Empires of the Atlantic World: Britain and Spain in America, 1492-1830.* New Haven: Yale University Press.

Elphick, Richard, and Hermann Giliomee, eds. 1989. *The Shaping of South African Society, 1652-1840.* 2nd ed. Middletown, C. T. : Wesleyan University Press.

Eltis, David. 1983. "Free and Coerced Transatlantic Migrations: Some Comparisons." *American Historical Review* 88: 251-280.

——. 1999. "Slavery and Freedom in the Early Modern World." In *Terms of Labor: Slavery, Serfdom, and Free Labor*, edited by Stanley L. Engerman, 25 - 49. Stanford: Stanford University Press.

——. 2002. "Free and Coerced Migrations from the Old World to the New." In

Coerced and Free Migration: Global Perspectives, edited by David Eltis, 33 – 74. Stanford: Stanford University Press.

Emmer, P. C. , and M. Mörner. 1992. *European Expansion and Migration: Essays on the Intercontinental Migration from Africa, Asia, and Europe.* New York: Berg.

Engerman, Stanley L. 2002. "Changing Laws and Regulations and their Impact on Migration. " In *Coerced and Free Migration: Global Perspectives*, edited by David Eltis, 75 – 93. Stanford: Stanford University Press.

——. 2007. *Slavery, Emancipation, and Freedom: Comparative Perspectives.* Baton Rouge: Louisiana State University Press.

Engerman, Stanley L. , and Barry Higman. 1997. "The Demographic Structure of the Caribbean Slave Societies in the Eighteenth and Nineteenth Centuries. " In *General History of the Caribbean*, Vol. 3, edited by Franklin W. Knight, 45 – 104. London: UNESCO.

Engerman, Stanley L. , and Kenneth L. Sokoloff. 1997. " Factor Endowments, Institutions, and Diffferential Paths of Growth Among New World Economies: A View from Economic Historians of the United States. " In *How Latin America Fell Behind*, edited by Stephen Haber, 260 – 304. Stanford: Stanford University Press.

——. 2002. "Factor Endowments, Inequality, and Paths of Development among New World Economics. " *Economia* 3: 41 – 109.

——. 2005a. " Institutional and Non-Institutional Explanations of Economic Diffferences. " In *Handbook of New Institutional Economics*, edited by Claude Ménard and Mary M. Shirley, 638 – 665. Dordrecht, Netherlands: Springer.

——. 2005b. "The Evolution of Suffffrage Institutions in the Americas. " *Journal of Economic History* 65: 891 – 921.

——. 2006. "Colonialism, Inequality, and Long-Run Paths of Development. " In *Understanding Poverty*, edited by Abhijit Vinayak Banerjee, Roland Benabou, and Dilip Mookherjee, 37 – 61. Oxford: Oxford University Press.

——. 2008. "Debating the Role of Institutions in Political and Economic Development: Theory, History, and Findings. " *Annual Review of Political Science* 11: 119 – 135.

——. 2011. "Five Hundred Years of European Colonization: Inequality and Paths of Development. " In *Settler Economies in World History*, edited by Christopher Lloyd, Jacob Metzer, and Richard Sutch. Leiden, Netherlands: Brill Publishers.

Farnam, Henry W. 1938. *Chapters in the History of Social Legislation in the United States to 1860.* Washington, D. C. : Carnegie Institution.

Feinstein, Charles H. 2005. *An Economic History of South Africa: Conquest, Discrimination, and Development.* Cambridge: Cambridge University Press.

Feller, Daniel. 1984. *The Public Lands in Jacksonian Politics*. Madison: University of Wisconsin Press.

Findlay, Ronald, and Kevin H. O'Rourke. 2007. *Power and Plenty: Trade, War, and the World Economy in the Second Millennium*. Princeton, N. J. : Princeton University Press.

Fitzgerald, Ross. 1982. *A History of Queensland from the Dreaming to 1915*. St. Lucia: University of Queensland Press.

Ford, Amelia Clewley. 1910. *Colonial Precedents of Our National Land System as it Existed in 1800*. Madison: University of Wisconsin Press.

Ford, T. R. 1955. *Man and Land in Peru*. Gainesville: University of Florida Press.

Galenson, David W. 1981. White Servitude in Colonial American: An Economic History. Cambridge: Cambridge University Press.

——. 1996. "The Settlement and Growth of the Colonies: Population, Labor, and Economic Development. " In *The Cambridge Economic History of the United States, Volume 1: The Colonial Era*, edited by Stanley L. Engerman and Robert E. Gallman, 135 – 207. Cambridge: Cambridge University Press.

Galloway, J. H. 1989. *The Sugar Cane Industry: An Historical Geography from its Origins to 1914*. Cambridge: Cambridge University Press.

Gates, Paul W. 1968. *History of Public Land Law Development*. Washington, D. C. : Government Printing Office.

Gibson, Charles. 1966. *Spain in America*. New York: Harper and Row.

Glade, William P. 1969. *The Latin American Economies: A Study of Their Institutional Evolution*. New York: American Book.

Graves, Adrian. 1993. *Cane and Labour: The Political Economy of the Queensland Sugar Industry, 1862–1906*. Edinburgh: Edinburgh University Press.

Gray, Lewis Cecil. 1933. *History of Agriculture in the Southern United States to 1860* (2 Vols). Washington, D. C. : Carnegie Institution.

Grubb, Farley. 1985. "The Incidence of Servitude in Trans-Atlantic Migration, 1771–1804. " *Explorations in Economic History* 22: 316–339.

Gudmundson, Lowell. 1986. *Costa Rica Before Coffee: Society and Economy on the Eve of the Export Boom*. Baton Rouge: Louisiana State University Press.

Haring, C. H. 1947. *The Spanish Empire in America*. New York: Oxford University Press.

Harlow, Vincent, E. M. Chiver, and Alison Smith, eds. 1965. *History of East Africa, Volume 2*. Oxford: Clarendon Press.

Harris, Marshall. 1953. *Origin of the Land Tenure System in the United States*. Ames,

I. A.：Iowa State College Press.

Hawke, G. R. 1985. *The Making of New Zealand：An Economic History*. Cambridge：Cambridge University Press.

Heckscher, Eli F. 1935. *Mercantilism* (2 Vols) . London：G. Allen and Unwin.

Hellmann, Ellen, ed. 1949. *Handbook on Race Relations in South Africa*. Cape Town：Oxford University Press.

Heywood, Colin. 1981. "The Role of the Peasantry in French Industrialization, 1815–1880." *Economic History Review* 34：359–376.

Hibbard, Benjamin Horace. 1924. *A History of the Public Land Policies*. New York：Macmillan.

Himmerich Y. Valencia, Robert. 1991. *The Encomenderos of New Spain, 1521 – 1555*. Austin：University of Texas Press.

Hochschild, Adam. 1998. *King Leopold's Ghost：A Story of Greed, Terror, and Heroism in Colonial Africa*. Boston：Houghton Mifflin.

Holden, Robert. 1994. *Mexico and the Survey of Modern Lands：The Management of Modernization, 1876–1911*. Dekalb, I. L.：Northern Illinois University Press.

Hutchinson, Edward P. 1981. *Legislative History of American Immigration Policy, 1789–1965*. Philadelphia：University of Pennsylvania Press.

Jacobson, Nils. 1993. *Mirages of Transition：The Peruvian Altiplano, 1780 – 1930*. Berkeley：University of California Press.

Jourdain, W. R. 1925. *History of Land Legislation in New Zealand*. Wellington：Government Printer.

Keyssar, Alexander. 2000. *The Right to Vote：The Contested History of Democracy in the United States*. New York：Basic Books.

Klein, Herbert S. 1986. *African Slavery in Latin America and the Caribbean*. New York：Oxford University Press.

——. 1993. *Haciendas and Ayllus：Rural Society in the Bolivian Andes in the Eighteenth and Nineteenth Centuries*. Stanford：Stanford University Press.

Knight, Frankin W. 1990. *The Caribbean：The Genesis of a Fragmented Nationalism*. 2nd ed. New York：Oxford University Press.

Kuczynski, Robert R. 1936. *Population Movements*. Oxford：Clarendon Press.

Lindert, Peter H. 2011. "Kenneth Sokoloffff on Inequality in the Americas." *Understanding Long-Run Economic Growth：Geography, Institutions, and the Knowledge Economy*. Chicago：University of Chicago Press.

Lindo-Fuentes, Hector. 1990. *Weak Foundations：The Economy of El Salvador in the*

Nineteenth Century. Berkeley：University of California Press.

Livi-Bacci，Massimo. 2008. *Conquest：The Destruction of the American Indios*. Cambridge：Polity.

Lockhart，James，and Stuart B. Schwartz. 1983. *Early Latin America：A History of Colonial Spanish America and Brazil*. Cambridge：Cambridge University Press.

Lynch，John. 1986. *The Spanish-American Revolutions，1808－1826*. 2nd ed. New York：Norton.

Macintyre，Stuart. 1999. *A Concise History of Australia*. Cambridge：Cambridge University Press.

Maddison，Angus. 2003. *The World Economy：Historical Statistics*. Paris：Organization for Economic Cooperation and Development (OECD).

Mamalakis，Markos J. *Historical Statistics of Chile：Demography and Labor Force*, *Vol. 2*. Westport，C. T. ：Greenwood Press.

Martin，Chester. 1938. *"Dominions Lands" Policy*. Toronto：Macmillan Company of Toronto.

Martin，Robert Montgomery. (1834) 1967. *History of the Colonies of the British Empire*. London：Dawsons.

McBride，George McCutchen. 1923. *The Land Systems of Mexico*. New York：America Geographic Society.

McCreery，David. 1994. *Rural Guatemala，1760－1940*. Stanford：Stanford University Press.

McDonald，J. D. N. 1952. "New Zealand Land Legislation." *Historical Studies* 5：195－209.

Merrick，Thomas W. ，and Douglas H. Graham. 1979. *Population and Economic Development in Brazil：1800 to the Present*. Baltimore：Johns Hopkins University Press.

McEvedy，Colin，and Richard Jones. 1978. *Atlas of World Population History*. Harmondsworth，UK：Penguin Books.

McGreevey，William Paul. 1971. *An Economic History of Colombia，1845－1930*. New York：Cambridge University Press.

McLauchlan，Gordon，ed. 1984. *Bateman New Zealand Encyclopedia*. Auckland，New Zealand：David Bateman.

Moch，Leslie Page. 1992. *Moving Europeans：Migration in Western Europe since 1650*. Bloomington：Indiana University Press.

Moses，Bernard. (1898) 1965. *The Establishment of Spanish Rule in America*. New York：Cooper Square Publishers.

Moya Pons, Frank. 1995. *The Dominican Republic: A National History*. New Rochelle, N. Y. : Hispaniola Books.

Nettels, Curtis P. 1963. *The Roots of American Civilization: A History of American Colonial Life*. 2nd ed. New York: Appleton-Century-Crofts.

Nugent, Jeffffrey B. , and James A. Robinson. 2010. "Are Factor Endowments Fate?" *Journal of Iberian and Latin American Economic History* 28: 45–82.

Ochieng', William R. 1985. *A History of Kenya*. London: Macmillan.

Palacios, Mario. 1980. *Coffee in Colombia, 1850 – 1970: An Economic, Social, and Political History*. Cambridge: Cambridge University Press.

Parry, J. H. 1966. *The Spanish Seaborne Empire*. New York: Knopf.

Pérez Brignoli, Héctor. 1989. *A Brief History of Central America*. Berkeley: University of California Press.

Perry, James R. 1990. *The Formation of a Society on Virginia' Eastern Shore, 1615– 1655*. Chapel Hill: University of North Carolina Press.

Pineo, Ronn F. 1996. *Social and Economic Reform in Ecuador: Life and Work in Guayaquol*. Gainesville: University Press of Florida.

Pomfret, Richard. 1981. *The Economic Development of Canada*. Toronto: Methuen.

Powell, J. M. 1970. *The Public Lands of Australia Felix: Settlement and Land Appraisal in Victoria 1834 – 1891 with Special Reference to the Western Plains*. Melbourne: Oxford University Press.

Powell, J. M. , and M. Williams, eds. 1975. *Australian Space, Australian Time: Geographic Perspectives*. Melbourne: Oxford University Press.

Prichard, James. 2004. *In Search of Empire: The French in the Americas, 1670–1730*. Cambridge: Cambridge University Press.

Reynolds, Robert L. 1957. "The Mediterranean Frontier, 1000 – 1400. " In *The Frontier in Perspective*, edited by Walker D. Wyman and Clifton B. Kroeber, 21 – 34. Madison: University of Wisconsin Press.

Rife, Clarence White. 1931. "Land Tenure in New Netherlands. " In *Essays in Colonial History presented to Charles McLean Andrews by his students*, 41 – 73. New Haven: Yale University Press.

Risch, Erna. 1937. "Encouragement of Immigration as Revealed in Colonial Legislation. " *Virginia Magazine of History and Biography* 45: 1–10.

Robbins, Roy M. 1942. *Our Landed Heritage: The Public Domain, 1776–1936*. Princeton: Princeton University Press.

Roberts, Stephen H. (1924) 1968. *History of Australian Land Settlement 1788–1820*.

New York: Johnson Reprint Corporation.

Roseberry, William, Lowell Gudmundson, and Mario Samper Kutschbach, eds. 1995. *Coffee, Society, and Power in Latin America*. Baltimore: Johns Hopkins University Press.

Rosenblat, Angel. 1954. *La Población Indígena v El Mestizaje en America, Volume 1: La Población Indígena, 1492-1950*. Buenos Aires: Editorial Nova.

Ross, Robert. 1993. *Beyond the Pale: Essays on the History of Colonial South Africa*. Hanover, N. H.: Wesleyan University Press.

Rout, Leslie B. 1976. *African Experience in Spanish America: 1502 to the Present Day*. Cambridge: Cambridge University Press.

Rusk, Jerrold G. 2001. *A Statistical History of the American Electorate*. Washington, D. C.: CQ Press.

Sánchez-Albornoz, Nicolás. 1974. *The Population of Latin America: A History*. Berkeley: University of California Press.

Schwartz, Stuart B. 1985. *Sugar Plantations and the Formation of Brazilian Society: Bahia 1550-1835*. Cambridge: Cambridge University Press.

Shaw, A. G. L. 1966. *Convicts and the Colonies: A Study of Penal Transportation from Great Britain and Ireland to Australia and Other Parts of the British Empire*. London: Faber and Faber.

Shlomowitz, Ralph. 1996. *Mortality and Migration in the Modern World*. Aldershot, UK: Ashgate Variorum.

Simpson, Lesley Byrd. (1950) 1982. *The Encomienda in New Spain: The Beginning of Spanish Mexico*. Berkeley: University of California Press.

Sinclair, Keith. 1959. *A History of New Zealand*. Harmondsworth, UK: Penguin Books.

Sinclair, W. A. 1976. *The Process of Economic Development in Australia*. Melbourne: Longman Cheshire.

Sitterson, J. Carlyle. 1953. *Sugar Country: The Cane Sugar Industry in the South, 1753-1950*. Lexington: University of Kentucky Press.

Smith, Abbot Emerson. 1947. *Colonists in Bondage: White Servitude and Convict Labor in America, 1607-1776*. Chapel Hill: University of North Carolina Press.

Smith, Philippa Mein. 2005. *A Concise History of New Zealand*. Cambridge: Cambridge University Press.

Solberg, Carl E. 1969. "A Discriminatory Frontier Land Policy: Chile, 1870-1914." *The Americas* 26: 115-133.

———. 1987. *The Prairies and the Pampas: Agrarian Policy in Canada and Argentina, 1880-1913*. Stanford: Stanford University Press.

Southworth, Constant. 1931. *The French Colonial Venture.* London: P. S. King and Son.

Stephenson, George M. 1917. *The Political History of the Public Lands from 1840 to 1862: From Pre-emption to Homestead.* Boston: Richard G. Badge.

Summerhill, William R. 2003. *Order Against Progress: Government, Foreign Investment, and Railroads in Brazil, 1854–1913.* Stanford: Stanford University Press.

Tannenbaum, Frank. 1929. *The Mexican Agrarian Revolution.* New York: Macmillan.

Townsend, Mary Evelyn. 1930. *The Rise and Fall of Germany's Colonial Empire, 1884–1918.* New York: Macmillan.

Trudel, Marcel. 1967. *The Seigneurial Regime.* Ottawa: Canadian Historical Association.

Vamplew, Wray, ed. 1987. *Australians, Historical Statistics.* Sydney: Fairfax, Syme and Weldon.

van Zwanenberg, R. M. A., and A. King. 1975. *An Economic History of Kenya and Uganda, 1800–1970.* London: Macmillan.

Viotti da Costa, Emilia. 1985. *The Brazilian Empire: Myths and Histories.* Chicago: University of Chicago Press.

Wadham, Samuel, R. Kent Wilson, and Joyce Wood. 1964. *Land Utilization in Australia.* 4th ed. London: Melbourne University Press.

Wa-Githumo, Mwangi. 1981. *Land and Nationalism: The Impact of Land Expropriation and Land Grievances upon the Rise and Development of Nationalist Movements in Kenya, 1885–1939.* Washington, D. C.: University Press of America.

Wakefield, Edward Gibbon. 1829. *Letter from Sydney: The Principal Town of Australia, Together with the Outline of a System of Colonization.* London: J. Cross.

———. 1849. *View of the Art of Colonization with Present Reference to the British Empire: In Letters Between a Statesman and a Colonist.* London: J. W. Parker.

Washburn, Wilcomb E. 1975. *The Indian in America.* New York: Harper and Row.

Watts, David. 1987. *The West Indies: Patterns of Development, Culture, and Environmental Change Since 1492.* Cambridge: Cambridge University Press.

Wellington, Raynor G. 1914. *The Political and Sectional Influence of the Public Lands, 1828–1842.* Cambridge, M. A.: Riverside Press.

Willcox, Walter with Imre Frencz. 1929. *International Migrations.* New York: National Bureau of Economic Research.

Wilson, Monica, and Leonard Thompson, eds. 1969. *The Oxford History of South Africa.* New York: Oxford University Press.

Yarrington, Doug. 1997. *A Coffee Frontier: Land, Society, and Politics in Duaca, Venezuela, 1830–1936.* Pittsburgh: University of Pittsburgh Press.

2 边疆的神话

卡米洛·加西亚 – 吉麦罗（Camilo García-Jimeno）

詹姆斯·A. 鲁滨逊 (James A. Robinson)

2.1 引言

现代世界最大的经济谜题之一是，为什么近代早期的殖民地，在差不多相同的时间，由贪婪的欧洲人出于几乎相同的目的而建立，但北美在经济和民主方面取得了巨大成功，而拉丁美洲却没有。当然，答案并不少，但其中最突出的一个就是"边疆"的概念[①]。许多学者声称，美国一个重要的独特之处在于有着广袤、开放的空间［至少在原住民消失后（Mann，2005）］，这对社会、经济和政治的演变产生了深远的影响。

对这种观点最著名的阐述，由弗雷德里克·杰克逊·特纳（Frederick Jackson Turner）于 1893 年首次提出。特纳提出了著名的"边疆（或特纳）学说"，认为边疆的可用性吸引了一些特殊类型的人才，并对美国的社会道路起到了决定作用。

> 一个自由土地区域的存在及其不断的收缩以及美国向西的拓殖，可以解释美国的发展。在制度的背后，在宪法的形成及其修订背后，隐藏着赋予这些机构生命并塑造它们以适应不断变化的环境的重要力量。（Turner，1920：1~2）

特纳强调，边疆创造了强大的个人主义和社会流动性，他明确指出，边疆是民主发展的关键。他着重提出：

> 边疆最重要的作用是促进民主。（Turner，1920：30）

---

① 其他关于美国例外论的观点见 Hartz（1955，1964）、Lipset（1996）、Engerman 和 Sokoloff（1997）。

> 这些自由的土地促进了个人主义、经济平等、自由的崛起、民主……美国的民主从根本上来说，是美国人民处理西部事务的结果。（Turner，1920：259，266）

此外，伴随民主而来并有助于促进民主的东西，比如社会流动性，很可能也提升了经济效益。

自从特纳提出这一观点，边疆学说在美国的历史学家和学者之中成为传统智慧的一部分[1]。尽管特纳所青睐的某些机制如个人主义，已经不是那么突出，但关于边疆的论点已经出现在许多领域，特别是关于美国民主化的文献中（Keyssar，2000；Engerman and Sokoloff，2005）。例如，Keyssar（2000：xxi）认为：

> 美国选举权的扩大是由一系列关键力量和因素造成的……这些因素包括边疆拓殖的动力学（正如弗雷德里克·杰克逊·特纳在一个世纪前指出的那样）。

质疑这一观点的人［见 Walsh（2005）中的精彩论述］倾向于把重点放在边疆在美国境内有没有影响，以及影响的程度有多大。

在某种程度上，接受边疆学说以及围绕边疆学说进行争论的本质都是很荒诞的。因为边疆的存在显然没有把美国和其他美洲殖民地，或者说与俄罗斯、南非及 19 世纪的澳大利亚等社会清晰地区别开来。每一个独立的南美洲和加勒比国家，除了海地，在 19 世纪都有边疆。这些边疆通常由原住民居住，它们经历了和美国一样的扩张模式，伴随着土地的征用，

---

[1] 关于该学说是否适用于美国的争论，参见 Taylor（1956）、Billington（1962，1966，2001）、Hofstadter 和 Lipset（1968）、Walsh（2005）。

结果常常是土著群体遭到灭绝。在这些情形下，似乎很难把边疆拓展与民主或经济发展联系起来。确实，有人推测，如果边疆学说是由拉丁美洲学者在 19 世纪晚期发展起来的，那么它的前面应该会加一个负号[1]！

少数文献从比较的角度检验了边疆假说，但结论是不确定的。特纳也进行了一些比较观察，但只提到了欧洲，他察觉到：

> 美国边疆与欧洲边疆截然不同，后者是一条穿越人口密集地区的加固边界线。（Turner，1920：3）

Hennessy（1978）特别论述了边疆学说对拉丁美洲的适用性［也可参见 Weber 和 Rausch（1994）][2]。Hennessy（1978：13）注意到，在拉丁美洲没有关于边疆学说的文献，他推断：

> 如果特纳学说的重要性在于它……能够提供一种合法化、富有成果的民族主义的思想体系，那么拉丁美洲边疆神话的缺失就很容易解释了。没有民主，就没有必要详细阐述以边疆经验为基础的支持性思想体系。

Hennessy 的结论是：这个学说是无关紧要的。因为：

> 拉丁美洲的边疆并没有为民主提供肥沃的土壤。财富的集中、资

---

[1] 尽管在拉丁美洲研究中已经考虑过边疆的作用问题［见 Hennessy（1978）、Weber 和 Rausch（1994）］，但以前似乎没有人做过这些比较性观察。

[2] 其他从比较视角审视边疆学说的作品还有 Winks（1971）、Miller（1977）和 Powell（1981）。现代世界边疆扩张并不特别关注特纳理论，其更一般的讨论可参见 Richards（2003）和 Belich（2010）。

本的匮乏和富有热情的开拓者的缺失，有效地阻碍了独立小农和农村中产阶级的增长。（Hennessy，1978：129）

　　在美国和加拿大，良好的民主和经济发展与边疆之间是具有相关性的，但是拉丁美洲缺乏这种相关性，这就提出了一个问题：边疆与经济和政治发展之间是否有联系？也许边疆与此无关，只是一个神话？

　　我们认为答案是否定的。美国的一些机制看起来确实合理，只是它们似乎并没有在拉丁美洲运作。为什么会这样呢？要了解这一点，研究边疆土地如何分配是关键①。在美国，1862 年颁布的《宅地法》——以早期立法如《1785 年土地法令》为基础——扮演了重要角色，它规定了谁能进入边疆，以及进入边疆的条件是什么。在拉丁美洲，只有哥斯达黎加和哥伦比亚通过并实施了类似法律。至于其他一些国家，虽然通过了立法，但似乎从未付诸实施。例如，杰斐逊（Jefferson，1926：167）指出了阿根廷关于边疆地区土地所有权的立法中"崇高的目标和博爱的语言"与"事实"之间的区别。更普遍的是，边疆土地是由现有的精英以相对不平等的模式分配的，在许多情况下，早期开拓者获得的边疆土地财产权对于非精英来说是不牢固的。虽然特纳不断谈论边疆和"自由土地"，好像它们是同一件事，但正如 Adelman（1994：101）所指出的：

　　　特纳……忽略了两个铁的事实：土地不是自由的，工人必须从外部地区引进。

　　除了哥斯达黎加和哥伦比亚，拉丁美洲的边疆土地并不自由，而是由

---

① 边疆地区发展起来的劳动制度差异也可能扮演了重要角色，这无疑与土地分配有关。

那些有政治权力的人以寡头方式分配的①。Hennessy（1978：19）观察到：

> 另一个对比是"自由土地"的可用性。自由土地是吸引拓荒者进入北美荒野的磁石，而在拉丁美洲，大部分可利用的土地都依据16世纪设定的土地所有权模式被抢占了。

阿根廷的历史经验再次证明了这一点。Jefferson（1926：175~178）描述了在巴拉那盆地、南部的内肯地区甚至拉潘帕发生的一系列事件，在那里拓殖者发现难以维护他们开垦的土地产权，这有可能是因为国家官员违背承诺，也有可能是因为当地精英滥用职权。有趣的是，当特纳讨论跟边疆有关的土地法时，他似乎把这些看作对边疆存在的内在反应，例如，他认为：

> 对公共土地的处置是边疆影响国家立法的第三个重要课题。（Turner，1920：25）
>
> 可以肯定地说，关于土地的立法……是以边疆思想和需求为条件的。（Turner，1920：27）

---

① 关于19世纪拉丁美洲边疆土地的寡头分配有大量的历史文献。关于中美洲经验的概述，参见 Williams（1994）、Gudmundson（1997）和 Mahoney（2001）；McCreery（1976，1994）阐述了危地马拉的重要经验；Parsons（1949）关于哥伦比亚边疆扩展的作品很经典，关于哥伦比亚的文献也可参见 Christie（1978）和 LeGrand（1986）；Dean（1971）和 Butland（1966）分析了巴西的情况；Solberg（1969）为智利提供了证据；Coatsworth（1974，1981）分析了墨西哥的情况；Solberg（1987）和 Adelman（1994）探讨了阿根廷的情况，并与加拿大做了有趣的比较。

拉丁美洲的经验告诉我们，并不是边疆不重要，而是需要一个更加微妙的边疆学说。我们称之为"有条件的边疆学说"。该学说需要考虑一个事实，即边疆的影响是以边疆开始扩张时的初始的政治平衡为条件的。尽管如特纳所说，开拓边界可能会为建立公平社会带来新的机会，从而促进民主和经济增长，但在相对寡头的国家，开拓边疆给统治精英提供了一种新的有价值的工具，他们可以利用这种工具继续掌权。他们通过土地结构、法律、移民政策和获得边疆土地的便利性来达到自己的目的。如果初始的政治体制不同，比如在美国、加拿大、哥斯达黎加和哥伦比亚，精英阶层不太能够操纵这种资源，社会就会变得更加开放。正如特纳所说，在这种情况下，边疆的存在很可能有助于促进政治制度的进一步改善。但在像阿根廷或墨西哥这样的国家，由寡头分配边疆可能比没有边疆更糟糕。

在本章，我们将对边疆学说进行第一次实证检验，并提出扩展的有条件的边疆学说。为此，我们估算了1850年美洲各独立国家的边疆土地比例。我们把这些数据与当时的人均收入、民主和不平等的数据结合起来。我们的第一个主要发现是，对边疆相对大小的估计，与长期经济增长和20世纪各国的民主程度正相关，与收入不平等负相关。这些初步结果与简单的边疆学说相当一致。

我们利用美洲各独立国家都适用的政治数据集，得到这些国家在1850年的初始制度措施，特别是对行政部门的约束，然后根据1850年的边疆土地比例与这些初始制度措施之间的相互作用来检验有条件的边疆学说[1]。如果把2007年人均国内生产总值看作因变量，我们发现，无论是1850年的边疆土地比例还是对行政部门的约束本身，在统计上都不显著，

---

[1] 加拿大例外，其数据是从1867年开始的。

但是它们的相互作用是显著的。实际上，研究结果意味着，在那些对行政部门的约束水平最低的国家（这几乎是我们 1850 年样本的一半），边疆越大，长期经济增长率越低。但在那些有较高约束水平的国家，边疆越大，长期经济增长率越高。这些简单的回归与有条件的边疆学说非常一致。关于民主，如果考虑 1900~2007 年的平均政治得分，我们再次发现，一旦加上相互作用项，边疆和约束本身都不显著。在这种情况下，我们认为边疆并不妨碍民主，结论是 1850 年对行政部门的约束越大，边疆对民主的影响越大。这些结论表明，边疆本身对民主没有影响，这再次与有条件的边疆学说一致。当我们转向二战后（1950~2007 年）的平均民主得分时，我们得到了不同的结论。在这里，边疆本身倾向于与民主正相关，但相互作用在统计上并不显著。最后，当我们把当代的不平等作为因变量来考察时，我们得不到稳健的结果。虽然 1850 年边疆土地占比和对行政部门的约束都与不平等负相关，但加入相互作用后，没有一个变量具有显著的统计意义。

严格说来，我们的结论为有条件的边疆学说论提供了相当有力的支持，并表明，特纳本人和以美国为研究对象的许多后继学者之所以接受简单的边疆学说，是因为他们生活在一个具有相对良好制度的国家里。不过，由于样本量很小，而且仅限于使用跨国的差异，所以我们的结论是实验性的。

有条件的边疆效应与几个重要的历史争论有关。例如，根据 Brenner（1976）的观点，中世纪的大规模冲击——贸易扩张或黑死病，具有取决于初始制度的有条件的效应。在英国，农奴相对有组织，领主没有大地产，黑死病使下层阶级更为强大，并导致封建制度的崩溃。但在初始条件不同的东欧，黑死病最终导致了第二次农奴制。Acemoglu、Johnson 和 Robinson（2005）提出了一个相关的论点，他们认为 1492 年后贸易和殖民扩张对西欧的影响取决于初始的政治制度。在那些政治制度相对强大的国家，比如英国和荷兰，贸易扩张导致了制度的改善，刺激了经济增长和进一步的政治变革，而在一些比较专制的国家，比如西班牙和法国，贸易扩张产生了相反的效果①。

在 2.2 节，我们将讨论如何测量边疆的范围，并提供有关边疆的范围和性质的一些基本数据；在 2.3 节，我们研究了边疆与长期经济和政治结果之间的相互关系；2.4 节探讨了是否存在有条件的边疆效应；2.5 节是结论。

2.2　边疆的测量

对于如何确定边疆的范围，相关文献一直相当模糊。特纳本人特别指出：

> 在人口普查报告中，它被视为人口密度为每平方英里两人或以下的那些边缘地带的社区。这个术语是很有弹性的，而且我们并不需要明确的定义。我们将考虑整个边疆地带，包括印第安人区域和人口普查报告中的"安置区"等其他外缘地带。(Turner，1920：3)

边疆是指人口密度低于每平方英里两人的地区，正是根据这一定义，1890 年人口普查局宣布美国开疆结束。

想要尝试测量美洲大陆的边疆范围，必然面临几个方法上的问题。首先，每个国家的边疆，在 19 世纪中期看起来都大不相同。因此，边疆

---

① 这种相互作用也出现在关于资源诅咒影响的文献中，参见 Moene、Mehlum 和 Torvik（2006）。

测量应该选择一些基本的、简化的但对每个国家而言统一的标准，这些标准必然会忽略许多重要的方面，因此这是一个折中的标准。根据历史文献，这种标准可以是：是否存在不受国家控制和管辖的美洲土著社区、总人口密度（包括任何非美洲土著的定居者），以及是否存在国家机构。所有这些条件都是决定自由土地能否得到利用和拓殖能否成功的重要因素。鉴于边疆的定义变量在大多数情况下具有内在连续性，而且它的边界通常是不明确的，因此，把边疆看作一种二分的条件明显是有问题的。

在处理南美洲的边疆经验时，又出现了另一个问题——在某些地区，边疆的拓殖并不总是处于一个吸收人口的状态。例如，巴拉圭的一些地区，在殖民地时期完全由耶稣会传教士主持和管理。1767 年，耶稣会被西班牙帝国驱逐出境后，西班牙政府将这些地区的控制权重新分配给其他宗教团体，这些宗教团体未能维持教区的经济活力，在政治上也没有控制住这里的土著社区。结果，在随后的几十年里，传教区退化到几乎没有国家控制的地步，再次成为边疆。这种状态一直持续到 19 世纪晚期（Eidt，1971；Bandeira，2006）。巴西的班代兰蒂斯在 17 世纪、18 世纪也处于类似的情况。随着这些移民向西迁移到亚马孙河及其西南流域，巴西扩大了边界。尽管如此，这些地区后来多数并不稳定，这种状态一直保持到共和时期的晚期。因此，巴西的史学著作将其称为"空洞的"边疆（Katzman，1977）。我们试图把这些在殖民时期属于巴西，但 1850 年前后实际上并不由共和国控制的地区也纳入了测量范围。

其次，关于边疆和非边疆土地位置信息的可用性问题。由于这一主题的性质，不仅缺乏详细的信息，而且各国数据的可比性可能也有问题。我们收集了 3 种类型的资料，并在此基础上设计了 3 种可供选择的边疆测量方法：（a）运用历史数据制图，直接显示样本中几个独立国家从 19 世纪中叶开始在不同时期的边疆领土或人口密度资料；（b）运用当前行政区划（省、区或州）的地理（和地理参照）资料；（c）直接运用有关 19 世纪边疆地区殖民情况的国家或地区的历史记录。附录详细说明了每个国家使用的资料来源。我们也可以利用现有的行政区划，因为事实上，美洲许多地区行政单位的形成，正是由重要的殖民地和现在的州推动的。这方面最好的例子可能是美国标识西部各州边界的直线，随着西进运动的推进，这是对新占领土进行规范和控制的第一步。哥伦比亚、巴西、秘鲁等国的亚马孙雨林边疆省份也是个很好的例子，这些边疆省份正是为了划定这些边疆地区的边界而设计的。

2.2.1 美国和加拿大的边疆

对于美国和加拿大这两个国家，我们能够找到详细的制图资料，从而计算 1850 年未拓殖和已拓殖的土地份额。更具体地说，对于美国，美国人口普查局（1898）和 Gerlach（1970）绘制了详细的人口密度地图。两者都使用了 19 世纪美国的人口普查数据，并根据人口普查局的数据，将每平方英里人口少于 2 人（每平方千米人口少于 0.7725 人）的领土划为边疆地区。对于加拿大，国土统计局（未注明出版日期）绘制了 19 世纪下半叶若干年的地图，用地图上的点来描绘人口密度。我们使用地理信息系统（GIS）软件直接将这些地图作为地理参考，并计算了美国在 1850 年和加拿大在 1851 年人口密度低于每平方千米 0.7725 人的土地占总土地面积的份额。由于这些地图是根据详细的人口普查数据绘制的，我们相信这些测量的误差很小，因此将其作为这两个国家唯一的数据来源。

对于美洲其他国家来说，信息不是很详细，而且分散在不同的资料中。因此，我们决定创建一套替代的边疆测量体系，在比较可用信息时考虑其中的差异。

2.2.2 中美洲的边疆

对中美洲边疆的测量主要依赖 Hall 和 Pérez Brignoli（2003），资料中包含了危地马拉、萨尔瓦多、洪都拉斯、尼加拉瓜、哥斯达黎加和巴拿马在 19 世纪殖民地的丰富的历史地图，并且对中美洲的边疆扩张进行了详尽的历史性探讨。我们把这些描绘中美洲边疆地区的地图信息和作为地理参照的次国家级地图合并，并根据是否属于 Hall 和 Pérez Brignoli（2003）地图中未被拓殖的地区，对每个省（区、州）是否为边疆或非边疆地区进行编码。当然，根据这一程序，有相当数量的次国家级单位会出现部分边疆地区。因此，我们创造了两种不同的边疆测量方法——狭义的和广义的。狭义的测量法将 Hall 和 Pérez Brignoli（2003）地图中覆盖范围不明确的次国家级单位归为非边疆，而广义的测量法则将其归为边疆。美国人口普查局（1956a）载有 1950 年所有中美洲国家在省（区、州）一级的非常详细的人口密度地图，我们进一步利用这一资料重新编制了各省（区、州）的分类。通过与这些地图的比较，我们重新划分省（区、州），因为那些可能不明确，但到 1950 年人口密度低于每平方千米 0.7725 人的省（区、州），在 100 年前必定是边疆地区。附录介绍了所有次国家级单位的狭义边疆和广义边疆的代码。

在墨西哥边疆地区，我们参考的文献是美国商业研究局（1975）1900 年的人口密度图，这是一张 1900 年的州级地图，以 Censo General de Población 和 Bernstein（1964），以及 Hennessy（1978）为基础。由于 1900 年墨西哥各地的人口密度都比 1850 年高得多，我们不仅把 1900 年每平方千米少于 0.7725 人的州归为边疆，而且把补充参考文献中提及的在 1900 年人口密度不超过每平方千米 5 人的州也归为边疆地区。这使得墨西哥的边疆和非边疆的分类相对简单，只有恰帕斯州例外，该州在狭义测量中为非边疆，在广义测量中为边疆。

2.2.3 加勒比国家的边疆

到 1850 年，只有海地和多米尼加独立，所以样本中仅有这两个加勒比国家。在 Anglade（1982）和 Lora（2002）的基础上为这两个国家编写边疆代码是一项非常简单的工作。Anglade 绘制了 18 世纪晚期和 19 世纪中期的人口密度图，很明显，自殖民时期以来，海地的人口密度远远超过每平方千米 0.7725 人，而且几乎所有地区的人口密度都大大高于这个数字。因此，海地没有边疆。多米尼加的地图与海地非常相似，除了西南端的巴拉奥纳省和佩德纳莱斯省。美国人口普查局（1956b）亦载有这两个国家 1950 年的详细省级地图，显示多米尼加西南部的人口密度偏低。因此，巴拉奥纳省和佩德纳莱斯省在狭义测量中为非边疆，在广义测量中为边疆，这个国家的其他地方都被编码为非边疆。

2.2.4 南美洲的边疆

为了测量南美洲国家的边疆，我们采用了一个与中美洲各国非常类似的程序，即将国家专有的历史地图信息和说明与当时的次国家级单位结合起来。附录列举了每个国家的历史参考资料。如果某个次国家级单位被部分拓殖，我们会进一步加以识别，在狭义的测量中将其编码为非边疆，而在广义的测量中将其编码为边疆。巴西东北部的皮奥伊省①和厄瓜多尔太

---

① 原文为"Province of Piaui"，现为皮奥伊州。——编者注

平洋沿岸的埃斯梅拉尔达斯省就是这种情况。

我们还找到了另一个关于南美洲边疆的资料来源。Butland（1966）详细讨论了巴西南部的边疆扩张，并绘制了一份描绘 19 世纪中期南美洲边疆地区的地图。遗憾的是，他没有解释这张地图是如何绘制的，但它确实在很大程度上与我们的省级编码是一致的。我们用地理信息系统软件对 Butland（1966）的边疆地图进行了地理参照，并直接计算了 19 世纪中期每个国家边疆所占的份额。因此，我们在南美洲有三种不同的边疆测量方法：狭义的、广义的和 Butland 式的。

表 2.1 汇总了这些计算得到的数据。关于边疆比例，美国和加拿大都只有一个数字，1850 年，美国有 72.5% 的领土是边疆，而加拿大的相应数字是 85.3%。图 2.1 显示了边疆和非边疆地区的确切位置。这是一幅非常熟悉的画面，美国人在美国东海岸定居，然后一路向西，直到阿肯色州和密苏里州的西部边界。在遥远的西部，加利福尼亚沿海地区和旧金山北部的中央山谷也有人类定居。南美洲国家的边疆范围有三种不同的估计结果，如表 2.1 所示，在哥伦比亚，按狭义的边疆定义，1850 年其边疆领土占 62.9%，而这恰好与广义的定义是一致的。Butland 的地图给出了相当类似的估计，边疆占 58.1%。但对于其他国家来说，这些估计结果之间的差异要大得多。例如，按狭义定义，阿根廷的边疆领土占 49.3%，而按广义定义为 74.2%。差异如此巨大，其原因很容易从图 2.2 中看出来。在这里，拓殖区贯穿了许多区。例如，按狭义的定义，圣路易斯、科尔多瓦、内乌肯、圣地亚哥－德尔埃斯特罗和萨尔塔都可以被看作已被拓殖的地区，而广义的定义将它们视为边疆。对阿根廷来说，Butland 的估计接近广义的定义。图 2.3 显示了中美洲和加勒比国家的边疆。

这些数据清晰地说明了我们在引言中提出的猜想，即仅就边疆的大小

表 2.1 美洲的边疆

国家	次国家级单位总数（个）	国土总面积（平方千米）	狭义边疆定义中的次国家级单位数量（个）	狭义边疆定义中的土地面积（平方千米）	狭义边疆占比（%）	广义边疆定义中的次国家级单位数量（个）	广义边疆定义中的土地面积（平方千米）	广义边疆占比（%）	Butland (1996) 和历史制图中的边疆总量（个）	Butland (1996) 和历史制图中的边疆占比（%）
阿根廷	24	2780403	11	1370454	49.3	15	2063942	74.2	1922371	69.1
玻利维亚	9	1098581	4	685635	62.4	4	803853	73.2	861507	78.4
巴西	27	8498331	15	6354737	74.9	17	7192601	84.6	7606006	89.5
智利	13	756095	5	398745	52.7	5	398745	52.7	562762	74.4
哥伦比亚	33	1141748	15	718130	62.9	15	718130	62.9	663584	58.1
哥斯达黎加	7	51102	4	32870	64.3	5	43011	84.2	32870	64.3
多米尼加	32	46891	0	—	0.0	2	3665	7.8		
厄瓜多尔	23	256370	7	116519	45.4	9	151309	59.0	120827	47.1
萨尔瓦多	14	21040	0	—	0.0	0	—	0.0		
危地马拉	22	108889	2	44892	41.2	7	69692	64.0		
洪都拉斯	18	112492	3	45262	40.2	6	64904	57.7		
海地	9	27700	0	—	0.0	0	—	0.0		
墨西哥	32	1970774	11	1131990	57.4	12	1207619	61.3		
尼加拉瓜	17	120339	4	77129	64.1	7	91601	76.1		
巴拿马	12	75071	6	35102	46.8	7	46773	62.3		

续表

国家	次国家级单位总数（个）	国土总面积（平方千米）	狭义边疆定义中的次国家级单位数量（个）	狭义边疆定义中的土地面积（平方千米）	狭义边疆占比（%）	广义边疆定义中的次国家级单位数量（个）	广义边疆定义中的土地面积（平方千米）	广义边疆占比（%）	Butland（1996）和历史制图中的边疆总量（个）	Butland（1996）和历史制图中的边疆占比（%）
秘鲁	25	1285199	4	595813	46.4	7	709235	55.2	786028	61.2
巴拉圭	18	406752	3	246925	60.7	13	378370	93.0	365955	90.0
乌拉圭	19	175016	19	175016	100.0	19	175016	100.0	175016	100.0
委内瑞拉	25	916445	6	598945	65.4	8	707231	77.2	655533	71.5
美国	51	9372587							6792227	72.5
加拿大	13	9017699							7819625	85.3

资料来源：次国家级单位的土地面积参见 www.geohive.com，Butland（1966），国土统计局（未注明出版日期），Gerlach（1970）和商业研究局（1975）。边疆代码由作者计算。

图 2.1　1850 年前后北美洲的边疆（当时的行政边界）

图 2.2　1850 年前后南美洲的边疆（当时的行政边界）

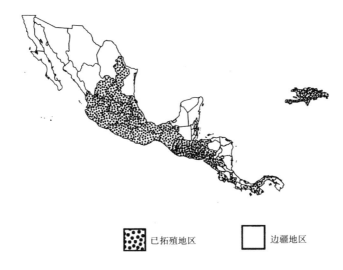

图 2.3　1850 年前后中美洲的边疆（当时的行政边界）

而言，美国并没有什么不同。根据狭义边疆定义，乌拉圭的边疆跟国土面积一样大，巴西的边疆也很大。但其他国家如哥斯达黎加、尼加拉瓜和委内瑞拉，其边疆只有 65% 或更少。

2.3　其他数据

　　除了有关 1850 年边疆范围的数据之外，我们还使用了其他一些容易获得的数据。为了衡量历史上的政治制度，我们使用了政体四（Polity IV）数据库中 1850 年的行政约束值[1]。这个变量的定义是对行政长官（包括个人的和集体的）决策权的制度性限制的程度。在民主制度下，限制来自立法或政府的司法部门。在独裁统治下，则可能来自一党制下的执政党，

---

[1]　http：//www.systemicpeace.org/polity/polity4.htm.

君主制下的贵族会议或有权势的顾问委员会，也可能来自有军事政变威胁的政体下的军队。行政约束值的得分介于 1 分到 7 分之间，1 分意味着"无限制的行政权力"，7 分意味着"行政对等或从属"。如果一个国家"宪法对行政行为的限制被忽视"或"没有立法议会，或只有立法议会，但随行政部门的意愿而决定是否召开"，那么这个国家将属于第一类。如果一个国家的立法机关、执政党或贵族会议启动了许多或启动了最重要的立法，或者"行政部门由问责小组选定，并依赖于它的持续支持才能继续执政"，那么这个国家就属于后一种情况。

图 2.4 显示了数据集中的 21 个国家 1850 年行政约束值的分布。我们可以看到 9 个国家得到最低分 1 分，而美国和加拿大得到最高分 7 分[1]。有趣的是，哥斯达黎加和哥伦比亚在 1850 年的得分都是 3 分，洪都拉斯的得分是 5 分。

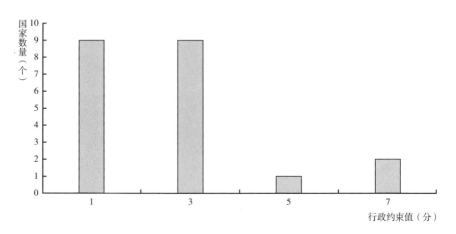

图 2.4　1850 年行政约束值

---

[1]　如前所述，加拿大的政治数据从 1867 年才开始，那时它的得分是 7 分，我们将它作为 1850 年的得分。

我们还使用政体四数据库来衡量一个国家的民主程度，称为政体四得分，具体从政体的民主指数和独裁指数两个方面来测算①。民主指数根据政治参与的竞争性、行政人员招聘的开放性和竞争性，以及行政长官受到的约束来赋值，范围从 0 到 10。独裁指数也是从 0 到 10，其赋值方式与民主指数相似，也是根据政治参与的竞争性、参与规则、行政人员招聘的开放性和竞争性以及行政长官受到的约束而得出。这意味着政体四得分的范围在-10 分到 10 分之间。

我们使用的另一个数据是根据世界银行的世界发展指标数据库调整的按购买力平价（PPP）计算的 2007 年人均国内生产总值。此外，我们还从中获取了 1996~2005 年收入分配的平均基尼系数。

表 2.2 显示了一些基本的描述性统计数据。其中行对应的是不同的因变量和关键解释变量，我们按照狭义的定义，根据 1850 年边疆土地占比的中位数划分样本。第一组列表显示的是边疆土地占比高于中位数的国家的平均数据，后一组列表显示的是边疆土地占比低于中位数的国家的平均数据。这里的中位数国家是墨西哥，1850 年其狭义的边疆土地占比是57.4%。注意，在中位数以下的国家，边疆土地占比平均为 32.2%（标准差为 0.225），而在中位数以上的国家，边疆土地占比平均为 70%（标准差为 0.127）。

高边疆土地占比国家和低边疆土地占比国家之间的比较很能说明问题。例如，表 2.2 的第三行显示，边疆土地占比高于中位数的国家 2007年的人均国内生产总值平均为 11466.36 美元，而边疆土地占比低于中位数的国家只有 3744 美元。数据显示，那些在 1850 年拥有相对较大边疆的国家，现在的人均国内生产总值更高。表 2.2 第四行显示的是 1900~2007

---

① 在民主的实证研究中，这是一个非常标准的方法，运用其他方法通常会得出非常类似的结果［参见 Acemoglu、Johnson、Robinson 和 Yared（2008）］。

表 2.2 描述性统计

变量	边疆土地占比高于中位数的国家					边疆土地占比低于中位数的国家				
	观测变量	均值	标准差	最小值	最大值	观测变量	均值	标准差	最小值	最大值
1850 年前边疆土地占比	11	0.700	0.127	0.574	1	10	0.322	0.225	0	0.527
1850 年行政约束值	11	2.636	2.335	1	7	10	2.600	1.265	1	5
2007 年人均国内生产总值	11	11466.36	15725.61	980	46040	10	3744	2296.15	560	8350
1900~2007 年政体四平均得分	11	2.427	5.325	-3.537	10	10	-0.350	1.937	-3.107	2.333
1950~2007 年政体四平均得分	11	3.964	5.008	-3.293	10	10	1.052	2.482	-5.339	3.828
1996~2005 年平均基尼系数	11	0.49113	0.08389	0.32560	0.58770	10	0.53435	0.02614	0.50630	0.59200

注：边疆土地占比的样本中位数国家是墨西哥，边疆土地占比为 57.4%（基于狭义的边疆测量）。对于政治过渡年份的政体四得分，我们按过渡前后年份的平均值计分，政体四得分平均值或空档期中断或空档期的年份不计入平均值。

年的政体四平均得分。边疆土地占比高于中位数的国家为 2.427 分，边疆土地占比低于中位数的国家为 -0.35 分。在下一行，我们看到的是 1950~2007 年的政体四平均得分。可以看到，边疆土地占比高于中位数的国家的政体四平均得分为 3.964 分，边疆土地占比低于中位数的国家为 1.052 分，虽然与 1900~2007 年相比民主程度明显上升，但两类国家的对比情况与 1900~2007 年看起来非常相似。与人均国内生产总值一样，1850 年边疆相对较大的国家比边疆相对较小的国家在今天似乎也更民主。

表 2.2 最后一行考察的是 1996~2005 年的不平等情况。边疆土地占比高于中位数的国家的平均基尼系数为 0.49113，而边疆土地占比低于中位数的国家为 0.53435。边疆相对较大的国家除了更加繁荣和民主，它们似乎也更加平等。

这些原始数据与基本的边疆理论非常一致。我们还可以用图形来检验它们。图 2.5 描绘了 2007 年人均国内生产总值与边疆（狭义的定义）土地占比的关系。即使不考虑美国和加拿大，二者之间也存在明显的正相关关系。图 2.6 描绘了边疆土地占比与 1900~2007 年政体四平均得分之间的

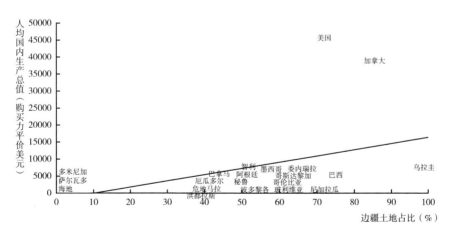

图 2.5 1850 年前后边疆土地占比与 2007 年人均国内生产总值的关系

原始关系。与图 2.5 相似，图 2.6 也呈现了明显的正相关关系，图中显示，北美洲和哥斯达黎加远离回归线。图 2.7 显示了类似的形状，但这是根据二战后即 1950~2007 年政体四得分的平均值绘制的。图 2.6 和图 2.7 非常相似。图 2.8 考察了不平等和边疆范围的关系。从图 2.8 中可以看出，边疆范围和当代的不平等程度之间存在负相关关系。

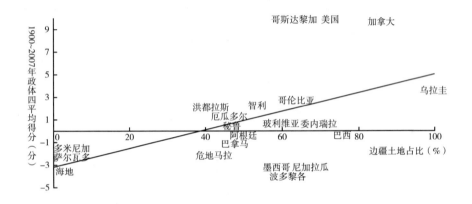

图 2.6　1850 年前后边疆土地占比与 1900~2007 年政体四平均得分的关系

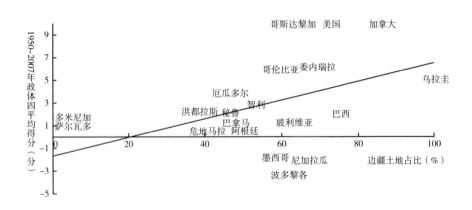

图 2.7　1850 年前后边疆土地占比与 1950~2007 年政体四平均得分的关系

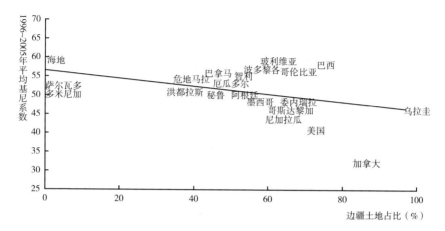

图 2.8   1850 年前后边疆土地占比与 1996~2005 年平均基尼系数的关系

前面提到的所有图形都支持特纳学说。我们现在转向回归分析来研究它们的稳健程度，以及这些数据是否也符合有条件的边疆学说。正如我们将要看到的，描述性统计和简单的散点图所呈现的结果并不普遍。

2.4 实证结论

现在，我们通过一些简单的回归模型来检验拥有边疆对经济和政治发展的长期后果。在所有情况下，我们通过普通最小二乘（OLS）回归模型进行估计：

$$y_i = \alpha + \beta F_{i,1850} + \gamma C_{i,1850} + \delta(F_{i,1850} \times C_{i,1850}) + \varepsilon_i \qquad (1)$$

其中，y_i 为因变量国家 i 的收益，分别为 2007 年人均国内生产总值、不同时期平均的政体民主得分，或衡量某一时期不平等程度的平均基尼系数。变量 $F_{i,1850}$ 是 1850 年前后的边疆土地占比，$C_{i,1850}$ 是 1850 年行政约束值，ε_i 是一个干扰项，我们假设它是一个常量。在这里，根据前面的论述，我们还考虑到了对行政部门的约束与 1850 年边疆土地之间的相互作用。

2.4.1 人均国内生产总值

我们首先考察 2007 年国家 i 人均国内生产总值的回归结果（见表 2.3）。表 2.3 分成 3 个部分，每个部分使用边疆的不同定义。第（1）～（3）列使用狭义的边疆定义，第（4）～（6）列使用广义的边疆定义，第（7）～（9）列使用 Butland 的定义[①]。

第（1）列显示了人均国内生产总值对 1850 年边疆土地占比的最简洁的 OLS 回归。系数 β = 18324.1（标准误差为 9953.3），具有统计学意义。为了考察这个系数的含义，我们以边疆土地占比中位数国家——墨西哥为例，墨西哥的领土中有 57% 由边疆组成。这个系数意味着墨西哥的人均国内生产总值为 -1738+18324×0.57 = 8706（美元），这非常接近墨西哥的实际人均国内生产总值 8340 美元。边疆土地占比系数意味着，如果将边疆土地占比从中位数水平改为美国的水平，即 0.72，那么，人均国内生产总值将增加（0.72-0.57）×18324 = 2748（美元），即中位数国家的人均国内生产总值预计会增加 31%（= 2748/8706）。我们也可以这么说，如果墨西哥的边疆土地占比从 57% 增加到 62.7%，人均国内生产总值将增加（0.627-0.57）×18324 = 1044.5（美元）。

然而，需要注意的是，在对任何类型的数据进行因果解释时，都应该非常谨慎。例如，我们把 1850 年边疆的范围看作经济计量上的外生变量，但实际上它可能是影响经济或政治发展的其他因素的内生结果。也许那些基础良好的国家通过吸引更多的移民等方式而扩张较快，因此在 1850 年

[①] 由于 Butland 的数据只有南美国家的，所以其余样本使用的是按狭义的边疆定义进行测量的数据。

表 2.3 人均国内生产总值的回归结果

	狭义的边疆			广义的边疆			Butland 定义的边疆		
	(1)	(2)	(3)	(4)	(5)	(6)	(7)	(8)	(9)
边疆土地占比	18324.10	15777.35	-13849.29	10535.48	10535.48	10397.26	-12590.71	12611.73	14272.81
	(9953.30)	(4900.72)	(7835.69)	(7835.69)	(6043.12)	(3884.45)	(8253.17)	(6934.05)	(4840.60)
1850年行政约束值		4405.86	-3657.29		4579.16	-3029.61		4708.54	-2663.75
		(1346.50)	(2228.71)		(1526.40)	(3360.24)		(1371.11)	(2332.80)
1850年行政约束值×边疆土地占比			11843.70			10391.53			10341.30
			(3015.50)			(3765.30)			(2880.38)
R^2	0.162	0.631	0.773	0.061	0.571	0.655	0.094	0.632	0.738
N	21	21	21	21	21	21	21	21	21

注：括号中的是稳健标准误差。所有回归包括一个常量（省略）。

边疆相对较小。如果这种遗漏变量的偏差很重要，则意味着我们可能低估了边疆的影响，因为它表明，相对较小的边疆应该与促进长期良好发展的因素有关。另外，我们将行政约束值看作是外生的，实际情况很可能不是这样。

在第（2）列，我们加入了 1850 年行政约束值。这极大地提升了模型解释的变异程度，尽管边疆土地占比的估计系数有所下降，但行政约束值和边疆土地占比都是显著的。约束值的系数 $\gamma = 4405.86$（标准差 = 1346.5），在统计上是显著的。

第（3）列增加了相互作用项，$\delta = 11843.7$（标准差 = 3015.5），非常具有显著性。而且，边疆土地占比的估计系数 $\beta = -13849.29$（标准差 = 7835.69），改变了符号。从这里可以看到，当行政约束值等于 1（1850 年，21 个国家中有 9 个国家是这样）时，边疆的总影响是 $\beta + \delta \times 1 = -13849.29 + 11843.7 = -2005.59 < 0$。换句话说，在代表"无限行政权力"的行政约束值最低的国家，1850 年边疆土地的相对规模越大，如今国家就越贫穷。但是，只要行政约束值为 2 分或 2 分以上，边疆土地就与长期增长正相关。

研究这些结果的定量影响也很有趣。例如，如果边疆范围是固定的，一国的行政约束值从 1 分提高到 7 分，那么，这将意味着收入的变化是：

$$(-13849 \times F_{1850}) + (11843 \times F_{1850} \times 6) - (3657 \times 6)$$
$$= (-13849 \times F_{1850}) + (71058 \times F_{1850}) - 21942$$
$$= (57209 \times F_{1850}) - 21942$$

因此，边疆土地占比中位数国家的人均国内生产总值将增加 $0.57 \times 57209 - 21942 = 10667$（美元），这大约会消除墨西哥和美国之间人均国内生产总值差距的 1/3。

第（4）～（6）列是使用广义的边疆定义重新估计上述 3 个模型的

结果。结果与使用狭义的定义得到的结果非常相似，只是在加入相互作用时，无论是边疆土地占比还是行政约束值都不显著。第（7）～（9）列是使用 Butland 的边疆定义得出的类似结论。

在所有的定义中，当我们加入相互作用项时，估计是稳定的和非常显著的，并且在所有情况下都表明，当行政约束值处于较低水平时，边疆的存在对经济发展是不利的，而在行政约束值较高时，边疆对长期经济增长是有利的。这一部分的结果与边疆学说不一致，但与有条件的边疆学说一致。

2.4.2 民主

我们再回到回归模型中，现在 y_i 是国家 i 在不同时期的政体四平均得分。我们来看两个时期，一个是 1900～2007 年，另一个是 1950～2007 年（见表 2.4 和表 2.5）。与表 2.3 一样，每个表分为 3 个部分，每个部分使用不同的边疆定义。

表 2.4 第（1）列显示了 1900～2007 年的政体四平均得分对 1850 年边疆土地占比的最简单的回归。$\beta = 8.189$（标准差 = 2.458），二者显著正相关。第（2）列增加了 1850 年的行政约束值。该行政约束值与 20 世纪的民主也有显著的正相关性，估计系数为 1.474（标准差 = 0.195）。

第（3）列加入了相互作用项。相互作用项极显著，t 统计量为 1.78，正相关系数为 1.263。然而，与上述人均国内生产总值为因变量的回归结果不同，即使系数较第（2）列下降了 50%，边疆土地占比本身仍然是正的而且是显著的。

表 2.4 的其余部分表明，这些结论并不完全稳定。虽然相互作用项仍然是正的而且基本上是显著的，但是当我们在第（6）列使用广义的边疆

表 2.4 1900～2007 年政体四平均得分的回归结果

	狭义的边疆			广义的边疆			Butland 定义的边疆		
	(1)	(2)	(3)	(4)	(5)	(6)	(7)	(8)	(9)
边疆土地占比	8.189	7.337	4.178	5.886	5.839	0.281	5.608	6.176	3.159
	(2.458)	(1.297)	(2.243)	(2.317)	(1.789)	(2.975)	(2.180)	(1.424)	(2.454)
1850 年行政约束值		1.474	0.615		1.554	-0.285		1.611	0.710
		(0.195)	(0.552)		(0.240)	(0.798)		(0.192)	(0.487)
1850 年行政约束值×边疆土地占比			1.263			2.512			1.265
			(0.708)			(1.074)			(0.706)
R^2	0.256	0.672	0.685	0.151	0.617	0.655	0.147	0.646	0.659
N	21	21	21	21	21	21	21	21	21

注：括号中的是稳健标准误差。所有回归都包括一个常量（省略）。巴拿马的政体得分是 1903～2007 年的平均值。

表 2.5 1950~2007 年政体四平均得分的回归结果

	狭义的边疆				广义的边疆		Butland 定义的边疆		
	(1)	(2)	(3)	(4)	(5)	(6)	(7)	(8)	(9)
边疆土地占比	8.213	7.455	9.809	5.822	5.780	6.474	5.304	5.815	7.597
	(2.960)	(1.851)	(2.676)	(3.119)	(2.151)	(4.388)	(2.873)	(1.865)	(3.866)
1850 年行政约束值		1.313	1.954		1.394	1.624		1.448	1.980
		(0.254)	(0.959)		(0.282)	(1.197)		(0.252)	(1.080)
1850 年行政约束值×边疆土地占比			-0.941			-0.314			-0.747
			(1.120)			(1.514)			(1.354)
R^2	0.262	0.599	0.606	0.150	0.533	0.533	0.134	0.545	0.550
N	21	21	21	21	21	21	21	21	21

注：括号中的是稳健标准误差。所有的回归都包括一个常量（省略）。

定义，或在第（9）列中使用 Butland 的边疆定义时，边疆土地占比本身在统计上并不显著。然而，与人均国内生产总值的回归结果不同，这里没有任何证据表明边疆土地占比有任何负面影响。表 2.4 中的结果表明，即使行政约束值最低，以下结论依然成立：1850 年的边疆土地占比越大，20 世纪的国家就越民主。但是，1850 年行政约束值越大，定量效应就越大。

在表 2.5 中，我们对与表 2.4 相同的模型做了重新估计，但把因变量改为二战后的政体四平均得分。正如我们看到的，表 2.5 呈现了一些完全不同的结果。当我们只把边疆土地占比和行政约束值作为控制变量时，系数的大小和显著性的结果与表 2.4 是非常相似的。然而，当我们把相互作用也作为控制变量时，我们发现相互作用项一直不具有显著性，而边疆土地占比本身的估计系数在数量上几乎保持不变，且都具有显著性［第（6）列仅少数项有显著性］。表 2.5 显示，对民主有条件的影响实际上是 20 世纪上半叶的一种现象。在后半期，边疆学说的简单版本在数据上能很好地契合这些模式。

2.4.3 不平等

最后，我们让方程（1）中的 y_i 作为 i 国 1990~2007 年的平均基尼系数。这个模型的估计结果见表 2.6。无论我们采取哪种方式测量边疆的范围，都得到了相当稳健的结果。只加入边疆土地占比时，边疆土地占比与当代收入不平等显著负相关，行政约束值也是如此。这些结果表明，在 1850 年拥有更大的边疆，或拥有更好的政治制度，与当今较低的不平等程度有关。然而，正如第（3）列、第（6）列和第（9）列所表明的，一旦相互作用项被包括在内，所有的系数都不具有统计意义。

表 2.6 不平等的回归结果

	狭义的边疆			广义的边疆			Butland 定义的边疆		
	(1)	(2)	(3)	(4)	(5)	(6)	(7)	(8)	(9)
边疆土地占比	-10.585	-9.579	-2.755	-7.086	-7.030	-1.901	-5.923	-6.596	1.723
	(5.632)	(4.126)	(7.922)	(4.628)	(3.520)	(8.094)	(4.897)	(3.707)	(9.226)
1850年行政约束值		-1.740	0.117		-1.845	-0.147		-1.906	0.580
		(0.676)	(1.745)		(0.767)	(2.347)		(0.745)	(2.220)
1850年行政约束值×边疆土地占比			-2.728			-2.319			-3.487
			(2.727)			(3.523)			(3.207)
R^2	0.177	0.417	0.442	0.091	0.362	0.376	0.068	0.358	0.397
N	21	21	21	21	21	21	21	21	21

注：括号中的是稳健标准误差。所有的回归包括一个常量（省略）。

2.5 结论

我们在本章所做的是对边疆（或特纳）学说的第一次检验。特纳认为，正是边疆的存在，使美国在 19 世纪走上了独特的发展道路。虽然他关于美国的著作受到了批评，但它们仍然在很大程度上影响了学者们对这些问题的思考方法。我们评价这个学说的出发点，是观察到除萨尔瓦多和海地之外的美洲所有国家在 19 世纪都有边疆。无论是在这一点上，还是在边疆的相对范围上，美国肯定不是例外。因此，从比较的角度来看，边疆的存在似乎与长期的经济和政治发展没有明显的联系。

然而，我们假设，在分配边疆土地的那个时期，边疆的范围和政治制度之间可能存在一种有条件的关系。历史证据表明，即使大多数美洲国家都有开放的边疆，边疆土地的分配方式也有很大的不同。例如，当美国、哥斯达黎加和哥伦比亚通过宅地法案或类似法案时，在像阿根廷、智利、危地马拉这样的地方，政治精英以寡头的方式，将边疆土地分配给他们自己或合作者。这表明，边疆的影响可能取决于当时支配土地分配方式的政治制度——我们称之为有条件的边疆学说。我们假设，如果在边疆拓殖时期，政治体制败坏，这种边疆土地的存在实际上可能会导致更糟糕的发展结果，这很大可能是因为它为非民主的政治精英提供了资源，巩固了他们自己的权力。

为了更系统地研究边疆与长期发展的关系，我们构建了测量美洲 21个独立国家 1850 年边疆土地范围的方法。通过一些简单的回归分析，我们发现这些数据确实支持了我们提出的有条件的假设。关于今天的人均国内生产总值和 20 世纪的民主，1850 年的边疆范围和 1850 年行政约束值之间的相互作用发挥了主要的解释作用。例如，对于一个行政约束水平最低的国家，边疆的相对规模越大，今天的人均国内生产总值就越低。然而，对于那些受到更多约束的国家，更大的边疆与其当前的人均国内生产总值正相关。关于民主，我们发现，在 1850 年特定程度的行政约束值下，更大的边疆与 20 世纪更广泛的民主有关，尽管这种影响主要来自上半世纪。

这些发现有很多值得注意的地方。例如，我们没有控制边疆质量的变化。例如，美国的俄克拉荷马州和智利北部的阿塔卡马沙漠，两者在 1850 年都是边境，但可能有很大的不同。当然，美国也有大面积的低质量土地，如落基山脉。试图明确地控制或调整这一点是未来研究的一个重要领域。此外，尽管 1850 年对我们来说似乎是一个值得关注的有趣年份，因为它标志着世界贸易开始迅速扩张，而这引发了美洲轰轰烈烈的边疆运动，但有人可能会说，这太晚了。未来研究的一个重要方向是进行更深入的敏感性分析。

尽管如此，研究结果表明，边疆的作用比最初的特纳学说所显示的要复杂得多。美洲不同国家边疆存在的后果在很大程度上取决于独立初期所形成的政治制度的性质。如果这些制度对行政部门几乎没有约束，那么拥有边疆实际上对经济发展不利。如果萨尔瓦多和海地在 19 世纪有边疆，这会使今天的它们更穷，而不是更富。虽然我们没有发现这种对民主的负面影响，但我们发现，边疆对社会民主化的影响，确实取决于最初的政治制度。如果特纳认为美国边疆有很强的民主化效应，这只是因为它存在于一个已经有良好政治制度的国家。在拉丁美洲，这种影响会被大大减弱。

虽然我们的研究结果与特纳学说的大部分不一致，但与 Brenner（1976），Acemoglu、Johnson 和 Robinson（2005）的研究结果一致，后者强调，大冲击的影响或新的经济机会取决于最初的制度均衡。更确切地说，在美洲，Engerman 和 Sokoloff（1997）与 Acemoglu、Johnson 和 Robinson（2001，2002）的研究是一致的，他们强调在殖民时期制度的创立及其路径依赖的后果至关重要。在某种意义上，关于人均国内生产总值的研究结果显示，19 世纪边疆土地的可获得性强化了不同的发展道路。

附 录

表 2A.1 边疆的资料来源

国家	制图的资料来源	历史参考文献
阿根廷	Butland(1966)	Eidt (1971)，Bandeira (2006)，Jeffferson(1926)，Moniz(2006)
玻利维亚	Butland(1966)	Gill(1987)，Fifer(1982)
巴西	Butland(1966)	Bandeira(2006)，Katzman (1977)，Katzman(1975)，James(1941)
加拿大	Dominion Bureau of Statistics(n. d.)	Silver(1969)，Landon(1967)
智利	Butland(1966)	James(1941)，Villalobos(1992)
哥伦比亚	Butland(1966)	James (1941)，LeGrand (1986)，Rausch(1993)
哥斯达黎加	Hall and Pérez Brignoli (2003)，United States Bureau of the Census(1956a)	Hall and Pérez Brignoli (2003)，James(1941)
多米尼加	United States Bureau of the Census (1956b)	Lora(2002)
厄瓜多尔	Butland(1966)	Dueñas(1986)，Sampedro(1990)
萨尔瓦多	Hall and Pérez Brignoli (2003)，United States Bureau of the Census(1956a)	Hall and Pérez Brignoli(2003)
危地马拉	Hall and Pérez Brignoli (2003)，United States Bureau of the Census(1956a)	Hall and Pérez Brignoli (2003)，McCreery(1976)
海地	United States Bureau of the Census (1956b)	Anglade(1982)
洪都拉斯	Hall and Pérez Brignoli (2003)，United States Bureau of the Census(1956a)	Hall and Pérez Brignoli (2003)，Davidson(2006)
墨西哥	Bureau of Business Research(1975)	Bernstein(1964)

		续表
国家	制图的资料来源	历史参考文献
尼加拉瓜	Hall and Pérez Brignoli（2003），United States Bureau of the Census（1956a）	Hall and Pérez Brignoli（2003），Aguirre（2002）
巴拿马	Hall and Pérez Brignoli（2003），United States Bureau of the Census（1956a）	Hall and Pérez Brignoli（2003）
巴拉圭	Butland（1966）	Moniz（2006）
秘鲁	Butland（1966）	Milla（1995）
美国	United States Census Office（1898），Gerlach（1970）	Billington（2001），Billington（1962），Wyman and Kroeber（1965）
乌拉圭	Butland（1966）	Moniz（2006），Bollo（1896）
委内瑞拉	Butland（1966）	

表 2A. 2　按次国家级单位分列的边疆类别

国家	地区	土地面积（平方千米）	狭义的边疆	广义的边疆
阿根廷	布宜诺斯艾利斯省	307571	0	1
	卡塔马卡省	102602	0	0
	查科省	99633	1	1
	丘布特省	224686	1	1
	布宜诺斯艾利斯都会区	203	1	1
	科尔多瓦省	165321	1	1
	科连特斯省	88199	1	1
	恩特雷里奥斯省	78781	1	1
	福尔摩沙省	72066	1	1
	胡胡伊省	53219	0	0
	拉潘帕省	143440	1	1
	拉里奥哈省	89680	0	0
	门多萨省	148827	0	0
	米西奥内斯省	29801	1	1
	内乌肯省	94078	0	0

				续表
国家	地区	土地面积（平方千米）	狭义的边疆	广义的边疆
阿根廷	里奥内格罗省	203013	1	1
	萨尔塔省	155488	0	1
	圣胡安省	89651	0	0
	圣路易斯省	76748	0	0
	圣克鲁斯省	243943	1	1
	圣菲省	133007	0	0
	圣地亚哥-德尔埃斯特罗省	136351	0	1
	火地岛省	21571	1	1
	图库曼省	22524	0	0
玻利维亚	贝尼省	213564	1	1
	丘基萨卡省	51524	0	0
	科恰班巴省	55631	0	0
	拉巴斯省	133985	0	0
	奥鲁罗省	53588	0	0
	潘多省	63827	1	1
	波托西省	118218	0	1
	圣克鲁斯省	370621	1	1
	塔里哈省	37623	1	1
巴西	阿克里州	152522	1	1
	阿拉戈斯州	27819	0	0
	阿马帕州	142816	1	1
	亚马孙州	1570947	1	1
	巴伊亚州	564272	0	0
	塞阿拉州	145712	0	0
	联邦区	5802	1	1
	圣埃斯皮里图州	46047	0	0
	戈亚斯州	340119	1	1
	马拉尼昂州	331919	1	1
	马托格罗索州	903385	1	1
	南马托格罗索州	357140	1	1
	米纳斯吉拉斯州	586553	0	1

				续表
国家	地区	土地面积 （平方千米）	狭义的 边疆	广义的 边疆
巴西	帕拉州	1247703	1	1
	帕拉伊巴州	56341	0	0
	巴拉那州	199282	1	1
	伯南布哥州	98526	0	0
	皮奥伊州	251311	0	1
	里约热内卢州	43797	0	0
	北里约格兰德州	53077	0	0
	南里约格兰德州	268836	1	1
	朗多尼亚州	237565	1	1
	罗赖马州	224118	1	1
	圣卡塔琳州	95286	1	1
	圣保罗州	248177	0	0
	塞尔希培州	21962	0	0
	托坎廷斯州	277297	1	1
智利	安托法加斯塔区（Ⅱ）	126049	0	0
	阿塔卡马区（Ⅲ）	75176	0	0
	伊瓦涅斯将军的艾森区（Ⅺ）	108494	1	1
	比奥比奥（Ⅷ）	37063	0	0
	科金博区（Ⅳ）	40580	0	0
	阿劳卡尼亚区（Ⅸ）	31842	1	1
	洛斯·拉格斯区（Ⅹ）	67013	1	1
	麦哲伦区（Ⅻ）	132297	1	1
	马乌莱区（Ⅶ）	30296	0	0
	解放者奥希金斯将军区（Ⅵ）	16387	0	0
	圣地亚哥首都大区	15403	0	0
	帕拉怕卡区（Ⅰ）	59099	1	1
	瓦尔帕莱索区（Ⅴ）	16396	0	0

				续表
国家	地区	土地面积（平方千米）	狭义的边疆	广义的边疆
哥伦比亚	亚马孙省	109665	1	1
	安蒂奥基亚省	63612	0	0
	阿劳卡省	23818	1	1
	大西洋省	3388	0	0
	波哥大市	1587	0	0
	玻利瓦尔省	25978	0	0
	博亚卡省	23189	0	0
	卡尔达斯省	7888	1	1
	卡克塔省	88965	1	1
	卡萨纳雷省	44640	1	1
	考卡省	29308	0	0
	塞萨尔省	22905	0	0
	乔科省	46530	1	1
	科尔多瓦省	25020	0	0
	昆迪纳马卡省	22623	0	0
	瓜伊尼亚省	72238	1	1
	瓜希拉省	20848	0	0
	瓜维亚雷省	42327	1	1
	乌伊拉省	19890	0	0
	马格达莱纳省	23188	0	0
	梅塔省	85635	1	1
	纳里尼奥省	33268	0	0
	北桑坦德省	21658	0	0
	普图马约省	24885	1	1
	金迪奥省	1845	1	1
	里萨拉尔达省	4140	1	1
	圣安德列斯-普罗维登西亚省	44	1	1
	桑坦德省	30537	0	0
	苏克雷省	10917	0	0
	托利马省	23562	0	0
	考卡山谷省	22140	0	0
	沃佩斯省	65268	1	1
	比查达省	100242	1	1

				续表
国家	地区	土地面积 （平方千米）	狭义的 边疆	广义的 边疆
哥斯达黎加	阿拉胡埃拉省	9758	1	1
	卡塔戈省	3125	0	0
	瓜纳卡斯特省	10141	0	0
	埃雷迪亚省	2657	1	1
	利蒙省	9189	1	1
	彭塔雷纳斯省	11266	1	1
	圣何塞省	4966	0	0
多米尼加	阿苏阿省	2688	0	0
	巴奥鲁可省	1244	0	0
	巴拉奥纳省	1647	0	1
	达哈翁省	1004	0	0
	圣多明各市	91	0	0
	杜阿尔特省	1640	0	0
	埃尔塞沃省	1775	0	0
	利亚斯·皮尼亚省	1397	0	0
	艾斯派亚省	825	0	0
	阿托马约省	1324	0	0
	独立省	1754	0	0
	阿尔塔格拉西亚省	3001	0	0
	拉罗马纳省	656	0	0
	拉贝加省	2274	0	0
	玛丽亚·特立尼达·桑切斯省	1212	0	0
	蒙赛纽尔·鲁埃尔省	992	0	0
	蒙特克里斯蒂省	1886	0	0
	蒙特普拉塔省	2613	0	0
	佩德纳莱斯省	2018	0	1
	佩拉维亚省	785	0	0
	普拉塔港省	819	0	0
	米拉贝姐妹省	430	0	0
	萨马纳省	845	0	0
	圣克里斯托瓦尔省	1240	0	0

国家	地区	土地面积 （平方千米）	狭义的 边疆	广义的 边疆
多米尼加	圣何塞·德奥科阿省	853	0	0
	圣胡安省	3360	0	0
	圣佩德罗·德马科里斯省	1255	0	0
	桑切斯·拉米雷斯省	1191	0	0
	圣地亚哥省	2809	0	0
	圣地亚哥·罗德里格斯省	1152	0	0
	圣多明各省	1302	0	0
	巴尔韦德省	809	0	0
厄瓜多尔	阿苏艾省	7995	0	0
	玻利瓦尔省	3926	0	0
	卡尼亚尔省	3142	0	0
	卡尔奇省	3750	0	0
	钦博拉索省	6470	0	0
	科托帕希省	5985	0	0
	埃尔奥罗省	5817	0	0
	埃斯梅拉尔达斯省	15896	0	1
	加拉帕戈斯省	8010	0	0
	瓜亚斯省	20566	0	0
	因巴布拉省	4615	0	0
	洛哈省	10995	0	0
	洛斯里奥斯省	7151	0	0
	马纳比省	18894	0	1
	莫罗纳-圣地亚哥省	23797	1	1
	纳波省	12483	1	1
	奥雷利亚纳省	21675	1	1
	帕斯塔萨省	29325	1	1
	皮钦查省	13270	0	0
	没有划界的区域	775	1	1
	苏昆毕奥斯省	18008	1	1
	通古拉瓦省	3369	0	0
	萨莫拉·钦奇佩省	10456	1	1

国家	地区	土地面积 （平方千米）	狭义的 边疆	广义的 边疆
萨尔瓦多	阿瓦查潘省	1240	0	0
	卡瓦尼亚斯省	1104	0	0
	查拉特南戈省	2017	0	0
	库斯卡特兰省	756	0	0
	拉利伯塔德省	1653	0	0
	拉巴斯省	1224	0	0
	拉乌尼翁省	2074	0	0
	莫拉桑省	1447	0	0
	圣米格尔省	2077	0	0
	圣萨尔瓦多省	886	0	0
	圣维森特省	1184	0	0
	圣安娜省	2023	0	0
	松索纳特省	1225	0	0
	乌苏卢坦省	2130	0	0
危地马拉	上韦拉帕斯省	8686	0	1
	下韦拉帕斯省	3124	0	1
	奇马尔特南戈省	1979	0	0
	奇基穆拉省	2376	0	0
	佩滕省	35854	1	1
	埃尔普罗格雷索省	1922	0	1
	基切省	8378	0	1
	埃斯昆特拉省	4384	0	0
	危地马拉省	2126	0	0
	韦韦特南戈省	7400	0	0
	伊萨瓦尔省	9038	1	1
	哈拉帕省	2063	0	0
	胡蒂亚帕省	3219	0	0
	克萨尔特南戈省	1951	0	0
	雷塔卢莱乌省	1856	0	0
	萨卡特佩克斯省	465	0	0
	圣马科斯省	3791	0	0

				续表
国家	地区	土地面积 （平方千米）	狭义的 边疆	广义的 边疆
危地马拉	圣罗莎省	2955	0	0
	索洛拉省	1061	0	0
	苏奇特佩克斯省	2510	0	0
	托托尼卡潘省	1061	0	0
	萨卡帕省	2690	0	1
洪都拉斯	阿特兰蒂达省	4372	0	1
	乔卢特卡省	3923	0	0
	科隆省	4360	1	1
	科马亚瓜省	8249	0	0
	科潘省	5124	0	0
	科尔特斯省	3242	0	0
	埃尔帕拉伊索省	7489	0	1
	弗朗西斯科·莫拉桑省	8619	0	0
	格拉西亚斯·阿迪奥省斯	16997	1	1
	因蒂布卡省	3123	0	0
	海湾群岛省	236	0	0
	拉巴斯省	2525	0	0
	伦皮拉省	4228	0	0
	奥科特佩克省	1630	0	0
	奥兰乔省	23905	1	1
	圣巴巴拉省	5024	0	0
	巴列省	1665	0	0
	约罗省	7781	0	1
海地	阿蒂博尼特省	4984	0	0
	中部省	3675	0	0
	大湾省	3310	0	0
	北部省	2106	0	0
	东北省	1805	0	0
	西北省	2176	0	0
	西部省	4827	0	0
	南部省	2794	0	0
	东南省	2023	0	0

			续表	
国家	地区	土地面积 （平方千米）	狭义的 边疆	广义的 边疆
墨西哥	阿瓜斯卡连特斯州	5569	0	0
	北下加利福尼亚州	70113	1	1
	南下加利福尼亚州	73677	1	1
	坎佩切州	56859	1	1
	恰帕斯州	75629	0	1
	奇瓦瓦州	247087	1	1
	科阿韦拉州	151571	1	1
	科利马州	5455	0	0
	联邦区	1499	0	0
	杜兰戈州	119648	1	1
	瓜纳华托州	30350	0	0
	格雷罗州	63749	0	0
	伊达尔戈州	20987	0	0
	哈利斯科州	80137	0	0
	墨西哥州	21461	0	0
	米却肯州	59864	0	0
	莫雷洛斯州	4941	0	0
	纳亚里特州	27336	0	0
	新莱昂州	64555	0	0
	瓦哈卡州	94964	0	0
	普埃布拉州	33919	0	0
	克雷塔罗州	11769	0	0
	金塔纳罗奥州	50843	1	1
	圣路易斯波托西州	60547	0	0
	锡那罗亚州	58092	1	1
	索诺拉州	184934	1	1
	塔巴斯科州	24661	0	0
	塔毛利帕斯州	79829	1	1
	特拉斯卡拉州	4061	0	0
	韦拉克鲁斯州	72815	0	0
	尤卡坦州	39337	1	1
	萨卡特卡斯州	74516	0	0

				续表
国家	地区	土地面积 （平方千米）	狭义的 边疆	广义的 边疆
尼加拉瓜	博阿科省	4177	0	1
	卡拉索省	1081	0	0
	奇南德加省	4822	0	0
	琼塔莱斯省	6481	0	0
	埃斯特利省	2230	0	0
	格拉纳达省	1040	0	0
	希诺特加省	9222	1	1
	莱昂省	5138	0	0
	马德里斯省	1708	0	0
	马那瓜省	3465	0	0
	马萨亚省	611	0	0
	马塔加尔帕省	6804	0	1
	新塞戈维	3491	0	1
	北大西洋自治区	33106	1	1
	南大西洋自治区	27260	1	1
	圣胡安河省	7541	1	1
	里瓦斯省	2162	0	0
巴拿马	博卡斯·德尔托罗省	464	1	1
	奇里基省	6548	0	0
	科克莱省	4927	0	0
	科隆省	4868	1	1
	安贝拉自治区	4384	1	1
	雅拉府拉自治区	2341	1	1
	恩戈贝布格勒自治区	6968	1	1
	达连省	11897	1	1
	埃雷拉省	2341	0	0
	洛斯·桑托斯省	3805	0	0
	巴拿马省	11671	0	1
	贝拉瓜斯省	10677	0	0

国家	地区	土地面积（平方千米）	狭义的边疆	广义的边疆
秘鲁	亚马孙区	39249	1	1
	安卡什区	35915	0	0
	阿雷基帕区	63345	0	0
	阿亚库乔区	43815	0	0
	卡哈马卡区	33318	0	0
	库斯科区	71987	0	0
	阿普里马克区	20896	0	0
	卡亚俄区	147	0	0
	万卡维利卡区	22131	0	0
	瓦努科区	36849	0	1
	伊卡区	21328	0	0
	胡宁区	44197	0	0
	拉利伯塔德区	25500	0	0
	兰巴耶克区	14213	0	0
	利马省	34802	0	0
	洛雷托区	368852	1	1
	马德雷·德迪奥斯区	85301	1	1
	莫克瓜区	15734	0	0
	帕斯科区	25320	0	1
	皮乌拉区	35892	0	0
	普诺区	71999	0	0
	圣马丁区	51253	0	1
	塔克纳区	16076	0	0
	通贝斯区	4669	0	0
	乌卡亚利区	102411	1	1
巴拉圭	上巴拉圭省	82349	1	1
	上巴拉那省	14895	0	1
	阿曼拜省	12933	0	1
	亚松森首都区	117	0	0
	博克龙省	91669	1	1
	卡瓜苏省	11474	0	1

国家	地区	土地面积（平方千米）	狭义的边疆	广义的边疆
				续表
巴拉圭	卡萨帕省	9496	0	1
	卡嫩迪尤省	14667	0	1
	中央省	2465	0	0
	康塞普西翁省	18051	0	1
	科迪勒拉省	4948	0	0
	瓜伊拉省	3846	0	1
	伊塔普亚省	16525	0	1
	米西奥内斯省	9556	0	1
	涅恩布库省	12147	0	0
	巴拉瓜里省	8705	0	0
	阿耶斯总统省	72907	1	1
	圣佩德罗省	20002	0	1
乌拉圭	阿蒂加斯省	11928	1	1
	卡内洛内斯省	4536	1	1
	塞罗拉尔戈省	13648	1	1
	科洛尼亚省	6106	1	1
	杜拉斯诺省	11643	1	1
	弗洛雷斯省	5144	1	1
	佛罗里达省	10417	1	1
	拉瓦耶哈省	10016	1	1
	马尔多纳多省	4793	1	1
	蒙得维的亚省	530	1	1
	派桑杜省	13922	1	1
	内格罗河省	9282	1	1
	里韦拉省	9370	1	1
	罗恰省	10551	1	1
	萨尔托省	14163	1	1
	圣何塞省	4992	1	1
	索里亚诺省	9008	1	1
	塔夸伦博省	15438	1	1
	三十三人省	9529	1	1

				续表
国家	地区	土地面积 （平方千米）	狭义的 边疆	广义的 边疆
委内瑞拉	亚马孙州	180145	1	1
	安索阿特吉州	43300	0	1
	阿普雷州	76500	1	1
	阿拉瓜州	7014	0	0
	巴里纳斯州	35200	1	1
	玻利瓦尔州	238000	1	1
	卡拉沃沃州	4650	0	0
	科赫德斯州	14800	0	0
	阿马库罗三角洲	40200	1	1
	联邦属地	120	0	0
	联邦区	433	0	0
	法尔孔州	24800	0	0
	瓜里科州	64986	0	1
	拉腊州	19800	0	0
	梅里达州	11300	0	0
	米兰达州	7950	0	0
	莫纳加斯州	28900	1	1
	新埃斯帕塔州	1150	0	0
	波图格萨州	15200	0	0
	苏克雷州	11800	0	0
	塔奇拉州	11100	0	0
	特鲁希略州	7400	0	0
	巴尔加斯州	1497	0	0
	亚拉奎州	7100	0	0
	苏利亚州	63100	0	0

本章是为会议"理解长期经济增长：纪念肯尼思·索科洛夫的贡献"而写的。我们十分感激肯这些年来对我们的鼓励、友谊和启发。我们想念他。我们还要感谢罗恩·罗戈夫斯基（Ron Rogowski）和娜奥米·拉摩洛克斯（Naomi Lamoreaux）的意见和建议，感谢哈佛地理分析中心的乔瓦尼·赞博蒂（Giovanni Zambotti）给予的地图方面的巨大帮助，感谢加拿大高级研究院对我们的财政支持。

参考文献

Acemoglu, Daron, Simon Johnson, and James A. Robinson. 2001. "The Colonial Origins of Comparative Development: An Empirical Investigation." *American Economic Review* 1: 1369-1401.

——. 2002. "Reversal of Fortune: Geography and Institutions in the Making of the Modern World Income Distribution." *Quarterly Journal of Economics* 118: 1231-1294.

——. 2005. "The Rise of Europe: Atlantic Trade, Institutional Change and Growth." *American Economic Review* 95: 546-579.

Acemoglu, Daron, Simon Johnson, James A. Robinson, and Pierre Yared. 2008. "Income and Democracy." *American Economic Review* 98: 808-842.

Adelman, Jeremy. 1994. *Frontier Development: Land, Labour, and Capital on the Wheatlands of Argentina and Canada, 1890-1914*. Oxford: Clarendon Press.

Aguirre, Francisco Xavier. 2002. *Un Atlas Histórico de Nicaragua*. Managua, Nicaragua: Fundación Vida.

Anglade, Georges. 1982. *Atlas Critique d'Haiti*. Montréal: Université du Québec à Montréal.

Bandeira, Moniz. 2006. *La Formación de los Estados en la Cuenca del Plata: Argentina, Brasil, Uruguay, Paraguay*. Buenos Aires: Grupo Editorial Norma.

Belich, James. 2010. "Exploding Wests: Boom and Bust in Nineteenth-Century Settler Societies." In *Natural Experiments of History*, edited by Jared Diamond and James A. Robinson, 53-87. Cambridge: Harvard University Press.

Bernstein, Marvin D. 1964. *The Mexican Mining Industry, 1890-1950*. Albany: State

University of New York Press.

Billington, Ray Allen. 1962. *The Far Western Frontier, 1830-1860.* New York: Harper and Row.

——. 1966. *The Frontier Thesis: Valid Interpretation of American History?* New York: Holt, Rinehart and Winston.

——. 2001. *Westward Expansion: A History of the American Frontier.* Albuquerque: University of New Mexico Press.

Bollo, Luis Cincinato. 1896. *Atlas Geográfico y Descripción Geográfica y Estadística de la República Oriental del Uruguay.* Montevideo, Uruguay: A Barreiro y Ramos.

Brenner, Robert. 1976. "Agrarian Class Structure and Economic Development in Preindustrial Europe." *Past and Present* 70: 30-75.

Bureau of Business Research. 1975. *Atlas of Mexico.* Austin: University of Texas Press. Available at: http://www. lib. utexas. edu/maps/atlas_ mexico/index. html.

Butland, G. J. 1966. "Frontiers of Settlement in South America." *Revista Geografica* 65: 93-108.

Christie, Keith H. 1978. "Antioqueño Colonization in Western Colombia: A Reappraisal." *Hispanic American Historical Review* 58: 260-283.

Coatsworth, John H. 1974. "Railroads, Landholding, and Agrarian Protest in the Early Porfiriato." *Hispanic American Historical Review* 54: 48-71.

——. 1981. *Growth Against Development: The Economic Impact of Railroads in Porfirian Mexico.* DeKalb: Northern Illinois University Press.

Davidson, William. 2006. *Atlas de Mapas Históricos de Honduras.* Managua, Nicaragua: Fundación Uno.

Dean, Warren. 1971. "Latifundia and Land Policy in Nineteenth Century Brazil." *Hispanic American Historical Review* 51: 606-625.

Dominion Bureau of Statistics. n. d. *Distribution of Population, 1851-1941.* Available at: http://atlas. nrcan. gc. ca/site/english/maps/archives/3rdedition/peopleandsociety/population/046.

Dueñas, Carmen. 1986. *Historia Económica y Social del Norte de Manabí.* Quito, Ecuador: Abya Yala.

Eidt, Robert C. 1971. *Pioneer Settlement in Northeast Argentina.* Madison: University of Wisconsin Press.

Engerman, Stanley L. , and Kenneth L. Sokoloff. 1997. "Factor Endowments, Institutions, and Differential Growth Paths among New World Economies." In *How Latin America Fell Behind*, edited by Stephen H. Haber, 260 - 306. Stanford: Stanford University Press.

——. 2005. "The Evolution of Suffrage Institutions in the New World." *Journal of Economic History* 65: 891–921.

Fifer, J. Valerie. 1982. "The Search for a Series of Small Successes: Frontier Settlement in Eastern Bolivia." *Journal of Latin American Studies* 14: 407–432.

Gerlach, Arch C. 1970. *The National Atlas of the United States of America*. Washington, D. C. : U. S. Department of the Interior.

Gill, Lesley. 1987. "Frontier Expansion and Settlement in Lowland Bolivia." *Journal of Peasant Studies* 14: 380–398.

Gudmundson, Lowell. 1997. "Lord and Peasant in the Making of Modern Central America." In *Agrarian Structures and Political Power in Latin America*, edited by A. Evelyn Huber and Frank Safford, 151–176. Pittsburgh: University of Pittsburgh Press.

Hall, Caroline, and Héctor Pérez Brignoli. 2003. *Historical Atlas of Central America*. Norman: University of Oklahoma Press.

Hartz, Louis. 1955. *The Liberal Tradition in America: An Interpretation of American Political Thought since the Revolution*. New York: Harcourt Brace and Company.

——. 1964. *The Founding of New Societies: Studies in the History of the United States, Latin America, South Africa, Canada, and Australia*. New York: Harcourt, Brace and World.

Hennessy, C. Alistair M. 1978. *The Frontier in Latin American History*. London: Edward Arnold.

Hofstadter, Richard, and Seymour Martin Lipset, eds. 1968. *Turner and the Sociology of the Frontier*. New York: Basic Books.

James, Preston E. 1941. "Expanding Frontiers of Settlement in Latin America." *Hispanic American Historical Review* 21: 183–195.

Jefferson, Mark. 1926. *Peopling the Argentine Pampa*. New York: American Geographical Society.

Katzman, Martin. 1975. *The Brazilian Frontier in Comparative Perspective*. New York: Cambridge University Press.

——. 1977. *Cities and Frontiers in Brazil: Regional Dimensions of Economic Development*. Cambridge: Harvard University Press.

Keyssar, Alexander. 2000. *The Right to Vote: The Contested History of Democracy in the United States*. New York: Basic Books.

Landon, Fred. 1967. *Western Ontario and the American Frontier*. Toronto: McClel Land.

LeGrand, Catherine. 1986. *Frontier Expansion and Peasant Protest in Colombia, 1850–*

1936. Albuquerque: University of New Mexico Press.

Lipset, Seymour Martin. 1996. *American Exceptionalism: A Double-edged Sword.* New York: W. W. Norton.

Lora, Quisqueya. 2002. *Atlas Histórico de la República Dominicana.* Santo Domingo, Dominican Republic: Editorial Santillana.

Mann, Charles C. 2005. *1491: New Revelations of the Americas before Columbus.* New York: Knopf.

Mahoney, James L. 2001. *The Legacies of Liberalism: Path Dependence and Political Regimes in Central America.* Baltimore: The Johns Hopkins University Press.

McCreery, David J. 1976. "Coffee and Class: The Structure of Development in Liberal Guatemala." *Hispanic American Historical Review* 56: 438-460.

——. 1994. *Rural Guatemala, 1760-1940.* Stanford: Stanford University Press.

Milla, Carlos. 1995. *Atlas Histórico y Geográfico del Peru.* Lima: Editorial Milla Batres.

Miller, David H., ed. 1977. *The Frontier: Comparative Studies.* Norman: University of Oklahoma Press.

Moene, Karl Ove, Halvor Mehlum, and Ragnar Torvik. 2006. "Institutions and the Resource Curse." *The Economic Journal* 116: 1-20.

Moniz, Luis Alberto. 2006. *La Formación de los Estados en la Cuenca del Plata.* Buenos Aires: Norma.

Parsons, James J. 1949. *Antioqueño Colonization in Western Colombia.* Berkeley: University of California Press.

Powell, Philip W. 1981. *Essays on Frontiers in World History.* Austin: University of Texas Press.

Richards, John F. 2003. *The Unending Frontier.* Berkeley: University of California Press.

Sampedro, Francisco. 1990. *Atlas Histórico-geográfico del Ecuador.* Quito, Ecuador: P Bustos.

Silver, A. I. 1969. "French Canada and the Prairies Frontier, 1870 - 1890." *Canadian Historical Review* 50: 11-36.

Solberg, Carl E. 1969. "A Discriminatory Frontier Land Policy, Chile 1870-1914." *The Americas* 26: 115-133.

——. 1987. *The Prairies and the Pampas: Agrarian Policy in Canada and Argentina, 1880-1930.* Stanford: Stanford University Press.

Taylor, George R. 1956. *The Turner Thesis Concerning the Role of the Frontier in American History*, rev. ed. Boston: Heath.

Turner, Frederick Jackson. 1920. *The Frontier in American History*. New York: H. Holt and Co.

United States Bureau of the Census. 1956a. *Census Atlas Maps of Latin America*. Washington, D. C. : U. S. Department of Commerce.

——. 1956b. Census Maps of Latin America, Part II, Greater Antilles. Washington, D. C. : U. S. Department of Commerce.

United States Census Office. 1898. *Statistical Atlas of the United States: Based Upon the Results of the Eleventh Census*. Washington, D. C. : GPO.

Villalobos, Sergio. 1992. *La Vida Fronteriza en Chile*. Madrid: Mapfre.

Walsh, Margaret. 2005. *The American West: Visions and Revisions*. New York: Cambridge University Press.

Weber, David J. , and Jane M. Rausch, eds. 1994. *Where Cultures Meet: Frontiers in Latin American History*. Wilmington, N. C. : SR Books.

Williams, Robert G. 1994. *States and Social Evolution: Coffee and the Rise of National Governments in Central America*. Chapel Hill: University of North Carolina Press.

Winks, Robin W. 1971. *The Myth of the American Frontier: Its Relevance to America, Canada, and Australia*. The Sir George Watson lecture. Leicester, UK: Leicester University Press.

Wyman, W. D. , and C. B. Kroeber, eds. 1965. *The Frontier in Perspective*. Madison: The University of Wisconsin Press.

3 金融发展的不同路径：来自新大陆的证据

斯蒂芬·哈伯（Stephen Haber）

经济史的核心问题之一是不平等对长期经济发展路径的影响。关于不平等会影响增长的观点由来已久，近期最有力的阐述之一来自斯坦利·恩格曼和肯尼思·索科洛夫的著述，特别是他们发表于1997年的论文《新兴世界经济体的要素禀赋、制度和不同增长路径》。恩格曼和索科洛夫假设，从长远来看，如果自然环境导致的是公民间相互平等的社会结构，则会产生有利于经济持续增长的制度；如果自然环境导致的社会结构以少数精英为主导，而大众的经济利益和政治权利被剥夺，则产生的制度有利于现任精英，但会损害长期增长。

本章以不平等和长期增长路径为主题，重点关注在3个新大陆经济体（墨西哥、巴西和美国）中，人力资本和政治权力的初始不平等如何影响金融体系的发展。虽然从信贷需求的角度可以找出不平等影响金融发展的机制，但本章侧重的是供给方面：当人力资本和政治权力分配不均时，精英阶层可以对市场准入条件施加影响，以控制资本的流动及流动条件。他们设置的进入壁垒不仅可以使金融部门自身产生租金，而且可以使得在任何一个对金融至关重要的经济领域，其赚取的租金都可以被保留下来。

金融部门准入管理的体系固然复杂，但它们的基本形态主要取决于信贷消费者——农民、工匠、制造商、商人及其家庭能够在多大程度上提供足够的动力，迫使政治精英加入放松资本准入条件的联盟。信贷消费者面临的任务是艰巨的。金融从业者和政治精英是天生的盟友：金融从业者想要赚取租金，因此他们需要政府创造并实施准入监管；政治精英需要为国家融资，否则就有失去权力的风险，他们对政府的控制意味着他们需要监管银行和证券市场。有什么能阻止政治精英对银行执照以及上市公司实施控制，以维持金融从业者的租金，而作为交换，现任金融精英以有吸引力的条件向政府提供贷款？或者说，有什么能防止金融从业者通过贿赂、争取公司董事会席位或构建商业伙伴关系，直接与政治精英分享部分租金，来调整对政治精英的激励？

到目前为止，这个问题还没有真正科学的答案。但一个不完整的答案是，信贷消费者必须有能力构建针对政治精英的激励机制，这意味着他们必须能够可信地用失去权力来威胁精英。这实际上意味着，信贷消费者必须有足够的信息来理解正在进行的博弈，并有足够的权力创建必要的政治制度来制裁那些违背其利益的政治精英。在这些制度中，最重要的是普选、自由公正的选举以及结社自由，这些都有利于政党的创建。

我希望，这其中的含义是明确的：金融研究不能与政治权力研究分开，否则，分析可能有所缺失。正如人们可以将金融定义为与法律体系密不可分的一系列契约一样，整个金融、契约和法律机构都嵌入在政治体系中。反过来，这种政治体系的形成是由社会成员之间的权力分配决定的，而这种权力分配在很大程度上是人力资本分配的结果。

探究人力资本和权力的不平等以何种复杂的方式嵌入制度，这些制度如何影响由金融从业者和政治精英组成的联盟，以及这些联盟如何构建有关准入和资本流动结构的监管制度，这不是一项计量经济学假设检验的任务，它更适合历史叙述。因此，本章的大部分内容聚焦于从独立到大约1914年间，墨西哥、巴西和美国这3个新大陆经济体的政治精英和金融从业者之间如何形成联盟的过程。在本章末尾，我们将探讨案例研究所揭示的模式是否得到大样本研究的支持。

我们之所以关注墨西哥、巴西和美国，主要基于以下3个原因。首先，我们能够观察到这3个国家在人力资本分布方面的差异。其次，我们观察到，随着时间的推移，它们的政治体制发生了变化，包括选举权的广泛度。最后，我们能够观察到在不同案例之间以及案例内部，随着时间推移发生的金融监管具体特征方面的变化，以及由此产生的金融体系规模和结构的不同。

3.1 墨西哥

在肯关于不平等、制度和长期增长的论文中，墨西哥是一个非常突出的案例。这是有着充分理由的：殖民地时期的墨西哥非常富有，但财富在少数西班牙后裔精英和大多数没有文化也没有政治权力的印第安人和梅斯蒂索人之间分配不均。在墨西哥的独立进程中，后一个群体的弱点凸显了出来。1810 年的伊达尔戈叛乱是一场捍卫他们权利、直接威胁西班牙精英的独立运动，很快被与西班牙总督及其军队达成共识的精英们彻底击败。11 年后墨西哥独立，作为对西班牙成功的自由主义革命的呼应，威胁到了殖民地的现状。最终，墨西哥的独立并没有产生一个共和国，而是产生了一个立宪君主，很快他便自称皇帝，并下令解散议会。

伊图尔维德皇帝①执政仅 8 个月。但即使是在他下台之后，政治权力仍然集中于狭隘的精英阶层。精英阶层中有不同党派，其中保守派试图维持殖民地所有的政治和经济制度，包括中央集权以及军队和神职人员不受民事法庭审判。自由派则希望建立一个联邦共和国，在这个共和国里，各州将获得相当大的自治权，国家的政治经济以自由放任原则为指导。双方在一个问题上达成了共识：选举权应当受到限制，国家应由欧洲化的精英来管理（Costeloe，2002）。所以，在 19 世纪的墨西哥，民众的投票权受到识字率和财富的双重限制（Engerman and Sokoloff，2001）。这些限制都很有约束力，因为当时的墨西哥没有公立学校，大多数人以自给自足的农

---

① Emperor Iturbide（1783~1824），墨西哥帝国皇帝（1822~1823）。——译者注

业和做日工为生。

虽然保守派和自由派都赞同剥夺广大民众的选举权，但他们无法在其他问题上达成一致。因此，从独立到 1876 年，他们发动了一系列政变、反政变和内战。在独立后的 55 年里，墨西哥总共产生了 75 位总统。每一位依宪法选举出来的总统都对应有 4 位过渡的、临时的或非正常的总统。安东尼奥·洛佩斯·德·圣安纳（Antonio López de Santa Ana）是一名军事家，但他在 11 个不同场合担任过总统职务。在这些冲突中，各方都在掠夺对手的财产权。每一届掌权的政府继承的都是耗尽的国库，没有现成的收入来源。为了满足大量注入现金的需求，19 世纪的墨西哥政府开始向富有的商业金融家借款。但当政权更迭，或者当政府面临足够的威胁时，它们就会背弃这些债务（Tenenbaum，1986；Walker，1987）。

在这样的环境中，墨西哥的金融从业者即富有的商业金融家获得银行执照的动机非常弱：以这种方式配置的资本只会成为政府通过强制贷款征用的目标。这个问题的严重性，从墨西哥政府最铤而走险的一个举动中可见一斑。正是因为银行信贷太少，1830 年，迫于国内制造商的施压，墨西哥政府成立了一家国有的工业开发银行——阿维奥银行（Banco de Avío）。1842 年，由于急需现金，政府洗劫了它的金库，也就是说，它没收了自己的银行（Potash，1983）。在这种情况下，直到 1863 年，墨西哥都没有私人特许银行也就不足为奇了。正如 Levy（2003）所示，在当时的墨西哥，所谓金融中介，是通过公证人将抵押权人与抵押人联系起来，就像 Hoffman、Postel-Vinay 和 Rosenthal（2001）所记录的 18 世纪的法国一样。此外，通过商业金融家的私人钱庄，短期商业交易也可以获得信贷。但这两种中介形式都不具备特许银行的优势，特许银行有能力向受有限责任保护的外部投资者出售股权来调动资本，在借款人破产时作为债权人具有优先受偿权，有能力发行法定货币。因此，这些公证人和私人钱庄的规模非常有限。1863 年，墨西哥终于成立了史上第一家私人银行，它由一家外国实体（伦敦、墨西哥和南美合资的英国银行）所有，特许权是由被外国势力控制的傀儡政府〔由法国人任命的马克西米连（Maximilian）皇帝〕授予的。

在 19 世纪的最后几十年，政治军事领导人波菲里奥·迪亚斯（Porfirio Díaz）为墨西哥带来了政治稳定，但他创造的是一个从 1877 年一直持续到 1911 年的独裁政权。迪亚斯独裁政权有 3 个特点：一是政治权力集中，二是不平等加剧，三是以政治精英拥有的大型企业为中心的经济快速增长。墨西哥名义上仍然是一个联邦共和国，但迪亚斯很快就破坏了联邦制和选举权制度。他逐步任命效忠自己的人担任州长，而且刻意选择那些来自州外、与当地关系不深的人，这样，他们的政治生涯都要倚靠自己（Haber，Razo and Maurer，2003，第 3 章）。然后，他让自己任命的州长和其他地方官员操纵联邦议会和参议院的选举，甚至还会在选举前向他们发送名单。正如 Razo（2008）所指出的，到 1888 年，联邦议会和参议院只不过是迪亚斯法令的橡皮图章。

就这样，集中的政治权力成为向上转移财富的工具，以刺激对这个自独立以来就濒临崩溃的经济体的投资。有学者从农业领域对这一现象进行深入的研究，大量研究都指向同一个方向：州长和其他地方政治精英成员与该州的一部分大地主结盟，剥夺小农户和印第安村庄的土地。奇瓦瓦州最是臭名昭著，从某种角度来说，州长像管理家族企业一样管理该州的事务，利用自身权力侵占所有值得拥有的东西。尽管这一时期的土地所有权数据很粗略，但证据表明，到 1910 年时，95% 的农户没有自己的土地。小农场主试图抵抗种植园主的侵袭，却遭到州政府镇压（Womack，1969；Wasserman，1984；Markiewicz，1993；Holden，1994；Katz，1998）。

凭借与政治和经济精英之间的特殊协议，墨西哥经济有所增长，但迪亚斯仍然面临之前各届政府所面临的相同问题：缺乏足够的税收来支持政府统一国家、结束内讧。因为墨西哥有着长期拖欠国际和国内债务的历史，他也很难通过借钱来摆脱这种局面。事实上，迪亚斯本人就曾背弃了执政初期在墨西哥城成立的一些银行的债务（Marichal，2002；Maurer and Gomberg，2004）。

迪亚斯和墨西哥金融家们想到的解决方案是欧洲各国政府自 17 世纪末以来一直采用的方案：创建一家半官方的超级银行，其投资者将获得极高的回报率以补偿没收风险。他们合并了墨西哥城两家最大的银行来组建墨西哥国家银行（Banamex）。这笔交易很简单：政府颁发了特许状，授予墨西哥国家银行一系列极其有利的特权，作为回报，墨西哥国家银行向政府提供信用额度。这些特权包括发行 3 倍于储备金的银行券、担任财政部的财政代理人、征收农产品关税、管理造币厂。此外，政府还对墨西哥国家银行免征 5% 的银行券税。同时，迪亚斯让国会通过了一项商业法规，取消了州政府颁发银行执照的权力。任何想要与墨西哥国家银行竞争的银行都必须从迪亚斯的财政部部长那里获得许可证（Maurer，2002；Haber，Razo and Maurer，2003，第 4 章；Maurer and Gomberg，2004）。

当时墨西哥的银行中，有一部分由有权势的地方政客所拥有，他们意识到商业法规和墨西哥国家银行的特权使自身处于严重的劣势。因此，他们引用 1857 年宪法中的反垄断条款，获得了一项针对 1884 年商法典的禁令。随后的法律和政治斗争整整持续了 13 年，直到 1897 年，墨西哥财政部部长何塞·伊夫·利曼图尔（José Yves Limantour）敲定了一项妥协方案。根据这一方案，墨西哥国家银行与伦敦-墨西哥银行（Banco de Londres y México）分享了许多（虽然不是全部）特权，各州州长可以决定该州的哪个商业集团可以从联邦政府获得银行执照，而州银行实际上被赋予地方垄断地位。但由于各州没有颁发银行执照的权力，各州之间或各州与联邦政府之间的竞争并不能减少进入银行业的法律障碍（Maurer，2002，第5章）。

墨西哥1897年颁布的银行法旨在限制可以在所有市场上竞争的银行数量。第一，该法律规定银行执照的获取（和资本的增加）必须得到财政部部长和联邦议会的批准，而联邦议会不过是独裁者的橡皮图章。第二，该法律设定了较高的最低资本金要求——数量是美国国家银行资本金的两倍多（Haber，1991）。第三，该法律规定对实收资本每年征收2%的税，但各州第一家被特许经营的银行免税。第四，拥有地区特许经营权的银行不允许在其特许地区以外设立分支机构，这就防止了在一个州获得特许经营权的银行挑战邻州银行的垄断地位。简而言之，对州银行垄断地位的唯一威胁只可能来自墨西哥国家银行或伦敦-墨西哥银行的分支机构（Maurer，2002）。

这些各据一方的垄断企业被当作与墨西哥政治精英利益一致的激励，这些政治精英在各大银行的董事会中占有席位（因此有权获得董事费和股票分红）。例如，墨西哥国家银行的董事会成员都是迪亚斯的小圈子成员，包括议会主席、财政部副部长、联邦参议员、总统办公室主任及财政部部长的兄弟。拥有有限区域特许权的银行中同样充斥着有权势的政客，唯一的区别是，其董事会成员中有州长，而不是内阁部长（Haber，Razo and Maurer，2003，第4章；Razo，2008）。

由此产生的银行体系既有优势，也有劣势。优势在于，墨西哥国家银行的建立，在墨西哥历史上首次建立了稳定的银行体系。如表3.1所示，按照当今典型的欠发达国家（LDC）银行体系的标准，这一银行体系相当庞大：1910年，银行资产占国内生产总值（GDP）的32%——与2006年的比例大致相同。此外，这一银行体系为政府提供了稳定的公共资金来源，让迪亚斯的财政有了喘息的空间，可以一步步地重新起草税法，增加税收收入，达到预算平衡。它还允许迪亚斯在墨西哥国家银行董事会的帮助下，重新就墨西哥几十年来一直拖欠的外债展开谈判。州长们也获得了类似的优势：各州银行成为向州政府提供贷款的稳定来源（Marichal，2002；Maurer，2002；Aguilar，2003；Cerutti，2003；Gamboa Ojeda，2003；Ludlow，2003；Oveda，2003；Rodríguez López，1995，2003；Romero Ibarra，2003）。

表 3.1	墨西哥银行业（1897~1913 年）					
年份	银行数量[a]（家）	名义总资产（百万比索）	资产占 GDP 比重(%)	股东权益比率的平均值[b]（%）	存款占资产比重[c]（%）	银行发行的资产占总资产的比重(%)
1897	10	147	12	32	2	93
1898	16	175	15	32	3	94
1899	18	211	18	31	2	90
1900	20	259	20	31	5	90
1901	24	264	15	35	4	87
1902	25	317	19	31	5	88
1903	31	380	20	31	4	86
1904	32	435	24	30	3	88
1905	32	535	24	28	6	87
1906	32	629	28	32	9	88
1907	34	724	31	30	9	83
1908	34	757	31	31	9	81
1909	32	917	35	26	16	80
1910	32	1005	32	24	16	80
1911	33	1119		22	13	81
1912	34	1086		23	15	78
1913	28	1105		21	15	77

注：a 包括发行银行、抵押银行和投资银行（再融资银行）。1913 年的数据不包括 6 家因为革命而没有公布业绩的银行。b 按资产加权。c 按市值加权。

资料来源：根据国务秘书和财政部、公共信贷和贸易部 1912~1913 年财政统计年鉴提供的数据计算。

劣势在于，墨西哥的银行体系过于集中。1911 年，墨西哥只有 33 家法人银行。墨西哥国家银行和伦敦-墨西哥银行这两家银行揽存了一半的资产（Mexico, Secretaria de Hacienda, 1912：236, 255）。绝大多数市场上最多只有 3 家银行：墨西哥国家银行的分行、伦敦-墨西哥银行的分行，以及该州特许银行的分行。银行体系的高度集中对经济的其他领域产生了各种各样的负面影响。正如 Maurer（2002）所指出的，墨西哥国家银行和伦敦-墨西哥银行的行为就像效率低下的垄断者，通过持有过剩的流动性来提高回报率。Haber（1991, 1997）、Maurer 和 Haber（2007）也指出，银行业的高度集中化导致了其他经济领域的集中化。墨西哥的银行倾向于只把信贷分配给它们自己的董事会成员所拥有的公司。银行数量少和内部借贷的逻辑含义是，依赖融资的下游行业的企业数量减少。与美国、巴西和印度的棉纺织工业相比，墨西哥棉纺织工业的结构表明了这一现象（见表 3.2）。在多数年份，墨西哥的产业集中度高于巴西、印度和美国，而且随着产业规模的扩大，集中度总体呈提升趋势。这不是一个规模报酬不变的技术行业应有的特征，但当行业中最大的企业与全国最大的银行共享董事时，这个结果就不难预料了。

金融市场并不能取代银行体系。原因在于，由于财务报告要求没有得到执行，外部投资者很难监督公司董事和经理人的活动。因此，个人投资者更愿意投资那些由业绩良好的大金融资本家建立和控制的上市公司。这实际上意味着他们只会购买那些已经与银行有关联的公司股票，也就是说，公开上市的公司数量非常少。棉纺织制造业就是一个相关的例子。1910 年，在该行业运营的 100 家机构中，只有 5 家是上市公司，并且这些公司都与银行有关联。

支持迪亚斯独裁统治的联盟在 30 年后解体。支撑银行业增长的那一套制度——以牺牲其他所有人为代价的经济和政治精英联盟——在其他经

表 3.2 棉纺织工业的产业集中度——墨西哥、巴西、印度和美国

| 大致年份 | 产业集中度(%)（4家最大的企业占该市场的份额） | | | | | 赫芬达尔指数 | | |
	墨西哥	墨西哥(在完全竞争市场的)预期值	巴西	印度	美国	墨西哥	巴西	印度
1888	18	19	37		8	0.022	0.058	
1893	29	15				0.038		
1895	33	17	35			0.042	0.059	
1896	30	16				0.041		
1900	30	14	19		7	0.038	0.028	0.018
1904	33	15	21			0.042		
1909	38	15				0.045		
1912	30	14		19	8	0.039		0.018
1913	31	14	14			0.041	0.014	

资料来源：Maurer 和 Haber（2007）。

济领域也存在。事实上，对银行执照的限制是墨西哥最大的实业家们用来限制制造业竞争的一个基本策略（Haber，Razo and Maurer，2003，第5章）。与银行业一样，这些部门的增长往往加剧了不平等，并最终产生了对独裁的有组织的抵抗。1910年，抵抗组织拿起武器，在1911年将迪亚斯赶下台，开启了墨西哥长达10年的政变、叛乱和内战。

墨西哥革命的各方都在试图侵占银行体系。政治上的不稳定再次表明，墨西哥的银行家不可能与该国的政治精英建立持久的联盟。到1916年，金融系统已经成为一个流动资产枯竭的空壳（Maurer，2002；Haber，Razo and Maurer，2003，第4章）。从表3.3中可以清楚地看到：1921年，墨西哥银行业总资产仅占GDP的5%，而在1910年，该比例为32%。

表 3.3	墨西哥的银行业（1897~1929 年）
年份	银行业资产占 GDP 比重（%）
1897	12
1898	15
1899	18
1900	20
1901	15
1902	19
1903	20
1904	24
1905	24
1906	28
1907	31
1908	31
1909	35
1910	32
1921	5
1922	3
1923	3
1924	4
1925	4
1926	8
1927	10
1928	10
1929	12

资料来源：Haber、Razo 和 Maurer（2003，第 4 章）；Maurer 和 Haber（2007）。

限于篇幅，我们无法详细探讨墨西哥革命在扩大财富分配、增加人力资本投资或降低政治权力集中程度方面是如何收效甚微。简而言之，迪亚斯被革命制度党（PRI）取代，这是一个以政党为基础的独裁政权，一直执政到 2000 年。虽然革命制度党宣称其是财富重新分配论者，但实际上，它比迪亚斯更有效地集中了权力，而且几乎没有提供公共教育或其他公共产品。它还成功地与墨西哥的金融机构建立了一个便利联盟（Haber，Klein，Maurer and Middlebrook，2008，第 2 章）。这个联盟创建了一个银行体系，这个体系与之前在迪亚斯时期存在的银行体系非常相似：银行的数量有限，在大家都急需信贷的情况下，银行家更倾向于向由其控制的企业发放贷款（Del Ángel-Mobarak，2005）。墨西哥银行体系的这些特征直到近些年才有所变化，这也是该国向民主过渡的结果（Haber，2009）。

3.2 巴西

巴西也是一个典型的例子，在这个国家，政治精英和金融从业者建立了一个持久的联盟，以限制竞争和资本准入。决定这个联盟能否长久的一个关键因素是对选举权的约束。这些安排只受到过一次威胁，那就是1889 年君主制被推翻的时候，新政府实际上允许无限制地颁发银行执照。但在共和国成立后的几年内，巴西又重新回到了政府限制银行数量的制度安排，作为交换，银行向政府提供信贷。事实上，巴西最终创建了一个由单一发行银行主导的银行体系，该银行是巴西国内最大的商业银行，同时也是政府的财政代理。

在殖民地时期，巴西的银行业由商业金融家的私人钱庄经营，这些商业金融家控制着进出口贸易。直到 1808 年，拿破仑入侵葡萄牙后，英国海军将国王若奥六世（King Dom João VI）① 护送到巴西，这种模式才被打破。当时的多姆·若奥面临着一个难题：他需要稳定的收入来源来管理宫廷和帝国，但巴西缺乏相应的机制来征收足够的税款。于是，他采取了

---

① 多姆·若奥（1767~1826），葡萄牙王国国王（1816~1826）。1799 年被立为摄政王。1807 年法国入侵葡萄牙，率王室迁至巴西。1816 年葡萄牙女王玛丽亚一世去世后，继位为葡萄牙国王，称若奥六世。——译者注

一种欧洲君主长期以来在支出超出征税能力时使用的解决方案：成立一家旨在为政府融资的银行。巴西银行（Banco do Brasil）的投资者显然面临一个诚信问题，因为多姆·若奥很可能会拒绝偿还银行的贷款却不受惩罚。因此，多姆·若奥不得不授予该银行利润丰厚的特权，以吸引巴西的金融从业者调集他们的资本。这些特权包括：独占纸币发行权；垄断奢侈品的出口；垄断政府金融运作；政府对银行的债务被视为与对皇家财政部的债务具有同等法律地位；收取国王下令征收的新税，并将这些税款作为免息存款保有 10 年（Peláez，1975：460~461）。

问题是，没有什么能保证国王不会违背这些承诺。因此，购买巴西银行股份的商人和土地所有者都非常谨慎，直到 1817 年，也就是成立 11 年后，巴西银行才实现最初的资本筹集目标。他们的谨慎是有据可依的：该银行的主要业务是印制钞票，然后用钞票来购买帝国政府发行的债券。随着钞票数量的增加，通货膨胀日益严重。实际上，该银行是政府制定通货膨胀税的代理人。通货膨胀税打击了所有人，包括该银行的股东，在剔除通货膨胀的影响之后，他们投入的资金所获得的实际回报率，不足以补偿其机会成本。从 1810 年到 1820 年，巴西银行名义所有者的权益回报率平均为每年 10%，据我们所知，这一回报率可能不比通货膨胀率高多少。因此，如表 3.4 所示，银行股东几乎将所有可用的回报都作为股息支付给自己，就没什么好奇怪的了。更糟糕的是，1820 年，多姆·若奥违背了银行可以持有他创造的新税收益的安排。第二年，他和他的王室迁回葡萄牙，带走了存放在银行里的所有贵金属，将它们兑换成手中的纸币。在 19 世纪 20 年代的剩余时间里，巴西银行仍继续经营，并为多姆·若奥的儿子——多姆·佩德罗一世（the Emperor Dom Pedro I）所用，其使用方式与以前一样——通过发行纸币为政府的预算赤字融资（Peláez，1975）。

表 3.4　巴西银行的账户（1809~1829 年）

	实收资本（千康多斯德雷斯）①	准备金（千康多斯德雷斯）	作为存款转移到存款银行的年度税收（千康多斯德雷斯）	所有者权益ᵃ（千康多斯德雷斯）	预期收益ᵇ（千康多斯德雷斯）	净资产ᶜ收益率（%）	股息占收益的比重（%）
1809	116	0	0	116	0	0	
1810	120	0.3	0	120	1.3	1	77
1811	122	1	0	123	4.7	4	85
1812	172	2	0	174	6	3	83
1813	397	5.6	63	403	21.6	5	83
1814	502	14	58	516	51.4	10	84
1815	581	29	62	610	89	15	83
1816	690	53	88	743	144	19	83
1817	1189	83	65	1272	183	14	84
1818	1719	122	75	1841	241	13	84
1819	2037	163	73	2200	249	11	84
1820	2215	207	16	2422	271	11	84
1821	2235	275	0	2510	421	17	84
1822	2248	329	0	2577	336	13	84

续表

年份	实收资本（千康多斯德雷斯）①	准备金（千康多斯德雷斯）	作为存款转移到存款银行的年度税收（千康多斯德雷斯）	所有者权益ᵃ（千康多斯德雷斯）	预期收益ᵇ（千康多斯德雷斯）	净资产率收益率（%）	股息占收益的比重（%）
1823	2357	404	0	2761	467	17	84
1824	2662	482	0	3144	502	16	84
1825	3600	570	0	4170	539	13	84
1826	2600	692	0	3292	762	23	84
1827	3600	819	0	4419	796	18	84
1828	3600	954	0	4554	851	19	84
1829	3600	1083	0	4683	815	17	84

注：a 资本加准备金。b 股息加上一年的储备变化。

① 康多斯德雷斯为巴西旧货币单位，1833 年被米雷斯所取代。——译者注

资料来源：根据 Peláez（1975，表 3 和表 4）中的数据计算。

1822 年，多姆·佩德罗在当地精英的敦促下，征得父亲的同意，宣布巴西独立。独立并没有给广大的奴隶、自由的黑人和出身卑微的巴西人带来多大的改变。但它确实允许当时的金融精英约束这位皇帝，迫使他结成联盟。起草 1824 年宪法的精英将征税、消费和借贷的终极责任交给了议会，而非皇帝。他们还指定了一个由选举产生的议会下议院，并根据财富多寡投票，以便下议院能代表他们的利益。正如 Summerhill（即将出版）所指出的，这产生了两个后果：皇帝不能拖欠他从现任金融精英那里获得的贷款，而金融精英可以利用其在议会中的影响力，确保与之竞争的经济集团无法获得银行执照。事实上，从 1829 年巴西银行被议会关闭到 19 世纪 50 年代中期，议会只批准了 7 家新银行的成立，所有这些银行都只获得有限区域的特许经营权，造成了当地银行业的垄断。

这一系列安排对当时的银行家们来说极为受用，却让皇帝付出了代价：1829 年以后，帝国政府没有一家银行可以用来弥补预算赤字。要找到一个解决方案是非常困难的，因为，如果要创建一个能够为政府提供资金的国家银行，就需要调整所有现任银行家的激励，但他们中的一些人能够利用自身在议会中的影响力，否决皇帝的任何提议。因此，议会在 1853 年批准成立第二巴西银行，但仅仅 4 年后就取消了它的纸币发行权（Peláez and Suzigan，1976：82~87）。

直到 19 世纪 60 年代，银行家和帝国政府结成了联盟，双方才达成妥协。1860 年，巴西的一项法律明确规定，公司执照，包括银行执照的取得，不仅需要获得议会和皇帝内阁的批准，还需要获得国务委员会（其成员享有终身任期）的批准。1863 年，第二巴西银行与里约热内卢的另外两家银行合并，一家是巴西农商银行，另一家是农村与抵押贷款银行，它们将纸币发行权转让给了巴西银行，从而创造了皇帝 10 年来一直在寻求的东西：一家充当政府财政代理人的发钞银行（Peláez and

Suzigan，1976：103）。政府得到了它的银行，经济精英也得到了他们的银行，但其他人都没有获得银行执照，而且除了在银行董事会任职的一小群"大亨"之外，没人有资格获得贷款（Hanley，2005；Summerhill，即将出版）。

从表3.5中可以看出巴西银行业受到了多大的限制，在表中，我们根据从里约热内卢证券交易所获得的信息，对巴西银行体系的规模进行了估计。1875年，巴西只有12家银行。在整个帝国时期的剩余时间里，银行的数量缓慢增加：到1888年中期，只有27家。此外，自1875年以后的13年间，它们的总资本只增长了53%。这些资本的22%都集中在一家银行，即第三巴西银行。

表3.5　1875~1935年对巴西银行体系的规模估计

年份	运营银行数量（家）	实缴资本估计值（1900年百万密尔雷斯）
1875	12	234
1880	12	197
1882	22	296
1888	27	355.8[①]
1889	81	1447
1890	112	2048
1891	133	1413
1892	127	922
1893	116	576
1894	110	486
1895	106	537
1896	0	487
1897	104	455
1898	102	384
1899	96	400
1900	86	311

		续表
年份	运营银行数量（家）	实缴资本估计值（1900 年百万密尔雷斯）
1901	84	385
1902	81	445
1903	70	422
1904	67	380
1905	63	413
1906	62	356
1907	62	363
1908	55	326
1909	50	336
1910	51	341
1911	45	327
1912	46	393
1913	48	438
1914	48	563
1925	49	346
1926	50	323
1927	47	382
1929	47	369
1930	46	406
1931	45	486
1934	45	397
1935	36	237

①原著此处数据为3558，疑误。根据行文判断，应是 355.8。——译者注
资料来源：Berg 和 Haber（2009）。

让我们再来比较一组数据。1888 年，巴西的人均银行资产为 2.40 美元。1897 年，墨西哥的人均银行资产为 6.74 美元，几乎是巴西的 3 倍。而在 1890 年的美国，人均银行资产为 85 美元。

　　1889 年，君主制被推翻，联邦共和国成立，执政的政治精英和现任金融精英之间的联盟受到威胁。限于篇幅，我们无法探讨支持皇帝的联盟是如何以及为什么解体的，但故事的一个关键点是 1888 年奴隶制的废除。废除奴隶制使巴西种植园主阶层和帝国政府之间产生了裂痕。为了安抚种植园主，使信贷更容易获得，帝国政府向 12 家发行银行授予特许权，并向 17 家银行提供了无息贷款。然而，1888 年的宽松信贷政策不足以阻止巴西的共和运动。1889 年 11 月，多姆·佩德罗二世在一次军事政变中被推翻，巴西联邦共和国成立。

　　联邦共和国的建立一度破坏了支持小型集中银行业的安排。1891 年的宪法赋予巴西 20 个州相当大的自主权，结束了中央政府对银行特许经营权的垄断。这使得联邦共和国首任财政部部长鲁伊·巴博萨（Rui Barbosa）承受了巨大的压力：如果他不授权成立新的银行，以满足巴西日益增长的地区经济精英尤其是种植园主和制造商对信贷的需求，这些精英们就会让他们自己州的政府去做。因此，鲁伊·巴博萨迅速推行了一系列金融改革。这些改革的特点之一是联邦政府依照一般的公司法将银行特许权分配给几乎所有的参与者，另一个特点是银行可以从事任何类型的金融交易。这些改革取得了引人瞩目的成果。回想 1888 年，巴西只有 27 家银行。到 1891 年，银行数量增加到 133 家。此外，它们的实收资本总额（按 1900 年的密尔雷斯计）是 1888 年的 4 倍。

　　巴西中央政府很快就陷入了困境。1891 年宪法剥夺了它税收收入的一个重要来源，即出口税，现在出口税由各州直接征收。因此，政府签订了以黄金计价的外国贷款合同，以弥补预算缺口。政府还将纸币发行权分配给多家银行，每家银行都积极印制和借出货币。它们发行的纸币不仅推动了股市的投机热潮，还加剧了通货膨胀（Hanley，2005）。其结果是货币错配：以硬通货计价的债务、以本币计价的收入来源（以巴西密尔雷斯支付的税款），以及导致本币贬值的通货膨胀。中央政府有 3 个选择：减少支出、增加税收或限制货币供应量的增长。它选择了选项二和选项三。1896 年，政府再次决定将货币发行权限制在一家银行，即巴西共和国银行（Banco da República），这是一家私人商业银行，凭借特别许可成为财政部的代理人。两年后，政府增加了税收并进行了外债的重组。这些举措，再加上许多银行本已摇摇欲坠的财务状况，导致巴西国内银行业的大规模收缩。如表 3.5 所示，1891 年，巴西共有133 家银行。10 年后，只剩 84 家银行，实缴资本仅为 1891 年的 27%。到 1905 年底，只有 63 家银行在运营，实缴资本仅为 1891 年的 29%。并且，1/3 的资本都集中在政府的金融代理银行——巴西共和国银行。

银行业的收缩带来了又一轮改革，这一轮改革重塑了金融从业者和政治精英之间的联盟。在这场改革中，信贷的末端用户失败了，因为他们在构建政治精英的激励机制方面缺乏足够的手段。首先，只有不到 5% 的人口有投票权。其次，权力集中在强大的总统手中：国会与其说是立法机构，不如说是一个咨询论坛（Triner，2000：18）。最后，国会选出了总统，这使得两个最大的州——米纳斯吉拉斯州和圣保罗州的政治精英组成了联盟，并在内部轮换总统职位。

实质上，政府将无力偿债的巴西共和国银行国有化，将该银行欠财政部的债务转换为股权，并创建了一家新银行，即第四巴西银行。与巴西共和国银行一样，第四巴西银行也是一家完全有能力接收存款和发放私人贷款的商业银行。但是，它与巴西共和国银行也有不同之处，即中央政府是大股东，拥有该银行近 1/3 的股份，共和国总统有权任命该银行行长及 4名董事之一（Topik，1980）。此外，第四巴西银行不得提供期限超过 6 个月的贷款，也不得购买其他公司的股票。这些限制旨在保证银行拥有较高的流动性，以便购买国库券和中期国债，并在经济危机发生时充当最后贷款人（Topik，1987：39）。

在此后 60 年的时间里，巴西的银行体系由第四巴西银行主导，它既是一家商业银行，又是财政部的金融代理人。第四巴西银行享有许多有利可图的特权，包括联邦存款持有权、纸币发行权和州际分行的垄断权。这些特权似乎构成了进入壁垒：第四巴西银行的股本回报率是其竞争对手的两倍多（Berg and Haber，2009）。结果，在巴西，能与之竞争的银行数量少之又少。如表 3.5 所示，到 1930 年，当第一共和国在一场政变中被推翻时，巴西国内的银行数量比 1899 年还少。

简而言之，巴西银行业的政治经济状况与墨西哥银行业并无太多不同：无论是哪位政治精英当权，他都会与当时的金融家结成联盟，构建一些制度安排，使之为银行家提供垄断租金，同时也为中央政府提供一家银行来弥补预算赤字。在第一次世界大战之后的几年里，州政府开始效仿这种模式，建立公私合营的银行，其目的是弥补预算赤字。也就是说，银行从个人那里吸收存款，然后将收益投资于州政府债券。这个体系的缺陷是，它的信贷分配对象仅限于州政府、联邦政府，以及股东与银行有关联的大型企业（Bornstein，1954：312~313）。

不过，就证券市场替代银行的程度而言，巴西确实与墨西哥的经验不同。鲁伊·巴尔博萨的一般公司法促使企业向投资大众广泛出售股权和债券，以筹集长期资本。因此，到 1913 年，巴西拥有了一个发达的股票和债券市场。这个市场被用来为各种各样的企业进行公开募股，包括大型制造企业、铁路公司、航运公司和地产殖民公司。然而，政府的通胀融资策略使投资者越来越难以对其资产进行估值，这个市场在 19 世纪 10 年代开始衰落。到 20 世纪 20 年代末，市场已不再是新资本的重要来源（Haber，1998；Musacchio，2009）。

3.3 美国

在肯尼思和斯坦利关于不同增长路径的研究工作中，有一个核心主题是在新英格兰和大西洋中部各州，高识字率和公民相互平等的社会对美国经济发展进程的影响。在美国的南部可能存在种植园经济，但美国南部从未像巴西那样依赖奴隶劳工，而殖民地时期的巴西，也不像美国那样，拥有类似马萨诸塞州或纽约州的地区，能够平衡奴隶制占主导地位的地区。结果是，美国在独立时比巴西或墨西哥要民主得多。事实上，在美国的第一次选举中，成年白人男性的投票率非常高——在一些州超过了 80%（Engerman and Sokoloff，2001）。美国各州将选举权限定在房地产所有者，但至少在 19 世纪 10 年代和 20 年代移民开始涌入美国之前，对于一个大部分人口都是房地产所有者的边疆社会来说，这并不是一种具有约束力的限制。

这并不是说美国精英没有试图削弱普通公民的政治权力。事实上，这正是美国建立两院制立法机构和通过间接选举产生上议院的全部意义所在。这也是美国建立总统制的动机——一个通过间接选举产生的临时君主，可以否决任何的民粹主义法案，哪怕该法案已在间接选举产生的参议院得到通过。总统和参议院随后任命了最高法院，关键是，在这个过程中，通过直接选举产生的国会下议院无法发表任何意见。州一级的制度也有类似的反民粹主义设计，但有一个变化：各州自行决定有关选举权的法律，这些法律，无一例外，最初都依据财富或社会地位对选举权加以限制。

这并不意味着美国的精英们没有利用他们的政治权力，通过限制融资渠道来为自己创造租金。正如我们将详细讨论的，美国银行业最初就建立在银行家和政客之间明确协议的基础上，无论是在各州还是国家层面，他们都要创造和分享租金。

但这表明美国人力资本的基本分布与精英主导下的并不一致。美国的精英被迫与公民讨价还价。这首先反映在联邦党在政治上的覆灭；其次反映在杰克逊派的崛起，这是美国历史上第一次真正的民粹主义政治运动；最后反映在通过控制银行数量来限制融资渠道的法律早在18世纪10年代就逐步失去效力。当然，美国的银行家不会被动地接受这样一种观点，即他们应该允许所有的租金在竞争中消耗殆尽。他们找到了结盟这个办法——具有讽刺意味的是，盟友是反银行的民粹主义者——获得了地方垄断和准垄断权。实际上，美国银行业的历史就是这样的故事：这些垄断企业如何逐渐地缩小规模，租金如何逐渐地消失——直到20世纪90年代，它们最终被完全破坏。

政府需要银行为其生存提供资金，银行需要政府给予自己特权，以吸引投资。美国第一家特许银行——北美银行（BNA）也不例外。为了给独立战争提供资金，1781年联邦议会授权一群股东创建商业银行，北美银行也将充当政府的财政代理人。然而，从一开始，创建与中央政府有特殊关系的私营国民银行就遇到了麻烦。最根本的问题是，北美银行要与没有特许经营权（这意味着它们的股东要负无限责任）的当地银行展开竞争。地方银行能够对北美银行的特许权提出异议的原因是，美国的联邦条例并未明确规定，中央政府是否拥有银行特许权。因此，北美银行必须由宾夕法尼亚州重新授权。

但是，这一授权刚被批准，在当地未获特许的银行的要求下，北美银行就在宾夕法尼亚州议会遭到攻击，并于1785年被撤销特许权。两年后，在北美银行同意接受一系列对其业务的限制后，立法机关恢复了特许，这实际上意味着它不能成为中央政府的银行（Bodenhorn，2003：128）。

联邦条例很快被1789年宪法所取代，但国家财政面临的问题仍然存在。1791年，新的中央政府迅速成立了美国银行（BUS），以取代北美银行。美国银行是一家商业银行，可以向私人吸收存款和发放贷款。联邦政府认购了美国银行 20% 的资本，但没有支付款项，而是从银行获取贷款认购该股份，然后，用它作为银行股东获得的股息来偿还这笔贷款。作为交换，美国银行获得了其他银行所没有的一系列有价值的特权：股东承担有限责任，持有联邦政府的货币余额，向联邦政府收取银行贷款（银行为支付联邦费用而发行的票据）的利息，以及在全国各地开设分行。简而言之，美国银行是一项交易的产物：银行家为国家提供资金，国家给银行家一系列利润丰厚的特权。

如果美国的政治机构授予联邦政府颁发银行特许权的唯一权力，美国银行可能已经完全控制了金融系统。然而，美国联邦政府组织阻止了这种情况的发生。宪法规定，任何没有明确授予联邦政府的权力，都可以由各州行使。根据宪法，各州失去了对进出口商品征税和铸币的权力。这两项权力都归于联邦政府，作为交换，联邦政府承担了各州根据联邦条款积累的巨额债务。由于被剥夺了传统的资金来源，各州开始寻找其他收入来源。宪法没有提到国家有权特许银行发行流通货币。

因此，各州有强烈的财政动机来出售银行执照，并有强烈的动机去做任何必要的事情来最大化这些执照的价值。各州显然没有办法从在其他州注册的银行那里获得特许费，因此，它们禁止银行开设跨州分行（Kroszner and Strahan，1999）。各州可以通过出售执照和持有银行股票来赚取收入，因此，它们几乎都是银行股份的主要持有者，它们通常从银行贷款来购买这些股份，然后用股息偿还贷款。当银行赚取垄断租金时，各州获得了更多的红利，因此，它们限制了本州境内银行的数量。各州还可能会以潜在进入者为威胁，从现有银行获取额外收入。在这种情形中，它们会接受现有银行的"红利"，而拒绝潜在竞争对手的特许申请（Bodenhorn，2003，17：244）。虽然在 1810~1830 年各州的情况有很大的差异，但银行股息和银行税通常占到了各州总收入的 1/3 （Sylla，Legler and Wallis，1987；Wallis，Sylla and Legler，1994）。

因此，在美国共和党执政初期，银行业以细分垄断为特征。1800 年，美国四大城市——波士顿、费城、纽约和巴尔的摩——各自只有两家银行。较小市场如果有银行的话，通常也只有一家。如表 3.6 所示，1800 年美国国内只有 28 家银行 （注册资本只有 1740 万美元） （Wallis，Sylla and Legler，1994：135~139；Bodenhorn，2003：142；Majewski，2004）。

表 3.6 美国的州特许银行 （1790~1835 年）

年份	新英格兰		美国南部		美国全境	
	银行数量(家)	注册资本（百万美元）	银行数量(家)	注册资本（百万美元）	银行数量(家)	注册资本（百万美元）
1790	1	0.8			3	3.1
1795	11	4.1			20	13.5
1800	17	5.5			28	17.4
1805	45	13.2	6	3.5	71	38.9
1810	52	15.5	13	9.1	102	56.2
1815	71	24.5	22	17.2	212	115.2
1820	97	28.3	25	28.6	327	159.7
1825	159	42.2	32	33.3	330	156.1
1830	186	48.8	35	37.3	381	170.4
1835	285	71.5	63	111.6	584	308.3

资料来源：Sylla （2007）。

鉴于美国的政治体制，由单一的国家银行和细分的州垄断银行构成的体系并不稳定。摩擦的来源之一是各州和中央政府面临的激励不同。从 1791 年美国银行获得特许权开始，拥有州特许权的银行家，以及州立法机构，就开始反对它。反对的原因很简单：美国银行的分支机构破坏了当地银行业的垄断。因此，州银行家们有动机与在意识形态上反对特许公司和"贵族"银行家的杰斐逊派结成联盟反对美国银行。他们最初试图对美国银行发行的银行券征税，以限制美国银行与州特许银行竞争。失败后，他们成功地游说州代表不要延长其执照，该执照于 1811 年到期（Lane, 1997: 601～612; Wettereau, 1942; Sylla, 2000; Rockoff, 2000）。然而，1812 年的战争证明了一家充当联邦政府金融代理人的银行的重要性，因此，1816 年美国第二银行获得了新的执照。美国第二银行建立的原则与第一银行相同，因此遭遇了同样的命运，1836 年，安德鲁·杰克逊成功地否决了银行执照的续期，美国第二银行被迫关闭（Hammond, 1947; Temin, 1968; Engerman, 1970; Rockoff, 2000）。

摩擦的第二个来源是联邦制、不断扩大的边疆和广泛的选举权之间的相互作用。各州为了争夺商业企业和人口而相互竞争，这促使各州的立法机构采取措施，最终破坏了其早先建立的垄断银行。首先，各州立法机构试图修建运河，将商业从内陆地区扩大到各个州。然而，它们往往没有足够的税收来资助这些公共工程项目。各州的应对措施之一是发行债券，而另一种应对措施是对新的银行执照收取"特许奖金"。当然，这些特许奖金会促使州立法机构违背它们已经与现有银行达成的垄断协议（Grinath, Wallis and Sylla, 1997; Sylla, 2000; Bodenhorn, 2003: 86, 148, 152, 228~234）。其次，各州立法机构试图放松投票权限制。急于吸引人口的新州取消或减少了投票限制，迫使初始的 13 个州实施更加宽松的投票法律，否则就可能面临人口流失的风险。到 19 世纪 20 年代中期，几乎所有初始的州都取消或大幅减少了财产资格限制（Engerman and Sokoloff, 2001; Keyssar, 2000）。选举权的扩大反过来又使民众能够向立法机关施加压力，投票给愿意解除银行特许经营限制的立法者。

各州内部和各州之间的政治竞争破坏了州立法机构限制特许权数量的初衷。早在 1812 年，马萨诸塞州就开始增加特许经营权的数量，放弃了持有银行股份作为州财政来源的策略，转而对银行资本征税。宾夕法尼亚州效仿马萨诸塞州，于1814年制定了《综合银行法》。该法案不顾该州州长的反对，结束了在那之前一直主导该州银行业的、以费城为基地的寡头垄断。罗得岛州也追随马萨诸塞州的脚步。1826年，它出售了所持的银行股份，增加了特许权数量，并开始对银行资本征税，以取代从股息中获得的收入。很快，按人均计算，它成为美国银行资金最为雄厚的州。

这些改革并非允许所有参与者获得银行特许经营权或允许银行随意开设分行。例如，宾夕法尼亚州1814年的《综合银行法》把该州划分为27个银行区，然后授予41家银行特许经营权，每个区至少获得一份银行执照。该法律中一个至关重要的规定是，银行向区外借贷者发放的贷款不得超过其资本的20%，从而限制了银行区内的竞争。对银行施加的额外限制有利于当地的经济主体：银行20%的资本必须贷款给农民、机械师和制造商；利率受法律约束；银行债务受法律约束；投资公司或政府证券的资本不得超过20%。当地银行赚取的垄断利润与州政府共享。银行必须为股息支付6%的税，法律还要求银行必须支付股息，否则银行将面临被吊销执照的风险。此外，银行必须在政府的自由裁量权下，以不超过5%的利率向州政府提供贷款（Bodenhorn，2003：142~143）。简而言之，宾夕法尼亚州的《综合银行法》是三方之间妥协的结果：一方是寻求增加信贷渠道的潜在债务人；一方是依靠限制竞争来获取租金的现任银行家；一方是州政府，它需要一个收入来源和一个为公共债务融资的机制。这笔交易的核心特征是，银行垄断仍被允许继续存在，只是空间被缩小了。

尽管各州改革的速度不尽相同——南方各州远远落后于东北各州——但美国的银行体系快速成长。如表3.6所示，1820年美国有327家银行在运营，注册资本为1.6亿美元，大约是1810年银行注册资本的3倍。到1835年，美国共有584家银行，注册资本达3.08亿美元——在短短15

年里增长了近 1 倍。较大的城市通常有十几家甚至更多的银行，而小城镇则有两三家（Bodenhorn，2003）。随着银行密度的增加，它们之间的竞争也在加剧，以至于它们开始向越来越广泛的借款人提供信贷。银行特别是大西洋中部各州的银行，把资金贷给各式各样的商人、工匠和农民（Wang，2006）。即使是在内部借贷占主导地位的新英格兰，银行数量的增加和新银行成立的便利也消除了信贷进入实体经济的障碍（Lamoreaux，1994）。

正如 Rousseau 和 Sylla（2005）所阐明的，其结果是美国银行体系的发展超过了英格兰和威尔士，后者通常被认为是 19 世纪的世界金融中心。1825 年，美国的人口数略少于英格兰和威尔士（1110 万人对 1290 万人），但银行资本约为英格兰和威尔士的 2.4 倍（Rousseau and Sylla，2005）。事实上，Rousseau 和 Sylla 认为，19 世纪初的美国是"金融主导型增长"的成功范例。

到 19 世纪 30 年代末，东北部各州事实上的政策是批准几乎所有的银行执照申请，这些政策通过一系列法律演化为自由银行制度。自由银行制度规定，银行执照的获得不再需要经过州立法机构的批准。相反，个人可以开设银行，前提是他们在州货币监理署注册，并在货币监理署存放州或联邦债券，作为发行票据的担保。读者们可能会想知道，这样一个自由进入的系统是如何与州政府的财政需求相协调的。答案在于，自由银行法规定，所有的银行券必须有 100% 的发行准备，这个发行准备就是存放在货币监理署的高级证券。从本质上讲，自由银行被迫向州政府提供贷款，以换取经营权。

1838 年，纽约州成为第一个在法律上实行自由银行制度的州。从 19 世纪 10 年代到 30 年代末，纽约的银行特许经营权由奥尔巴尼摄政团控制——这是一个由马丁·范布伦领导的政治机器。银行执照只授予摄政团的朋友们，作为交换，立法者们接受了各种贿赂，比如以面值认购首次公开发行的银行股票，即使股票交易价格有很高的溢价（Bodenhorn，2003：

134，186~188；Bodenhorn，2006；Gatell，1966：26；Moss and Brennan，2004）。1826年，该州投票法律被修改，男子普选权确立，之后摄政团结束了对银行特许经营权的控制。不到10年，摄政团失去了对州立法机构的控制，1837年，当时占统治地位的辉格党颁布了美国第一部自由银行法。到1841年，纽约已经建立了43家自由银行，总资本为1070万美元。到1849年，激增至111家（实收资本为1680万美元）。到1859年，有274家自由银行，实收资本为1.006亿美元（Bodenhorn，2003：186~192；Wallis，Sylla and Legler，1994；Moss and Brennan，2004）。其他州亦紧随纽约州的脚步——实施与选举权自由化相关的银行法自由化（Benmelech and Moskowitz，2005）。到19世纪60年代初，有21个州采用了纽约州法律的一些变体，在这样做的同时，它们还鼓励新设银行及增加竞争（Bodenhorn，1990：682~686；Bodenhorn，1993：531~535；Economopoulos and O'Neill，1995；Ng，1988；Rockoff，1974；Rockoff，1985）。

自由银行并不意味着信贷市场的供给限制完全解除。大多数州的自由银行法禁止特许设立分行。因此，除了南方各州没有实施自由银行制度之外，几乎所有州的银行体系都采用单一（单元）银行制。这种不同寻常的银行体系组织是一个令人难以置信的政治联盟的结果：反对贵族银行家的民粹主义者与希望创造地方垄断的银行家之间的联盟。简而言之，自由银行并不是对早期细分垄断体系的彻底反思。它只是扩大了垄断企业的数量，缩小了垄断企业的规模。其结果是双重的：银行赚取的部分租金消失了，之前被信贷市场拒之门外的借款人现在有机会获得融资，尽管这些资金来自一家在当地拥有强大市场力量的银行。

读者可能会想，既然银行不能在服务短缺的市场开设分行，那么这些市场上的农民、商人和制造商为什么不直接从较大城镇的银行获得信贷呢？答案是，在计算机革命之前，获取潜在借款人质量信息的成本非常高。银行家只能依据个人的关系网来评估借款人的信用状况：通过一系列的反复交互，银行家才得以评估信息不透明的企业或家庭内部的情况。因此，直到 20 世纪 90 年代，大多数小企业的贷款都是由距离企业不到 51 英里的银行提供的（Petersen and Rajan，2002）。

读者可能还想知道，为什么在推动自由银行法方面，南方落后于北方。Rajan 和 Ramcharan 最近的研究（即将发表）提供了答案。美国南方的特点是土地所有权集中，大地主之所以反对鼓励新设银行的立法，是因为在没有银行的情况下，他们是唯一的信贷来源，可以借此从小佃农那里榨取租金。

从联邦政府的角度来看，允许各州特许经营银行有一个主要缺陷：它不能为联邦政府提供资金来源。这个问题在南北战争期间浮出水面，当时联邦政府的财政需求迅猛增长。因此，联邦政府在 1863 年、1864 年和 1865 年先后通过了一系列法律，目的是关闭州特许银行，转而构建一个国有银行体系，以便为政府提供战争经费。联邦特许银行必须将其资本的 1/3 投资于联邦政府债券，这些债券由货币监理署作为储备持有，用于票据发行。也就是说，银行必须向联邦政府提供贷款，以换取票据发行权。为了与联邦政府信贷最大化的目标相一致，国家银行法将特许经营权的授予作为一种行政程序。只要满足最低资本和准备金要求，就可以拿到银行执照。这是全国范围内的自由银行制度（Sylla，1975）。

联邦政府既不能废除各州的特许银行权，也不能阻止州特许银行发行银行券。但是，它可以对银行券征收 10% 的税，然后免除联邦特许银行的税，从而激励州银行获得新的联邦特许权。从短期来看，正如联邦政府所预期的那样，私人银行受到了冲击。如表 3.7 所示，州特许银行的数量从 1860 年的 1579 家下降到 1865 年的 349 家。联邦银行从 1860 年的 0 家增长到 1865 年的 1294 家。然后，它们继续增长，到 1914 年达到 7518 家，控制了近 115 亿美元的资产。

表 3.7 美国商业银行的数量 （1860～1914 年）

年份	州特许银行		联邦银行		所有银行		联邦银行占比（%）	
	数量（家）	资产（百万美元）	数量（家）	资产（百万美元）	数量（家）	资产（百万美元）	数量	资产
1860	1579	423	0	0	1579	423	0	0
1865	349	231	1294	1127	1643	1358	79	83
1870	325	215	1612	1566	1937	1781	83	88
1875	1260	1291	2076	1913	3336	3204	62	60
1880	1279	1364	2076	2036	3355	3400	62	60
1885	1661	2005	2689	2422	4350	4427	62	55
1890	4717	3296	3484	3062	8201	6358	42	48
1895	6103	4139	3715	3471	9818	7610	38	46
1900	9322	6444	3731	4944	1053	11388	29	43
1905	13103	10186	5664	7325	18767	17511	30	42
1910	18013	13030	7138	9892	25151	22922	28	43
1914	20346	15872	7518	11477	27864	27349	27	42

资料来源：Lamoreaux（1994：540）；Davis 和 Gallman（2001：268）；Calomiris 和 White（1994：151）；美联储（1943：24）。

然而，从长远来看，美国的政治制度阻止了联邦政府建立单一联邦特许银行体系的目标实现，它还破坏了国家银行系统设立的进入银行业的壁垒。1865 年，联邦政府对各州特许银行发行的票据征收 10% 的税，从而有效地将银行券的发行权收归国有。然而，该法律对从州立银行账户支取的支票却只字未提。因此，州银行积极推行存款业务，从这些账户提取支票成为商业交易中日益普遍的手段（Moss and Brennan，2004；Sylla，1975：62~73；Davis and Gallman，2001：272）。其结果是，1865~1914 年，州特许银行的发展实际上超过了联邦银行。如表 3.7 所示，1865 年，州特许银行数量仅占所有银行数量的 21%，资产占银行总资产的 17%。到 1890 年，州特许银行的数量超过了联邦银行，并且控制了大部分资产。大约在 1914 年，美国国内 73% 的银行是州特许银行，控制了 58% 的银行资产。

结果是美国形成了一个具有最独特竞争结构的银行体系。1914 年，美国有 27349 家银行，其中 95% 都没有分行。拥有分行的银行往往规模较小，这些银行的平均分行数量不到 5 家（Calomiris and White，1994：145~188；Davis and Gallman，2001：272）。"单一银行"占多数的原因是，大多数州的法律禁止开设分行，即使是国家特许银行也不例外。那些没有明令禁止分行业务的州的法律中并没有关于开设分行的条款。事实上，支持"单一制"的银行家成立了许多地方和国家组织，劝说当权者不要放松对设置分行的限制。对分支机构的限制可能对城市消费者的信贷影响不大，因为在任何一个中型城市，通常都有多家单一银行在运营。但是，这些限制会对农村市场产生真实的影响，在那里，消费者面对的是当地的垄断者。

为什么农村消费者会接受这种安排呢？为什么他们不与那些想在服务短缺的市场开设分行的城市银行家结成联盟呢？Calomiris（2010）总结了

关于这个问题的一系列研究之后发现，第一个原因是，各部门的银行家与农业民粹主义者结成了联盟，这些人将大城市的商业企业及其富豪所有者视为对自身生活方式的威胁。这一联盟的一个反映是，1896 年民粹党和民主党的总统候选人威廉·詹宁斯·布莱恩（William Jennings Bryan）是分支银行的强烈反对者。第二个原因是，一个特殊的农民群体——那些生活在繁荣农业区的农民，利用单一银行为他们的经营和收购筹措资金——认为自己可以从单一制银行得到一些好处。不属于分行的本地银行家要么向他们贷款，要么无人可贷。在他们看来，单一制银行提供了贷款保险，他们为贷款支付给单一银行的较高利率只是保险的保费。

总而言之，美国的结果与墨西哥和巴西截然不同。这并不是因为银行家们没有试图限制供给。相反，这是因为银行家试图与政治精英结成联盟以限制供给的努力，遭到了由信贷消费者和具有民粹主义倾向的政治精英组成的反联盟的破坏。美国的银行家以唯一可能的方式做出了回应：他们加入了联盟。有时，与反对任何形式的银行的民粹主义者达成共识，能够在地方层面保持垄断。

3.4 结论和启示

本章考察了 3 个新世界经济体的政治和经济史，以评估社会权力的分配如何塑造银行业准入制度。研究结果与以下观点大体一致：人力资本分配和权力投射能力会对一个经济体的经济制度产生影响。从这些案例研究中显露的一个清晰的模式是，代议制——比如 19 世纪的巴西议会——是产生能促进金融广泛发展的经济制度的必要条件，而非充分条件。金融从业者可以占领议会，也可以与其成员结成联盟；为了使政治精英的动机与信贷最终用户相一致，有效的投票权是必不可少的。

这些结果可以推广吗？显然，在得出任何确切的结论之前，除了本章研究的 3 个案例外，还有必要进行更详细的案例研究，但从大样本研究中获得的证据与我们在墨西哥、巴西和美国发现的模式大体一致。Barth、Caprio 和 Levine（2006）分析了 2003 年 65 个国家的横截面数据，发现民主政体与更容易获得银行执照和更少的银行经营限制有关。他们还发现，专制政体对银行实施的严格监管限制，与信贷市场发展缓慢、银行稳定性较差、贷款腐败现象较多有关。Bordo 和 Rousseau（2006）分析了 19 世纪 80 年代至 1997 年 17 个国家的面板数据，得出了相似的结果：比例代表制、频繁的选举、女性投票权和政治稳定性对金融部门的规模具有强烈且独立的影响。虽然因跨国样本较少而有所限制，但结果仍令人印象深刻，因为它对初始人均收入的控制是稳健的。Quintyn 和 Verdier（2010）在分析了 1960 年以来全球范围内超过 200 个"金融加速"事件后发现，在一个民主政体框架下，可持续金融发展的进程可能加速。综上所述，这里提供的案例研究和现有的统计研究都指向同一个方向，而且有望为进一步的研究提供借鉴。

参考文献

Aguilar, Gustavo. 2003. "El sistema bancario en Sinaloa (1889–1926): Su influencia en el crecimento economico." In *La banca regional en Mexico, 1879–1930*, edited by Mario Cerutti and Carlos Marichal, 47–100. Mexico: Fondo de Cultura Económica.

Barth, James R., Gerard Caprio Jr., and Ross Levine. 2006. *Rethinking Bank Regulation: Till Angels Govern*. Cambridge: Cambridge University Press.

Benmelech, Efrain, and Tobias J. Moskowitz. 2005. "The Political Economy of Financial Regulation: Evidence from U. S. State Usury Laws in the 18th and 19th Century." Harvard University. Working Paper.

Berg, Aaron, and Stephen Haber. 2009. "Always Turkeys: Brazil's State-Owned Banks in Historical Perspective." Stanford University. Unpublished Manuscript.

Bodenhorn, Howard. 1990. "Entry, Rivalry, and Free Banking in Antebellum America." *Review of Economics and Statistics* 72: 682–686.

——. 1993. "The Business Cycle and Entry into Early American Banking." *Review of Economics and Statistics* 75: 531–535.

——. 2003. *State Banking in Early America: A New Economic History.* New York: Oxford University Press.

——. 2006. "Bank Chartering and Political Corruption in Antebellum New York: Free Banking as Reform." In *Corruption and Reform: Lessons from America's Economic History*, edited by Edward Glaeser and Claudia Goldin, 231–257. Chicago: University of Chicago Press.

Bordo, Michael D., and Peter Rousseau. 2006. "Legal-Political Factors and the Historical Evolution of the Finance-Growth Link." NBER Working Paper no. 12035. Cambridge, M. A.: National Bureau of Economic Research, February.

Bornstein, Morris. 1954. "Banking Policy and Economic Development: A Brazilian Case Study." *The Journal of Finance* 9: 312–313.

Calomiris, Charles W. 2010. "The Political Lessons of Depression-Era Banking Reform." *Oxford Review of Economic Policy* 26 (3): 540–560.

Calomiris, Charles W. and Eugene N. White. 1994. "The Origins of Federal Deposit Insurance." In *The Regulated Economy: A Historical Approach to Political Economy*, edited by Claudia Goldin and Gary D. Libecap, 145–188. Chicago: University of Chicago Press.

Cerutti, Mario. 2003. "Empresarido y banca en el norte de Mexico, 1879–1910: La fundacion del Banco Refaccionario de la Laguna." In *La banca regional en Mexico, 1870–1930*, edited by Mario Cerutti and Carlos Marichal, 168–215. Mexico: Fondo de Cultura Económica.

Costeloe, Michael. 2002. *The Central Republic in Mexico, 1835–1846: Hombres de Bien in the Age of Santa Anna.* Cambridge: Cambridge University Press.

Davis, Lance E., and Robert E. Gallman. 2001. *Evolving Financial Markets and International Capital Flows: Britain, the Americas, and Australia, 1865–1914.* Cambridge: Cambridge University Press.

Del Ángel-Mobarak, Gustavo. 2005. "La banca mexicana antes de 1982." *In Cuando el estado se hizo banquero: Consecuencias de la nacionalización bancaria en México*, edited by Gustavo del Ángel-Mobarak, Carlos Bazdresch Parada, and Francisco Suárez Dávila. Mexico City: Fondo de Cultura Económica.

Economopoulos, Andrew, and Heather O'Neill. 1995. "Bank Entry during the Ante-bellum Period." *Journal of Money, Credit, and Banking* 27: 1071-1085.

Engerman, Stanley L. 1970. "A Note on the Economic Consequences of the Second Bank of the United States." *The Journal of Political Economy* 78: 725-728.

Engerman, Stanley L., and Kenneth L. Sokoloff. 1997. "Factor Endowments, Institutions, and Differential Paths of Growth among New World Economies: A View from Economic Historians of the United States." In *How Latin America Fell Behind: Essays on the Economic Histories of Brazil and Mexico, 1800-1914*, edited by Stephen Haber, 260-304. Stanford: Stanford University Press.

——. 2001. "The Evolution of Suffrage Institutions in the New World." NBER Working Paper no. 8512. Cambridge, M. A.: National Bureau of Economic Research, October.

Gamboa Ojeda, Leticia. 2003. "El Banco Oriental de Mexico y la formacion de un sistema de banca, 1900-1911." In *La banca regional en Mexico, 1870-1930*, edited by Mario Cerutti and Carlos Marichal, 101-133. Mexico: Fondo de Cultura Económica.

Gatell, Frank Otto. 1966. "Sober Second Thoughts on Van Buren, the Albany Regency, and the Wall Street Conspiracy." *The Journal of American History* 53: 19-40.

Grinath, Arthur, John Joseph Wallis, and Richard E. Sylla. 1997. "Debt, Default, and Revenue Structure: The American State Debt Crisis in the Early 1840s." NBER Historical Working Paper no. 97. Cambridge, M. A.: National Bureau of Economic Research, March.

Haber, Stephen. 1991. "Industrial Concentration and the Capital Markets: A Comparative Study of Brazil, Mexico, and the United States, 1830-1930." *The Journal of Economic History* 51: 559-580.

——. 1997. "Financial Markets and Industrial Development: A Comparative Study of Governmental Regulation, Financial Innovation, and Industrial Structure in Brazil and Mexico, 1840-1930." In *How Latin America Fell Behind: Essays on the Economic Histories of Brazil and Mexico, 1800-1930*, edited by Stephen Haber, 146-178. Stanford: Stanford University Press.

——. 1998. "The Efficiency Consequences of Institutional Change: Financial Market Regulation and Industrial Productivity Growth in Brazil, 1866-1934." In *Latin America and the World Economy Since 1800*, edited by John H. Coatsworth and Alan M. Taylor, 275-322. Cambridge: Harvard University David Rockefeller Center for Latin American Studies. Harvard University Press.

——. 2009. "Why Banks Don't Lend: The Mexican Financial System." In *No Growth without Equity? Inequality, Interests, and Competition in Mexico*, edited by Santiago Levy and Michael Walton, 283 – 320. Washington, D. C. : The World Bank and Palgrave Macmillan.

Haber, Stephen, Herbert S. Klein, Noel Maurer, and Kevin Middlebrook. 2008. *Mexico Since 1980.* Cambridge: Cambridge University Press.

Haber, Stephen, Armando Razo, and Noel Maurer. 2003. *The Politics of Property Rights: Political Instability, Credible Commitments, and Economic Growth in Mexico, 1876–1929.* Cambridge: Cambridge University Press.

Hammond, Bray. 1947. "Jackson, Biddle, and the Bank of the United States." *The Journal of Economic History* 7: 1–23.

Hanley, Anne G. 2005. *Native Capital: Financial Institutions and Economic Development in Sao Paulo, Brazil, 1850–1905.* Stanford: Stanford University Press.

Hoffman, Philip T. , Gilles Postel-Vinay, and Jean-Laurent Rosenthal. 2001. *Priceless Markets: The Political Economy of Credit in Paris, 1660 – 1870.* Chicago: University of Chicago Press.

Holden, Robert H. 1994. *Mexico and the Survey of Public Lands: The Management of Modernization, 1876–1911.* Dekalb: Northern Illinois University Press.

Katz, Friedrich. 1998. *The Life and Times of Pancho Villa.* Stanford: Stanford University Press.

Keyssar, Alexander. 2000. *The Right to Vote: The Contested History of Democracy in the United States.* New York: Basic Books.

Kroszner, Randall S. and Philip E. Strahan. 1999. "What Drives Deregulation? Economics and Politics of the Relaxation of Bank Branching Restrictions." *Quarterly Journal of Economics* 114: 1437–1467.

Lamoreaux, Naomi. 1994. *Insider Lending: Banks, Personal Connections, and Economic Development in Industrial New England.* Cambridge: Cambridge University Press.

Lane, Carl. 1997. "For a 'Positive Profit': The Federal Investment in the First Bank of the United States, 1792–1802." *William and Mary Quarterly* 54: 601–612.

Levy, Juliette. 2003. "Yucatan's Arrested Development: Social Networks and Credit Markets in Merida, 1850–1899." PhD diss. , University of California, Los Angeles.

Ludlow, Leonor. 2003. "El Banco Mercantil de Veracruz, 1898–1906." In *La banca regional en Mexico, 1870 – 1930,* edited by Mario Cerutti and Carlos Marichal, 134 – 167. Mexico: Fondo de Cultura Económica.

Majewski, John. 2004. "Jeffersonian Political Economy and Pennsylvania's Financial Revolution from Below, 1800–1820." University of California, Santa Barbara. Unpublished Manuscript.

Marichal, Carlos. 2002. "The Construction of Credibility: Financial Market Reform and the Renegotiation of Mexico's External Debt in the 1880's." In *The Mexican Economy, 1870-1930: Essays on the Economic History of Institutions, Revolution, and Growth*, edited by Jeffrey L. Bortz and Stephen H. Haber, 93-119. Stanford: Stanford University Press.

Markiewicz, Dana. 1993. *The Mexican Revolution and the Limits of Agrarian Reform, 1915-1946*. Boulder, C. O. : Lynne Rienner Publishers.

Maurer, Noel. 2002. *The Power and the Money: The Mexican Financial System, 1876-1932*. Stanford: Stanford University Press.

Maurer, Noel, and Andrei Gomberg. 2004. "When the State is Untrustworthy: Public Finance and Private Banking in Porfirian Mexico." *Journal of Economic History* 64: 1087-1107.

Maurer, Noel, and Stephen Haber. 2007. "Related Lending and Economic Performance: Evidence from Mexico." *The Journal of Economic History* 67: 551-581.

Mexico, Secretaria de Hacienda. 1912. *Anuario de Estadística Fiscal, 1911 - 1912*. Mexico City: Imprenta del Gobierno.

Moss, David, and Sarah Brennan. 2004. "Regulation and Reaction: The Other Side of Free Banking in Antebellum New York." Harvard University, Harvard Business School. Working Paper 04-038.

Musacchio, Aldo. 2009. *Experiments in Financial Democracy: Corporate Governance and Financial Development in Brazil, 1882-1950*. Cambridge: Cambridge University Press.

Ng, Kenneth. 1988. "Free Banking Laws and Barriers to Entry in Banking, 1838-1860." *The Journal of Economic History* 48: 877-889.

Oveda, Jaime. 2003. "Bancos y banqueros en Guadalajara." In *La banca regional en Mexico, 1870 - 1930*, edited by Mario Cerutti and Carlos Marichal. Mexico: Fondo de Cultura Económica.

Peláez, Carlos Manuel. 1975. "The Establishment of Banking Institutions in a Backward Economy: Brazil, 1800-1851." *The Business History Review* 49: 446-472.

Peláez, Carlos Manuel, and Wilson Suzigan. 1976. *Historia Monetária do Brasil: Análise da Política, Comportamento e Instituiçoes Monetárias*. Brazil: Editora Universidade de Brasília.

Petersen, Mitchell A. , and Raghuram G. Rajan. 2002. "Does Distance Still Matter? The Information Revolution in Small Business Lending." *Journal of Finance* 57: 2533-2570.

Potash, Robert. 1983. *The Mexican Government and Industrial Development in the Early Republic: The Banco de Avío*. Amherst: University of Massachusetts Press.

Quintyn, Marc, and Geneviève Verdier. 2010. "Mother Can I Trust the Government?

Sustained Financial Deepening—A Political Institutions View. " IMF Working Paper no. WP/ 10/210. Washington, D. C. : International Monetary Fund, September.

Rajan, Raghuram, and Rodney Ramcharan. Forthcoming. "Land and Credit: A Study of the Political Economy of Banking in the United States in the Early 20th Century. " *Journal of Finance.*

Razo, Armando. 2008. *Social Foundations of Limited Dictatorship: Networks and Private Protection During Mexico's Early Industrialization.* Stanford: Stanford University Press.

Rockoff, Hugh. 1974. "The Free Banking Era: A Reexamination. " *Journal of Money, Credit, and Banking* 6: 141–167.

——. 1985. "New Evidence on Free Banking in the United States. " *The American Economic Review* 75: 886–889.

——. 2000. "Banking and Finance, 1789–1914. " In *The Cambridge Economic History of the United States Volume II,* edited by Stanley Engerman and Robert Gallman, 643 – 684. Cambridge: Cambridge University Press.

Rodríguez López, María Guadalupe. 1995. " La banca porfiriana en Durango. " In *Durango (1840–1915): Banca, transportes, tierra e industria,* edited by Mario Cerruti, 7–34. Monterrey, Nuevo León, Mexico: Impresora Monterrey.

——. 2003. "Pazy bancos en Durango durante el Porfiriato. " In *La banca regional en Mexico, 1870 – 1930,* edited by Mario Cerutti and Carlos Marichal, 254 – 290. Mexico: Fondo de Cultura Económica.

Romero Ibarra, Maria Eugenia. 2003. "El Banco del Estado de Mexico 1897–1914. " In *La banca regional en Mexico, 1870–1930,* edited by Mario Cerutti and Carlos Marichal, 216–251. Mexico: Fondo de Cultura Económica.

Rousseau, Peter L. , and Richard Sylla. 2005. " Emerging Financial Markets and Early U. S. Growth. " *Explorations in Economic History* 42: 1–26.

Summerhill, William. Forthcoming. *Inglorious Revolution: Political Institutions, Sovereign Debt, and Financial Underdevelopment in Imperial Brazil.* New Haven: Yale University Press.

Sylla, Richard. 1975. *The American Capital Market, 1846–1914: A Study of the Effects of Public Policy on Economic Development.* New York: Arno Press.

——. 2000. " Experimental Federalism: The Economics of American Government, 1789–1914. " In *The Cambridge Economic History of the United States Volume II,* edited by Stanley Engerman and Robert Gallman, 483–542. Cambridge: Cambridge University Press.

——. 2007. " The Political Economy of Early U. S. Financial Development. " In *Political Institutions and Financial Development,* edited by Stephen Haber, Douglass

C. North, and Barry R. Weingast, 60–91. Palo Alto: Stanford University Press.

Sylla, Richard, John B. Legler, and John Wallis. 1987. "Banks and State Public Finance in the New Republic: The United States, 1790–1860." *The Journal of Economic History* 47: 391–403.

Temin, Peter. 1968. "The Economic Consequences of the Bank War." *The Journal of Political Economy* 76: 257–274.

Tenenbaum, Barbara. 1986. *The Politics of Penury: Debt and Taxes in Mexico, 1821–1856.* Albuquerque: University of New Mexico Press.

Topik, Steven. 1980. "State Enterprise in a Liberal Regime: The Banco do Brasil, 1905–1930." *Journal of Interamerican Studies and World Affairs* 22: 401–422.

——. 1987. *The Political Economy of the Brazilian State, 1889–1930.* Austin: University of Texas Press.

Triner, Gail D. 2000. *Banking and Economic Development: Brazil, 1889–1930.* New York: Palgrave.

United States Board of Governors of the Federal Reserve System. 1943. *Banking and Monetary Statistics.* Washington, D. C. : Federal Reserve.

Walker, David W. 1987. *Business, Kinship, and Politics: The Martinez del Rio Family in Mexico, 1824–1867.* Austin: University of Texas Press.

Wallis, John, Richard Sylla, and John B. Legler. 1994. "The Interaction of Taxation and Regulation in Nineteenth Century U. S. Banking." In *The Regulated Economy: A Historical Approach to Political Economy*, edited by Claudia Goldin and Gary D. Libecap, 122–144. Chicago: The University of Chicago Press.

Wang, Ta-Chen. 2006. "Courts, Banks, and Credit Market in Early American Development." PhD diss. , Stanford University.

Wasserman, Mark. 1984. *Capitalists, Caciques, and Revolution: Elite and Foreign Enterprise in Chihuahua, Mexico, 1854–1911.* Chapel Hill: University of North Carolina Press.

Wettereau, James. 1942. "The Branches of the First Bank of the United States." *Journal of Economic History* 2: 66–100.

Womack, John. 1969. *Zapata and the Mexican Revolution.* New York: Alfred A. Knopf.

4 政治集权和城市首位：来自美洲各国首都和省会的证据

塞巴斯蒂安·加里亚尼（Sebastian Galiani）

苏库·金（Sukkoo Kim）

"世界各地的首都都有一条法则，那就是最大的城市不仅在规模上，而且在国家影响力上，必须是超级杰出的。"

——杰斐逊（1939）《城市首位律》

4.1 引言

杰斐逊（Jefferson，1939）在他的开创性文章中，给予了每个国家的最大城市或首位城市极大的赞誉。对于杰斐逊来说，几乎每个国家的首位城市——常常也是首都，都拥有最好的商品、最稀有的物品、最优秀的人才和技术工人，更重要的是，它是民族文化、自豪感和影响力的中心。根据杰斐逊的估算，和许多欧洲国家一样，大多数拉丁美洲国家，如墨西哥、秘鲁、阿根廷、古巴、玻利维亚和智利，都遵循这种模式。杰斐逊也意识到美国是这一规则的主要例外。尽管"首都"在其他地方几乎都是"首位城市"的同义词，但在美国不是这样的。在美国，"首都"一词仅限于政治首都，是非常不重要的城镇。美国享有超高的福利水平，同时由于政治当局所在城市不那么重要而与其他国家（至少是那些与它在同一个半球的国家）不同。这二者之间有关联吗？

在本章，我们将探讨美洲城市首位的原因，并将其与长期增长的决定因素联系起来，以期得到这个问题的答案。为了研究这些问题，我们借用杰斐逊的一般观点，即城市首位往往表现为人口在首都类城市的过度集中[1]。然而，与杰斐逊等只关注首都影响的大多数研究不同，我们还考察

---

[1]　在拉丁美洲，Morse（1971）使用最大城市的人口比例作为城市首位的衡量标准，发现在1800年前后的阿根廷和古巴，1850年的哥伦比亚、墨西哥和秘鲁，1900年的巴（转下页注）

了拉丁美洲各国和美国的省会或州首府的作用。在拉丁美洲，不仅首都往往是全国最大的城市，而且省会往往也是省内最大的城市。相比之下，美国的城市首位并不是城市发展的主要特征，其首都并不是全国最大的城市，在大多数州，其首府城市通常也很小。

我们认为，美洲各国首都类城市发展的不同模式，最可能是由政治集权程度不同造成的，这种政治集权，可以追溯到殖民时期。如果政治权力集中在联邦政府和省政府的行政部门，政府资源和法规最有可能以牺牲非首都类城市及农村为代价来惠及首都类城市，拉丁美洲大多数国家就是这种情况。相反，如果国家和地方政府的政治权力分散，政府资源的分配往往取决于地方和州政府从经济基础中筹集收入的竞争力，美国就是这种情形。在美国，政治权力的下放也倾向于将收入从富裕地区再分配到贫困地区。由集权体制推动的城市首位可能会造成生产力损失（即资源错配），因此，显然某些制度安排可能不利于长期增长。事实上，城市首位可能是导致制度跨期存在的因素之一。Acemoglu、Johnson 和 Robinson（2001）的研究表明，大多数发展中国家的现有制度结构反映了 16~18 世纪欧洲殖民帝国建立的制度结构，并导致了各国收入的差异。根据我们的分析，可以说，集权的殖民政体导致了人口分布的不均衡和低效率，同时阻碍了增长，制约和限制了进一步的制度变迁。

我们提出，城市首位取决于生产力和政治集权，并对这些理论观点进

（接上页注①）西和委内瑞拉，均已出现城市首位。在所有这些国家中，首位城市也是国家的首都。Mcgreevey（1971）根据基于城市规模的帕累托分布的衡量标准，将墨西哥城市首位的出现追溯到 1750 年，古巴追溯到 1825 年，智利追溯到 1830 年，阿根廷追溯到 1850 年，巴西追溯到 1880 年，秘鲁追溯到 1925 年，委内瑞拉和哥伦比亚追溯到 1950 年。Portes（1976）认为，到 1970 年，除了巴西和哥伦比亚，大多数拉丁美洲国家都显示出明显的城市首位特征。相比之下，在美国，城市首位很少被视为城市发展的关键特征；随着时间的推移，城市规模的分布有利于中小城市（Kim，2000）。

行实证研究。一方面，假定在一个政治分权地区，主要城市和腹地自主选择各自的税收水平和公共产品投资水平，那么，只有在主要城市比腹地生产力更高的情况下，才会出现城市首位。另一方面，在一个政治集权的国家（地区）——在那里，主要城市的政府有权对主要城市和腹地经济设定税收和公共产品的支出水平——城市首位取决于生产力以及政府对每个区域居民福利的相对重要性。如果政府认为主要城市的公民比腹地公民更重要，那么城市首位就会产生；如果政府更加均衡地看待不同公民的福利，那么城市首位会比在分权情形下更低。由此，我们提出，政治集权与城市首位的关系，主要取决于在中央政府的福利函数中主要城市相对于腹地经济的相对权重。此外，我们还提出了一些论点来解释为什么城市首位可能与资源错配和生产力损失（从长期来看）有关。这一点尤其重要，因为这可以在一定程度上解释英属北美洲和拉丁美洲这两个地区的国家独立后，在长期增长中表现出来的差异。

为了估计首都类城市对美洲城市首位的影响，我们构建了包含 1900 年 7 个拉丁美洲国家和 1990 年 18 个拉丁美洲国家及美国的所有大于 2500 人和 25000 人的城市的广泛数据。需要着重指出的是，我们的数据集与 Ades 和 Glaeser（1995）、Henderson（2002）等较早的研究有很大的区别，上述研究的样本只包括全球最大的首都和非首都城市。与这些研究不同，我们把其他可能导致人口集中的因素作为控制变量，估计出在各国内部，相对于全样本中的非首都类城市，首都和省会城市地位对人口的影响[①]。这里的控制变量，包括土地面积、经度、纬度、海岸周长、离港口或通航河流的距离等地理变量，以及温度、降雨量、日照等气候变量，涉及美国时，还包括一些经济变量。

---

① 例如，在 Ades 和 Glaeser（1995）的样本中，85 个城市中有 77 个是国家首都，因此，从分析中剔除非首都类城市时，结论是不变的。

我们的估计表明，到 20 世纪初，拉丁美洲国家首都地位对人口集中的影响已经相当显著，而且随着时间的推移越来越重要。如果仅以国土面积为控制变量（为保持各国的一致性），我们发现 1900 年首都地位使人口增加了 523%，但到 1990 年这一数字上升到 677%（全样本为 919%）①。另外，拉丁美洲省会地位对人口增长的影响在 1900 年还相当有限，只使人口增加了 70%，但到 1990 年，该数字上升到了 353%（全样本为 232%）。

拉丁美洲各国首都和省会地位对人口集中的重要性也各不相同。1900年，首都地位使阿根廷和巴西的人口高度集中，而在古巴、智利和乌拉圭，其对人口集中的影响相对小一些。但就省会城市而言，只有对巴西的影响是显著的。1990 年，根据我们更大样本的数据，墨西哥的首都城市效应最为显著，其次是阿根廷、巴拉圭、哥伦比亚和秘鲁。大多数国家的省会城市效应总体上会随着时间的推移而增强，但对巴西、哥伦比亚和墨西哥的影响，要比对尼加拉瓜、危地马拉、萨尔瓦多、巴拉圭、洪都拉斯和巴拿马等国的影响大得多。

相比之下，对美国来说，1900 年首都和州首府地位对人口集中的影响相当小，它们分别使人口增加了 70% 和 15%～29%。但在 1990 年，首都地位对人口的影响急剧增加，达到 475%，但州首府地位对人口的影响仍相对较小，仅为 38%。因此，我们估计，到 20 世纪末，美国和拉丁美洲国家的主要区别在于省会或州首府地位对人口集中的影响不同。

---

① 一般来说，首都和省会城市虚拟变量的估计系数对其他控制变量的加入是相对稳定的。由于土地面积部分是内生的，因此把土地面积作为控制变量可能是有问题的，但如果把土地面积排除在外，我们的结果会更明显。此外，大多数其他研究，如 Ades 和 Glaeser（1995）、Henderson（2002），也把土地面积作为一个自变量。最近，Campante 和 Do（2009）提出了一种新的方法来研究中心城市或首都的空间集中的影响。早期重要的城市首位跨国研究，参见 Rosen 和 Resnick（1980）、Wheaton 和 Shishido（1981）。

令人尤其感兴趣的是，美国和拉丁美洲国家在城市首位上的差异随着时间的推移而扩大，与之相对应的是，同期二者之间的收入差距也日益扩大。事实上，1900 年美国人均收入约是拉丁美洲国家的 3.67 倍，1990 年是 4.57 倍（数据来自 Maddison，2003）。

由于缺乏能被普遍接受的政治集权的测量标准，因此将这一因素与关于首都和州首府地位的经验数据联系起来具有极大的挑战性，但我们认为，有各种证据可以用来支持我们关于城市首位由政治集权造成的假设。大多数学者认为，根据一些重要的变量，在拉丁美洲，不管是中央集权制还是联邦制，政治权力高度集中于联邦政府和省政府的行政部门（Nickson，1995）。第一，包括大地主在内的大多数有权势的政治经济精英都在首都生活、工作和社交。第二，征收税收的权力高度集中于联邦政府，各省和地方政府的收入依赖于国家转移，这个转移是由政治决定的，而不是由经济决定的（Sokoloff and Zolt，2006）。第三，到目前为止，首都的政治和警务权力在许多国家都处于总统和联邦政府的控制之下（Meyers and Dietz，2002）。

而且，正如我们在理论部分所建议的那样，有相当多的证据表明，在拉丁美洲，首都和省会的政治集权导致政府资源的分配明显偏向于首都类城市（Myers，2002）。大多数学者认为墨西哥是拉丁美洲政治最集权的国家之一，因为联邦政府收取了 90% 以上的政府收入。大部分财政收入很可能被汇集到首都类城市，1990 年，地方政府只获得了这些财政收入的 4%（Nickson，1995；Diaz-Cayeros，2006）。据估计，在 1876～1911 年波菲里奥·迪亚斯（Porfirio Díaz）统治早期，墨西哥城获得了政府全部基础设施投资的 80% 以上（Kandell，1988）。虽然有人认为阿根廷的集权化程度不如墨西哥（Diaz-Cayeros，2006），但由于政府决策集中，经济发展也严重偏向于首都类城市。

理解长期经济增长：地理、制度与知识经济

相比之下，在美国，联邦政府的政治权力高度分散到各州和地方，直到 20 世纪下半叶中央集权程度才有所提升。然而，美国的州政府，与拉丁美洲各国的省政府不同，仍然相对分散，因为各州议会继续受到全州选民的强烈影响。正如我们的模型所预测的那样，政治分权也导致了各地公共产品的竞争性分配。因此，1840～1990 年，地方政府支出占美国政府支出的比例最高（Wallis，2000）。20 世纪下半叶，联邦税收和支出明显上升，表明联邦政府权力的集中程度不断提高。但由于地方国会代表对行政权力的制衡，美国各州和地方的相对权重比大多数拉丁美洲国家更加平衡。

最后，要注意的是，我们在回归中得到的首都类城市效应，可能会受到内生性问题的影响。为了解决这些问题，我们提供证据表明，从经济角度来看，导致美洲国家政治首都地位的力量主要是外生的，这与欧洲国家和其他国家不同，在那些国家，首都位置的内生性可能是一个主要问题（Ades and Glaeser，1995）。在拉丁美洲国家，首都和省会几乎都是西班牙和葡萄牙帝国的重要政治首都，其中大多数最初是出于军事原因选定的（Portes，1976；Cortés Conde，2008）。相比之下，在美国，大多数的州首府由于政治原因建立在或迁移到地理位置处于中心但不发达的地区。为了说明这一情况，我们追溯了决定阿根廷和美国政治首都位置选取的政治因素。

本章内容如下。在 4.2 节，我们提出了关于政治集权和人口分布的理论观点。在 4.3 节，我们估计了在 1900 年和 1990 年的拉丁美洲国家和美国，首都和省会/州首府地位对人口集中的影响。在 4.4 节，我们探讨了政治集权、首都类城市人口集中和城市首位之间的历史联系。在 4.5 节，我们详细研究了美国和阿根廷首都建立的原因。在 4.6 节，我们用一个总结来结束本章。

- 150 -

4.2 中央集权与城市首位—— 一个分析框架

在这一节，我们将讨论基于本章附录中提出的政治集权和人口分布模型的理论思考。

首先，假设一个政治区域被划分为两个地区——主要城市和腹地，该区域不存在中央政府（这种安排类似于一个松散的邦联），经济完全一体化，不同地区之间移民的成本为零。那么，人口分布模式应该是怎样的呢？由于劳动力具有完全的流动性，预计整个地区的工资水平将保持一致，因此，生产力的初始差异应该会通过人口流动得到消除。所以，从本质上讲，生产力较高的地区（例如，由于地理原因）相对于生产力较低的地区，人口预计会更多。如果我们把征税和提供公共产品的地方政府也纳入分析，这个结果也成立。只要主要城市和腹地的政府在各自的区域内从事这些活动，即只对各自居民征税，只向各自居民提供公共产品，那么人口就会根据生产力的差异分布。由于可承受的税收水平较高，生产力较高地区的公共产品供给水平预计也会较高。这样，最初的生产力差异将会保持不变或被放大——但绝不会逆转。

当地方政府被一个唯一的中央政府所取代时，情况就不同了，中央政府可以对整个地区的经济活动征税，并决定公共产品在不同地区的分配。这最后一点对我们的分析至关重要：只要公共产品对生产力有积极影响，公共产品的某些特定分配模式就可能扭转由地理因素造成的生产力差异，从而对人口分布产生影响。这带来一个基本的问题：在整个政治区域中，公共产品分配的决定因素是什么？一个简单的政治经济学假设是，考虑中央政府的福利函数，其福利既包括主要城市公民的福利，也包括腹地公民的福利。中央政府对每个地区的重视程度必然会影响公共产品的分配：如果中央政府认为主要城市公民的福利对自身的重要性高于腹地公民的福利，那么实际后果将是主要城市居民比腹地居民获得更多的公共产品。如果主要城市最初的生产力比腹地更高，主要城市与腹地之间的生产力差距就会加大，人口就会相应流动。在类似的初始情况下，如果中央政府更关心腹地居民的福利，那么情况就会相反：腹地的公共产品供给会更多，这将有助于扭转生产力差距，人口分布会偏向腹地。因此，在我们刚才构建的框架内，如果中央政府以不平衡的方式满足主要城市居民的需要，就会扩大甚至扭转生产力差距，使之有利于首都类城市，促使人们在地理上接近政治当局，这样，城市首位就产生了。

中央政府更关心主要城市而不是腹地，这不仅造成了城市首位，而且从长远来看也会对经济产生影响。实际上，这可能导致人口分布的低效率。考虑这样一种情况：腹地的生产力远远高于主要城市。在分权体制下，前者的人口预计会比后者多。那么，如果中央集权的政府出现了，它对全国征收同样的税，但将投资集中在主要城市，这实际上就是把资源从生产力较高的地区转移到生产力较低的地区。首都挤满了来自腹地的移民，他们离开原来的地方是为了更好地获得公共产品。但是，如果公共产品提高生产力的作用被设定为可变的——例如，相对于低生产力地区，高生产力地区可能从一个额外单位的公共产品获得更多的利益——那么，在腹地减少公共产品供给和在主要城市增加公共产品供给，就可能会出现效率损失，这种转移意味着资源错配。特别是，假设公共产品提高生产力的作用呈倒 U 形，即生产力水平很低和很高的地区效应不大，而中等生产力水平的地区效应最大。从这个意义上来说，无论主要城市的生产力相对较高还是较低，将公共产品的供给从腹地重新分配到主要城市都可能会产生效率成本。只要这些效率成本持续存在，中央集权制度下出现的城市首位就可能是拥有不同政治制度的国家之间存在生产力长期差距的部分原因。正如我们将在 4.4 节提到的英属北美和拉丁美洲的情况，在这方面特别有意义。

4.3 首都类城市与城市首位

上一节所构建的分析框架表明，城市首位是由两个重要因素造成的：影响生产力的经济因素和影响公共产品地理分布的政治因素。在本节，我们试图在不考虑可能影响生产力的其他因素的情况下，通过估计首都类城市地位对人口集中的作用，来确定政治因素的影响。在一个中央政治集权国家，政治和经济精英往往居住在政治首都，并有手段和动机在公共产品的分配中对首都赋予更高的权重 γ，这提高了城市首位。因此，首都类城市地位有可能体现了政治集权对人口分布的影响。

关于城市首位的文献也提供了各种各样的理由来解释为什么首都类城市易于成为首位城市。首都类城市具有作为政府中心的优势，因此规模可能会明显大于其他城市[1]。首先，政府机构和工作人员集中在首都类城市。其次，由于政府制定法律，对收入进行再分配，首都类城市可能会吸引非常多的游说行为。如果说政治腐败或寻租行为有助于城市首位的出现，那么这种影响很可能体现在首都类城市的发展上[2]。最后，对首都类城市基础设施和服务设施的投资可能在政府资源中所占比例过大。在许多

---

[1] Ades 和 Glaeser（1995）认为，如果政府软弱、需应对地方压力、有大量租金要分配、不考虑腹地的政治权力，首都和省会城市的政治权力会更大。他们还提出，当影响力来自暴力威胁时，靠近政治人物的好处可能会增加，而且距离使非法行为更难以隐藏，也降低了政客们获得信息和与政府沟通的成本。

[2] 韩国首尔的首要地位一直与需要在首都游说、获得政府机构的进出口许可证和贷款有关（Henderson，2002）。

拉丁美洲国家，居住在首都类城市的政治和经济精英可能没有政治动机把资源分配给较小的城市[①]。

考虑下面的方程式：

$$\ln(pop)_i = \alpha_1 + \beta_1 Ncapital_i + \beta_2 Pcapital_i + \beta_3 Excapital_i$$
$$+ \beta_3 \ln(landarea_i) + \beta_4 X_i + \varepsilon_i$$

其中，$Ncapital$ 和 $Pcapital$ 是衡量一个城市是否为国家首都或省会/州首府的虚拟变量，$Excapital$ 用于衡量一个城市是否曾经为首都，$landarea$ 用于衡量城市面积，X_i 是外部控制变量。对于拉丁美洲国家，X_i 控制变量包括以下方面。①位置变量：纬度、经度、海拔；②地理变量：海岸线和河流；③气候变量：夏季平均气温、冬季平均气温、年平均气温和年平均降水量。对于美国，控制变量会根据数据的可获性而有所不同。

数据包括 1900 年前后的 7 个拉丁美洲国家和美国中人口大于 25000 人的所有城市，以及 1990 年 18 个拉丁美洲国家和美国中人口大于 25000 的所有城市。对于拉丁美洲国家，我们也有人口超过 2500 人的城市的数据。一般而言，城市被定义为自治市，而不是城区或都市区。在拉丁美洲，我们使用二级行政区的资料，在美国，使用的是市政当局的资料。附录提供了详细的定义信息和数据来源。

表 4.1 列有美洲各国省/州的基本描述性信息。各个国家的省/州在数量、平均人口和土地面积方面有相当大的差异。一般来说，较大的国家，如美国、巴西和墨西哥，省/州的数量通常较多，每个省/州的平均人口也更多。

[①] 例如，Walter（1993）写道，在阿根廷，经济和政治精英，包括潘帕斯草原的农业地主，都生活在首都布宜诺斯艾利斯。类似的情况也发生在智利，那里的地主和资本家互相通婚，并在首都城市圣地亚哥形成了紧密的政治纽带（Zeitlin and Rratcliff，1988；Walter，2005）。

表 4.1　美洲各省/州的描述性统计		
国家	数量(个)	平均人口数(千人)(标准差)
阿根廷	24	1510.8(2757.6)
玻利维亚	9	919.4(820.0)
巴西	27	6809.7(8184.0)
智利	53	285.2(647.1)
哥伦比亚	32	1295.9(1831.2)
哥斯达黎加	7	544.3(382.0)
古巴	15	749.3(467.0)
厄瓜多尔	24	503.5(704.7)
萨尔瓦多	14	410.3(365.1)
危地马拉	22	510.0(497.4)
洪都拉斯	18	337.6(298.4)
墨西哥	32	3228.6(2793.7)
尼加拉瓜	17	300.7(268.6)
巴拿马	12	236.6(376.4)
巴拉圭	18	286.8(315.6)
秘鲁	26	1003.8(1289.1)
乌拉圭	—	—
委内瑞拉	24	960.5(756.9)
美国	49	5042.0(5486.6)

注：—表示没有相关数据。

表 4.2 报告了回归数据样本中的城市描述性统计。正如预期的那样，数据显示，随着时间的推移，拉丁美洲各国最大城市的人口集中程度比美国提升得更快。1900 年，在人口超过 25000 的城市中，拉丁美洲城市的平均人口规模不到美国城市的一半，但到 1990 年，它已经超过了美国。此外，在此期间，美国这类规模的城市数量增加了 5 倍以上，而拉丁美洲这类城市数量的增长则要缓慢得多。

表 4.3 显示了 1900 年和 1990 年拉丁美洲国家合并样本的回归估计。表 4.4 和表 4.5 分别给出了美国和拉丁美洲国家的类似回归结果。

表 4.2 描述性统计：美洲的城市

国家/地区	1910年城市化率(%)	2000年城市化率(%)	1900年(2500+)城市数量(个)	1900年(2500+)城市人口平均数(人)(标准差)	1900年(25000+)城市数量(个)	1900年(25000+)城市人口平均数(人)(标准差)	1990年(2500+)城市数量(个)	1990年(2500+)城市人口平均数(人)(标准差)	1990年(25000+)城市数量(个)	1990年(25000+)城市人口平均数(人)(标准差)
阿根廷	31.2	89.4%	365	21257(84654)	73	67779(182644)	489	74074(180553)	245	136022(239671)
玻利维亚	4.3	64.8	—	—	—	—	109	75865(190537)	68	113769(233706)
巴西	10.7	81.3	1469	28764(60656)	566	51163(93238)	5270	34777(203018)	1222	116848(411056)
智利	14.5	84.6	79	41016(48918)	50	54250(57539)	52	290655(652191)	44	341547(698033)
哥伦比亚	7.1	74.9	—	—	—	—	1054	39256(237976)	251	130904(476827)
哥斯达黎加	9.0	51.9	29	8261(7887)	2	32505(9344)	81	47039(49751)	49	67783(54715)
古巴	15.1	75.3	124	17418(29380)	17	60058(64878)	155	72510(180618)	134	80959(192978)
厄瓜多尔	9.1	62.4	—	—	—	—	214	56454(191369)	97	110426(275365)
萨尔瓦多	6.3	46.6	159	7986(10577)	5	53572(30379)	244	23425(38601)	54	71327(60901)
危地马拉	5.1	40.4	—	—	—	—	327	34294(62755)	141	61554(88378)
洪都拉斯	3.9	46.9	—	—	—	—	285	21235(61564)	46	82289(138620)
墨西哥	7.6	74.4	—	—	—	—	2049	50174(228685)	689	128414(382572)
尼加拉瓜	7.0	64.7	—	—	—	—	151	33847(79242)	61	65866(117904)
巴拿马	11.1	57.7	—	—	—	—	72	39354(92250)	20	111664(155245)
巴拉圭	14.1	56.0	—	—	—	—	217	23740(45541)	47	72851(80402)
秘鲁	5.0	72.8	—	—	—	—	195	133843(508984)	162	158037(555587)

续表

国家/地区	1910年城市化率ª(%)	2000年城市化率(%)	1900年(2500+)城市数量(个)	1900年(2500+)城市平均人数(人)(标准差)	1900年(25000+)城市数量(个)	1900年(25000+)城市平均人数(人)(标准差)	1990年(2500+)城市数量(个)	1990年(2500+)城市平均人数(人)(标准差)	1990年(25000+)城市数量(个)	1990年(25000+)城市平均人数(人)(标准差)
乌拉圭	28.7	91.3	19	54878(63493)	17	59216(65916)	19	170579(295890)	19	170579(295890)
委内瑞拉	3.6	87.4	—	—	—	—	322	71549(188929)	179	116782(244356)
拉丁美洲			2244	25831(61622)	730	53396(102350)	11305	44463(213113)	3528	119283(370595)
美国	45.6	79.2	160	123243(322758)	160		—		1066	97697(289637)

注：a 1910年的城市化率按居住在大城市的人口比例计算，2000年按各国定义的居住在城市地区的人口比例计算。

资料来源：Bulmer-Thomas（2003：7，85）。

表 4.3　1900 年和 1990 年合并拉丁美洲国家首都和省会城市地位对人口（对数）的影响

	1900 年				1990 年（1900 年的样本）				1990 年			
	2500+		25000+		2500+		25000+		2500+		25000+	
国家首都	2.69*** (0.60)	2.81*** (0.50)	1.83*** (0.56)	2.05*** (0.43)	2.67*** (0.64)	2.71*** (0.48)	2.05*** (0.52)	2.06*** (0.42)	2.78*** (0.34)	2.74*** (0.32)	2.32*** (0.29)	2.29*** (0.27)
省会	0.82*** (0.13)	1.14*** (0.11)	0.53*** (0.11)	0.75*** (0.12)	2.72*** (0.12)	2.32*** (0.13)	1.51*** (0.12)	1.48*** (0.11)	2.14*** (0.07)	1.93*** (0.07)	1.20*** (0.07)	1.22*** (0.07)
前国家首都	—	—	—	—	—	3.03*** (0.20)	—	3.16*** (0.20)	—	3.58*** (0.13)	—	3.32*** (0.13)
ln（城市面积）	0.14*** (0.01)	0.11*** (0.01)	0.01 (0.01)	0.05*** (0.02)	0.18*** (0.01)	0.13*** (0.01)	-0.04*** (0.01)	-0.06*** (0.01)	0.19*** (0.01)	0.18*** (0.01)	-0.06 (0.009)	-0.03*** (0.01)
纬度	—	0.02*** (0.00)	—	0.02*** (0.01)	—	0.02*** (0.003)	—	0.02 (0.004)	—	0.005*** (0.002)	—	0.010*** (0.002)
经度	—	-0.02*** (0.00)	—	-0.02*** (0.00)	—	-0.001*** (0.001)	—	-0.012*** (0.001)	—	0.003*** (0.001)	—	-0.004*** (0.001)
海拔	—	-0.00*** (0.00)	—	-0.00 (0.00)	—	-0.00*** (0.00)	—	-0.00 (0.00)	—	-0.00* (0.00)	—	-0.00 (0.00)
虚拟	—	0.16** (0.07)	—	0.11 (0.11)	—	0.72*** (0.09)	—	0.19** (0.09)	—	0.77*** (0.07)	—	0.21*** (0.07)
虚拟海岸线	—	-0.49** (0.21)	—	0.06 (0.37)	—	-0.24 (0.27)	—	-0.42 (0.28)	—	-0.43** (0.21)	—	-0.25 (0.21)
海岸线周长（0-1）	—	0.05 (0.04)	—	0.01 (0.04)	—	0.31*** (0.04)	—	0.17*** (0.04)	—	0.07*** (0.02)	—	-0.01 (0.03)
虚拟河流	—	—	—	—	—	—	—	—	—	—	—	—

续表

	1900年				1990年（1900年的样本）				1990年			
	2500+	2500+	25000+	25000+	2500+	2500+	25000+	25000+	2500+	2500+	25000+	25000+
夏季平均气温	—	-0.04***	—	0.01	—	0.03***	—	-0.02	—	0.07	—	0.08
		(0.01)		(0.01)		(0.01)		(0.01)		(0.006)		(0.007)
冬季平均气温	—	0.04***	—	0.01	—	-0.02***	—	0.00	—	-0.011**	—	-0.02***
		(0.01)		(0.01)		(0.006)		(0.00)		(0.004)		(0.005)
年平均气温	—	-0.04***	—	-0.00	—	0.04***	—	0.01	—	0.002	—	0.007
		(0.01)		(0.01)		(0.008)		(0.01)		(0.005)		(0.007)
年平均降水量	—	0.00***	—	0.00	—	0.00	—	-0.00***	—	-0.000***	—	-0.000***
		(0.00)		(0.00)		(0.00)		(0.00)		(0.000)		(0.000)
R^2	0.15	0.42	0.24	0.31	0.16	0.22	0.21	0.29	0.20	0.24	0.22	0.27
N	2232	2222	728	726	6309	6307	1767	1767	11300	11286	3528	3525
F检验	—	117.90	—	3.67	—	44.23	—	16.59	—	68.25	—	20.15

注：括号中的是稳健标准误差。F 检验是对回归中控制项的联合显著性检验。—表示没有相关数据。*** 表示在1%水平下是显著的，** 表示在5%水平下是显著的，* 表示在10%水平下是显著的。

表 4.4　1900 年和 1990 年美国首都和州首府地位对人口（对数）的影响

	1900 年		1990 年(1900 年的样本)		1990 年	
	25000+		25000+		25000+	
国家首都	0.53 ***	0.52 **	1.15 ***	0.80 ***	1.78 ***	1.82 ***
	(0.18)	(0.26)	(0.10)	(0.23)	(0.05)	(0.05)
州首府	0.14	0.26 **	0.10	0.20 *	0.350 ***	0.37 ***
	(0.13)	(0.11)	(0.14)	(0.11)	(0.11)	(0.11)
ln(城市面积)	0.58 ***	0.58 ***	0.66 ***	0.72 ***	0.52 ***	0.48 ***
	(0.08)	(0.08)	(0.07)	(0.09)	(0.03)	(0.03)
纬度	—	0.02 ***	—	-0.03 ***	—	0.02 ***
		(0.01)		(0.01)		(0.01)
经度	—	-0.02 ***	—	-0.012 ***	—	0.01 ***
		(0.00)		(0.001)		(0.00)
虚拟港口	—	0.50 ***	—	0.44 ***	—	0.71 ***
		(0.14)		(0.15)		(0.09)
虚拟河流	—	0.21 **	—	-0.03	—	0.22 ***
		(0.10)		(0.10)		(0.06)
年平均降水量	—	-0.00	—	-0.00 ***	—	-0.00 ***
		(0.00)		(0.00)		(0.00)
年平均气温	—	0.06	—	0.16 **	—	0.03 ***
		(0.05)		(0.08)		(0.01)
R^2	0.44	0.54	0.59	0.69	0.46	0.54
N	160	160	157	157	1066	1066
F 检验	557	217	531	284	8875	3632

注：括号中的是稳健标准误差。F 检验是对回归中控制项的联合显著性检验。—表示没有相关数据。 *** 表示在 1% 水平下是显著的， ** 表示在 5% 水平下是显著的， * 表示在 10% 水平下是显著的。

表 4.5　1900 年和 1990 年拉丁美洲各国首都和省会城市地位对人口（对数）的影响

		1900 年				1990 年			
		2500+		25000+		2500+		25000+	
		(1)	(2)	(1)	(2)	(1)	(2)	(1)	(2)
阿根廷	首都	4.95***	4.52***	3.54***	3.42***	3.93***	3.82***	3.17***	3.56***
	省会	0.59**	0.69***	0.49**	0.65***	2.02***	2.05***	1.10***	1.17***
	R^2	0.11	0.62	0.56	0.66	0.25	0.35	0.35	0.41
	N	365	365	73	73	489	489	245	245
	F检验	—							
玻利维亚	首都					1.11	0.58	1.12	1.14
	省会					1.97***	2.20***	1.35***	1.43***
	R^2					0.31	0.51	0.45	0.51
	N					109	106	68	67
	F检验								
巴西	首都	4.48***	4.85***	3.81***	3.94***	0.89***	1.87***	1.39***	1.30***
	省会	1.72***	1.89***	1.14***	1.30***	3.89***	3.46***	2.54***	2.46***
	R^2	0.13	0.30	0.30	0.36	0.13	0.23	0.23	0.28
	N	1469	1459	566	564	5269	5267	1222	1222
	F检验								
智利	首都	2.20***	2.00***	2.05***	1.97***	2.35***	2.12***	2.33***	2.00***
	省会	0.62***	0.60***	0.38***	0.41***	1.51***	1.44***	0.95***	1.13***
	R^2	0.39	0.52	0.45	0.55	0.33	0.75	0.46	0.70
	N	79	79	50	50	52	52	44	44
	F检验	—							

续表

	1900年 2500+ (1)	1900年 2500+ (2)	1900年 25000+ (1)	1900年 25000+ (2)	1990年 2500+ (1)	1990年 2500+ (2)	1990年 25000+ (1)	1990年 25000+ (2)
哥伦比亚 首都	1.10***	1.08***			3.50***	3.34***	3.31***	3.03***
省会	0.94**	0.96***			2.49***	2.64***	1.73***	1.87***
R^2	0.66	0.80			0.26	0.42	0.46	0.50
N	29	29			1052	1051	251	251
F检验	—							
哥斯达黎加 首都	2.23***	2.11***	1.96***	1.45	1.07***	1.19***	1.01***	0.95***
省会	1.42***	1.49***	0.40***	0.77	1.31***	1.11***	0.80***	0.77***
R^2	0.42	0.47	0.63	0.96	0.25	0.41	0.37	0.61
N	120	120	16	16	81	81	49	49
F检验	—							
古巴 首都					2.28***	2.33***	2.28***	2.36***
省会					1.70***	1.71***	1.56***	1.55***
R^2					0.60	0.62	0.71	0.73
N					155	155	134	134
F检验								
厄瓜多尔 首都					2.78***	3.19***	2.66***	2.73***
省会					1.54***	1.47***	1.04***	1.15***
R^2					0.29	0.50	0.42	0.53
N					214	212	97	96
F检验					—			

续表

		1900年 2500+ (1)	1900年 2500+ (2)	1900年 25000+ (1)	1900年 25000+ (2)	1990年 2500+ (1)	1990年 2500+ (2)	1990年 25000+ (1)	1990年 25000+ (2)
萨尔瓦多	首都	1.84***	1.67***			1.90***	1.45***	1.45***	1.20***
	省会	1.11***	1.02***			1.31***	1.11***	0.40*	1.42**
	R^2	0.52	0.67			0.31	0.54	0.21	0.44
	N	151	151			244	244	54	54
	F检验	—							
危地马拉	首都					2.79***	2.53***	2.63***	2.34***
	省会					0.89***	0.84***	0.45***	0.46***
	R^2					0.41	0.51	0.30	0.43
	N					327	327	141	141
	F检验					—			
洪都拉斯	首都					2.49***	2.48***	2.30***	2.19***
	省会					0.87***	0.70***	0.31	0.36
	R^2					0.53	0.73	0.47	0.65
	N					284	284	46	46
	F检验								
墨西哥	首都					5.86***	5.52***	4.95***	5.09***
	省会					2.94***	2.88***	1.97***	1.94***
	R^2					0.22	0.32	025	0.31
	N					2049	2049	689	689
	F检验					—			

续表

	1900年				1990年			
	2500+		25000+		2500+		25000+	
	(1)	(2)	(1)	(2)	(1)	(2)	(1)	(2)
尼加拉瓜 首都					2.87***	2.01***	2.69***	2.06***
省会					1.21***	1.13***	0.57***	0.60***
R^2					0.51	0.64	0.59	0.70
N					151	151	61	61
F 检验					—			
巴拿马 首都					2.80***	2.34***	2.46***	1.88***
省会					0.89***	0.81*	0.25	0.80***
R^2					0.28	0.49	0.52	0.90
N					72	72	20	20
F 检验					—			
巴拉圭 首都					3.76***	3.93***	2.25***	2.30***
省会					1.25***	1.30***	0.34	0.57**
R^2					0.17	0.34	0.34	0.52
N					217	214	47	47
F 检验					—			
秘鲁 首都					3.44***	2.97***	3.40***	3.03***
省会					1.58***	1.52***	1.30***	1.28***
R^2					0.39	0.55	0.48	0.57
N					195	193	162	161
F 检验					—			

续表

		1900 年				1990 年			
		2500+		25000+		2500+		25000+	
		(1)	(2)	(1)	(2)	(1)	(2)	(1)	(2)
乌拉圭	首都	2.12**	3.44**			1.71	3.61*	1.71	3.61*
	省会	—	—			0.57	0.85	0.57	0.85
	R^2	0.62	0.87						
	N	19	19			19	19	19	19
	F 检验	—	—						
委内瑞拉	首都					2.66***	2.49***	2.54***	2.38***
	省会					1.89***	1.90***	1.34***	1.41***
	R^2					0.27	0.35	0.38	0.45
	N					321	320	179	179
	F 检验								

注：F 检验是对回归中控制项的联合显著性检验。—表示没有相关数据。*** 表示在 1% 水平下是显著的，** 表示在 5% 水平下是显著的，* 表示在 10% 水平下是显著的。

所有国家的首都和省会地位都使人口增长，但拉丁美洲国家的人口增长幅度比美国大得多。根据 1900 年包含 7 个拉丁美洲国家的子集数据，1900 年首都地位对人口的重要性已经很高，1990 年继续保持这种水平，而省会地位的相对重要性在这一时期明显上升。相比之下，美国首都地位的重要性随着时间的推移而上升，但州首府地位则不然。

首都类城市估计系数的绝对值对样本规模的选择（人口大于 2500 或 25000）很敏感。当把城市定义为人口大于 2500 时，首都和省会的系数会大得多，尤其是后者。

1900 年，7 个拉丁美洲国家的首都地位使人口增加了 523%；1990 年，在同样的国家样本中，这个数字稍微上升，为 667%，而在 18 个拉丁美洲国家的全样本中，首都地位使人口增加了 918%。相比之下，在美国，1900 年首都地位只使人口增加了 70%，但在 1990 年增加了 493%（1900 年样本国家为 216%）。

1900 年，7 个拉丁美洲国家的省会地位使人口增加了 70%～127%，但在 1990 年，在相同的样本国家里，这一数字显著上升到 353%。对于 1990 年 18 个国家的全样本，这个影响略小，只有 232%。对于美国来说，州首府地位对人口的吸引力要小得多，从 1900 年到 1990 年，它们的影响力从 15% 上升到 42%。然而，对于 1900 年的城市样本来说，即使是在 1990 年，州首府地位对人口的影响仍然很小，只有 11%。

如表 4.6 所示，拉丁美洲国家之间也存在显著差异。对于 1900 年的小样本国家来说，首都的城市效应对于阿根廷和巴西相当重要，其次是古巴、智利和乌拉圭。另外，省会地位仅对巴西影响较大。数据表明，1990 年，绝大多数拉丁美洲国家首都和省会的城市效应大于美国。在墨西哥、哥伦比亚和秘鲁等一些国家，首都和省会都发挥了重要作用；在阿根廷和智利，首都比省会更重要；在玻利维亚和巴西，省会比首都更重要。然而，

表 4.6 1900 年和 1990 年首都和省会影响系数排序

1900 年

首都 (≥2500)		省会 (≥2500)		首都 (≥25000)		省会 (≥25000)	
阿根廷	4.95	巴西	1.72	巴西	3.81	巴西	1.14
巴西	4.48	古巴	1.42	阿根廷	3.54	阿根廷	0.49
古巴	2.23	萨尔瓦多	1.11	智利	2.05	古巴	0.40
智利	2.20	哥斯达黎加	0.94	古巴	1.96	智利	0.38
乌拉圭	2.12	智利	0.62	美国	0.53	美国	0.14
萨尔瓦多	1.84	阿根廷	0.59				
哥斯达黎加	1.09						

1990 年

首都 (≥2500)		省会 (≥2500)		首都 (≥25000)		省会 (≥25000)	
墨西哥	5.86	巴西	3.89	墨西哥	4.95	巴西	2.54
阿根廷	3.93	墨西哥	2.94	秘鲁	3.40	墨西哥	1.97
巴拉圭	3.76	哥伦比亚	2.49	哥伦比亚	3.31	哥伦比亚	1.73
哥伦比亚	3.50	阿根廷	2.02	阿根廷	3.17	古巴	1.56
秘鲁	3.44	玻利维亚	1.97	尼加拉瓜	2.69	玻利维亚	1.35
尼加拉瓜	2.87	委内瑞拉	1.89	厄瓜多尔	2.66	委内瑞拉	1.34
巴拿马	2.80	古巴	1.70	危地马拉	2.63	秘鲁	1.30
危地马拉	2.79	秘鲁	1.58	委内瑞拉	2.54	阿根廷	1.10
厄瓜多尔	2.78	厄瓜多尔	1.54	巴拿马	2.46	厄瓜多尔	1.04
委内瑞拉	2.66	智利	1.51	智利	2.33	智利	0.95
洪都拉斯	2.49	萨尔瓦多	1.31	洪都拉斯	2.30	哥斯达黎加	0.80
智利	2.35	哥斯达黎加	1.31	古巴	2.28	尼加拉瓜	0.57

续表

首都(≥2500)		省会(≥2500)		首都(≥25000)		省会(≥25000)	
古巴	2.28	巴拉圭	1.25	巴拉圭	2.25	危地马拉	0.45
巴西ª	2.19	尼加拉瓜	1.21	巴西ª	2.24	萨尔瓦多	0.40
萨尔瓦多	1.90	巴拿马	0.89	美国	1.78	美国	0.35
玻利维亚	1.11	危地马拉	0.89	萨尔瓦多	1.45	巴拉圭	0.34
哥斯达黎加	1.07	洪都拉斯	0.87	巴西	1.39	洪都拉斯	0.31
巴西	0.89			玻利维亚	1.12	巴拿马	0.25
				哥斯达黎加	1.01		

注：控制土地面积下人口（对数）对首都（虚拟变量）的回归系数。a 指前国家首都。

巴西的情况相当不同寻常，因为其首都从萨尔瓦多迁移到里约热内卢，然后迁移到巴西利亚。总的来说，拉丁美洲省会的重要性，似乎随着时间的推移而提升。这个结果特别重要，因为它可以被认为是城市首位的历史持续存在的证据。只要人口分布的决定因素在 20 世纪没有改变，这种经验证明也可能反映出一系列制度性激励措施没有改变——这与 Acemoglu、Johnson 和 Robinson（2001）关于当前收入差距的殖民地起源论的观点一致。

1990 年，首都地位对人口影响最大的是墨西哥（墨西哥城），达到14017%，其次是秘鲁（利马）、哥伦比亚（波哥大）和阿根廷（布宜诺斯艾利斯），都超过2281%。相比之下，萨尔瓦多（圣萨尔瓦多）、巴西（巴西利亚）、玻利维亚（圣克鲁斯）和哥斯达黎加（圣何塞）的首都影响要小于美国（华盛顿）和加拿大（渥太华）。有趣的是，巴西以前的首都里约热内卢，享有比现在的首都更大的前首都地位的好处。在同一时期，巴西的省会人口增长了 1167%，墨西哥增长了 617%，哥伦比亚增长了 464%，古巴增长了 376%。在玻利维亚、委内瑞拉和秘鲁，这一比例约为 282%；阿根廷、厄瓜多尔和智利约为 200%；只有洪都拉斯和巴拿马的省会影响小于美国的州首府。

4.4 美洲城市首要化的历史根源

在推导出实证研究结论之后，有必要进一步探讨当前结论背后的历史进程。为此，本节比较了导致美洲政治集权差异，并最终导致城市化不同模式的力量。在历史上，中美洲和南美洲的体制比北美洲更为集权，北美洲甚至在市政一级权力也是非常分散的。正如我们将看到的那样，这些差异可能来自不同的殖民地管理模式，而这些模式同时也是由要素禀赋决定的，正如 Engerman 和 Sokoloff（1997）所说。

16 世纪，美国土地辽阔，人口稀少，没有当时欧洲大陆认为的有价值的矿产资源，只有适合粮食种植和牲畜饲养的土壤和气候。鉴于当时的相对价格体系——贵金属和热带产品价格较高——种植粮食和饲养牲畜并不是特别有利可图，因此，流向英属北美的资源明显少于流向墨西哥和玻利维亚的银矿区或巴西咖啡种植园的资源。事实上，北美洲的第一批移民不是经济移民，而是政治移民，而数百万非洲人被带到中美洲和南美洲，成为矿场和种植园的奴隶。在这种情况下，英属北美地区出现了一个保护市场的联邦制，正如 North、Summerhill 和 Weingast（2000）所解释的那样。北美殖民地为了稀缺的资本和劳动力面临着彼此之间的激烈竞争，所有那些不能促进市场发展和保护市场的殖民地都无法扩张并最终走向消亡。正如 North、Summerhill 和 Weingast 指出的那样，成功的殖民地会根据当地的需要不断调整制度。代表拓殖者的殖民地议会是行政体系的核心，该行政体系的资金来自地方税收，并给予居民经济和宗教自由。当 18 世纪晚期获得独立时，新成立的美利坚合众国是按照维护市场的联邦主义的规定组织起来的。国家政府的权力仅限于提供国家公共产品，如国家安全和市场一体化；影响日常经济和社会问题的决策权下放给各州，各州可以根据各自不同的偏好制定不同的法律。根据前面提到的理论观点，联邦当局对主要城市福利的重视程度相当低，而腹地的福利状况对国家政治稳定至关重要，因为在大英帝国统治时各州就享有很大的自治权，它们在独立后仍期望保留这些自治权。事实上，正如 North、Summerhill 和 Weingast 指出的那样，革命战争是因国王在七年战争之后急需资金而引发的——美国人认为这是对他们财政自主权的挑战。如果这种模式（即中央政府渴望从各州征税）在联邦层面再现，那么联盟本身的稳定性就可能受到威胁。美国的城市首位受到限制，不仅仅是因为当局在公民福利方面的利益相对平衡，还因为原有的 13 个殖民地的生产力相当一致。事实上，由于维护市场的联邦主义导致了非生产性殖民地的失败，并最终导致生存下来的都是最具生产力的殖民地，因此在竞争激烈的共同市场中，各个殖民地的生产力本就应该接近。

西班牙属美洲的模式完全不同。正如 Cortés Conde（2008）所指出的，西班牙对殖民地的统治完全集中在新西班牙（今天的墨西哥）和上秘鲁（玻利维亚）的银矿开采上。由于矿井远离海岸和可通航的河流，西班牙人被迫建立了一个由几个城市组成的运输网络，作为长途运输过程的中转站，并为矿区提供基本的补给。白银开采的核心地位不仅在于其产品的高内在价值，还在于西班牙皇室的短视，其对殖民地的长期经济发展不感兴趣。所有这些地理和政治上的考虑导致了庞大而高度集中的行政管理。为了确保黄金流入西班牙，皇室只在两个大陆的四个港口（一个在西班牙，三个在美洲）进行集中贸易，并限制殖民地间的贸易。正如 Cortés Conde 所指出的，国王的地方代表——总督，并没有与缺乏自治权的地方议会分享他的权力。税收由西班牙任命的官员决定，其收入在扣除地方行政开支后送交国王。因此，当西班牙属美洲殖民地在 19 世纪早期独立时，它们继承的制度组织是高度集中的。由于殖民地的政治体系是建立在用支持和忠诚于皇室来交换经济和政治权利的基础上的（North，Summerhill and Weingast，2000），因此，寻租的游说者们希望自己能居住在靠近总督的地方。在西班牙统治时期，城市是总督和将军的所在地，后来成为新国家的首都，这些新国家的当权者试图在本地范围内复制旧的殖民体系。从这个意义上来说，主要城市的福利——而不是腹地的福利——对新独立的政府来说具有特殊的重要性，因为在用特权换取忠诚的前政权中，最重要的公司和游说者都位于首都。不过，拉丁美洲国家组织体系的建立并不是在短期内完成的，因为尽管新制度体制需要集中力量，但西班牙殖民政权被推翻后，许多地方起义并要求自治，因此在经历了若干年的内部争斗之后，新国家才获得稳定的政治平衡，但几乎在所有国家，这种平衡都反映了殖民时期的制度组织。除了墨西哥、阿根廷和委内瑞拉，其余的西班牙属拉丁美洲国家，都组成了一个单一制国家。即使是联邦国家，首都城市也是内战的赢家之一。

总而言之，对美国和拉丁美洲经济发展的历史比较表明，两者之间的差距显著扩大：1700年，两个地区的人均收入相同；1820年，美国的人均收入是拉丁美洲平均水平的1.81倍，1870年是3.61倍，1900年是3.67倍，1990年是4.57倍（数据来自Maddison，2003）。如果两个地区不同的制度安排可以解释这种随着时间的推移而不断扩大的收入差距，那么受政治驱动的人口分布模式可以解释这种差距的一部分。正如前面章节所描述的，英属北美和拉丁美洲的制度环境完全不同，前者倾向于更均衡的人口分布，而后者则鼓励人口集中在首都周围。

4.5 案例研究：美国和阿根廷

最后需要关注的是，人们选择政治首都是否存在某些特殊的、4.3节的实证分析所忽略的经济特征。为此，本节选择了两个不同的国家美国和阿根廷，通过描述这两个国家决定各自首都和省会的历史过程，证明在这些决定背后发挥作用的主要是政治因素，而不是经济因素。围绕美国和阿根廷两国首都建立的事件，清楚地描绘两国不同的政治和经济背景。在第一种情况下，维护市场的联邦制创造了一系列生产性的和自治的殖民地；在第二种情况下，旧的总督府所在地——布宜诺斯艾利斯，是国家所有经济和政治活动的中心，其余的城市几乎都被剥夺了资源。

在美国，新成立的13个州的代表在1774～1790年就首都的选址问题争论不休。这场辩论反映了北方联邦主义者和南方反联邦主义者之间的对立，前者希望建立一个强大的联邦政府，后者则希望建立一个松散的分权的州政府联盟。有几个因素不利于把首都建立在主要商业中心。此时恰好在费城发生了一件著名的事情，使得国会一致同意联邦政府而不是其所在的州对联邦区拥有完全的管辖权①。鉴于联邦区公民的代表性不足，许多反联邦主义者担心将首都设在主要商业中心容易滋生腐败②。而且，把联邦区设置在主要商业中心，与其所在的州可能会造成更多的冲突。事实上，宾夕法尼亚州拒绝放弃对其主要港口城市的管辖权，使得费城不再是首都的候选城市。最终在 1790 年，詹姆斯·麦迪逊与亚历山大·汉密尔顿达成政治交易，确定了将首都建在南方。

众所周知，1790 年的妥协确定了美国首都的位置。汉密尔顿渴望一个强大的中央政府，迫切希望新的国家政府承担在革命战争期间产生的各州债务。汉密尔顿认为，承担州债务，将使债权人与强大的联邦政府的动机保持一致。然而，麦迪逊和其他南方人把这种承担看作联邦政府篡夺州政府的权力，因而阻止它。在一次由托马斯·杰弗逊举办的著名的调解晚宴上，麦迪逊和汉密尔顿达成了妥协。如果汉密尔顿能在波托马克河南岸确定国家首都的位置，麦迪逊就会提议通过这项债务承担法案。

在阿根廷，首都的选址问题，与其说是在哪里，不如说是由谁来统治，因为很少有地方能与布宜诺斯艾利斯竞争。从一开始，布宜诺斯艾利斯就是西班牙的商业中心和行政中心。1618 年，它是这一片辽阔领土的

---

① 1774 年（1783 年——译者校），大陆军士兵要求支付工资，并包围了正在召开国会的费城州议会大厦，国会议员要求费城议会出兵驱散士兵。然而，费城议会拒绝了，国会被迫休会到新泽西州的普林斯顿召开。这一著名的事件导致国会寻求对联邦区的专属管辖权。

② 1783 年，当国会投票决定在一块不超过 36 平方英里的土地上建立一个拥有专属管辖权的联邦区时，反联邦主义者担心这个首都会比费城甚至比伦敦更大，可能更腐败（参见 Bowling，1988）。

总督府所在地；1776年，它成为总督辖区的首都，控制了今天的阿根廷、玻利维亚、巴拉圭、乌拉圭和智利北部地区。布宜诺斯艾利斯的首要地位是基于其港口对波托西白银贸易的控制，尽管由于吃水极浅，该港口在拉普拉塔河流域并不是最好的。由于律师、官僚、牧师、军官、工匠、士兵、劳工和奴隶都集中在此，布宜诺斯艾利斯在18世纪末就拥有4万名居民。因此，到阿根廷在19世纪早期独立时，布宜诺斯艾利斯在差不多200年的时间里一直都是该地区的主要政治首都。

1810年从西班牙独立后，内陆省份的联邦主义者和布宜诺斯艾利斯省的中央集权主义者反复争夺对布宜诺斯艾利斯市的控制权。但不管谁赢了，布宜诺斯艾利斯都是事实上的首都。1820年中央政府垮台，之后的30多年，阿根廷政府实际上只是一个无头政府，强大的布宜诺斯艾利斯总督胡安·曼努埃尔·德·罗萨斯行使了大部分本应由国家权力机构行使的一般权力。1853年，当阿根廷人在总统办公室确立了一个强大集权的立宪政府时，总统们一再否决将首都设在科尔多瓦或罗萨里奥（一个港口城市，其船舶停靠条件甚至比布宜诺斯艾利斯还要好），并选择布宜诺斯艾利斯作为首都（Rock，1987）。由于唯一可靠的政府收入来自布宜诺斯艾利斯港口征收的关税，Scobie（1974：105）写道："对城市的控制实际上等同于对国家的控制，任何真正的国家权力机构都将城市作为其所在地。"① 最初，宪法还规定布宜诺斯艾利斯市作为联邦首都，独立于布宜

---

① 1790年的纽约市和1880年的布宜诺斯艾利斯一样，是一个主要的商业港口城市，拥有丰富的农业腹地。它还拥有可观的潜在政府收入——来自对外贸易的税收。为什么纽约市没有发展成像布宜诺斯艾利斯那样的主要政治首都？首先，不像布宜诺斯艾利斯对其省份有着举足轻重的影响，纽约市是纽约州的纽约。在殖民地时期，市议会的行动需要总督的批准（Burrows and Wallace，1999）。其次，州的税收政策由控制着州议会的小城镇和农场主导（Brown，1993）。进口税只是作为腹地较低的财产税的补贴。事实上，纽约市甚至无法维持其作为州首府的地位。最后，纽约市和布宜诺斯艾利斯不同，它无法形成人为的垄断，因为它不能阻止其他港口城市的贸易。

诺斯艾利斯省。但当布宜诺斯艾利斯省拒绝放弃对港口城市的控制权时，两个政府共享了首都。由于事实证明首都的双重用途不能令人满意，1880年联邦军队占领布宜诺斯艾利斯市，并将其从布宜诺斯艾利斯省分离出来，这个问题最终通过军事手段解决。

在美国，无论是国家选择首都还是各州选择州首府，政治分权都发挥了主要力量。在国家层面，各州有权要求权力分散到各州，而在州层面，权力进一步分散到小城镇和农村地区，因为州立法机构会通过将首府设在远离人口中心的地方，并实施有利于小地方的分配方案，从而限制行政部门的权力。在美国独立之前的殖民地时期，立法机构经常设在主要沿海城市，如波士顿、纽约和费城。但独立之后，反联邦主义的州立法机构成功地将各州首府迁移到中心地区，这些地区大部分是农村地区①。因此，除了马萨诸塞州和马里兰州，其他11个前殖民地的州府都从东海岸迁移到了地理位置更中心的地方。

在阿根廷，许多独立后成为省会的城市，比如布宜诺斯艾利斯，最初是由西班牙王室作为行政和军事中心设立的。由于上秘鲁的波托西银矿位于偏远地区，这个相互间隔150英里的城市网络开始时，每个城市的定居者不到100人（Cortés Conde，2008；Scobie，1988）。然而，随着白银贸易的发展，这些西班牙城市在行政和商业上的重要性日益提高。在从西班牙独立出来时，由于它们的规模和政治影响力，这些城市在各自省内获得了领土统治权，基本上成为事实上的省会。和布宜诺斯艾利斯一样，省内的地主和精英们居住在省会，他们利用手中的权力将省内的资源集中到自身所在的城市。但是，与布宜诺斯艾利斯不同的是，这些省会往往缺乏足

---

① 詹姆斯·麦迪逊在1790年说过："在任何情况下，如果政府的位置被置于一个非中心的地方，我们会看到人们会努力把它放在'它应该在的地方'。"因为在18世纪，旅行困难且耗时，居民要享有平等权利，就要求政府尽可能地处于中心位置。参见Zagarri（1987）。

够的财力资源，只能依靠省政府和国家政府提供当地的公共产品
（Scobie，1988 年）。在大多数省份，除了省会，没有其他竞争的二线
城市。

在美国，城市是州的产物，州政府对城市和其他地方政府拥有管辖
权。在阿根廷，和拉丁美洲的其他地方一样，城市最初是军事前哨，旨在
控制农村的土著人口。因此，城市的管辖权并不局限于一个特定的地区，
而是经常延伸到农村（Portes，1976）。在阿根廷，首都类城市控制着腹
地；在美国，腹地经常控制着首都类城市。尽管如此，在这两种情况下，
首都类城市的选择都不是出于经济考虑，而是出于政治考虑。由此可以得
出这样的结论：就美国和阿根廷的情况而言，给定政治体制——一个分
权，一个集权——所带来的长期经济后果与将成为首都和省会的特定城市
是不相关的。

4.6 结论

本章利用拉丁美洲和北美洲城市的大量数据，估计了首都和省会城市
的虚拟变量对人口控制的影响。研究发现，在拉丁美洲，首都和省会城市
在人口集中方面所起的作用比北美大得多。然而，拉丁美洲国家之间存在
着重要的差异。"首都法则"在墨西哥、阿根廷和巴西等国家的适用程度
似乎要高得多，但在巴拉圭和萨尔瓦多等国的适用程度要低得多。

调查显示，大多数拉丁美洲国家，比如墨西哥、阿根廷、智利等的城
市首位，是由政治中央集权引起的，它们把首都居民的福利置于更加重要
的位置。在许多拉丁美洲国家，特别是那些土地所有权集中的国家，大多
数土地所有者长期居住在首都和省会。在这些地方，土地所有者和资本家
的政治和经济利益通过婚姻密切交织在一起，许多人试图通过控制首都类

城市来控制国家和省级事务（Zeitlin and Ratcliff，1988）。例如，在阿根廷，联邦政府的权力集中在布宜诺斯艾利斯，由于首都在国家政治事务中有重要的代表性，它在国会代表中占有 20% 的席位，30 名参议员有 2 名来自布宜诺斯艾利斯。总统是"首都直接的和地方的首脑"，能任命市行政长官或管理者（Walter，1993）。

相比之下，在美国，政治和经济精英很少居住在首都。直到 19 世纪，华盛顿特区仍然很落后，规模也很小，直到最近才成为政治说客的主要中心（Green，1962）。在大多数州，首府故意设在处于地理位置中心的小城镇和农村地区。因为乡村和小城镇的利益在州立法机构中往往被夸大，而大的城市中心并没有过多的政治优势，这与拉丁美洲的同类城市是不同的。因此，国家和州在道路、公路和教育等基础设施方面的支出往往偏重于农村地区和小城镇，促进了较小城市的发展。

美洲政治集权的变化很可能有深刻的殖民根源（North，1991；Engerman and Sokoloff，1997，2002；Acemoglu, Johnson and Robinson，2001）。与英属北美殖民地形成鲜明对比的是，西班牙人（可能也包括葡萄牙人）在伊比利亚拉丁美洲殖民地留下了强大的中央政府和软弱的地方政府的深刻印记（Portes，1976；Nnickson，1995）。英属美洲殖民地的城镇，尤其是北部的城镇，在城市领导人的选举中拥有相当大的政治自主权，而拉丁美洲的城镇领导人经常由中央任命或被买卖。Sokoloff 和 Zolt（2006）认为，早期殖民地不平等的差异影响了美洲的联邦、州和地方政府的收入和支出来源。在美国，地方可以选择税收手段，如财产税（Becker 1980），而拉丁美洲的地方政府几乎没有能力提高收入，因为直接对财产征税是不被允许的（Nickson，1995）。

数据附录：定义和资料来源

拉丁美洲

人口：二级行政区（一般为直辖市）的加总数。

1900 年的资料来源如下。阿根廷：National Census（1914）；巴西：National Census（1937）；智利：National Census（1907）；哥斯达黎加：National Census（1892）；古巴：National Census（1097）；萨尔瓦多：National Census（1930）；乌拉圭：National Census（1908）。

1990 年的资料来源如下。阿根廷：INDEC, Censo Nacional de Población, Hogares y Viviendas（2001）；玻利维亚：INE, Censo Nacional de Población y Vivienda（2001）；巴西：IBGE, Contagem da População（2007）y Estimativas da População（2007）；智利：INE, XVII Censo Nacional de Población y VI de Vivienda（2002）；；哥伦比亚：DANE, Censo General（2005）；哥斯达黎加：INEC, IX Censo Nacional de Población y V de Vivienda（2000）；古巴：ONE, Anuario Estadístico Cuba（2006）；厄瓜多尔：INEC, VI Censo de Población y V de Vivienda（2001）；萨尔瓦多：DIGESTYC, VI Censo Nacional de Población y V de Vivienda（2007）；危地马拉：INE, XI Censo Nacional de Población y VI de Habitación（2002）；洪都拉斯：INE, Censo de Población y Vivienda（2001）；墨西哥：INEGI, II Conteo de Población y Vivienda（2005）；尼加拉瓜：INEC, VIII Censo Nacional de Población y IV de Vivienda（2005）；巴拿马：DEC, X Censo de Población y VI de Vivienda（2000）；巴拉圭：DGEEC, Censo Nacional de Población y Viviendas（2002）；秘鲁：INEI, X Censo de Población y V de Vivienda（2005）；乌拉圭：VIII Censo General de Población, IV de Hogares y VI de Viviendas-Fase I（2004）；委内瑞拉：INE, XIII Censo General de Población y Vivienda（2001）。

土地面积：二级行政区土地面积的平方千米数。

1900年的资料来源如下。除了巴西的数据可得，其他国家的土地面积是通过当代二级行政区的土地面积估算的。

1990年的资料来源如下。阿根廷：INDEC, Censo Nacional de Población, Hogares y Viviendas（2001）；玻利维亚：INE, Estadísticas Departamentales（2005）；巴西：IBGE；智利：INE, División Político-Administrativa y Censal（2001）；哥伦比亚：DANE, 哥斯达黎加：Nonofficial website（www. sitiosdecostarica. com）；古巴：ONE, Anuario Estadístico（2007）；厄瓜多尔：INEC；萨尔瓦多：DIGESTYC；危地马拉：INE；洪都拉斯：Asociación de Municipios de Honduras；墨西哥：INEGI；尼加拉瓜：Instituto Nicaragüense de Estudios Territoriales；巴拿马：DEC；巴拉圭：DGEEC；秘鲁：INEI；委内瑞拉：INE。

纬度、经度、海拔

资料来源：Google Earth：Release 4. 3。虚拟海岸线、海岸线周长（海岸周长除以总周长）、虚拟河流根据国家地图定义。

夏季平均气温（一月）、冬季平均气温（七月）、年平均气温、降水量（毫米）

资料来源：世界气象组织和国家统计研究所。

美国

1900年的资料来源如下。美国人口普查局1900年第12次人口普查摘要。河流和港口变量根据Google. map构建。经度、纬度来自各种网站。

1950年的资料来源：美国人口普查局1955年美国统计摘要。

1990年的资料来源：美国商务部1994年市县数据手册。

附　录

关于政治集权和城市首位的一个简单模型

　　本附录提出一个关于政治集权和人口分布的简单模型。与 Ades 和 Glaeser（1995）一样，我们将每个政治区域划分为两个区域——主要城市和腹地，并将地方政府的行为模型化。然而，根据我们的实证分析，这里的政治区域不一定是指一个国家，也可以指一个省或一个市。和 Ennis、Pinto 和 Porto（2006）一样，每个人都拥有一个单位的劳动禀赋（该劳动供给是无弹性的），并从其净收入（工资减去税收）中获得效用。这两个区域生产同质商品，具有柯布-道格拉斯生产函数：

$$q_i = A_i L_i^\alpha G_i^{1-\alpha} \quad \alpha \in (0,1), i = M, H$$

其中，M 代表主要城市，H 代表腹地，A_i 代表每个地区的生产力，L_i 代表人口，G_i 代表公共产品的水平，它有助于同质产品的生产。如果产出价格是正常的，那么，实际工资水平由利润最大化条件决定：

$$w_i = \alpha A_i \left(\frac{G_i}{L_i} \right)^{1-\alpha}$$

　　注意，人均工资水平是不断下降的，这反映了劳动边际报酬递减。这个结果也可以包含 Ades 和 Glaeser（1995）所说的拥挤效应。但是，一个地区的生产力水平越高，对公共产品的投资越多，工资就会越高。

分权

　　在分权的情况下，每个地区的政府选择各自的公共产品水平 G_i，并向人们征收统一的一次性总赋税 τ_i 来为公共产品投资提供资金。政府的目标是使净收入（$w_i - \tau_i$）最大化，预算约束由 $G_i = \tau_i L_i^\beta$ 给出，其中参数 $\beta \in （0，1）$ 反映了地方政府在增加税收方面的规模效率低下。由此，地方政府的问题可以表述为：

$$\max_{t_i} \alpha A_i \left(\frac{G_i}{L_i} \right)^{1-\alpha} - \tau_i$$
$$\text{s. t. } G_i = \tau_i L_i^\beta$$

这里给定两个地区的最大化目标函数为：

$$w_i^* (A_i, L_i) = \left[\alpha^{1+\alpha} (1-\alpha)^{1-\alpha} A_i L_i^{(\beta-1)(1-\alpha)} \right]^{1/\alpha}$$

假设在不同地点之间移民是无成本的，这意味着在两个地区，均衡净收入是相等的：

$$w_M^* (A_M, L_M) = w_H^* (A_H, L_H)$$

由此得到 L_M 和 L_H 的关系：

$$\frac{L_M}{L_H} = \left(\frac{A_M}{A_H} \right)^{1/[(1-\alpha)(1-\beta)]} \tag{1}$$

其中，$L_M + L_H = L$。

其次，我们得到两个地方的税收水平是相同的：

$$\tau_i^* = \left\{ \alpha(1-\alpha) \left[\frac{A_M^{1/[(1-\alpha)(1-\beta)]} + A_H^{1/[(1-\alpha)(1-\beta)]}}{L} \right]^{(1-\alpha)(1-\beta)} \right\}^{1/\alpha}$$

这意味着人口较多地区的公共产品水平较高，两个地区的工资水平将相等。因此，人口分布将有助于弥补地区之间的生产力差异。正如我们在方程（1）中所看到的，人口分布将由两个地区之间的相对生产力差异给出。在分权的情况下，只有当主要城市的生产力高于腹地时，主要城市才会拥有更多的人口。

集权

在中央集权的情况下，中央政府管理这两个地区，并有权征税和决定公共产品的支出水平。为了简化，假设中央政府在两个地区选择相同的税收水平，但提供不同数量的公共产品。因此，总收入为 $G_M + G_H = \tau L^\beta$，主要城市的公共产品份额为 $\theta = G_M/(G_M + G_H)$。中央政府的问题可以表述为：

$$\max_{\theta,t} \gamma \left[\alpha A_M \left(\frac{G_M}{L_M} \right)^{1-\alpha} - \tau \right] + (1 - \gamma) \left[\alpha A_H \left(\frac{G_H}{L_H} \right)^{1-\alpha} - \tau \right]$$
$$\text{s. t. } G_M = \theta \tau L^\beta, G_H = (1 - \theta) \tau L^\beta$$

其中参数 $\gamma \in (0, 1)$ 表示该地区政治集权的程度。γ 越大意味着主要城市拥有的政治权力越大，从而在中央政府的政治决定中越重要。我们将把总收入作为腹地公共产品支出的一部分。

对于 θ，最大化的条件与税收水平无关：

$$\frac{\theta^*}{1 - \theta^*} = \left[\frac{A_M}{A_H} \frac{\gamma}{1 - \gamma} \left(\frac{L_M}{L_H} \right)^{1-\alpha} \right]^{1/\alpha} \tag{2}$$

假设移民是无成本的，这意味着：

$$\alpha A_M \left(\frac{G_M}{L_M} \right)^{1-\alpha} - \tau = \alpha A_H \left(\frac{G_H}{L_H} \right)^{1-\alpha} - \tau$$

根据 $G_M = \theta \tau L^\beta$，$G_H = (1 - \theta) \tau L^\beta$，可以得到：

$$\frac{L_M}{L_H} = \left(\frac{A_M}{A_H} \right)^{1/(1-\alpha)} \frac{\theta}{1 - \theta} \tag{3}$$

利用方程（2）和方程（3），可以得到 $\theta^* = \gamma$，以及

$$\frac{L_M}{L_H} = \left(\frac{A_M}{A_H}\right)^{1/(1-\alpha)} \frac{\gamma}{1-\gamma} \tag{4}$$

其中，$L_M + L_H = L$。

税率由下式给定：

$$\tau^* = \left\{\frac{\alpha(1-\alpha)}{L^{(1-\alpha)(1-\beta)}}\left[\gamma A_M^{1/(1-\alpha)}(1-\gamma)A_H^{1/(1-\alpha)}\right]^{(1-\alpha)}\right\}^{1/\alpha}$$

很容易看出，这比分权情况下的税率 τ_i^* 小。因为是中央政府，地方政府之间不存在竞争，因此公共产品的供应量较低，即：$\tau^* L^{\beta} < \tau_M^* L_M^{\beta} + \tau_H^* L_H^{\beta}$。

方程（4）是主要结论，它表明集权情况下的人口分布是由生产力差异和政治集权程度决定的。γ 越大，城市的集中度会越高。然而，该模型并没有预测集权组织总是意味着更大程度的城市集中。如果中央政府对两地福利的分配权重足够均衡，那么在集权情况下，城市首要地位将会降低[①]。比较方程（4）与方程（1）可以发现，当且仅当 γ 超过一定的阈值时，城市集中度才会提高：

$$\gamma > \frac{A_M^{\beta/[(1-\beta)(1-\alpha)]}}{A_M^{\beta/[(1-\beta)(1-\alpha)]} + A_H^{\beta/[(1-\beta)(1-\alpha)]}}$$

模型的结果也可以由图 4A.1 说明。

---

① 例如，取 $\gamma = 1/2$。

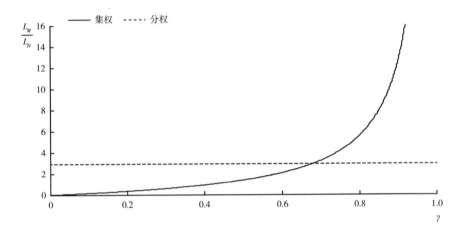

图 4A.1 人口比率

注：$\alpha = 0.3$，$\beta = 0.7$，$A_M = 5$，$A_H = 4$，$L = 100$。

我们非常感谢埃德·莱默、娜奥米·拉摩洛克斯、两位匿名评审以及肯尼思·索科洛夫纪念大会参与者的评论。Maximiliano Aappendino、Andres Drenik、Fernando Yu 和 Ivan Torre 提供了很好的研究协助。我们还要感谢圣路易斯华盛顿大学的 Weidenbaum 中心和 Bradley 基金提供的宝贵的研究支持。

参考文献

Acemoglu, Daron, Simon Johnson, and James A. Robinson. 2001. "The Colonial Origins of Comparative Development: An Empirical Investigation." *American Economic Review* 91: 1369-1401.

Ades, A. F., and E. L. Glaeser. 1995. "Trade and Circuses: Explaining Urban Giants." *Quarterly Journal of Economics* 110: 195-227.

Becker, Robert A. 1980. *Revolution, Reform, and the Politics of American Taxation,*

1763-1783. Baton Rouge：Louisiana State University Press.

Bowling， Kenneth R. 1988. *Creating the Federal City, 1774 - 1800： Potomac Fever.* Washington， D. C. ： American Institute of Architects Press.

Brown， Roger H. 1993. Redeeming the Republic： Federalists， Taxation， and the Origins of the Constitution. Baltimore： Johns Hopkins University Press.

Bulmer-Thomas，Victor. 2003. *The Economic History of Latin America Since Independence.* 2nd ed. New York： Cambridge University Press.

Burrows， Edwin G. and Mike Wallace. 1999. Gotham： A History of New York City to 1898. New York： Oxford University Press.

Campante， Filipe R. ， and Quoc-AnhDo. 2009. " A Centered Index of Spatial ˙Concentration： Expected Influence Approach and Application to Population and Capital Cities. " Harvard University. Working Paper.

Cortés Conde， Roberto. 2008. "Spanish America Colonial Patterns： The Rio de la Plata. " Universidad de San Andrés， Department de Economia. Working Paper.

Diaz-Cayeros， Alberto. 2006. *Federalism, Fiscal Authority, and Centralization in Latin America.* Cambridge： Cambridge University Press.

Engerman， Stanley L. ， and Kenneth L. Sokoloff. 1997. "Factor Endowments， Institutions， and Differential Paths of Growth Among New World Economies： A View From Economic Historians of the United States. " In *How Latin America Fell Behind： Essays on the Economic Histories of Brazil and Mexico 1800-1914*, edited by Stephen Haber， 260 – 306. Stanford： Stanford University Press.

——. 2002. "Factor Endowments， Inequality， and Paths of Development Among New World Economies. " *Economia* 3： 41-102.

Ennis， Huberto M. ， Santiago M. Pinto， and Alberto Porto. 2006. " Choosing a Place to Live and a Workplace. " *Económica* 52： 15-50.

Green， Constance M. 1962. *Washington： Village and Capital, 1800-1878.* Princeton， N. J. ： Princeton University Press.

Henderson， J. Vernon. 2002. " Urbanization in Developing Countries. " *World Bank Research Observer* 17： 89-112.

Jefferson， Mark. 1939. "The Law of the Primate City. " *Geographical Review* 29： 226-232.

Kandell， Jonathan. 1988. *La Capital： The Biography of Mexico City.* New York： Random House.

Kim， Sukkoo. 2000. " Urban Development in the United States， 1690 - 1990. " *Southern Economic Journal* 66： 855-880.

Maddison, Angus. 2003. *The World Economy: Historical Statistics*. Paris: OECD.

McGreevey, William P. 1971. "A Statistical Analysis of Primacy and Lognormality in the Size Distribution of Latin American Cities, 1750-1960." In *The Urban Development of Latin America 1750-1920*, edited by Richard Morse. Stanford: Stanford University Press.

Morse, Richard M. 1971. "Latin American Cities in the 19th Century: Approaches and Tentative Generalizations." In *The Urban Development of Latin America 1750-1920*, edited by Richard Morse. Stanford: Stanford University Press.

Myers, David J. 2002. "The Dynamics of Local Empowerment: An Overview." In *Capital City Politics in Latin America: Democratization and Empowerment*, edited by D. Myers and H. Dietz. Boulder, C. O.: Lynne Rienner Publishers.

Myers, David J. and Henry A. Dietz, eds. 2002. *Capital City Politics in Latin America: Democratization and Empowerment*. Boulder, C. O.: Lynne Rienner Publishers.

Nickson, R. Andrew. 1995. *Local Government in Latin America*. Boulder, C. O.: Lynne Rienner Publishers.

North, Douglass C. 1991. *Institutions, Institutional Change and Economic Performance*. Cambridge: Cambridge University Press.

North, Douglass C., William Summerhill, and Barry R. Weingast. 2000. "Order, Disorder, and Economic Change: Latin America versus North America." In *Governing for Prosperity*, edited by Bruce Bueno de Mesquita and Hilton L. Root, 17-58. New Haven: Yale University Press.

Portes, Alejandro. 1976. "The Economy and Ecology of Urban Poverty." In *Urban Latin America*, edited by A. Portes and J. Walton. Austin: University of Texas Press.

Rock, David. 1987. *Argentina 1516 - 1987: From Spanish Colonization to Alfonsin*. Berkeley: University of California Press.

Rosen, Kenneth T., and Mitchel Resnick. 1980. "The Size Distribution of Cities: An Examination of the Pareto Law and Primacy." *Journal of Urban Economics* 8: 165-186.

Scobie, James R. 1974. *Buenos Aires: Plaza to Suburb, 1870 - 1910*. New York: Oxford University Press.

——. 1988. *Secondary Cities of Argentina: The Social History of Corrientes, Salta, and Mendoza, 1850-1910*. Stanford: Stanford University Press.

Skowronek, Stephen. 1982. *Building a New American State: The Expansion of National Administrative Capacities 1877-1920*. Cambridge: Cambridge University Press.

Sokoloff, Kenneth L., and Eric M. Zolt. 2007. "Inequality and the Evolution of Institutions of Taxation: Evidence from the Economic History of the Americas." In *The Decline of Latin American Economies: Growth, Institutions, and Crises*, edited by

S. Edwards, G. Esquivel, and G. Márquez, 83 – 138. Cambridge, M. A.: National Bureau of Economic Research.

Wallis, John J. 2000. "American Government Finance in the Long Run: 1790 to 1990." *Journal of Economic Perspectives* 14: 61–82.

Walter, Richard J. 1993. *Politics and Urban Growth in Buenos Aires: 1910 – 1942.* Cambridge: Cambridge University Press.

——. 2005. *Politics and Urban Growth in Santiago, Chile 1891 – 1941.* Stanford: Stanford University Press.

Wheaton, W., and H. Shishido. 1981. "Urban Concentration, Agglomeration Economies and the Level of Economic Development." *Economic Development and Cultural Change* 30: 17–30.

Zagarri, Rosemarie. 1987. *The Politics of Size: Representation in the United States, 1776–1850.* Ithaca, N. Y.: Cornell University Press.

Zeitlin, Maurice, and Richard E. Ratcliff. 1988. *Landlords and Capitalists: The Dominant Class of Chile.* Princeton, N. J.: Princeton University Press.

5

19 世纪法国的历史、地理和抵押贷款市场

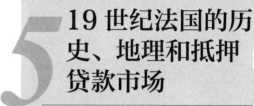

菲利普·T. 霍夫曼（Philip T. Hoffman）

吉勒斯·波斯特尔 - 维纳（Gilles Postel- Vinay）

珍妮 - 劳伦特·罗森塔尔（Jean- Laurent

Rosenthal）

5.1 导论：不平等、禀赋与市场制度

从早年关于美国早期制造业的文章开始，肯尼思·索科洛夫就将大部分研究聚焦市场准入和距离如何改变个人行为，进而影响后来的市场发展。他特别强调大型竞争性市场的积极影响（1984，1988）。我们将在另一个背景下——19世纪中期的法国抵押贷款市场——研究这一主题。信贷市场通常被认为能从较大规模中受益，最简单的原因是借款人和贷款人将因能够接触到更多的潜在交易对手而受益。如此众多的潜在交易伙伴可能出现在大型城市或者小型集镇密集的农村。如果个人愿意外出获得投资机会或资本，也会有机会遇到更多的潜在交易伙伴。

然而，就信贷而言，大型竞争性市场确实存在一种危险：随着市场规模的扩大，信息不对称将会成为一个日益严重的问题。特别是，贷款人很少知道借款人是否会还款，或者没收的抵押品能否补偿违约金。因此，个人可能更愿意参与信息丰富的小型市场，而不是信息匮乏的大型市场。

解决这个问题的方案之一，是让贷款人对借款人展开调查，但如果借款人不在附近，贷款人可能会依托代理人进行调查。这样，贷款人将很容易受到代理人不当行为的影响。这种道德风险并不是那些唯利是图、急于与几乎所有人签订次级贷款协议的抵押贷款发起人的新发明。事实上，这个问题由来已久，19世纪末东海岸抵押贷款公司雇用代理人在大平原地区发起贷款的历史表明了这一点。土地激增和来自新抵押贷款公司的竞争导致代理商放松了贷款标准，这些行为在大平原地区发生旱灾后引发了巨大的损失（Snowden，1995）。

借款人当然也可以直接找到贷款人，并说服他们相信自己的信誉，

而无须贷款人或其代理人对自己进行调查。如果借款人在寻找贷款时不雇用代理人，他们可以避免那些困扰贷款人的道德风险问题。但是，如果他们的经营规模比贷款人小（这是很可能的），那么，他们远离家乡的搜索成本会相对较高。因此，他们还是会选择在附近借款，这样贷款人就将面临投资组合中有太多本地贷款的风险，这使他们容易受到地方经济的冲击。只有大规模贷款才能摆脱这种困境，同时有助于信贷市场的跨域融合。

这两种选择各有利弊。让贷款人聘请代理人调查借款人有道德风险；让借款人寻找贷款人不利于小额贷款，还会使贷款人面临地方经济冲击的风险。这两种选择中哪一种会占上风取决于历史、制度细节以及当地信贷市场的范围和位置。大平原地区的抵押贷款是第一种选择占了上风，即贷款人雇用代理人。相比之下，在法国，正如我们将看到的那样，是借款人寻找贷款人，尽管也有贷款人搜寻借款人。但法国的借款人（和贷款人）并不是靠自己去寻找。他们受益于一个中介网络，这些中介帮助借款人发现贷款人，并说服他们相信借款人的信誉。他们是半公半私的公证人，负责起草贷款合同和其他法律与金融文件，并为法庭诉讼保留官方副本。他们在贷款中创造了一种正的外部性，因此接近多个信贷市场的借款人可以获得更多贷款，贷款人可以进行更多的投资。这种外部性类似于索科洛夫发现的，居住在产品市场附近的发明家，他们最终会申请更多的专利。在法国，外部性使抵押贷款市场的繁荣成为可能。

我们的研究分三步展开。首先，我们总结数据来源及对法国信贷市场的综合调查结果。其次，我们将对地方信贷市场进行分析。最后，我们通过考察不同城镇居民之间的贷款来寻找正外部性。我们证明了信贷市场确实存在正的网络外部性，并且证明了它与排队模型是一致的。数据表明，竞争和市场整合是由两套不同的制度支持的。从事小规模交易的个人依赖于密集的公证人网络，这些公证人相互介绍业务，而且都分布在一个下午的步行范围之内。想要参与更大规模交易的个人往往会在大城市会面，并依赖于正式的抵押权登记。虽然本地网络足够密集，可以消除本地需求的特殊性，但市场整合取决于大规模交易在地区之间转移资金的能力。我们认为，造成这种复杂行为模式的原因是借款人和贷款人所面临的成本。安排贷款涉及固定成本，这对借款人有利，可以避免将他所需的贷款分给几个贷款人。但对于非常小或非常大的贷款，等待合适的贷款人出现的成本将很高。因此，那些需要小额或大额贷款的借款人会有动力去其他地方（特别是大城市）寻求贷款人，但旅途花费可能会排除小规模借款人搜寻的可能性。

5.2 整个法国的抵押贷款市场和公证信贷

正如我们在一本关于巴黎的书和关于农村贷款的文章中所解释的那样，从中世纪到第一次世界大战，抵押贷款是欧洲金融体系的一个基本组成部分，其他类型的中长期贷款也有其他形式的抵押品担保。这些贷款大多是由公证人安排的，他们提供法律咨询并充当金融中介。与股票市场或银行系统不同，针对这种金融系统的研究任务通常是留给历史学家的，他们研究某个市场、某个地区或某个特定社会群体的信贷的演变。虽然这些学者一再强调信贷在当地的重要性，却很少对信贷的总体重要性进行评估，或对所涉及的总金额得出结论。正如我们将看到的，所涉及的总金额是巨大的。

公证人是经过一些培训，有权在特定地点起草和鉴定私人合同的个人。他们活动的其他要素在欧洲各国不尽相同，在法国大革命之前，在法

国各地区也有所不同。到 19 世纪中期，法国公证人的数量稳定在每个县
2~5 个，而城市因为是人口聚集地区，公证人数量更多。（这里的县是法
国第二小的行政区划，仅高于市镇。整个法国作为一个整体被划分为大约
100 个大小大致相同的省，每个省都包含几个更小的分区，称为专区。步
行穿过这些专区大约需要一天的路程，专区又被分成几个县，通常包括一
个城镇和几个村庄。）

与世界其他地方不同，法国政府鼓励竞争，确保公证人不是当地
的垄断者，允许个人在任何他们想要的公证人面前起草合同。各种合
同（不仅仅是贷款合同）的当事人都有强烈的动机去咨询公证人，因
为在民事诉讼中，举证责任对任何想要推翻经过公证的合同的人都非
常不利。甚至家庭成员之间或朋友之间的抵押贷款也常常经过公证，
否则贷款人难以控制抵押品或在法庭上追究违约债务人的责任。当然，
不涉及公证人的贷款确实存在，但可能极少，尽管具体金额无法精确
计量①。

公证人的优势还在于，他们的记录提供了关于个人资产状况的绝无
仅有的信息，这些信息揭示了谁是风险小的信用对象，谁有钱可以放
贷。这些记录包括他们和他们的前辈曾经起草的全部合同，从贷款合
同、土地销售协议到遗嘱、财产清算协议和婚前协议。与银行不同，他
们不能在自己起草的合同中占有一席之地，因此他们不是银行家，而是
信息经纪人。然而，正如我们在关于巴黎的书中所展示的，这种作用是
广泛的。

---

① 关于家庭成员之间和朋友之间的公证借贷，参见 Hoffman、Postel-Vinay 和 Rosenthal（2000）。
不涉及公证的债务包括非正式消费贷款和不要求登记的某些形式的商业信贷。对于个体商人来
说，商业信贷可能很重要，但由于只有少数人获得了这种贷款，因此在下面的人均计算中，它
们的价值很小。如果我们按期限对贷款进行加权，并考虑债务存量，它们的价值甚至更低，因
为商业债务是短期的（通常为 90 天或更短），而抵押贷款的期限为几年（见表 5.1）。

为了研究公证市场，我们选取了103个县，收集了这些县在1840年和1865年记录的所有新贷款的数据。该数据来自记录登记税的登记册（Actes Civils Publics）。这项税收是在全国各地的登记局对所有的公证合同征收的。登记局的官员保存的登记簿中有大量公证合同财务条款的细节，在信贷方面，它们揭示了借款人和贷款人的社会特征，并写明了谁是贷款的公证人。

这些县包括非常大的城市（如巴黎、里昂和鲁昂）、城镇（如蒙彼利埃、埃夫勒、瓦讷）和村庄（如波特、埃斯蒂萨克），来自11个省（奥布、厄尔、加尔、上加龙、埃罗、莫尔比昂、罗讷、萨尔特、塞纳、滨海塞纳和沃克吕兹），均衡地分布在法国北部和南部。我们将重点放在这103个县，以避免一个问题，即文献中经常假设地方信贷市场可以被视为是孤立的。但我们已经了解到，地方信贷市场是相互关联的。因此，我们需要有大量相邻州的地区，这样我们就可以观察到个人在"在家"及"在外"的借贷行为。如果借款人和贷款人的行为受到搜索成本的影响，密集的样本就尤为重要，这将鼓励他们（及公证人等金融中介机构）在附近社区寻找潜在的贷款合作伙伴。例如，当借款人寻找贷款人时，如果他们在一个中等城市找到贷款人，而该城市恰好与我们的一个县相邻，但不在数据集中，那我们就注意不到借款人的行为。

为避免这类问题，我们构建的数据集包括大约55000笔贷款，这些贷款为借款人、贷款人和公证人提供了地址（或者更准确地说，是居住区，可能是一个村庄、一个城镇或一个城市）。这些地址尽可能地使用能显示精确位置的地理信息系统（GIS）代码，这对研究空间交易成本是非常有用的。图5.1显示了面板中所有103个县的位置。

为了评估公证信贷的重要性，我们转向了另一个更大的公证贷款样本，

■ 巴黎（债务额450000000法郎）
◇ 债务额＞10000000法郎的市场
○ 债务额＞1000000法郎的市场
• 债务额＜1000000法郎的市场
—— 南北边界

图 5.1　样本县

以估计整个法国的公证信贷总额（Hoffman，Postel-Vinay and Rosenthal，2008)①。我们的数据与政府的估计值非常接近②。然后，我们使用报告的贷款合同期限和有关合同续签的证据来估计贷款存量。如果我们将这些数字与国内生产总值（GDP）相比，1840 年贷款和1865 年公证贷款分别占GDP 的27% 和19%（见表5.1）。因此，公证信贷市场无疑是巨大的。事

---

① 在估算中，我们根据人口数将大样本中贷款机构的数据分为四类（巴黎、大城市、城市和农村市场），分别计算每个类别的人均贷款水平，然后使用法国人口数据来估算法国整体贷款总额。
② 参见 Martin du Nord（1844）和 Allinne（1978）。

实上，考虑到所发放的公证贷款数额巨大，我们估计有大约 1/4 的法国家庭作为贷款人，或更可能是作为借款人参与了这个市场。

表 5.1 法国抵押贷款估计值（1840~1865 年）

	1840 年贷款	1865 年公证贷款	1865 年土地信贷银行贷款	1865 年贷款
贷款笔数(千笔)	653	452	1	454
贷款金额(百万法郎)	817	919	53	972
未偿还贷款数量(千笔)	2314	1958	40	1997
人均未偿还贷款数量(笔)	0.07	0.05	0	0.05
总贷款存量(百万法郎)	3675	4097	581	4678
贷款存量/GDP	0.27	0.19	0.03	0.23
平均持续时间(年)	4	4	31	6
平均贷款规模(法郎)	1251	2031	45926	2143
平均贷款规模/人均 GDP	2.7	3.5	83.6	3.9

注：法国土地信贷银行（CFF）成立于 1852 年，是 1865 年唯一一家提供抵押贷款的银行。详情参见正文及 Hoffman、Postel-Vinay 和 Rosenthal（2000）。

原著表中"1865 年贷款"数据疑有误，因缺少修改依据，保留原文。对于其他原著错误，若无充分修改依据，本书均按此原则处理，不再赘述。——编者注

资料来源：Hoffman、Postel-Vinay 和 Rosenthal（2008）。

信贷市场的这个广阔美好图景被一个黯淡的趋势所笼罩，因为根据我们的估计，1840~1865 年，新增贷款数量下降了。1840 年，每 14 个人左右就有一笔贷款未偿还，到 1865 年，这个数字已经变为每 20 人就有一笔贷款未偿还。虽然可以设想，日益成熟的银行业正在从公证人手中抢走一些业务，但如此巨大的转折还是不太可能发生的，因为即使是最早提供抵押贷款的银行也是与公证人携手合作的。事实上，正如第一家这类大型抵押贷款银行［土地信贷银行（the Crédit Foncier)］的历史所表明的，新的中介机构是依赖公证人所控制的留置权登记制度的，更何况，这里的 1865 年贷款

数量并不包括法国土地信贷银行（以下简称 CFF）所提供的贷款①。更可能的解释是财富不平等的加剧（Piketty，Postel-Vinay and Rosenthal，2006）。这一过程已被记录在死后财富数据中，包括大额遗产价值的飙升和死亡时没有任何财富的人口比例的增加。如果生者之间的财富分配没有明显的不同，那么拥有资产（这是获得公证信贷的先决条件）的人口比例就会下降。缺乏抵押品，加上那些确实拥有一些资产的人平均财富的增长，很可能导致公证信贷合同总数减少，由于正在起草的公证信贷合同数量较少，因此平均贷款规模也较大。这正是我们观察到的。

债务存量的规模意味着公证信贷对法国经济极其重要。当然，有些贷款是小额的，比如，葡萄酒商 François Meunier 和他的妻子在 1840 年从他们的邻居、工人 François Gressin 那里借了 100 法郎，或者在同一年，工人 Etienne Desgens 欠了地主 François Poubeau 160 法郎②。但是，即使是 100 法郎也代表了一个非熟练日工 50 天的工作，我们知道，总的公证贷款规模很大，对许多法国家庭有很大影响。我们的简要记录很少提到贷款的用途，但借款人和贷款人的职业表明，公证信贷对当地的工业非常重要，比如里昂的纺织业。税务局的记录中偶尔显示出，公证信贷可以用于最新的投资，如在第戎市安装煤气灯③。那么，所有这些贷款是如何安排的？借款人和贷款人是如何克服信息不对称问题并转移如此巨额资金的？本章的其余部分试图回答这两个问题。

5.3 信贷市场的外部性

为什么进入大型信贷市场可能会产生正外部性？这很容易理解。

---

① 加入 CFF 不会明显改变人均贷款数量，但会增加贷款规模和期限（见表 5.1）。
② 这里的例子来自谢尔省档案馆欧龙河畔丹（Dun-sur-Auron）办公室的记录，1 Q 4025（1840 年 1 月 6 日）。
③ 罗讷省档案馆里昂第二区办事处的记录，3 Q 189（1840 年 6 月 11 日）。

如果附近有一个大型市场，不管借方还是贷方，他们都将有更多的金融交易可供选择，因而进入大型市场会更具有吸引力。他们的搜索成本也会降低。贷款人可能不需要代理人，也不需要面对随之而来的道德风险问题，如果借款人找到贷款人，他们可能更容易说服贷款人相信抵押品的价值，只要贷款人是熟悉当地资产市场的本地人。无论是哪种情况，当大型信贷市场就在附近时，我们会看到更多的贷款（其他条件不变）。

我们想看看在我们的数据中是否也存在这样的正外部性。因此，我们为样本中的每个城市创建了三个准入指标，然后根据准入指标对该市的人均贷款存量进行了回归。如果存在正的外部性，在回归分析中，三个指标中至少有一个应该会产生大而显著的正系数。

第一个准入指标只是一个用来衡量某个城市附近是否有大县（20000名居民及以上）的指标。另外两个是衡量附近是否有中等县（10000～19999名居民）或小县（10000名居民以下）的指标。回归（我们在这里没有报告）还包括支配当地经济条件的固定效应，并且分别针对不同人口水平的城市群进行回归①。

回归确实指向了一个强大的正的网络外部性，但只有中小县中的中小城市才能从这种外部性中获益。只有在那里，人均贷款存量才有统计上显

---

① 第一个指标简单地取样本中每个县（超过20000名居民）的人口，除以到给定市镇的距离。因此，如果该市附近有大的县（超过20000名居民），该指标将会很大。另外两个指标是以类似的方式用中小规模的县计算的。为了避免内生性问题，计算使用了1806个群体，而且为了抑制对当地市场的年度冲击，因变量是1840年和1865年人均贷款存量的总和。贷款存量的替代指标是使用当地借款和当地贷款的数字计算的，并对每个指标进行回归。我们还对以下几组城市分别进行了回归分析：人口在5000及以上的城市组、人口在2000～4999的城市组、人口在1000～1999的城市组、人口在500～999的城市组以及人口在500以下的城市组。完整的回归结果和关于变量的进一步信息可从作者处获得。

著且经济规模上可观的提升①。有人可能会担心，我们只是关注到了一个城市与附近各县居民之间贸易的影响，这可能会提高收入，从而产生更多贷款，但如果是这样，我们预计，如果附近有大县，贷款会更多。但临近大县的城市组，贷款并没有显著增加。此外，如果正外部性仅仅反映贸易效应，那么人们会认为，贷款模式与贸易引力模型不一致②。

如果我们接受这个证据，外部性从何而来？一种可能性是，当一个中小城镇处于一个由中小县组成的密集网络时，会出现更多的机会，从而产生外部性。各县为城市居民提供了在本市可以找到的潜在金融交易机会，而且各县这样做的成本相对较低，因为他们离得不远。而在较大城市，这种效应消失了，那里的人口足够多，可以在不离开社区的情况下找到有吸引力的金融伙伴，由此产生的交易模式不一定符合引力模型。但是，无论是在当地还是在邻近的县，借款人和贷款人如何寻找匹配的对象？是借款人搜寻，还是贷款人搜寻？他们是否寻求中间人的帮助？

5.3.1　个人贷款

为了了解借款人和贷款人是如何找到匹配对象，以及信贷市场的外部性是如何产生的，让我们来想想抵押贷款市场发生了什么。首先，大多数抵押贷款支付的利息接近5%，因为抵押要求可以平衡借款人的风险状况（Hoffman，Postel-Vinay and Rosenthal，即将出版）。更重要的是贷款的期限、规模（想借一大笔钱的人可以借一笔或几笔贷款，但单笔贷款的交易成本会更低）、完成交易所需的时间，以及借款人和贷款人之间的距离

---

① 例如，我们的第二个指标（测量附近有中等规模的县）增加了一个标准差，使人口在2000~4999的城市，人均借款增加了158%，在最小的城市，人均借款增加了468%。外部性既影响人均贷款，也影响人均借款，但如果对居民在5000人及以上的城市进行回归分析，外部性却消失了。

② 作者提供了引力模型回归的证据。

（虽然两人不需要见面，但仍需在公证人面前签署文件）。

借款人和贷款人之间的距离可能比人们想象的更重要，因为至少在 19 世纪 50 年代之前，去银行解决借款人和贷款人匹配问题的方案——银行从投资者那里筹集资金，然后用汇集的资金进行抵押贷款——在法国和欧洲其他地区都是很罕见的。正如我们之前所展示的，法国许多城市都有银行，而且一个城市的银行数量与当地抵押贷款量正相关，但是，银行发放的是短期贷款，而不是抵押贷款（Hoffman，Postel-Vinay and Rosenthal，2008）。银行这么做的原因很简单，正如美国最近的抵押贷款危机所显示的：用银行所依赖的活期存款来为中长期贷款提供资金是有风险的。

因此，去银行并不是大多数借款人的选择。即使在 1865 年也是如此，据估计，当时法国的主要抵押贷款银行（CFF）发放的贷款约占贷款存量的 12%。这些 CFF 抵押贷款中的大部分是巴黎或其他城市借款人的大额贷款；在这类大城市之外，CFF 发放的贷款只占贷款存量的 3%。当时，确实没有其他重要的抵押贷款银行（Hoffman，Postel-Vinay and Rosenthal，2000，2008）。

如果没有一家方便汇集贷款人存款的银行从中牵线搭桥，绝大多数借款人和贷款人会面临排队问题。毕竟借款人必须找到一个储蓄者，他碰巧对发放贷款的规模、期限和利率感兴趣。贷款人也面临着同样的问题，如果借贷双方居住在不同地方，他们找到对方的成本会很高。这个问题在规模较小的市场尤其严重，因为获取新贷款的速度会很慢，提供新贷款也会很慢。在更大的市场中，新的贷款需求或新的贷款供给会频繁出现。

现在考虑一个贷款人，她住在某个给定规模的聚居地。在均衡状态下，她面临的交易成本包括确定潜在合作伙伴的特征所需要的花费，以及在当地市场完成预期交易所需等待的时间。如果等待时间足够长，她可能想看看附近是否有另一个市场，在那里她可以快速安排交易。但这样做会增加三项成本。首先，由于可供选择的市场很多，她需要找出哪个市场可能有符合要求的借款人。她还面临着完成交易所需的旅行成本，无论是寻找合适的借款人，还是完成交易。最后，她一定还会担心逆向选择和道德风险的发生。借款人也会面临类似的问题，特别是在说服贷款人相信其拥有良好的信用时，将不得不克服逆向选择和道德风险问题。

在没有中介的情况下，第一个问题和第三个问题可能会阻止几乎所有人对等待时间进行套利，因为没有人知道该去哪里，人们会担心在陌生的市场面临柠檬问题。来自信贷市场的证据也表明了这一点。我们原以为，如果没有中介机构的帮助，由借款人和贷款人自行安排贷款，他们之间可能存在某种私人关系（属于同一个家庭或同一个职业，住在同一个村庄或城市社区），但我们很少看到这种类型的贷款。在像巴黎这样的大城市，第一类和第二类成本无关紧要，借款人和贷款人早在 18 世纪初就已经不再依赖这种个人关系进行借贷（Hoffman，Postel-Vinay and Rosenthal，2000）。来自里昂的证据显示了差不多的情况。有贷款样本显示，在 1840 年，只有 14% 的贷款人有明显的私人关系①。

因此，借款人和贷款人可以尝试克服排队问题，但此时，由于信息不对称，他们将面临更严重的问题。因此，他们更需要那些能够提供所需信息的中介。我们无法证明公证人始终参与其中扮演了必要的角色，但我们可以证明由于市场太大，无法让每个参与者都准确了解其他人的行为。大多数法国人在 1 万人及以上的抵押贷款市场中进行交易。在巴黎、里昂和图卢兹，大部分贷款涉及住在同一城市的借款人和贷款人，但这些大都市

---

① 该数据来自 842 笔贷款的登记记录，包括借款人和贷款人职业和居住地的完整信息。如果借款人和贷款人有亲属关系，或有相同的职业（不包括同时属于业主和出租人这两大类），或住在同一个城市（不包括都住在像里昂这样的大城市），他们就被认为有个人关系。当然，也可能有借款人和贷款人住在里昂的同一社区或从事相关职业（如酒商和咖啡馆老板）的情况。同样，也有可能有一些家庭关系在我们的资料中没有显示，但这种情况可能很少。

太大，借款人和贷款人彼此不了解，尤其是贷款人无法及时了解借款人在做什么。而在较小的社区，虽然贷款人密切关注每个人的能力增强了，但是向居住在其他地方的个人提供贷款的比例提高了。事实上，在我们的样本中，在2000人以下的城市中，只有17%的借款人最终从同一社区的贷款人那里获得贷款，尽管根据我们的预计，正是在这样的社区中，个人关系才最为密切。

约83%的贷款涉及与非本村村民签约的个人，对他们来说，借款人和贷款人之间距离的中位数是9千米。因此，借款人可以接触到各种各样的潜在贷款人，但这反过来会给所有考虑发放贷款的贷款人带来严重问题。周围有这么多潜在的贷款人，贷款人怎么可能知道借款人还借了哪些贷款呢？他如何确保抵押品没有被过度抵押，或者之前的贷款不会让他成为次级债权人？贷款人很可能不得不求助于某种了解当地抵押贷款市场的中介。

来自法国东南部沃克吕兹省的证据也表明，贷款人和借款人都是这么做的。如果我们使用网络软件来绘制由借款人和贷款人不在同一个社区的抵押贷款联系起来的城市图（见图5.2），我们会看到这并没有将小城镇与该省的城市（阿维尼翁、阿普特、卡庞特拉、奥朗日）联系起来。如果借款人或贷款人利用个人关系来安排贷款，可能就会因为个人关系出现以下两种情况：从小城镇向城市移民，或城市和农村之间加强业务联系。相反，小城镇都是相互联系的，也与城市相互关联。如果没有中介机构帮助借款人和贷款人，那种模式不会是人们所期望的。

如果借款人和贷款人确实依赖于在信贷区域再分配中合作的本地和外地中介，那么情况将会大不相同。例如，贷款人会知道附近哪个城镇会为她提供投资的机会，她确信，她对逆向选择的担忧是没有实际意义的，中介可以监控借款人并汇出利息和本金。在这种情况下，除了支付中介服务费，贷款人只需承担前往遥远市场的旅费，但等待时间更短。借款人也将

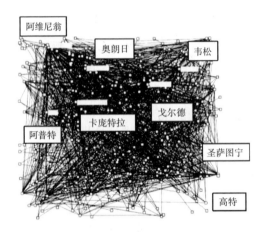

图 5.2　沃克吕兹省通过抵押贷款连接的市镇

注：该图使用网络软件绘制（Borgatti，Everett and Freeman，2002），显示了法国沃克吕兹省的城镇，但不考虑其实际地理位置。如果借款人居住在一个市镇，而贷款人居住在另一个城镇，则两个城镇之间就有一条线。图中也显示了同一社区居民之间的贷款。线条不考虑贷款的数量或规模，也不考虑资金流向。该省的大城市（阿维尼翁、阿普特、卡庞特拉、奥朗日）以及其他几个规模较大的市镇都有标注。

享受类似的好处。

那么，谁可以充当中介呢？公证人是必然的候选人。因为他们知道谁有钱可以出借，谁是信誉良好的、几乎没有债务的、有很好的抵押品的借款人。公证人在办理业务的过程中获得了这些信息。他们起草贷款合同，调查财产所有权和抵押物上的现有抵押贷款，因此他们知道谁可能债务负担重。他们还处理土地销售和遗产继承，而这些能反映谁有储蓄可以投资。在办理业务的过程中积累了这些信息后，他们可以用这些信息来匹配借款人和贷款人，而且这样做的边际成本很低。他们还可以通过介绍客户和提供机会来相互分享信息。我们知道他们在巴黎扮演了这样的角色，在法国其他地方，证据显示他们所扮演的角色是一样的。在别的国家，其他中介也有类似的信息优势：如英格兰的律师，他们主导了英吉利海峡两岸的早期抵押贷款市场；如城镇登记员，他们记录了北欧大部分地区的抵押贷款[①]。但在法国，是公证人。在受罗马法或法国法律传统影响的其他国家，他们可能也扮演类似的角色。但只有当其他中介（如城镇登记员）没有信息优势，而不平等又没有限制贷款时，他们才能这样做。正如 Steven Haber 在本书其他部分所示，不平等会影响贷款，可能是因为很少有借款人有抵押品，或政治领导人有限制贷款供应的动机。

接下来，回到借款人和贷款人所面临的问题，需要注意的是，跨区域中介所涉及的大部分成本是固定的。因此，如果公证人充当中介，并与其他公证人共享有关其信贷交易净需求的信息，所涉及的成本并不取决于贷款规模，也不取决于借款人和贷款人面临的旅行成本。尽管调查抵押品的成本会随着贷款规模的增加而增加，但在本地市场和外地市场是一样的。因此，如果公证人处在一个信息交易网络中，贷款人和借款人都面临着远距离交易的固定交易成本。

现在让我们来考虑贷款人的等待时间，这取决于她所在城市的人口数量和财富的分配（借款人的等待时间问题也会得出类似的结论）。假设城市很小，财富分布非常均匀，那么，相对于"中等规模"的贷款，较小规模和较大规模的贷款等待时间将会更长。显然，如果在当地的等待时间太长，想投资一大笔钱的贷款人可能会看看附近城镇有没有什么交易机会。由于小额贷款很少，想出借小额资金的贷款人也很少，但相对较高的跨区域中介固定成本，使得她的流动性大大降低。如果旅行成本不高，中等规模的贷款人最有可能在当地开展业务，而小规模和大规模的贷款人会向其他城镇的借款人发放贷款。借款人也是如此。但如果旅行成本很高，那就只有寻求大宗交易的个人会与外地市场的交易对手进行交易。因此，市场整合应该会随着贷款规模和城镇人口数量的不同而有系统地发生变化。

[①] 关于巴黎的公证人和英国的律师，参见 Hoffman、Postel-Vinay 和 Rosenthal（2000：287）。

在所有其他条件相同的情况下，居住在大城市的个人应该在当地的社区进行信贷交易（因为他们有更多的潜在合作伙伴），而贷款需求不那么典型的个人，如果交易规模不是太小，应该对自己的城市不会那么忠诚①。

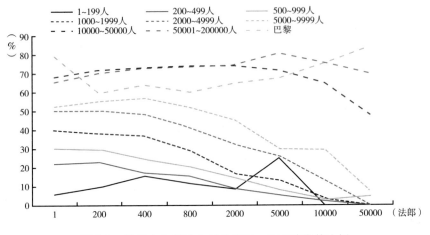

图 5.3　借款人和贷款人居住在同一地区的贷款比例

为了探索这些成本和等待时间的影响，我们计算了贷款人、借款人和公证人居住在同一城市的贷款比例。我们加入公证人，是因为他们是最有可能的中间人。我们对不同规模的贷款和城市进行了计算（见图 5.3 和图 5.4）。图 5.4 报告了借款人、贷款人和公证人都住在同一城市的贷款比例。图 5.3 修改了计算方法，包括借款人和贷款人居住在同一个城市，但公证人在另一个社区的情况。这种情况包括借款人和贷款人所住的小村庄没有公证人，因为他们总是不得不去其他地方见公证人，即使他们之间自行安排了一笔贷款。图 5.3 还包括借款人和贷款人在该城市有公证人，但他们仍决定去其他地方的公证人那里办理业务的情形。

———————

① 1865 年，拥有铁路的城市运输成本会更低。我们目前正在收集更多数据来检验这一假设，而不仅仅是依靠实际距离。

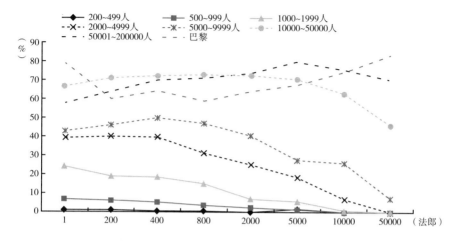

图 5.4 借款人、公证人和贷款人居住在同一地方的贷款比例

我们预计这两个比例都将随着城市规模的扩大而上升，随着贷款规模的扩大而下降。用于计算的数据来自样本中的 52000 笔交易，在这些样本中，有关住处的数据可以被恢复。城市人口是借款人居住社区的人口；使用贷款人居住地进行计算得出了类似的结论，但需要注意的是，贷款人住在城镇的更多，因此更有可能与公证人在同一个居住地。

数据证实，居住在大城市的个人更倾向于在当地经营，而同城贷款中的大额贷款比例下降了。在最大的城市，与公证人和合作伙伴居住在同一城市的人口比例接近 80%，而且除了最大的贷款外，其对贷款规模不敏感。不过，即使是在样本中最大的城市，也有大约 20% 的贷款，借款人或贷款人与公证人并不在同一个城市居住。如果考虑借款人住在 1000~1999 人的城市，当贷款规模从 100 法郎增加到 50000 法郎时，居住在同一城市的贷款人和公证人安排的贷款比例从 40%[①]下降到几乎为零（见图 5.4）。显然，交易成本似乎取决于远程合作伙伴所涉及的贷款类型。

———————————

① 此处原著疑误，应为 25% 左右。——编者注

  贷款空间分布的另一个维度涉及距离。图 5.5 描绘了在给定贷款规模和城市规模的情况下，借款人和贷款人之间的平均距离（对于那些距离为正值的贷款）。在这里，相反的模式也成立。在人们经常出行的中小城市，他们不会走很远，通常不到 50 千米。但一个人的旅行距离会随着城市规模的扩大而增加，因此，无论贷款规模如何，来自较小城市者的旅行距离很少超过 30 千米，而在较大城镇，人们可能旅行 100 千米或更远。对于大额贷款来说，这种长途旅行更为常见，因为出行的距离随着贷款规模的扩大而稳步上升。如果出行和搜索成本基本固定，那么距离和贷款规模之间的关系正符合人们的预期。固定成本将减少大额贷款的相关成本，进而使寻求大额贷款或投资的个人更愿意承担搜索成本，以减少排队时间。

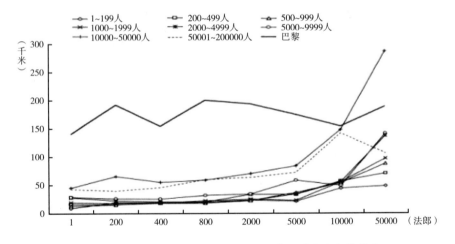

图 5.5 按借款人居住地和贷款规模分类的借款人与贷款人
之间的平均距离（距离>0 的贷款）

  平均值可能会产生误导，尤其是对小城市而言。一个人可能通过军队中的人向当地借款人发放超多贷款，而这些军人碰巧被派往远处驻军。或者，他可能遇到异常多的移民返乡投资。为了筛选出这种不寻常的情况，我们仅考虑借款人和贷款人的出行，检查他们出行距离分布的第75个百分位数。我们将这个值解释为人们在信贷市场进行匹配时为了缩短排队时间的最大外出范围。结果如图5.6所示。同样，只要城市不是超级大，距离就会随贷款规模和城镇人口的增加而增加。然而，令人惊讶的是，对于所有低于2000法郎的贷款（占所有交易的85%）和所有居民少于5000人的城镇，第75个百分位数是17.6千米。对大多数人出行距离上限的解释很简单：这是步行一整天往返行程的最大限度。只有最大规模的贷款和最大的城市，人们才会愿意前往更远的地方。大额贷款涉及更远的出行，这很容易理解，因为大额贷款稀释了出行的固定成本。大城市的个人愿意走更远的距离（对于给定的贷款规模），这可能反映了大城市之间交通条件的改善，因为它们连接到了全国交通网络。换句话说，市场整合的模式似乎反映了出行的固定成本，小额贷款比大额贷款负担更重。

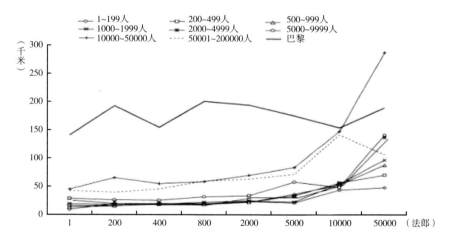

图5.6 按城市规模和贷款规模分列的借款人和贷款人之间距离的第75个百分位值（距离>0的贷款）

相同的出行距离上限适用于大多数贷款和除最大城市以外的所有城市，这与我们的看法一致，即公证人形成了一个网络，在这个网络中，位于1000人村庄的公证人与位于3000人城镇的公证人拥有几乎相同的信息。公证人不仅知道自己所在的城市或县有哪些交易，也知道附近的县有哪些交易。在较大城市，更多的交易可以与当地居民完成，但当失败时，贷款人和借款人面临着与其农村同行相同的状况。然而，旅行费用使得人们不愿意去一天能到达的距离以外的地方，因为那样的话，费用会急剧上升。

可以肯定的是，个人有时会在没有公证人帮助的情况下自己获取信息，但在这种情况下，很难理解为什么借款人比贷款人更不可能与起草贷款合同的公证人生活在同一个城市。贷款人和公证人居住在同一个城市的贷款比例是59%，而同时借款人和公证人居住在同一个城市的比例仅为44%。如果借款人和贷款人在没有中介帮助的情况下相互寻求帮助，估计不会有这样的差异。毕竟，对于一个借款人来说，找到一个远方的贷款人并说服他相信自己的信誉，然后双方在贷款人的公证人面前起草贷款合同，就像贷款人经历同样的过程去调查借款人的抵押品，然后在借款人的公证人面前签署贷款文件一样简单。但有了公证人网络，借款人可能会更多地得到公证人的介绍和所有必要的文件资料，然后被派去见贷款人，借款人也因此成为旅行的那一位。这似乎就是在当时法国发生的事情。

因此，即使是小额贷款，公证人也会在覆盖全法国的一系列重叠市场中努力匹配贷款人和借款人。市场整合源于大额贷款的借款人和贷款人对外出的准备程度。他们很少能与本地人安排贷款，而大额贷款使得他们外出寻找合适的合作者变得经济实惠。由于数额庞大，区域之间（或实际上是城市区域中心之间）的资本流动非常巨大。在所有超过5000法郎（约为人均收入的7倍）的贷款中，约有53%的借款人和贷款人都不住在同一个城市（不包括巴黎，但包括里昂和鲁昂）。在超过5000法郎的贷款中，借款人和贷款人之间的平均距离是 36 千米，如果当事人不住在同一个地方，我们计算出的平均距离是 72 千米。

这些 5000 法郎以上的贷款只占样本的 7%，却占贷款价值的 57%，几乎占到存量的 2/3（这里的计算忽略了巴黎，因为那里的贷款太多了；如果我们把巴黎也计算在内，5000 法郎以上的贷款将占到样本贷款价值的 73%，占存量价值的 89%）。当新的机会出现时，大额借款人可以依靠公证人系统，通过以实物资产为抵押的贷款，从外地的投资者那里筹集资金。

5.3.2　变化与结构

前面几节将数据集作为一个单一的横截面，利用它来说明公证借贷的空间结构。有证据表明，个人可以去外地见贷款伙伴，而且他们也经常这样做，这对于研究抵押贷款市场的增长具有重要意义。首先，大多数研究隐含地将这些市场作为岛屿经济体来研究，在这些经济体中，财富或经济结构等基本变量的变化与当地市场的规模相互作用。早期证据表明，我们必须重新考虑这些隐含的假设，不仅是针对美国中西部或拉丁美洲，也针对长期存在的欧洲大陆经济体。

考虑一下一个贷款随着财富增加而增加的经济体，就会明白其中的原因。这种关系的产生可能有多种原因：土地租金可能会上涨，个人可能会购买更值钱的住房，更多的人可能会通过抵押贷款购买或建造住房，或者企业家可能会转向长期市场来制造产品。在一个封闭的经济体中，对金融中介需求的增长必须在当地得到满足，因此我们预计当地信贷市场将会增长。在某种程度上，这就是蒙塞尼的惊人发展所揭示的故事。法国最大的钢铁企业之一施耐德的主要工厂在勒克勒佐，这个小镇很快成为该县最大的镇。1840～1865年，随着工厂成长为法国最大的企业，蒙塞尼的人口翻了一番，信贷市场也相应地增长一倍，因为人均贷款存量没有变化。然而，当地信贷并没有为施耐德的发展提供多少资金，因为当地的资金供应实在太少了。相反，施耐德家族和他们的公司在巴黎通过留存收益融资。其他蒙塞尼居民如果想借钱，可以到附近的马贡或索恩河畔沙隆去。因此，在勒克勒佐或蒙塞尼，可用于借贷的资源只是那里金融变革故事中一个有限的部分。相反，最重要的是勒克勒佐与法国其他地区的互动，尤其是 350 千米之外的巴黎。

勒克勒佐的故事还不算极端：法国艾格莫尔特镇的贷款价值增长了 20 倍，仅仅是因为一家公司贷款，这家公司就打算把附近的沼泽地变成葡萄园和盐田。著名的葡萄酒产区尼伊圣乔治的贷款崩溃（贷款锐减 91%）并不是因为对高品质勃艮第葡萄酒的需求突然下降，而是因为 1840 年第戎的一个银行家族借了一笔超过 100 万法郎的巨额贷款。如此巨额的贷款在巴黎以外是闻所未闻的，当然，在尼伊再也没有出现过类似的贷款了。

信贷市场看似随机的发展，不仅仅是因为偶然出现的大额贷款。如果是这样的话，那么大型市场将比小型市场更可预测，但事实并非如此。相反，这通常被认为是封闭的传统市场大型空间整合的直接结果。虽然所有贷款中有很大一部分由当地借款人和贷款人匹配完成，但即使是小额贷款也可以远距离交易。因此，1840～1865 年，当莫吉奥（另一个盛产盐沼和葡萄酒的选区）的贷款蓬勃发展的时候，这里的居民也出现在附近的蒙波利埃和吕内勒这两个市场，在那里他们借了 25 笔贷款，价值 4 万法郎。除了较小的市场之外，如果我们考虑到 1807～1899 年的不平衡增长，以及人口从乡村到城市的重新配置，这种空间整合很可能正在发生。随着财富不平等的加剧，人均未偿贷款数量下降，而贷款规模在扩大，贷款期限在增加。长期大额贷款使借款人和贷款人更愿意外出寻找合适的交易对手。但是，这种远距离匹配的贷款很可能既取决于公证人的信息，也取决于留置权的正式登记，这可能会被一家成立于 19 世纪 50 年代的新的抵押贷款银行——土地信贷银行所利用。在大型社区，许多公证人很可能已经决定不再安排小额贷款，因为与富有客户打交道可以赚更多的钱，随着时间的推移，这一行为会加剧不平等。

因此，评估信贷市场空间规模对福利的影响是复杂的。一方面，小额短期贷款逐渐消失，其代价是高昂的，特别是在替代性机构（储蓄银行、典当行）稀缺的地区。另一方面，更大规模的贷款有助于整合经济，将资本在不同的农村地区重新分配，并流向增长更快的城市中心。在农村，19 世纪 60 年代，当地抵押贷款市场的参与仍然很普遍，一部分原因是需求太小，其他中介机构无法进入，另一部分原因是农场和企业的规模保证了大量企业家需要长期信贷。在城市，一种完全不同的经济体出现了，在这种经济体中，大多数人租赁住所，在企业家提供资金的大公司里工作。即使在巴黎也是如此，那里的大部分制造业都是在合同基础上进行的，工人们在非常小的车间里辛勤工作，拥有自己的工具。通常是批发商（制造商）组织生产并提供运营资金。因此，即使没有为小规模贷款人服务的信贷市场，城市也可以快速发展。

我们的空间分析揭示的结构暗示了变化过程的一个终极元素：竞争。虽然公证人似乎控制着当地市场，但借款人和贷款人越来越有能力将业务交给其他城市的公证人，这促使他交换信息，以便更好地为客户服务。19 世纪，贷款规模的不断扩大加剧了由此产生的竞争，因为涉及大额贷款的客户更愿意外出寻求更好的交易。同样的客户也更有可能将贷款登记在留置权登记处，这为利用公证人解决信息不对称问题提供了另一种选择。这里的共同点是，所有地方的市场都是紧密相连的。

5.4 结论

一般而言，对金融市场的研究，特别是对信贷市场的研究，往往侧重于国家或地区。在这里，我们打破了这两种传统，因为我们想从整体上研究法国的抵押贷款市场，尽管我们知道抵押贷款市场依赖于固有的本地信息。受到索科洛夫关于市场准入重要性研究的启发，我们选择将地理位置接近的市场组合在一起。本章表明，除了最大的地方，不能孤立地理解19世纪的抵押贷款市场；在很大程度上，它们为借款人和贷款人提供服务的能力来自它们之间的相互联系。

虽然按照美国的标准，资本并没有移动太远，但我们的研究记录了两种整合。第一种涉及数万笔小额贷款，发生在方圆约20千米的范围。这一局部过程有助于消除在市场疲软的小地方出现的供需不一致。相比之下，第二种整合涉及大量贷款。它们比较罕见，但跨越的距离要远得多。由于涉及金额很大，很可能是第二个过程整合了不同的区域。如果人们只关注银行等熟悉的中介形式，或只专注于计算交易的信贷总额，那么，抵押贷款市场上所有这些重要因素可能会被忽略。

由于交易的频率随着距离的增加而减少，因此，人口密集的地区（无论是在本地市场还是在中等城市）确实比其他地区有更多的贷款。因此，我们可以证实索科洛夫关于市场准入有利方面的论点。法国信贷市场的竞争非常激烈。虽然国家限制特定形式的金融中介进入（最著名的是公司银行和证券交易所），但它没有将整个体系卡特尔化。事实上，开展私人银行业务一直是自由的，除银行之外，有超过1万名公证人在私人抵押贷款中介业务和房地产市场等资产市场上展开竞争。

虽然公证人表面上是"传统"的中介机构，但他们拥有可以使抵押贷款市场平稳运行的信息。从某种意义上说，他们似乎拥有一种有用的禀赋——对他们来说，是一种信息禀赋——帮助他们筹集了大量的资金，整合了国家的信贷市场。这是一个复杂的过程，但可以明确的是，到19世纪中期，公证人帮助整合了法国的信贷市场。在未来的研究中，我们希望证明，在法国大革命之前也是如此。

感谢 Macha Chichtchenkova、Alena Lapatiovna 和 Asli Sumer 多次前往当地档案馆，并在数据编码方面提供帮助。感谢国家科学基金会、罗素·塞奇基金会、加州大学洛杉矶分校社会科学和经济系主任，以及加州理工学院人文与社会科学系和国家农业研究院的支持。

参考文献

Allinne, Jean-Pierre. 1978. "Le Crédit Foncier de France 1852-1920." Doctoral thesis. University of Paris II Law Faculty.

Borgatti, Stephen P., Martin G. Everett, and Linton C. Freeman. 2002. *UCINET for Windows: Software for Social Network Analysis.* Lexington, K. Y.: Analytic Technologies.

Hoffman, Philip T., Gilles Postel-Vinay, and Jean-Laurent Rosenthal. 2000. *Priceless Markets: The Political Economy of Credit in Paris, 1662–1869.* Chicago: University of Chicago Press.

——. 2008. "The Old Economics of Information and the Remarkable Persistence of Traditional Credit Markets in France 1740 – 1899." California Institute of Technology, Division of Humanities and Social Sciences. Working Paper.

——. forthcoming. "Is Trust an Ultimate Cause? Its Role in the Long Run Development of Financial Markets in France." In *Trust*, edited by Karen S. Cook, Russell Hardin, and Margaret Levi. New York: Sage Foundation.

Martin du Nord, Nicolas M. F. L. J., ed. 1844. *Documents relatifs au régime hypothécaire et aux réformes qui ont été proposées.* 3 vols. Paris: Imprimerie Royale.

Piketty, Thomas, Gilles Postel-Vinay, and Jean-Laurent Rosenthal. 2006. "Wealth Concentration in a Developing Economy: Paris and France, 1807 – 1994." *American Economic Review* 96: 236-256.

Snowden, Kenneth A. 1995. "The Evolution of Interregional Mortgage Lending Channels, 1870-1940: The Life Insurance-Mortgage Company Connection." In *Coordination and Information: Historical Perspectives on the Organization of Enterprise*, edited by Naomi R. Lamoreaux and Daniel M. G. Raff, 209-247. Chicago: University of Chicago Press.

Sokoloff, Kenneth L. 1984. "Was the Transition from the Artisanal Shop to the Non-

Mechanized Factory Associated with Gains in Efficiency? Evidence from the U. S. Manufacturing Censuses of 1820 and 1850. " *Explorations in Economic History* 21: 351–382.

——. 1988. "Inventive Activity in Early Industrial America: Evidence From Patent Records, 1790–1846. " *The Journal of Economic History* 48: 813–850.

6 交通革命的两条道路：英国和美国的早期公司

丹·博加特（Dan Bogart）

约翰·马耶夫斯基（John Majewski）

6.1 引言

地理和制度之间的复杂关系是肯·索科洛夫研究的一个关键主题。在分析美洲发展的过程中，索科洛夫和恩格曼提出了一个著名的观点，即地理和人口密度等要素禀赋深刻地影响了重要的经济制度的演变。利润丰厚的主要农作物的种植，以及大量唾手可得的劳动力，在拉丁美洲和加勒比地区造成了高度的不平等。有影响力的内部人士组成的强大团体几乎无法从开放公司、公立学校、扩大选举权和其他与长期发展相关的制度中得到什么好处（往往还会失去很多）。在北美（特别是美国北部和加拿大），环境条件阻碍了主要作物的种植，这鼓励企业家通过移民来提高土地的长期价值。土地所有者创造了相对开放的政治制度，这带来了开放的、竞争性的经济发展，以及更高水平的公共产品[①]。虽然索科洛夫看到了地理和制度之间的密切联系，但他也意识到制度（一旦创建）可以有其独立的影响。例如，索科洛夫和卡恩认为，英国政府建立了一个复杂的专利制度，并收取高额费用，这从根本上将专利权限制在了那些能够获得资金和专利申请程序相关信息的人身上[②]。美国发明者支付的专利费用要少得多，他们可以依靠更有效的司法保护来主张权利。因此，美国的专利率远远高于英国就不奇怪了。

我们追随索科洛夫，通过比较英美两国的交通革命来探讨要素禀赋和制度之间的相互作用。一部漫长而充满活力的文献指出，交通革命——18世纪和19世纪收费公路的出现，以及桥梁、运河和铁路的改进——促进

---

① Engerman 和 Sokoloff（1997）。
② Khan 和 Sokoloff（1998：298）。

了经济的增长[①]。交通的改善扩大了市场，从而为农业和制造业的生产力提高奠定了基础。尽管蒸汽机车等新技术在交通革命中发挥了重要作用，但许多关键的突破涉及制度和组织的变革。普通法坚持认为，道路和河流附近的土地所有者应支付维修费用，这限制了改善交通的共同努力。为了克服普通法的限制，英国和美国的立法机构通过特许信托公司、股份公司等来建设交通基础设施和监督交通条件的改善。个人发起人收取过路费和使用费，这反过来又拓宽了筹集资金的渠道。这些组织机动灵活，并能适应各式各样的改进，它们鼓励个人投资具有高社会回报率的项目。从本质上说，这些制度创造了一个可以开发和实施新交通技术的框架。

我们将英国和美国的交通运输组织进行比较，旨在阐明一个关键问题，即美国如何成功超越英国，成为全球经济的领导者。这两个国家都被视为"成功案例"，但到19世纪晚期，美国已经摆脱了其作为移民经济体的地位，成为世界上最优秀的经济体之一。一个主要的问题是，美国是否因为其政治制度或要素禀赋的差异而取代了英国成为全球经济领袖。分析交通改善的演变提供了一个独特的视角，因为它们与人口密度和自然资源密切相关，并具有"自然垄断"的特征，这往往会导致政府监管。

我们的比较始于19世纪早期，当时英国议会已从王室手中夺取了授予特许经营权的权力。议会小心翼翼地捍卫其授予特许经营权的权力，它是获得通行权和收取通行费的唯一权威机构。议会对建立交通组织的法案持开放态度，但发起人为获得授权，需向办事员和律师支付高额费用。

美国为改善交通状况，调整了（经过大量修改）英国式的基本制度。

---

① Freeman（1983：1~30）.

美国独立战争之后，从马萨诸塞州到南卡罗来纳州，各州政府都将签发特许经营权视为他们的权力。与议会不同的是，美国各州几乎不收取租金——服务费、贿赂或其他手续费微不足道。由于公司特许经营权价格低廉且相对容易获得，美国的公司注册数量出现井喷。本章第一部分将展示与英国议会相比，美国各州政府以低得多的人均费用组建了更多的交通运输公司。

本章第二部分重点讨论了为什么从英国议会获得交通特许经营权相对来说比较贵，而美国的人均特许经营权数量更多。我们将这些结果视为一种政治经济均衡，在这种均衡中，每个国家都有不同的特许经营权需求，也有不同的政治制度进行供给管理。我们认为，城市化和城市结构的差异是关键因素，它们决定交通投资项目的赢利能力和交通投资授权的交易成本。美国有大量农村人口分散在广袤的土地上。大多数交通项目的直接回报很少。几乎所有的投资者都住在上述改善区附近，他们希望通过更高的土地价值获得"间接"回报。虽然立法机构可能以收费和贿赂的方式，迫使组织者支付他们预期的土地价值增值的一部分，但实际上，美国交通改善的投机性质使得从租金中榨取利润的可能性大大降低。换句话说，美国交通运输公司缺乏直接利润，这创造了一种高度弹性的需求，对特许经营权收费将大大减少有组织的公司的数量。美国也缺乏一个可以作为交通网络天然支柱的中心城市，各城市竞相发展与西部的交通联系，新兴的城市网络孕育了早期美国交通发展背后的繁荣和动力。

英国是一个更加发达、人口更为密集的国家。它还有一个富裕的中心城市——伦敦，伦敦主导着交通网络的结构，并产生了更多特定的收入来源。大多数英国的交通项目都以债券利息或股利的形式向投资者支付了一些直接回报，因为有望获得直接回报，所以组织者更乐意支付议会要求的费用。英国的城市环境为收取租金创造了更多的机会。英国的交通项目在一个人口更加稠密、更加发达的国家运营，也意味着要面对更多的既得利益者，包括担心征用权受损的业主、担心新项目会危及自己生计的商人和工匠。议会希望解决这些可能增加政治交易成本的冲突，这有助于为英国的交通革命提供长期的可靠性，但也增加了获得特许经营权的成本。

政治制度的差异是另一个关键因素。美国有活跃的民主政治制度，大部分白人男性可以投票。因为申请公司执照被拒而牢骚满腹的选民们可以在下次选举中发泄他们的不满。事实上，他们经常对那些他们认为是"垄断者"或"有特权者"的公司表示反对。批准收费公路、收费桥梁和其他交通运输公司很快成为常规的立法工作。像铁路公司这样的大公司引起了更大的争议，但是美国的民主政治文化允许不同的团体和地方成功地为"他们的"铁路争取特许经营权。

英国的政治远没有那么民主。投票权仅限于少数男性，下议院的席位通常无人竞争。此外，选举很少受到"企业代表垄断和特权"的民粹主义言论影响。反对交通当局的民众暴动确实发生过，但与美国相比，这是罕见的。

政治权力分散也与美国和英国的特许制度有关。英国议会授予了英格兰、威尔士和苏格兰的所有特许经营权。在没有国内政治竞争的情况下，它可以向发起人收取高昂的赞助费，而不必担心会给邻近辖区的经济活动带来巨大损失。而美国各州政府面临着一个竞争激烈的环境，这种环境会使租金减少。交通状况没有改善可能会导致商业损失和人口流失到其他州，这就鼓励各州立法者尽力促进地方项目发展。为了支持这一观点，我们展示了在1801年爱尔兰议会失去授予特许经营权的独立权力之前，英国和爱尔兰议会相对更多地通过了其竞争郡的法案。定性的证据也表明，美国更大程度的分权推动了经济竞争最激烈地区相关交通运输法案的通过。

我们的故事有一个重要的总体观点，那就是美国和英国最终取得了成功。每个国家都有足够的灵活性来调整企业制度，以适应各自不同的经济。美国更为开放的许可环境帮助这个人口相对稀少的国家迅速发展，产生了一位学者所说的"能量的释放"。然而，目前尚不清楚，同样的许可制度是否也能在英国发挥同样的作用。最后，我们简要评估了在分权、开放的美国和更为集权、开放度略低的英国，特许制度的成本和收益。

6.2 背景

无论是英国还是美国，改善交通都需要创建严重依赖私人资本的组织。这两个国家的地方政府既没有收入来源，也没有行政能力来改善长途交通运输路线。如果一个地区想要改善其辖区内的道路或河流，就会面临一个明显的协调问题——如果相邻的城镇不能保持这条道路或河流的畅通，那么这个城镇或教区的努力都将白费。英国和美国对于建立一个足够强大的中央集权的政府官僚机构来改善道路、清理河流或修建运河，都缺乏热情①。相反，两国都成立了私营和准私营组织来建设诸如收费公路、收费桥梁和河流改善等项目。英国议会授权有权发行债券和收取过路费的信托公司，来监督收费公路的建设和运营。英国的其他交通改善项目，如运河和铁路，都以股份制公司或可以发行股票或债券的公司形式组织起来。公司形式在美国尤其流行，在那里，州立法机构将大多数收费公路、收费桥梁和河流改善项目特许为公司经营。美国各州有时也以公司的形式特许经营运河，但纽约州、宾夕法尼亚州、俄亥俄州和其他几个州的政府

---

① 美国政府会为国家公路和其他项目提供零散资金，但这类支出只占国家内部改造升级和银行投资的10%（Wallis，1999：283）。

拥有并经营大规模的运河系统①。不同组织类型的私营公司、混合企业和完全国有企业的大量存在反映了分权能在何种程度上允许各州尝试不同的组织形式。

即使是以私营公司的形式组织起来的，大多数的交通组织也涉及私人主动性和公共权力的复杂组合，这往往违背了现代的公私组织二分法。虽然信托基金和公司允许私人团体筹集资金，但英国和美国政府明确表示，这些组织的存在依赖于政府权威。从理论上讲，交通组织是国家的代理人，国家赋予议会和美国州政府严格监管这些组织的权力。为了符合交通信托基金和公司的公共性质，英国和美国州政府批准了解决征用权纠纷的具体路线和详细程序，并制定了复杂的通行费和服务费管理条例。英国和美国的政治和司法当局都将交通改善视为需要被监管的公共事务，即便是通过私人资本来改善也是如此。

6.3 价格低廉的美国交通特许经营权

在美国，为一个交通项目获得立法许可非常容易。我们主要关注中大西洋各州（纽约州、新泽西州、马里兰州和宾夕法尼亚州）以及相对较新的俄亥俄州。这些州的经济——包括农业、制造业和商业——与英国的相似程度远远超过与西部的蓄奴州或新殖民州。这些州的现有数据显示，收费公路、收费桥梁、运河和铁路的特许经营权数量惊人（见表 6.1）。1800~1839 年，这 5 个州总共授予了 1800 多家公司特许经营权。19 世纪 10 年代和 30 年代尤为突出，这 20 年见证了经济的快速增长，但最终以金融恐慌和经济衰退告终。1830 年之前，纽约州特许经营权的绝对数量

---

① Goodrich（1960：270~271）。

居于领先地位，人均数量也较高，直到公司特许经营权的数量难以跟上该州人口的巨大增长为止。19世纪30年代，美国人在俄亥俄州居住了不到一代人的时间，这里便成为人均特许经营权数量的领先者。美国交通运输公司的特许经营权似乎既便宜又易得。

表 6.1 美国部分州的交通运输公司特许经营权数量（1800~1839年）			
			单位：项
	1800~1809年	1810~1819年	1820~1829年	1830~1839年
特许经营权数量			
俄亥俄州	2	18	28	241
新泽西州	29	29	13	49
马里兰州	10	46	31	32
纽约州	145	185	143	240
宾夕法尼亚州	45	153	101	284
总计	231	431	316	846
每1万名居民的特许经营权数量			
俄亥俄州	0.146	0.443	0.368	1.961
新泽西州	1.338	1.149	0.441	1.416
马里兰州	0.396	1.616	0.962	0.883
纽约州	1.921	1.603	0.871	1.104
宾夕法尼亚州	0.638	1.646	0.842	1.848
总计	1.117	1.423	0.749	1.497

资料来源：Evans（1948）。

公司特许经营权本身就证明了这一点。各州很少（如果有的话）对公司的特许经营权收取费用。关于收费公路和收费桥梁的二次文献（以及对特许经营权案例的回顾）表明，立法机构甚至不愿费心去估算交通特许经营权的适度行政费用。没有这种费用是令人吃惊的。例如，在宾夕法尼亚州，州立法机构要求公司在开始运营前出售一定比例的股票。为了确保这些要求得到满足，公司创始人必须经常向州长发送一份初始股份认购人的名单。这一过程为州政府提供了一个绝佳的机会：在收集初始股东名单之外收取费用，但立法机构并没有这么做。

也许立法机构的个别成员——而不是作为组织的立法机构——会通过受贿收取费用。二次文献并没有将早期交通特许经营权与普遍存在的立法腐败联系起来，公司和立法者也都没有任何动机留下显而易见的书面记录[①]。然而，有一个重要的事实反驳了普遍（但隐秘）贿赂的存在：在美国大多数特许的交通公司并没有出现运营问题。例如，在纽约州，只有大约1/3的特许收费公路真正修建了足够的道路，可以设置收费站[②]。另外，还有许多项目获得了多项授权。当一家公司在开始运营前出售的股票未能达到一定比例时，其有时会向立法机构要求获得新的许可证，也许会对路线进行修改，以利于吸引新的投资者[③]。这种行为表明，公司特许经营权的价格相当低廉，也就是说，组织者首先申请获得了特许经营权，然后才开始担心能否生存下去。

不过，公司特许经营权不贵，并不意味着它们是免费的。游说立法机构批准公司特许经营权会花费时间和精力。一般来说，一个特定项目的组织者会发起一系列组织会议——通常在当地报纸上刊登广告——并为请愿书收集签名。组织者随后将这些请愿书提交给州立法机构，启动公司程序。随着公司特许经营权从委员会转到一般性立法表决，可能会出现大量的政治反对意见。对立的地区可能会反对这项法案，一些当地居民也可能会反对为当地的道路、桥梁或河流改善支付通行费。这种反对在18世纪90年代尤其明显，当时公司形式还相对较新，尚未经过检验，但1800年

---

① 个别公司的高管可能存在腐败现象，比如财务主管或总裁将公司资金用于个人用途，但这与立法者因为特许经营权而收受贿赂有很大不同。

② Klein 和 Majewski（1992：482）。

③ 仅举一个例子：里瓦纳航运公司（The Rivanna Navigation Company）是位于弗吉尼亚州中部的一家相当小的公司，它的特许经营权曾经多次变更。参见 Majewski（2000：88~97）。

后，这种反对趋于消散。当地游客获得了可观的通行费减免，平息了反对的声音，州立法机构经常互投赞成票促使法案通过，这使得一个地区很难阻止另一个地区对交通条件的改善。

6.4 英国议会：对公司收费

英国的特许制度有何不同？影响当地道路、桥梁、运河和铁路的所有法案的文书摘要数据可以阐明这些模式[1]。文书摘要确认了设立权力机构以改善交通的法案，以及授权现有信托或股份公司承担新项目或改善项目的法案。为了进行比较，我们统计了创建新交通管理机构的原始法案，以及为现有交通管理机构授权更多项目的法案，因为美国的特许权包含了类似的信息[2]。

表 6.2 显示了从 1800 年到 1839 年的不同时期，收费公路、桥梁、运河和铁路改善工程的绝对数量和人均数量。这些数据覆盖了英格兰、威尔士、苏格兰和爱尔兰地区，总面积为 121124 平方英里。为了进行比较，表 6.3 显示了 1800~1839 年俄亥俄州、新泽西州、马里兰州、纽约州和宾夕法尼亚州收费公路、桥梁、运河和铁路特许经营权的数量。这 5 个州的陆地总面积为 150167 平方英里。19 世纪，英国的人均法案数量远远少于我们所研究的美国各州。即使是把 18 世纪的所有交通改善法案都加到英国的总数中，每 1 万名居民的交通改善法案仍然比上面分析的美国各州少 40% 左右。

---

① 参见 Bogart 和 Richardson（2006）。

② 第二类中的一些法案只是延长了交通许可的期限。例如，收费公路信托基金在其最初授权到期（21 年）后，获得续期法案。

表 6.2　英国交通部门法案（1800~1839 年）

单位：项

	1800~1809 年	1810~1819 年	1820~1829 年	1830~1839 年	1800~1839 年
新交通改善法案的数量					
收费公路	185	199	363	207	954
桥梁	18	21	38	37	114
隧道	47	36	28	33	144
铁路	10	11	42	94	157
总计	260	267	471	371	1369
每 1 万名居民的法案数量					
收费公路	0.11	0.102	0.161	0.084	0.388
桥梁	0.01	0.01	0.016	0.015	0.046
隧道	0.027	0.018	0.012	0.013	0.058
铁路	0.005	0.005	0.018	0.038	0.063
总计	0.154	0.137	0.209	0.151	0.557

资料来源：Bogart 和 Richardson（2006）。

表 6.3　按交通方式划分的美国交通特许经营权（1800~1839 年）

单位：项

交通特许经营权数量	
收费公路	997
桥梁	361
运河	153
铁路	364
总计	1875
每 1 万名居民的交通特许经营权数量	
收费公路	1.764
桥梁	0.638
运河	0.270
铁路	0.644
总计	3.317

资料来源：见表 6.1 和表 6.2。

比较铁路特许经营权尤其具有启发性，因为这一技术在这两个国家几乎是同时发展起来的。到 1840 年，俄亥俄州、新泽西州、马里兰州、纽约州和宾夕法尼亚州的人均铁路特许经营权比英国多得多——事实上，几乎是英国的 10 倍。法案数量越多，人均铁路里程就越多。1840 年，美国每 1 万名居民拥有 1.65 英里铁路里程，而英国每 1 万名居民拥有 0.69 英里铁路里程[①]。

与美国公司不同的是，英国公司需要支付高昂的费用才能获得特许经营权。发起人通常会聘请律师或代理人，由他们出面支付所有费用，并指导法案获得议会通过。这些费用包括支付给下议院和上议院官员的费用及其他费用。表 6.4 列出了从 1825 年到 1833 年，交通改善法案样本中支付给律师和代理人的账单金额。律师或代理人的平均账单金额为 505 英镑。相比之下，19 世纪 20 年代，英国白领的年收入为 175~500 英镑；同期，制造业工人的年薪为 60~80 英镑[②]。因此，特许经营权的费用远远超出大多数人的承受能力。

表 6.4 交通改善法案样本中支付给律师和代理人的账单

单位：英镑

法案涉及项目	年份	账单金额
伯明翰公路	1825	740
利默里克铁路	1828	723
希普利公路	1828	325
哈默史密斯大桥	1829	363
芬奇利公路	1829	416
海勒姆大桥	1830	359
里克曼斯沃思公路	1830	74
费斯蒂尼奥格铁路	1832	667

---

① 英国和美国的铁路里程数据来自 Mitchell（1988）。
② 年度收入数据参见 Lindert 和 Williamson（1983：4）。

		续表
法案涉及项目	年份	账单金额
布拉德福德和利兹铁路	1832	903
赫尔和赫登公路	1832	495
东伦敦和伦敦铁路	1828	458
东伦敦和伦敦铁路	1829	535
律师和代理人的账单平均金额		505

资料来源：英国，下议院（1833：424~429）。

有证据表明，在英国，高价格的法案鼓励发起人选择更有可能完成的项目。表 6.5 显示了一个运河项目样本的完成历史，该项目来自运河法案10% 随机抽样的样本①。法案授权的绝大多数运河工程是在 5 年内实施的，只有两个（或 10%）从未完成。收费公路法案实施的百分比可以通过 21年后获得续期法案的信托基金数量来估计。由于续期法案费用高昂，只有在信托基金仍在运作的情况下人们才会寻求续期。表 6.6 显示，1663 ~1730 年创建的所有信托基金中，只有 7% 的信托基金未能在期限届满前获得续期。与美国各州不同，议会批准的绝大多数项目实际上都完成了。

表 6.5　法案授权的英国运河工程的完工率

运河法案 10%随机抽样样本中确定的项目	法案创立年份	完工年份
克罗姆福德	1789	1794
肯尼特和埃文	1796	1810
从伯明翰到比尔斯通再到奥瑟利	1768	1784 年前
尼斯运河	1791	1795
特伦特和默西运河,海尔卡索隧道	1823	1825
伯明翰和利物浦交界处运河	1826	1835

---

① 通过 Jim Shead（2008）和 Joseph Priestley（1831）整理的详细历史资料，可以估算出运河法案实施的百分比。

		续表
运河法案 10%随机抽样样本中确定的项目	法案创立年份	完工年份
伯明翰和利物浦交界处运河，新港支流	1827	1835
柯利布湖到戈尔韦湾运河	1830	1835
桑基大桥到威德尼斯运河	1830	1833
查得运河	1834	1842
从福斯和克莱德到斯特林坎普西的运河	1837	未完成
蒙哥马利郡，牛顿支流	1815	1819
爱丁堡到福尔柯克	1821	1825
布拉德福德运河	1771	1774
威利和埃辛顿运河	1792	1797
罗奇代尔运河	1794	1804
巴斯到布里斯托尔	1811	未完成
伯明翰和沃切斯特之间以及伯明翰运河	1815	1820
考克德和赫布尔，哈利法克斯支流	1825	1828
福斯和卡特运河	1836	1840
斯陶尔布里奇扩建运河	1837	1840
运河工程数量（项）		21
未启动或未完成的比例（%）		10

注：运河项目通过 10%的随机抽样来确定。

资料来源：Priestley（1831）；Shead（2008）。

表 6.6　1730 年以前的在到期前未获得续期法案的英国收费公路信托基金

收费公路	创立年份	到期年份	重获特许年份
赫特、凯姆和亨特的大北公路	1663	1672	1693
萨里的拉伊盖特和克劳利	1697	1712	1755
柴郡的巴恩希尔和赫顿希思	1706	1727	？
伦敦诺维奇路，圣斯蒂芬到诺福克	1726	1747	1767
格洛斯特通往图克斯伯里的公路	1726	1747	1756
萨默塞通往特布里奇沃特的公路	1730	1751	1758
1663~1730 年创建的信托基金数量（个）			87
未获得续期的比例（%）			7

资料来源：收费公路法案的数据来自 1663 年和 1750 年的《王国法令集》（英国，不同年份）。

6.5 城市化的作用

城市化影响了交通项目的赢利能力和项目实施的交易成本，从而造成了特许经营权制度的差异。我们首先分析城市化、赢利性和特许经营权支付意愿之间的联系。

虽然在形式上都是以营利为目的的公司，但大多数美国公司的直接利润（股息和股票增值）很少。这种情况在收费公路上尤为明显，它们产生的收入通常只够支付运营费用。1825 年，宾夕法尼亚州政府（对交通运输公司进行了大量投资）持有 180 多万美元的收费公路股票，却只获得 540 美元的股息支付——回报率远低于 1%。毫不奇怪，这些无利可图的股票几乎没有二级市场。1817 年，美国最大的证券经纪公司之一——比德尔和费城公司，总共交易了 118 股交通运输公司的股票，仅占该公司经手的 71369 股股票总数的极小部分[1]。在弗吉尼亚州，一份 1847 年的政府报告宣称，该州收费公路和航运公司的股票"没有公共价值"。其他州并没有系统的数据，但观察人士经常指出，收费公路股票是无利可图的。在谈到纽约的收费公路时，DeWitt Bloodgood 在 1838 年指出："一般来说，它们从来没有给业主支付过报酬，也没有支付过比实际维修费用高得多的费用。"[2] 即使是在人口密度高、车流多、收入高的新英格兰，收费公路也赚不了多少钱。根据一位历史学家的说法，"（新英格兰修建的收费公路）是否有超过五处或六处能给所有者带来合理的报酬，这一点值得怀疑"[3]。

---

[1] 由 Wright（2002：155）计算。

[2] Klein 和 Majewski（1992：499）。

[3] Taylor（1934：266）。

其他类型的早期美国公司产生了更多的直接利润，但也非常有限。表6.7总结了1842年宾夕法尼亚州的股票价格，当时该州政府试图拍卖各类改善项目的股票。收费公路股票的平均每股售价为3.35美元，远低于50~100美元的初始票面价值（投资者最初为每股股票支付的价格）。更重要的是，该州发现数以千计的其他收费公路股票无法拍卖出去——任何出价都找不到买家。收费桥梁的赢利能力更好一些，因为它们有时在被河流分割开来的大城市地区占据准垄断地位①。该州以每股9.66美元的价格拍卖了其收费桥梁股票，相对于最初每股25~100美元的股票面值来说仍然是一个巨大的亏损。运河和航运公司也面临同样的情况——政府设法抛售了大部分股份，但损失惨重。

表6.7 1842年州拍卖会上宾夕法尼亚州的公司股票价格				
公司类型	公司数量（家）	已售股份数量（股）	股票平均价格（美元）	股票面值（美元）
收费公路	40	16069	3.35	50~100
收费桥梁	21	17046	9.66	25~100
运河和航运	6	7350	12.35	50~100
铁路	3	710	2.37	50

资料来源：Hartz（1948）。

要找到有关美国早期铁路赢利能力的综合数据非常困难。铁路公司最终支付的红利远高于其他改善项目，但它们需要数年才产生收入和利润。19世纪30年代特许经营的大多数铁路公司受到1837年大恐慌的严重打击，收入和赢利能力受到限制。宾夕法尼亚州出售的三家公司的股票以每股2.37美元的最低价格卖出，反映出铁路股的短期前景相当糟糕。

---

① 桥梁收取通行费也要容易得多。与收费公路不同，收费桥梁不需要担心收费站周围的非正规"绕道"问题。

早期美国交通运输公司的赢利能力很差（至少从直接回报的角度来看），这与它们的英国同行形成了鲜明的对比。大量文献对运河股份公司的股利支付进行了广泛的研究。Duckham 总结了《评论季刊》（*Quarterly Review*）关于 1825 年 80 家股份制运河公司红利的报告①。这些公司的红利平均分配比例为总资本的 5.7%。研究这个平均值多少有点误导性，因为其中一些运河公司支付了非常高的股息，而其他大多数公司支付的股息不到 4%。尽管如此，英国运河公司支付了一些股息的事实与美国形成了鲜明对比。英国收费公路当局没有发行股票，但发行了以通行费收入为担保的债券。这些债券的收益如何？Albert 指出，1821 年和 1837 年，大部分信托基金的财务状况都很糟糕②。然而，许多（超过一半）信托基金定期为其债券支付利息。慈善委员会的记录也表明，收费公路债券的交易价格不像美国收费公路股票那样大打折扣③。

人口密度不同无疑是英国交通部门能为投资者带来直接回报，而美国公司却不能的原因之一。图 6.1 对比了英国的人口密度与美国部分州的人口密度。差异是显著的。1800 年，英国的人口密度是美国各州的 5~15 倍；到 1840 年，英国的人口密度仍然是美国的 5 倍。人口密度的差异导致了更大数量的城市人口。1801 年，居住在 5000 人以上城市的英国居民比例为 25%。在人口普查涉及的城市地区，居住在伦敦的人数（900000人）超过了所有美国居民人数（322371 人）④。美国的城市人口和制造业产出在接下来的 30 年里急剧增长，但即使是在 1830 年，伦敦的 190 万居

① Duckham（1983：123）；Ward（1974）。
② Albert（1972）。
③ 慈善委员会记录了 16 世纪到 20 世纪初英国慈善机构为资产支付的价格。收费公路债券通常以 25 英镑或 50 英镑左右的价格被购买或出售，这是它们通常的面额。有关数据来源的更多细节，参见 Clark（1998）。
④ 美国人口普查局（1998a：14）。

民也超过了居住在美国所有城市的130万居民①。英国交通的改善可以依靠更多的人力，以及由此产生的大量经济活动，来为每英里收费公路、运河或铁路创造更多的收入。难怪很少有美国公司能指望哪怕是最低限度的直接利润，而英国公司常常能带给投资者丰厚的回报。

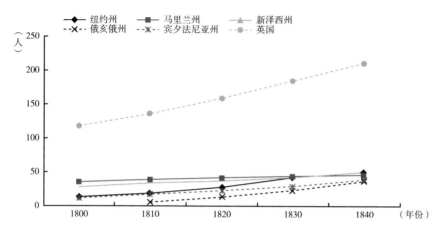

图6.1 1800~1840年英国与美国部分州每平方英里人口对比

资料来源：Mitchell（1988，1998）。

美国交通部门的财政困难降低了美国立法机构收取特许费的动机。美国农村地区对特许经营权的需求实际上是富有弹性的。更高的费用将导致更少的特许经营权。即使是建设成本高得多的铁路，更高的费用也会阻碍边缘项目的发展。在英国的城市，议会可以对法案收取更高的费用。由于财务前景更加光明，需求的弹性会更小。

需求弹性的差异可以直接解释美国和英国特许经营权的差异。假设议会是垄断者，它会将费用设定在法案的边际收入等于边际成本的水平。在这个费用水平下，一些发起人不会申请法案的通过，因为他们的支付意愿

---

① B. R. Mitchell（1988：25；1998：14）；美国人口普查局（1998b）。

很低。议会并不介意边缘项目带来的收入损失，因为向其他愿意为该法案付费的请愿者收取更高费用足以弥补这一损失。在美国，垄断的州立法机构更难收取租金，因为如果费用提高到英国的水平，就会有更多的发起人退出市场。在美国，低人口密度降低了利润最大化的费用水平，从而降低了利润。

纯租金提取假说在数据上有一些定性的支持。例如，发起人经常抱怨议会收取的费用以及由此造成的利润损失[1]。然而，仅仅有能力收取更高的费用，并不能解释为什么议会对交通特许经营权收取如此高的费用。在英国，较高的费用也反映了说服议员相信项目的优点，以及与反对团体谈判所产生的费用。这一观点是通过议会直接收取的费用在总费用中所占的比例相对较小来体现的。发起人被要求向下议院和上议院的书记员支付费用，这些书记员负责起草法律文件，并确保议员收到法案的副本。支付给书记员的费用通常比支付给律师和议会代理人的费用要少，而律师和议会代理人并非议会雇员[2]。

律师和代理人为发起人处理各种各样的事务，当法案遭到反对时，这一点尤为重要。在这种情况下，委员会在议会中的程序就像法庭一样。专家证人由双方选出，并由议员进行询问和交叉询问。1791 年的伯明翰至伍斯特运河法案就是一个很好的例子。该法案遭到了与之竞争的一家运河公司的反对，遭到了沿途的磨坊主和土地所有者的反对，遭到了担心贸易转移的邻近城市商人的反对，还遭到了伯明翰一部分制造业人士的反对，他们担心煤炭一旦出口，价格就会上涨[3]。17 名证人受到询问，导致诉讼

---

[1] Clifford (1968: 734).

[2] 对于收费公路法案，下议院官员的收费为 50~100 英镑；对于桥梁法案，下议院官员的收费为 95~180 英镑；对于铁路和运河法案，官员收费为 60~330 英镑。数据来源见表 6.4。

[3] 上议院对该法案的反对意见及详细程序见上议院议会档案，主要文件，30/3/04，1791 年 5 月。

过程冗长。代理人的律师帮助组织了对该项目有利的证人。在幕后，这些律师还参与了与反对团体的谈判。例如，伯明翰至伍斯特运河法案中包含了一项条款，禁止公司在竞争对手附近修建运河，甚至要求其在竞争对手利润下降时提供赔偿①。

反驳对手主张所需的时间和资源是"政治交易"成本。由于城市化程度较高，英国的交易成本高于美国。在城市化的社会中，土地的价值更高，这使得通行权问题变得更为严重，反对的声音也更大，因为更多的资金被投向工厂、煤矿、邻近城市和竞争对手的交通运输运营商。英国的交通特许经营权更昂贵，部分原因是在一个高度城市化的社会中，产权重组的成本很高。

6.6　发展目标与城际竞争

美国不同的特许权制度是由与其边疆环境和新兴城市结构相关的其他因素驱动的。美国经济的改善预示着房地产价格的上涨将带来实质性的间接收益。许多同时代的观察家指出，交通状况的改善与土地价值的提高之间存在着密切的关系。宾夕法尼亚州的公报记者 Thomas F. Gordon 在 1832 年的报道中写道："（收费公路）没有给股东带来丰厚的回报，但每个人都觉得，他在增值土地和商业经济方面的支出得到了回报。"②《波基普西日报》（*Poughkeepsie Journal*）上的一篇文章力劝居民投资新的帕尔茨收费公路，不是因为分红，"而是预计投资能获得三倍利息的回报，以及商业和房地产的增值"。许多学术研究证实了这样的估价，研究发现，诸如航运公司和早期铁路等交通设施的改善将土地价值提高了 4%～10%。住

---

① Priestly（1831，1691）.

② Gordon（1832：35）.

在改善线路附近的业主通常受益最多①。

低直接利润和高间接回报的结合，使早期的美国交通运输公司在某种程度上成为公共产品。如果许多当地的土地所有者都能从改善中获益，那么为什么要去购买无利可图的股票呢？为什么不让邻居去购买那些会迅速贬值的股票呢？历史学家记录下了一种强烈的公民支持精神——包括鼓舞人心的演讲、出席人数众多的公众会议，以及地方报纸上的广泛宣传——是如何帮助推动地方投资的②。对股东名单的分析支持了这一解释。投资者往往居住在上述改善区附近，这是有道理的，因为拥有离该项目最近的房产的人将获得最多的收益。股份的分配往往反映了财产的分配。前 10% 的投资者（通常是当地的大地主和著名商人）拥有公司大约 40% 的股份，而大量的普通投资者购买了剩下的股份③。例如，在宾夕法尼亚州，收费公路投资者的平均持股额约为 200 美元，而中位数是 100 美元。为数众多的普通投资者似乎正在尽可能广泛地分担低直接回报的痛苦，同时仍在为一个承诺带来大量间接利益的项目做出贡献④。

早期美国公司的强大发展动力可以解释为什么州立法机构从未向特许经营公司收取费用。美国的交通运输公司无力承担额外的成本，尤其是前期成本，这迫使许多地方组织者在正式组建公司之前就筹集一大笔资金。获得公司许可证既便宜又容易，让地方组织者能够评估社区的接受程度及其吸引投资的能力，这些资金主要投向基本的非营利性企业，却承诺会给社区带来巨大经济利益。有很多公司获得了特许经营权，却从未建造实际

---

① Coffman 和 Gregson（1998：191～204）；Craig、Palmquist 和 Weiss（1998：173～189）；Majewski（2000：28～32）；Wallis（2003：238～244）。

② Klein（1990）；Majewski（1996）。

③ Hilt（2008：664）。

④ Majewski（2006：309）。

的项目，这表明了这些企业潜在的脆弱性。州政府并不愿意看到更多的失败，部分原因在于，个别议员（在他们所代表的地方拥有土地）有相当大的动力迅速批准交通运输公司的申请。

在美国，更为"开放"的城市等级制度为早期的交通运输公司注入了蓬勃发展的动力。商业和城市的增长，显然会刺激资本收益，导致城市房地产投机。反过来讲，未能跟上步伐的城市可能会遭受贸易和人口的绝对下降。城市支持者或许夸大了这种担忧，但大量的定性证据表明，市政领导人将商业竞争视为一场零和游戏，在这场游戏中，一些城市会赢，而另一些城市会输。在全国范围内，纽约、费城、波士顿和巴尔的摩都在争夺商业霸权，而数十个小城镇和城市则试图在本地区或本县内成为佼佼者。那些担心人口、财富和声望流失到竞争城市的市民领袖们，很难容忍限制性的、昂贵的公司特许政策。事实上，城市间的竞争可能导致了对交通的过度投资。纽约伊利运河的巨大成功促使费城、巴尔的摩和里士满试图效仿帝国之州的巨大成功。由此产生的由州政府资助的运河最终却未能改变贸易方向，反而给宾夕法尼亚州、马里兰州和弗吉尼亚州带来了沉重的债务。

发展的动力在英国也存在，但似乎较弱。缺乏民众强有力的支持表明，交通的改善被视为对房地产价值和城市地位的补充，而不是财富和比较优势的基本决定因素。伦敦在英国城市等级体系中的主导地位或许是一个原因，没有一个英国城市梦想它会在经济和政治功能方面超过大都市伦敦，而费城、波士顿和里士满对纽约都有着这样的野心。在英国，沿着城市阶梯向下的竞争更为激烈，就像布里斯托尔和利物浦，它们都在争夺大西洋贸易的主导权，但这并不能与美国东海岸和西部地区之间的竞争相提并论。

6.7 民主的作用

到目前为止，我们关注的是经济差异。当然，还有显著的政治差异，美国比英国更加民主。尽管各个殖民地对白人男性选举权都有重大的限制，但在美国赢得独立后，各州就开始慢慢放松这些限制。在许多新生的州，基于税收的资格认证取代了房产资格认证，这明显更加容易满足。急于吸引新移民的新成立的西部各州普遍采用白人男子普选制，较老的州紧随其后。1840 年，78%的成年白人男性参加了总统选举投票[1]。在英国，特许经营权受到的限制要大得多。1774 年，估计英格兰和威尔士有13.9%的成年男性参加了投票，而在 1831 年，只有 12.2%的成年男性投票[2]。即使是这个数字也不能完全反映出英国相对缺乏民主，因为许多议会席位只是简单地给了显赫家族成员或者他们的政治盟友。1774 年，18%的下议院席位是有竞争性的（即两个以上的候选人竞逐选区的两个席位），1818 年的情况也是如此[3]。

美国不仅更加民主，而且财富分配也比等级森严的英国贵族社会更加平等。1810 年，英国最富有的 1%的家庭拥有近 55%的有价净资产，到1875 年，这一数字上升到 61%。1860 年，美国最富有的 1%的人拥有全部资产的 29%[4]。州和地方的研究结果与美国的总体数据一致。例如，Steckel 和 Moehling 最近计算出，1820～1860 年，马萨诸塞州最富有的 1%的家庭所拥有的应税财富总额在 20%至 33%之间波动[5]。

---

① Engerman 和 Sokoloff（2005：906）。
② Jupp（2006，236）.
③ Jupp（2006，236）.
④ Lindert（2000：181，188）.
⑤ Steckel 和 Moehling（2001：167）.

　　美国的民主程度和经济平等程度越高，就越难限制公司获得特许经营权。被拒绝的愤愤不平的公民可以使用他们的投票权来发出自己的声音。那些寻求企业特许经营权的人使用疑似"特权"、"腐败"和"垄断者"等共和党的言辞，把政治对手描绘成利用政治权力谋取个人利益的"贵族"。这种言论在杰斐逊派的共和党人和杰克逊派的民主党人中最为常见，但任何认为自己被不公正地拒绝使用特许经营权的团体都可以使用这种言辞①。立法者发现，与其冒险动员潜在的政治对手，还不如授予新的特许经营权。限制特许经营权的获得成为政治难题。地方社区如潮水般涌向立法机构，要求批准收费公路、收费桥梁和其他地方改善措施，这些都成了司空见惯的场景。

　　在美国，一些定量的证据表明，更高程度的民主有助于更多的公司获得特许经营权，开展交通改善项目。表 6.8 显示了美国五个州在 19 世纪 20 年代和 30 年代的人均交通法案数，以及在同一时期总统选举中男性的平均投票率。如果更高程度的民主有助于降低法案的费用或政客努力的程度，那么从 19 世纪 20 年代到 30 年代，在那些男性投票比例有更大增长的州，人均交通法案数应该有更高的增长。表 6.8 底部的栏目显示确实是这样的。俄亥俄州的人均交通法案数增加最多，男性投票率增加也最多。马里兰州的人均交通法案数增加最少，男性投票率也增加最少。由于影响美国各州相对特许率的因素众多，从该分析中很难得出强有力的结论，但值得注意的是，人均交通法案变化与投票率变化之间的相关系数为 0.776。

---

① Wallis（1999：294~299）；Wood（1992：305~325）；Majewski（2000：85~110）.

表 6.8　美国五个州的民主和交通法案状况

投票率和人均交通法案数			
州	时期	人均交通法案数（项）	投票率（%）
俄亥俄州	19 世纪 20 年代	0.368	55.3
新泽西州	19 世纪 20 年代	0.441	51
马里兰州	19 世纪 20 年代	0.962	64.95
纽约州	19 世纪 20 年代	0.871	50.75
宾夕法尼亚州	19 世纪 20 年代	0.842	38.1
俄亥俄州	19 世纪 30 年代	1.961	74.65
新泽西州	19 世纪 30 年代	1.416	65.1
马里兰州	19 世纪 30 年代	0.883	61.55
纽约州	19 世纪 30 年代	1.104	66.15
宾夕法尼亚州	19 世纪 30 年代	1.848	52.9
19 世纪 20~30 年代的变化			
州	（1）人均交通法案数的变化（项）	（2）投票率的变化（个百分点）	
俄亥俄州	1.593	19.35	
新泽西州	0.975	14.1	
马里兰州	−0.079	−3.4	
纽约州	0.233	15.4	
宾夕法尼亚州	1.006	14.8	
（1）和（2）的相关性		0.776	

资料来源：投票率见 Engerman 和 Sokoloff（2005：906）。

在不那么民主的英国，情况则大不相同。我们已经注意到参加投票的男性比例很小。与这一事实相一致的是，历史学家普遍认为，19 世纪早期，选举对经济政策几乎没有什么影响[1]。这个结论似乎也适用于特许经营权。在英国，由于缺乏关于每个郡投票的男性人数数据，竞争席位的数量可以作为衡量当地民主程度的一个指标。如果选举在英国很重要，人们

---

[1]　Jupp（2006：245）.

可以期待在一个郡的交通特许经营权数量和竞争席位数量之间存在正相关性。这种关系可以使用 Thorne 关于 1800 年前后每个郡竞选的数据进行检验[①]。我们利用 1790~1806 年和 1807~1818 年这两个不同时期道路法案的数量和英国每个郡所有选区的竞选数量进行一个简单的回归分析。结果显示，以该郡 1791~1801 年和 1811~1821 年的人口增长变化为控制变量，1790~1806 年和 1807~1817 年期间道路法案数量的变化与同期竞选的变化关系不大（见表 6.9）。同样的结果也适用于这两个时期内的运河法案。因此，对数据的初步分析表明，几乎没有证据表明英国的竞选与交通法案有关。英国与美国的差异并不令人惊讶。在 19 世纪初的英国，共和党人对特权、腐败和垄断的关注少之又少。

表 6.9　1800 年前后竞选对英国各郡交通法案的影响		
变量	道路法案系数 （t 统计量）	运河法案系数 （t 统计量）
因变量:1790~1806 年和 1807~1821 年交通运输法案数量的变化		
1790~1806 年和 1807~1821 年竞选的变化	0.633	−0.25
1791~1801 年和 1811~1821 年人口增长的变化	(1.33)	(−1.39)
常数	(1.82)	9.22
	−1.3	(0.09)
	(−2.01)	−2.33
N	39	39
R^2	0.13	0.05

　　资料来源：有关法案的数据见正文；关于竞争性选举的数据见 Thorne（1986）；有关各郡人口增长的数据，见 Wrigley（2007）。

　　应该强调的是，美国更高程度的民主并不总是带来更开放的经济制度。一些州将特许经营权作为资产融资财政战略的一部分加以限制。州政

---

① Thorne（1986：358~367）.

府有时不征税，而是借钱投资能产生巨大而稳定回报率的企业。对银行的投资是最常见的策略，因为银行经常能产生可观的利润。宾夕法尼亚州等州实质上授予了少数特权银行准垄断地位，以换取丰厚的奖金和银行股票。这种做法有一种给受青睐的内部人员特权的感觉，但政客们积极为这种做法辩护，称其为一种消除税收的手段。在宾夕法尼亚州，该州23%的收入来自银行投资，这基本上允许该州免除财产税的征收①。这种安排在19世纪30年代末瓦解，当时的银行恐慌、土地价值下跌和经济活动减少，把许多依赖资产融资的州推到了破产的边缘。

交通运输企业能否履行与银行同样的职能？纽约州成功运作的伊利运河多年来为该州提供了大部分的财政收入，因此立法者对铁路特许经营权持谨慎态度，因为这可能会削减该州的运营利润。新泽西州的卡姆登和安博伊铁路公司、特拉华和拉里坦运河是更好的例子。1830年，新泽西州立法机构准予这两家公司（后被称为"联合公司"）垄断纽约和费城之间利润丰厚的交通运输。作为回报，州政府获得优先股，并对货物和乘客征收过境税。由此产生的收入使该州废除了财产税，并扩大了对公共教育的支持②。

新泽西州与联合公司之间不同寻常的安排实际上是个例外。这些联合公司显然受益于新泽西州独特的地理位置。位于纽约和费城之间的联合交通运输公司垄断了一条利润丰厚的路线，从而产生了大多数其他交通运输公司无法产生的利润。居住在纽约和费城的托运人和乘客——而不是新泽西州的居民——在垄断中遭受的损失最大。在许多方面，垄断是对州际贸易征税的一种巧妙手段。作为竞争对手，希望注册铁路公司的企业家对联合公司的垄断地位感到不满，但他们的请求被置若罔闻。联合公司的股东

---

① Wallis（2003b：239~240）；Wallis（1999：291~294）；Wallis（2000：40~41）.
② Cadman（1949：50~61）.

们设法使他们自己的利益与该州纳税人和政客的利益相一致。事实上，州立法机构在捍卫垄断时明确采用了"将保护作为获取收入的手段"政策①。通常，对特权持敌对态度的新泽西州杰克逊派民主党人欣然支持该州的这一安排，将其作为一项反税收措施。尽管有人发起运动试图结束这种垄断，但它一直持续到了 1870 年。控制联合公司的政治内部人士理所当然地从他们的合法垄断中获益，但这得到了公众的支持。

6.8 政治分权和集权的作用

很少有其他州效仿新泽西州的一个原因是担心人口和商业可能会迁移到另一个州。例如，在吸引新西部定居地贸易的竞赛中，宾夕法尼亚州将纽约州和马里兰州视为竞争对手。授予一家公司立法上的垄断地位，甚至限制公司获得特许经营权，最终可能会导致新的贸易机会的丧失，引发人们对经济和政治相对落后于其他州的担忧。在英国，各地区也相互竞争，但两国在如何通过政治制度来调节竞争方面存在深层次的重要差异。在美国，州立法机构只有权力为本州的交通改善项目授予特许经营权，它们既不能批准也不能阻止邻近州的项目。相比之下，英国的英格兰、威尔士和苏格兰等地区没有通过交通法案的直接权力。这一权力在 1801 年之前属于整个不列颠议会，在 1801 年爱尔兰被合并后属于英国议会。因此，在美国有多个立法机构在它们各自的管辖区内拥有特许经营权授予权，而在英国，只有一个立法机构拥有这种权力。

这些政治结构上的差异是如何影响交通法案或特许经营权的？一种假设是，美国的州议员之所以没有收取更高的费用，是因为这将导致经济活

---

① 引自 Cadman（1949：58）。

动转移到美国其他州，从长远来看，这将对议员的收入产生不利影响。在英国，议会不会面临同样的成本，因为贸易虽然转移到其他地区，但仍在英国控制之下，因此，议会可以保持高额的收费。

政治结构的影响并不容易检验。在理想情况下，人们希望观察只有一个立法机构的美国，或拥有多个地区议会的英国。爱尔兰的统一提供了一个这样的检验案例。爱尔兰在 1801 年与英国统一之前有自己的议会。统一之后，爱尔兰议会被废除，所有有关交通的法案由英国议会在伦敦通过。在统一之前，爱尔兰议会可能会保持较低的费用，以防止贸易转移到竞争性地区，如威尔士和英格兰的西北海岸，以及苏格兰的西南海岸。英国议会对这些与爱尔兰竞争的郡的类似考虑也会很敏感。然而，在统一后，英国议会可能会将竞争地区与其他地区同等对待，因为经济活动仍在英国境内。

前面的论证表明，如果英国议会的集权有重要影响，那么爱尔兰各郡、威尔士和英格兰西北海岸、苏格兰西南沿海地区在 1801 年统一后，交通法案应该比之前的英国其他郡都要少。表 6.10 显示了 1801 年统一前后 10 年受影响地区的公路、运河和港口法案的数量。考虑到拿破仑战争导致的延迟反应，我们还对统一前后 20 年进行了同样的比较。关键的是实验郡（即爱尔兰、威尔士边境、苏格兰边境和英格兰边境的郡）和对照郡（即英国所有其他郡）之间的比较。18 世纪 90 年代到 19 世纪之间，实验郡的公路法案减少了 57.3%，但在对照郡增加了 12.4%。百分比变化的双重差分值是 -69.7%。在完成统一的 10 年之后，爱尔兰和英格兰边境郡的运河法案也出现了类似的结果。在对照郡中，运河法案也减少了，但双重差分表明，运河法案在实验郡减少得更多。对于港口法案，结果是喜忧参半的。在统一前后的 10 年间，港口法案在实验郡减少较多，但在统一前后的 20 年间，港口法案在实验郡增加得更多。

表 6. 10　1801 年爱尔兰和英国议会统一前后交通法案的变化

法案类型	爱尔兰	威尔士边境	苏格兰边境	英格兰边境	总数	实验郡百分比差（%）	对照郡百分比差（%）	双重差分（%）
公路法案								
1791～1800 年	33	6	12	24	75	-57.3	12.4	-69.7
1801～1810 年	5	4	3	20	32			
1781～1800 年	41	7	15	32	95	-37.9	35.9	-73.8
1801～1820 年	8	7	8	36	59			
运河法案								
1791～1800 年	5	0	1	17	23	-69.6	-48.6	-21
1801～1810 年	0	1	3	3	7			
1781～1800 年	8	1	1	18	28	-64.3	-23	-41.3
1801～1820 年	1	1	3	5	10			
港口法案								
1791～1800 年	1	3	1	2	7	28.6	57.1	-28.5
1801～1810 年	2	4	3	0	9			
1781～1800 年	1	4	1	3	9	155.6	135.3	20.3
1801～1820 年	8	4	8	3	23			

注：威尔士边境的郡包括弗林特郡、登比郡、安格尔西郡、卡那封郡、梅里奥尼思郡、卡迪根郡和彭布罗克郡。英格兰边境地区的郡包括柴郡、兰开夏郡和坎伯兰郡。苏格兰边境的郡包括邓弗里斯郡、柯尔库布里郡、威格敦郡、丹巴顿郡、阿盖尔郡、比特郡和因弗内斯郡。对照组包括除柴郡、兰开夏郡和坎伯兰郡以外英国所有的郡。

资料来源：Bogart 和 Richardson（2006）。

总的来说，这些计算提供了一个具有启发性的证据，表明在 1801 年统一之前，英国和爱尔兰的议会议员们将费用保持在相对较低的水平，以促进竞争性交通法案的实施。更广泛地说，结果表明，英国的高度政治集权往往阻碍了交通特许经营权的发展。就美国而言，大体上与该观点一致，即政治权力的分散有助于增加交通特许经营权的数量。城市竞争和政治权力的分散有力结合，相互强化，促成了自由的特许经营权政策。

6.9 结论

19 世纪的美国因其被殖民历史而拥有与英国相似的制度框架。在交通政策领域，美国遵循英国的模式，为某个特定的项目向私人组织授予特许权。然而，英国和美国在如何实施特许制度方面有很大的不同。美国采用了比英国更低廉的费用和更开放的特许政策。

我们认为，许多不同的因素导致了这个结果。城市化和城市结构的差异是主要因素。在美国，州立法机构不能收取高额费用，因为低水平的城市化降低了交通项目的赢利能力。更加开放的城市等级制度和求胜心切的支持者心态也助长了人们对廉价、易得的交通特许经营权的渴望。在更富裕、人口更密集的国家运营的英国公司，产生了更高的直接利润。英国公司可以更容易地支付特许费。这些费用很可能反映出，在人口更密集、利益冲突更广泛的农村地区，要达成政治共识需要付出高昂的代价。从更负面的角度来看，这些费用也可能代表了议会及其成员致富的一种方式。政治制度的差异也是一个因素。一方面，美国更加民主和分权的政治体制可以快捷地回应（与资产融资有关的显然是例外）特许经营权的要求；另一方面，英国更为贵族化和集权化的政治结构创造了一种更为保守的特许制度，这有助于证明议会收费的合理性。

最后，理解通往交通革命的两种道路的终极重要性是什么？在某种程度上，我们的比较符合 James W. Hurst 的著名论点，即法律和政治制度导致了"能量释放"，改变了美国经济①。然而，这个故事要比颂扬美国的民主和企业家精神、诋毁保守和贵族的英国复杂得多。英国的特许经营政策无疑减缓了交通革命的步伐，因为特许经营权的高昂成本意味着更多的边缘项目建设缓慢，有时甚至根本没有建设。尽管英国经济可能会受益于更开放的特许政策，但议会仍然允许进行大量的制度创新。此外，美国体制对分权的强调也引发了一系列问题。各州有时会阻止州外的竞争对手获得特许经营权，从而限制竞争。州际竞争有时会鼓励对交通项目进行无望的投资——比如宾夕法尼亚干线运河项目——这几乎没有成功的机会。开放特许政策带来的"能量释放"无疑促进了美国经济的快速发展，但美国仍需努力克服自身制度上的缺陷。

在英国，特许制度有许多缺点，但可以说它比 19 世纪早期欧洲大陆的许多特许制度更加开放。在大多数社会中，要组建一个与君主制没有密切联系的公司或组织是很困难的。自 17 世纪以来，英国的交通政策也有了很大的进步，当时王室和议会之间的冲突使法案难以获得通过，而且在执行方面存在很大的不确定性②。交通革命的两种路径都有其各自的潜在缺陷，却让两国都能够利用政治权威和私人资本的复杂组合来推动经济发展。

参考文献

Albert, William. 1972. *The Turnpike Road System in England 1663 - 1840.* Cambridge：

---

① Hurst（1964：3~32）.

② Bogart（2010）.

Cambridge University Press.

Bogart, Dan. 2010. "Did the Glorious Revolution Contribute to the Transport Revolution? Evidence from Investment in Roads and Rivers, 1600 – 1750. " University of California, Irvine. Working Paper.

Bogart, Dan, and Gary Richardson. 2006. "Parliament and Property Rights: A Database. " University of California, Irvine, Department of Economics. Unpublished Manuscript.

Cadman, John W. 1949. *The Corporation in New Jersey: Business and Politics, 1791 – 1875.* Cambridge: Harvard University Press.

Clark, Gregory. 1998. "The Charity Commission as a Source in English Economic History. " *Research in Economic History* 18: 1–52.

Clifford, Frederick. 1968. *A History of Private Bill Legislation.* London: Routledge.

Coffman, Chad, and Mary Eschelbach Gregson. 1998. "Railroad Development and Land Value. " *Journal of Real Estate Finance and Economics* 16: 191–204.

Craig, Lee A., Raymond B. Palmquist, and Thomas Weiss. 1998. "Transportation Improvements and Land Values in the Antebellum United States: A Hedonic Approach. " *Journal of Real Estate Finance and Economics* 16: 173–189.

Duckham, Baron F. 1983. "Canals and River Navigations. " In *Transport in the Industrial Revolution*, edited by D. H. Aldcroft and M. J. Freeman, 100 – 141. Manchester: Manchester University Press.

Engerman, Stanley L., and Kenneth L. Sokoloff. 1997. "Factor Endowments, Institutions, and Differential Paths of Growth Among New World Economies: A View from Economic Historians of the United States. " In *How Latin America Fell Behind: Essays on the Economic Histories of Brazil and Mexico, 1800 – 1914*, edited by Stephen Haber, 260 – 304. Stanford: Stanford University Press.

——. 2005. "The Evolution of Suffrage Institutions in the New World. " *Journal of Economic History* 65: 891–921.

Evans, George Heberton, Jr. 1948. *Business Incorporations in the United States, 1800 – 1943.* New York: National Bureau of Economic Research.

Freeman, Michael J. 1983. "Introduction. " In *Transport in the Industrial Revolution*, edited by Derek Aldcroft and Michael Freeman, 1–30. Manchester: Manchester University Press.

Goodrich, Carter. 1960. *Government Promotion of American Canals and Railroads, 1800 – 1900.* New York: Columbia University Press.

Gordon, Thomas F. 1832. *A Gazetteer of the State of Pennsylvania.* Philadelphia: T. Belknap Press.

Great Britain, House of Commons. 1833. "Report from the Select Committee on House of Commons Officers and Fees. " British Parliamentary Papers 12: 424-429. Hartz, Louis.

Hartz, Louis. 1948. *Economic Policy and Democratic Thought: Pennsylvania 1776 - 1860*. Cambridge, M. A. : Harvard University Press.

Hilt, Eric. 2008. "When did Ownership Separate from Control? Corporate Governance in the Early Nineteenth Century. " *Journal of Economic History* 68: 645-685.

Hurst, James Willard. 1964. *Law and the Conditions of Freedom in the Nineteenth-Century United States*. Madison: University of Wisconsin Press.

Jupp, Peter. 2006. *The Governing of Britain 1688-1848*. London: Routledge.

Kahn, B. Zorina, and Kenneth L. Sokoloff. 1998. " Patent Institutions, Industrial Organization, and Early Technological Change: Britain and the United States, 1790 - 1850. " In *Technological Revolutions in Europe*, edited by Maxine Berg and Kristine Bruland, 292-314. Northampton, M. A. : Edward Elgar.

Klein, Daniel B. 1990. "The Voluntary Provision of Public Goods? The Turnpike Companies of Early America. " *Economic Inquiry* 28: 788-812.

Klein, Daniel B. , and John Majewski. 1992. "Economy, Community, and Law: The Turnpike Movement in New York, 1797-1845. " *Law & Society Review* 26: 469-512.

Lindert, P. H. 2000. "Three Centuries of Inequality in Britain and America. " In *Handbook of Income Distribution*, Vol. 1, edited by Anthony B. Atkinson and Francois Bourguignon, 167-216. New York: Elsevier.

Lindert, P. H. , and J. G. Williamson. 1983. "English Workers' Living Standards during the Industrial Revolution: A New Look. " *Economic History Review* 36: 1-25.

Majewski, John. 1996. "Who Financed the Transportation Revolution? Regional Divergence and Internal Improvements in Antebellum Pennsylvania and Virginia. " *Journal of Economic History* 56: 763-788.

——. 2000. *A House Dividing: Economic Development in Pennsylvania and Virginia before the Civil War*. New York: Cambridge University Press.

——. 2006. "Toward a Social History of the Corporation: Shareholding in Pennsylvania, 1800-1840. " In *The Economy of Early America: Historical Perspectives and New Directions*, edited by Cathy Matson, 294-316. University Park, P. A. : Pennsylvania State University Press.

Mitchell, B. R. 1988. *British Historical Statistics*. Cambridge: Cambridge University Press.

——. 1998. *International Historical Statistics: The Americas*, 4th ed. New York: Stockton Press.

Priestly, Joseph. 1831. *Historical Account of the Navigable Rivers, Canals, and Rail-*

ways, *Throughout Great Britain*. London: Longman, Rees, Orme, Brown and Green.

Shead, Jim. 2008. "Jim Shead's Waterways Information." Available at: http://www.jim-shead.com/waterways/index.php.

Steckel, Richard H., and Carolyn M. Moehling. 2001. "Rising Inequality: Trends in the Distribution of Wealth in Industrializing New England." *Journal of Economic History* 61: 160–183.

Taylor, Philip E. 1934. "The Turnpike Era in New England." PhD diss. Yale University.

Thorne, R. G. 1986. *The House of Commons 1790–1820*. London: History of Parliament Trust.

U. S. Bureau of the Census. 1998a. "Population of the 33 Urban Places: 1800." Released June 15. http://www.census.gov/population/www/documentation/twps0027/tab03.txt.

——. 1998b. "Population of the 90 Urban Places: 1830." Released June 15. http://www.census.gov/population/www/documentation/twps0027/tab06.txt.

Wallis, John Joseph. 1999. "Early American Federalism and Economic Development, 1790–1840." In *Environmental and Public Economics: Essays in Honor of Wallace E. Oates*, edited by Arvind Panagariya, Paul R. Portney, and Robert M. Schwab, 283–309. Northampton, M. A.: Edward Elgar.

——. 2000. "State Constitutional Reform and the Structure of Government Finance in the Nineteenth Century." In *Public Choice Interpretations of American Economic History*, edited by Jac. C. Heckelman, John C. Moorhouse, and Robert M. Whaples, 33–52. Boston: Kluwer Academic Publishers.

——. 2003a. "The Property Tax as a Coordinating Device: Financing Indiana's Mammoth Internal Improvement System, 1835–1842." *Explorations in Economic History* 40: 223–225.

——. 2003b. "The Promotion of Private Interest (Groups)." In *Collective Choice: Essays in Honor of Mancur Olson*, edited by Jac. C. Heckelman and Dennis Coates, 219–246. New York: Springer.

Ward, J. R. 1974. *The Finance of Canal Building in Eighteenth Century England*. Oxford: Oxford University Press.

Wood, Gordon. 1992. *The Radicalism of the American Revolution*. New York: Knopf.

Wright, Robert E. 2002. *The Wealth of Nations Rediscovered: Integration and Expansion in American Financial Markets*, 1780–1850. Cambridge: Cambridge University Press.

Wrigley, E. A. 2007. "English County Populations in the Later Eighteenth Century." *Economic History Review* 60: 35–69.

优质的发明：专利和奖励作为激励机制在英国和美国（1750~1930 年）

7

B. 佐里娜·卡恩（B. Zorina Khan）

7.1 引言

技术进步为国家的财富和福祉做出了重要的贡献，因此，长期以来，相关的分析和研究吸引了学者和决策者的注意也就不足为奇了。在肯尼思·索科洛夫的研究成果中，有许多重要的论文，证明了发明与创新的速度和方向是内生的。特别是，重要的、渐进式的发明都对激励措施做出了反应，提倡分散化市场导向的专利政策尤其如此，它们为广大民众提供了从技术创新中获益的机会。索科洛夫 1988 年开创性的论文表明，市场准入条件的改善在刚接触发明的农村居民中产生了更大的反应。关于 19 世纪专利权人身份的更多证据表明，专利制度的具体设计在引导相对普通的个人重新调整努力方向，以利用市场机会方面发挥了重要作用（Sokoloff and Khan，1990；Khan and Sokoloff，1998）。关于伟大发明家的研究（Khan and Sokoloff，1993；Khan，2005）揭示了其在技术和经济上重要的贡献表现出与那些不特别知名的发明家相似的模式。此外，广阔的发明市场促进了利益的分配，特别是对那些没有受过正规教育和缺乏金融资本的发明家来说（Lamoreaux and Sokoloff，1996；Khan and Sokoloff，2004）。这并不是说美国的专利制度以及相关的法律和市场制度在任何方面都是最优的，而是说它们适合一个新兴发展的社会环境，并有足够的灵活性来应对经济和社会需求的演变。

许多经济学家会同意这样一种观点，即在工业时代早期，对知识产权的有力保护促进了技术和文化的快速进步。事实上，诺斯（North）和托马斯（Thomas）（1976）甚至提出，专利制度是使英国成为世界上第一个工业化国家的一个关键原因。最近的一篇论文（Acemoglu，Bimpikis and Ozdaglar，2008）提出，专利比补贴等替代方法更能促进实验和传播。然而，历史记录仍存在争议，关于设计适当的机制以鼓励潜在的发明家、创新者和投资者为技术知识的扩展和经济发展做出贡献的争论，至今仍在继续。近来，人们越来越怀疑，国家授予专利权和进行版权保护，是否有助于提升创造力和促进发明。今天的极端分子在回顾 19 世纪时，将专利制度称为"一种不必要的罪恶"，认为其创造了"昂贵且危险"的知识垄断，应该被消除（Boldrin and Levine，2008）。在知识产品用户中，开源运动提倡自由获取，以及取消国家规定的排他权利。与此同时，越来越多的理论家被奖励和补贴模式说服，开始游说将这些非市场导向的政策作为知识产权的补充或更好的替代品。经济史学家往往从欧洲技术机构的经验中进行推断，得出了类似的结论（Clark，2003；Mokyr，1991）。因此，作为重要技术创新的激励机制，对欧洲和美国的专利与奖励制度进行更系统的比较，似乎是及时和适宜的。

本章探讨了促进英国和美国发明活动的两种完全不同的社会体系的表现。有证据表明，任何一套规则和标准的有效性取决于其实施的具体特征和社会背景。美国早期的专利制度为快速的技术进步和经济发展提供了一条令人印象深刻的道路，部分源于由有效的法律、教育和商业制度构成的支持性网络。与之形成鲜明对比的是，欧洲的知识产权制度施加了约束和规则，最终形成了反映其社会和政治制度寡头性质的模式。这些结果上的差异表明，不能完全根据模型的抽象概念来选择政策，这些模型没有经过校准，无法确定其对制度设计的敏感性。特别是，数学模型没有考虑专利制度和奖励之间最显著的区别之一：它们与参与发明市场之间的关系及其对参与发明市场的影响。

历史为研究专利制度和奖励的演变及其影响提供了一个自然实验。欧洲主要国家的普遍观点认为，只有人口中的极小部分群体能够对技术知识做出真正重要的贡献。英国的专利制度是这一观点的代表，它支持高额的交易和货币成本，以保证获得专利的只能是少数人。支持这一观点的人们深知，具有这些限制性特征的专利制度意味着，只有有限的发明和发明家会受到专利保护，但其目标和成果通常会得到捍卫。此外，在英国和法国这样的国家，奖励经常被作为一种激励和具有社会价值的贡献的回报。因为，这种观点认为，天才这一特殊阶层的成员会对荣誉和奖励，而不仅仅是物质激励，做出更大的反应，否则他们会发现很容易筹集到投资发明专利所需的大笔资金。而在美国，其制度反映了新共和国的民主取向，相信通过市场机制的调解，更广泛地获得财产权和经济机会，将使社会更好地发挥其潜力。因此，在美国，奖励并不像欧洲那么普遍。事实上，这些荣誉奖项中最突出的奖励是在外国人的鼓动下才引入美国的。

本章比较了来自专利机构和有关奖励授予的证据，以及专利和奖励对早期工业时代处于技术前沿的发明家和发明的影响。本章的分析以 18 世纪和 19 世纪英国和美国所谓的"伟大发明家"为实例。讨论各国专利制度的差异在多大程度上体现在奖励的授予上，并考察了影响专利和奖励模式的因素。考虑到其社会经济制度的主流取向，英格兰的研究结果表明，专利授予和奖励主要与有特权背景的接受者有关，这或许并不令人意外。相比之下，在美国，奖励的授予似乎更多地与技术的性质有关，而非接受者的身份。尽管如此，在美国，奖励的授予既不像与专利相关的模式那样系统化，也不以市场为导向。

7.2 早期工业化国家的专利制度

专利权的授予是从中世纪欧洲的行会实践中发展而来的，英国和法国是授予皇室特权的早期领导者，这些特权导致了垄断。根据 1624 年的

《垄断法》，英国的专利是"在国王的恩典下"被授予的，并且受到政府有意施加的各种限制①。申请人获得的专利时限是 14 年，申请人包括国外发明的进口商，以及希望对其工人的发明主张产权的雇主。直到 19 世纪，申请一项覆盖英格兰、苏格兰和威尔士的完整期限专利的费用都在人均年收入的 10 倍以上②。在很大程度上，高昂的费用和缺乏对申请的审查等是有意为之的，这意味着，英国专利制度对尚未掌握大量资本的发明者和渐进式发明的创造者提供的激励相当有限。总的来说，英国鼓励私人代理人投资于发现和发展新技术的做法反映了一种重要的观点，即技术知识的重大进步（在技术方面很重要，而且不容易被许多人发现），不太可能是由那些还没有能力承担获得新技术的高成本的个人，通过申请专利或直接通过商业企业实施发明来推动的。

这将专利制度的使用限制在高价值的发明上，它有利于那些拥有财富和政治关系，或拥有特殊技术和科学资历的精英阶层，但对出身卑微的发明家人为地制造了障碍。事实上，在议会关于专利制度的辩论中，一些人认为这种阶级限制是高收费的主要优点之一，因为他们不希望专利申请被"工人阶级"微不足道的改进所干扰③。专利总审计长甚至宣称，大多数

---

① 21 Jac. I. C. 3，1623，Sec. 6。关于英国专利制度史，参见 MacLeod（1988）和 Dutton（1984）。

② 仅适用于英格兰的专利费用就高达 100~120 英镑（585 美元），约为 1860 年人均收入的 4 倍。如果同时适用于苏格兰和爱尔兰，这项专利的费用可能高达 350 英镑（1680 美元）。增加一名共同发明者可能会使成本再增加 24 英镑。只有通过议会的私人法案才能延长专利期限，这需要政治影响力，而延长专利期限的费用可能高达 700 英镑。发明者必须遵循复杂的行政程序，这进一步增加了成本：仅英国的专利申请就必须经过 7 个办公室，从内政大臣到大法官，还有两次需要国王签字。覆盖苏格兰和爱尔兰的专利要求申请人再在每个国家通过另外 5 个办事处的批准。烦琐的专利申请程序为讽刺提供了充足的材料，但显然对希望为自己的发现获得保护的普通发明家施加了严格的限制。这些特征证明，在英国，获得发明权的货币费用和交易成本，无论是绝对量还是相对量，都非常非常高。

③ 因此，在 1829 年英国专利制度委员会的报告中，有一个问题是："难道你不认为，如果这一类人习惯于以较低的价格获得这些小发现的专利权，那将会非常不方便吗？"（答案是肯定的。）

低费用的发明很可能是"无用的和投机的专利，在许多情况下仅仅是为了打广告"①。专利费用为王室及其雇员提供了重要的收入来源，并造就了一批行政人员，他们有强烈的动机来阻止改革提案。

发明市场上的其他障碍与专利转让等知识产权贸易政策有关。为了保护毫无戒心的公众免受像南海泡沫那样规模的欺诈性金融计划的伤害，专利所有权被限制在 5 名投资者（后来扩大到 12 名）手中。不过，法律不会为无效或无价值的专利购买者提供任何保护，因此，建议潜在购买者在签订合同之前进行多方论证。加上注册制度固有的保证和相关信息的缺乏，购买英国专利权涉及大量的风险和高昂的交易成本——所有这些都表明，这是一种投机工具。此外，国家可以征用专利权人的发明而无须做出补偿或征求专利权人的同意，尽管在某些情况下专利权人会获得使用费。1816 年，William Congreve 爵士被允许违反一项禁令，该禁令禁止他在未经专利权人许可的情况下制造火药桶，其被允许不受禁令限制的理由是该侵权行为是代表英国政府军械局从事公共服务②。因此，专利权及其转让市场似乎相当有限也就不足为奇了。

到 18 世纪下半叶，由制造商和专利权人组成的全国游说团体对英国专利制度的运作表达了不满。然而，直到 19 世纪中叶，他们的关切和改革要求才得到正式解决。在 1851 年水晶宫博览会上展示的美国发明的创造力和效率给欧洲人留下了深刻的印象，许多观察人士将这一可喜成就部分归功于富有创新精神的美国专利制度。其直接结果是，1852 年，英国专利法进行了两个世纪以来的第一次重大调整。大大简化了专利申请过程，并采用了专利续期系统，降低了初获专利的成本。在 1852 年之前，只有在为每项专利支付费用之后，专利说明书才会向公众开放，但之后，

① 英国专利局（1858），第 5 页。

② Walker v. Congreve, 1 Carp. Pat. Cas. 356.

按照美国的模式，它们被编入索引并公布。

改革是有限的，而且犹犹豫豫裹足不前，部分原因是存在其他制度障碍。直到19世纪末，这个系统仍然是一个基于登记而不是审查的系统，这种集中审查系统的缺失可能产生了严重后果。一项未经审查的专利，其真正价值存在很大的不确定性，这就增加了基础技术权利贸易和利用专利来筹集资金的交易成本。此外，一项完整期限的专利仍然像以前一样昂贵，直到19世纪80年代，总成本才显著降低。尽管如此，正如图7.1所示，当英国根据美国的规则改变其专利制度的特征时，英国的专利权人——包括普通的和更杰出的发明家——确实通过增加对可申请专利财产的投资做出了回应。图7.1第二部分的一个显著特征是，科学家—发明家的模式，通常被认为是由非物质因素驱动的，也对制度设计的变化所提供的激励做出了反应。

Henry Sumner Maine爵士认为这是不言而喻的，"如果这个国家（英国）在4个世纪以来，有非常广泛的选举权和一个非常庞大的选民群体……脱粒机、动力织机、珍妮纺纱机，可能还有蒸汽机，都将被禁止"，"所有使英格兰出名、使英格兰富有的东西，都是少数人的作品，有时是非常少的人……对于一切建立在科学观点基础之上的法律来说，群众逐渐掌权是最黑暗的预兆"①。然而，即使是像Maine这样严厉批评民主理想的人也承认，美国联邦政府授予专利权是"美国宪法中对美国人民的命运影响最大的条款之一"。此外，联邦政府授予专利权，促成了1885年的美国成为"世界上第一个以发明家数量和创造力来推广实用技术的国家"②。

美国宪法和其他法规的制定者当然熟悉欧洲在技术激励方面的经验，

---

① Sir Henry Sumner Maine（1976年对1885年版本的复制件，第112页）。
② Sir Henry Sumner Maine（1976年对1885年版本的复制件，第241~242页）。

A 1790~1890年英国伟大发明家和所有专利权人申请的专利

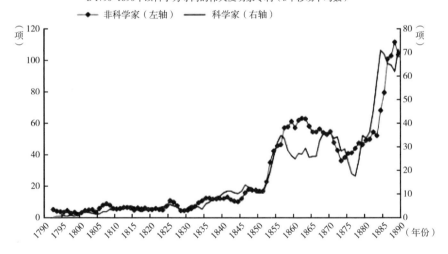

B 1790~1890年以科学为导向的伟大发明家专利（3年移动平均数）

图 7.1　1790 年~1890 年英国的专利申请

注：伟大发明家的例子见正文。1852 年以前的专利数据来自 Bennett Woodcroft，年代索引；1851 年以后的专利都来自专利专员的年度报告。1852 年以前提交的专利数据包括 1851 年以后的专利申请和专利授予。科学家包括被列入科学传记辞典的伟大发明家，接受过医学、数学或自然科学等领域大学教育的人，以及皇家学会的成员。

并受到其影响（Khan，2009）。很明显，他们在技术产权的界定和授予方式上做出了重要的改变，几乎所有这些变化都可以被视为增加了某些阶层进行发明活动的诱因和机会，而这些阶层的人们在传统的知识产权制度下是不可能享受到这些的。从留存下来的记录来看，法规制定者们决心设计一种新型专利制度，以促进学习、技术创新和商业发展，并建立一个现有技术的信息库。他们为实现这些目标所选择的方法是提供获得新技术产权的广泛途径，主要是通过低费用的媒介和非个人的、依赖于常规行政程序的申请程序。通过要求专利权人是"第一位真正的发明者"，法规对产生新技术知识的激励也进行了调整①。此外，授予专利的一个条件是，在专利签发后立即向公众提供发明说明书。后一种情况不仅促进了技术知识的传播，而且在与专利的严格执行相结合的情况下，还有助于技术的商业化。这种严格的执行确实很快就到来了，因为在几十年的时间里，联邦司法系统制定了规则和程序，以保护专利权人及其受让人的权利。美国法律体系中的关键人物清楚地认识到，保护新技术知识的产权对于促进"实用技术"的进步至关重要。

美国制度的另一个重要特点是要求所有的申请都要经过审查以确定其新颖性。每一项申请都由受过技术培训的审查人员仔细审查，以确保该发明符合法律规定，并构成技术上独创的进步。技术专家的批准减少了专利有效性的不确定性，也意味着发明人可以更容易地使用授权来调动资本商业开发专利技术，或者将权利出售或许可给更适合直接利用该技术的个人或企业。私人当事人总是可以像在欧洲现行的登记制度下所做的那样，花费必要的资源做出与审查员同样的决定。但是，与政府承担认证专利授权合法性和公开信息的成本相伴的，还有分配影响、规模

① 在授予"第一位真正的发明者"专利时，该法律使用了英国法规的语言，但与英国不同的是，这个短语的字面意思是授予世界上原创的发明专利，而不仅仅是在美国境内。这是使没有太多财富的技术创新人才获得比英国同行更多激励的另一种方式。实际上，在英国及世界上大多数其他国家，第一个能够申请并支付专利费用的人拥有专利权。这似乎意味着雇主可以获得雇员实际发明的专利。

经济和正外部性。因此，在美国开创的专利审查制度下，人们会期待没有资本的技术创新人才进入商业领域，并直接利用他们的创新成果，成为其主要的受益者。

专利制度的设计（以及其他与个人从技术贡献中获得回报相关的制度）对于创造新技术知识的人至关重要。其中一个原因是，现有的大量证据表明，19 世纪美国的发明活动确实对物质回报的前景做出了反应。通过研究专利记录和制造业数据的一般样本，Sokoloff（1992）认为，在工业化早期的美国，发明活动的地理和周期模式都受到市场范围的深刻影响，并对制造业生产力产生了可测的影响。怀疑论者反对说，基于专利数量的分析由于无法区分重要和微不足道的发明而存在缺陷。但我们对出生于 1820 年以前的伟大发明家行为的研究表明，这些发明家比普通发明家更能适应经济条件（Khan and Sokoloff，1993）。这些伟大发明家不仅积极地利用专利制度来获取回报，而且他们的创业和发明活动高度集中在交通运输成本低的地区①。如果在技术上具有创造性的个人确实对物质回报的前景很敏感，那么人们会期望，专利制度的存在和具体设计将提供激励，影响发明活动的速度和（或）方向。

另一个表明专利制度的设计很重要的迹象是，美国和英国在专利技术贸易量上的对比很明显。美国的制度对专利权贸易非常有利，这并非巧合。从 1793 年法律中关于保留所有转让业务的公共登记的特别规定来看，很明显，该制度的制定者期待并渴望发展一个广阔的专利市场。众所周知，专利制度通过界定和扩大广大人群获得技术知识中可交易资产的机

---

① 这些地区对寻求回报的技术创新人士一定特别有吸引力，当地的"伟大发明家"获得大量专利的部分原因是外来移民。然而，由于"伟大发明家"不成比例地出生在相同地区，市场的范围似乎确实对发明活动的速度产生了真正独立的影响。总的来说，对于普通专利权人和（甚至更多的）伟大发明家来说，获得专利与市场的紧密联系支持了这样一种观点，即预期回报在大大小小的发明的产生过程中发挥了重要作用。

会，进一步提高了发明的潜在私人和社会回报。市场导向使专利权人能够通过将其创意出售给更适合商业开发的一方，从中获得收入（或筹集资本），从而鼓励劳动分工，帮助有创造力的个人专注于他们的比较优势。与英国或欧洲其他地方相比，美国的制度将产权保护范围扩大到了更广泛的发明领域（主要是通过降低成本和传播信息），并与有效保护"第一位真正的发明者"的权利相结合，这意味着发明者甚至在获得专利授权之前，就可以在合适的时机向潜在买家透露有关其想法的信息。如图7.2所示，美国的专利贸易确实比英国广泛得多——即使以每项专利计算也是如此。更引人注目的是，美国的专利转让比例明显偏高，英国的数据中包括许可，因而存在偏差，也因为在英国获得专利的费用更高，至少在原则上，应有利于产生更高平均质量的专利。到19世纪40年代中期，美国专利贸易（和专利申请）蓬勃发展，在专利申请率高的大城市和其他地方，专利代理人或律师队伍不断壮大。尽管这些代理人最初专注于帮助发明者

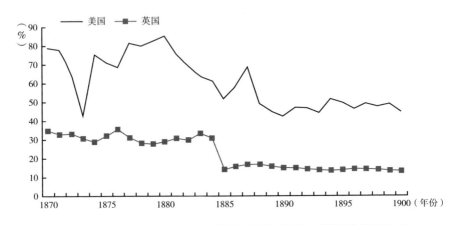

图7.2　1870～1900年美国专利转让比例与英国专利转让和许可比例

资料来源：美国专利局，专利专员年度报告，华盛顿特区：政府出版局（GPO），各年；英国专利局，专利专员年度报告（1883年以后：专利、设计及商标总审计长年度报告），伦敦：英国文书局（HMSO），各年。

在新制度下获得专利，但不久以后，他们就在发明的营销过程中发挥了重要作用①。简而言之，与英国昂贵的注册制度相比，美国的制度设计创造了更有利于技术市场发展的激励机制，这就为专业化和商业化创造了动力，事实证明，这对那些创造力多于资本的发明者尤其有利。

7.3 伟大的发明家和技术创新

肯尼思·索科洛夫和我比较了美国普通专利权人和伟大发明家的发明活动模式，并调查了知识产权制度结构对他们行为和社会经济地位的影响。本章使用的数据集比我们之前的出版物更为广泛：除了在漫长的 19 世纪活跃在美国的重要发明家之外，还包含在早期工业时代为技术进步做出贡献的英国伟大发明家的样本。美国的样本主要包括所有出生在 1886 年以前，因发明家这个职业优势被收录在《美国传记词典》[*Dictionary of American Biography*（DAB）] 中的所有美国发明家②。对于每一位美国发明家，样本信息包括出生、死亡的地点和日期，家庭背景（如父亲的职业），受正规教育的水平和课程，反映工作经验和职业生

---

① 专利代理人和律师变得越来越专业化，并被吸引到各种活动中，例如向发明家提供关于各种发明活动前景的建议，撮合专利的购买者与销售者，以及为发明家与风险资本牵线搭桥。随着技术市场的范围在 19 世纪不断扩大，在技术上具有比较优势的有创造力的个人似乎越来越专门化地从事发明活动。随着技术变得越来越复杂，专业技术知识对发明家的重要性越来越高，这一趋势可能会得到加强。有关证据和更多讨论，参见 Lamoreaux 和 Sokoloff（1996）及 Khan（2005）。

② 有一小部分发明家是从其他来源（如《工程师词典》）添加进来的，而《美国传记词典》中的一些条目被删除了，因为仔细检查后发现，他们被列入词典不是因为其发明的重要性。为了检验《美国传记词典》的编辑们（在哥伦比亚大学）在选择发明家时所遵循的程序是否会产生偏见（例如，纽约或城市地区的发明家被纳入的门槛较低），我检验了伟大发明家现代专利的引用数量是否因其特征（如居住地）而有所不同，发现唯一显著的是发明年份（年份越晚，被引用的可能性越大）。同样令人欣慰的是，自 20 世纪 70 年代末以来，大约 40% 的美国伟大发明家至少被引用过一次。

涯长度的一系列变量，实现发明回报的方法（如果有的话），获得专利的总数，以及专利权人获得第一项和最后一项专利的年份。此外，还整理了他们在整个职业生涯中获得的部分专利（16900 项专利中的 4500 项）的个人记录（约 97% 的人至少获得过一项）。这些个人专利记录提供了对发明的描述（按最终使用行业分类）、授予专利之日发明家的住所，以及在专利发布之日接受发明家权利转让（如果转让了）的个人或公司的身份和地点。此外，样本包括这些发明家获得奖励的信息。

来自英国的类似伟大发明家样本包含了 435 名发明家的信息，他们在 1790~1930 年至少有一项发明。英国的样本取材于一系列更为广泛的传记词典，包括《牛津国家传记词典》[Oxford Dictionary of National Biography (DNB)]（Goldman，2005）和《技术史传记词典》[Biographical Dictionary of the History of Technology (BD)]（Day and McNeil，1996）等，目的是收集对技术产品和生产力做出重大贡献的个人样本。这更符合《技术史传记词典》的意图，词典编写者是特定技术领域的专家。《牛津国家传记词典》的目标有些不同，也更分散，其选择标准与具有经济或技术意义的变量不太一致（也与《美国传记词典》中的发明分类不同）。《牛津国家传记词典》中职业描述和收录依据的术语如此不一致，因此有必要参考更多的其他历史词典，并且需要比美国更多的交叉检查来收集英国的伟大发明家样本①。《牛津国家传记词典》和《技术史传记词典》中的信息得到了其

① 例如，《牛津国家传记词典》的名单收录了 Walter Wingfield（"草地网球的发明者"）、Rowland Emett（漫画家和"奇思妙想的创造者"），还有橡皮泥、皮姆鸡尾酒、自发面粉和麦卡诺玩具的发明者。与此同时，Henry Bessemer 被描述为钢铁制造商，Henry Fourdrinier 被描述为造纸商，而 Kelvin 勋爵则被描述为数学家和物理学家。很大一部分技术发明人在《牛津国家传记词典》中被列为工程师，尽管其中大多数并没有接受过正式培训。其他发明家被描述为开拓者、开发者、推动者或设计师。Edward Sonsadt 却完全被忽略了，尽管在其他地方他被认为是一个"发明天才"。参见 McNeil（1990：113）。

他传记汇编以及许多基于特定发明家生平的书籍的补充①。尽管在所有这些样本中，还是有一些条目值得商榷，但这种对来源的三角定位将严重错误的可能性降至最低。除了标准变量外，还可以收集有关英国伟大发明家获得的奖励和其他官方认可的一般信息，包括皇家学会的会员资格。简而言之，英国伟大发明家的传记记录与美国样本相当。

即使随便翻阅一下这些数据，也会发现英美两国伟大发明家的特征以及两国重要技术贡献的性质存在显著差异。美国的样本显示了更高的专利倾向，每个发明家的平均专利数量也更多。美国的顶级专利拥有人包括托马斯·爱迪生（Thomas Edison）（1093 项）、卡尔顿·埃利斯（Carleton Ellis）（753 项）、伊莱休·汤姆孙（Elihu Thomson）（696 项）、亨利·A.伍德（Henry A. Wood）（440 项）、沃尔特·特纳（Walter Turner）（343 项）和乔治·威斯汀豪斯（George Westinghouse）（306 项），以及其他许多申请了 100 多项专利的发明家。在英国发明家中，尽管 Sherard Cowper-Coles 以拥有约 900 项专利脱颖而出，Henry Bessemer 爵士、Samuel Lister 和 Robert Mushet 等发明家也拥有大量专利，但人均专利数量排名却迅速下降。George Stephenson、Henry Fourdrinier 和 Henry Shrapnel 每人只获得了 6 项专利发明，在英国的专利权人中有 47 人未能为他们的发明获得专利保护（相比之下，美国只有 13 名）。美国伟大发明家的技术贡献分布在资本密集程度不同的各种行业，他们从事更多的实验，并迅速转向新兴的、风险更高的发明领域。而英国发明家只专注于一些已经处于领先地位的资本密集型行业，如纺织、重金属、发动机和机械等行业。

表 7.1 所示的对比表明，在 19 世纪的大部分时间里，美国的伟大发明家比他们的英国同行来自更广泛的人群。例如，在 1821~1845 年出生的

---

① 这些替代来源的样本中大约有 15% 在《牛津国家传记词典》中完全缺失。

表 7.1　按出生时期分列的英国和美国伟大发明家的社会背景

出生时期	父亲的职业					数量（个）
	农民（%）	专家或精英（%）	制造商或技术工人（%）	其他白领（%）	非技术工人或其他（%）	
			英国发明家分布			
1709~1780 年	10.00	45.7	21.4	10.0	12.9	70
1781~1820 年	7.8	37.9	38.8	11.2	4.3	116
1821~1845 年	8.6	42.9	35.7	4.3	8.6	70
1846~1870 年	7.3	45.5	21.8	18.2	7.3	55
1871~1910 年	5.0	57.5	12.5	7.5	17.5	40
			以专利衡量的美国发明家分布			
1739~1794 年[1]	40.5	9.3	22.7	12.6	11.2	259
1795~1819 年	37.4	19.8	27.9	12.8	2.0	494
1820~1845 年	39.0	18.7	32.1	7.0	3.2	918
1846~1865 年[1]	11.0	28.1	31.8	23.3	7.7	1115
1866~1885 年	0.2	54.9	8.2	36.7	—	463

注：这些估计是根据美国和英国样本中所有伟大发明家的信息计算出来的，其中关于子女父亲职业的信息是可得的。有关示例的更多信息，参见正文。由于英国许多伟大发明家都没有获得专利，所以报告了英国伟大发明家的分布情况。而美国伟大发明家分布是用专利来衡量的，因为那里只有一小部分（不到 5%）伟大发明家没有获得专利。在表 7.1 至表 7.4 中，"—"表示没有条目。

1 此二行数据可能有误。——译者注

伟大发明家中，近 43% 的英国发明家的父亲是专家或精英，而在美国，差不多时段，只有不到 19% 的发明家来自这种特权家庭。伟大发明家这种社会出身的巨大差异一直持续到 1865 年以后出生的那一代人——在 19 世纪 80 年代和 90 年代英国专利制度的重大改革之后，这一群体在发明方面最为活跃。但必须指出，这种趋同在很大程度上似乎并不是因为英国伟大发明家的社会出身发生了变化，而是因为那些父亲是精英、专家或其他白领的美国同行的比例在增加。这在一定程度上反映了高水平的正规教育对于成为一个多产的发明家越来越重要，以及这类父亲的孩子比来自其他背景的孩子更有可能进入高等教育机构。

事实上，另一种衡量伟大发明家社会阶层的方法是利用他们所接受的正规教育的信息。在 18 世纪和 19 世纪的大部分时间里，尤其是在欧洲，一个人能否（以及在多大程度上）完成小学教育与他父母的收入和社会阶层高度相关。考察伟大发明家所受正规教育的另一个原因是，它直接关系到 19 世纪许多欧洲知识产权制度的基本观念。Dava Sobel 在其著作《经度》（*Longitude*）中非常巧妙地描述了这一观点：那些出身卑微、没有接受过多少正规教育（或科学知识）的人，通常无法对技术知识做出真正重大的贡献。坚持这种观点的人，以及那些认为科学进步是早期工业化进程背后驱动力的人，很可能会对美国伟大发明家专利的分布可以按出生时期和他们接受的正规教育的数量和类型来排列而感到惊讶。表 7.2 显示，从最早的群体（1739~1794 年出生的人）到 1820~1845 年的出生群体，70%~80% 的专利属于那些只接受过初等或中等教育的人①。这些第

---

① 接受初等教育的人包括那些没有上过学的人以及上学到 12 岁左右的人。接受中等教育的人指的是那些在中学就读过或 12 岁以后仍在上学（但没有上过大学或神学院）的人。上过大学的发明家或者被归为接受过大学教育，或者被归为接受过技术教育（如果他们受过工程、医学或自然科学方面的学术培训）。

一代伟大美国发明家所受的教育非常有限，1739~1794 年出生的人中，有 69.5% 受过初等教育，而在 1795~1819 年出生的人中，这一比例仅略高于 59%。考虑到这些出生群体一直很活跃且占据着主导地位直到 19 世纪末期，这些数字清楚地表明，背景卑微的人也能够对技术知识的进步做出重要贡献。

表 7.2　按受教育程度和发明家在职业生涯中获取回报的主要方式分列的美国伟大发明家专利的分布

出生时期	受教育程度				总计
	初等教育	中等教育	大学教育	技术教育	
1739~1794 年（行%）	69.5	6.8	12.5	11.3	400
人均专利数（项）	5.6	3.8	6.5	5.2	75
出售/许可（列%）	54.9	11.1	84.0	17.7	51.4%
（技术）支持/指导（列%）	36.5	74.1	2.0	44.7	35.6%
雇员（列%）	6.2	7.4	—	—	4.8%
1795~1819 年（行%）	59.1	19.3	5.4	16.2	709
人均专利数（项）	20.0	14.4	17.3	12.1	80
出售/许可（列%）	58.2	81.0	42.1	60.4	62.1%
（技术）支持/指导（列%）	33.2	10.2	47.4	24.3	28.1%
雇员（列%）	8.4	8.8	—	13.5	8.8%
1820~1845 年（行%）	39.2	34.7	16.3	9.7	1221
人均专利数（项）	41.8	44.0	29.4	23.7	145
出售/许可（列%）	50.7	31.8	37.4	72.8	44.0%
（技术）支持/指导（列%）	42.3	55.2	47.7	19.3	45.5%
雇员（列%）	7.7	13.0	14.9	7.0	10.2%
1846~1865 年（行%）	22.2	24.5	20.9	32.4	1438
人均专利数（项）	158.3	73.6	78.6	55.3	80
出售/许可（列%）	94.5	68.5	46.2	57.1	66.0%
（技术）支持/指导（列%）	5.5	18.5	52.8	16.9	22.6%
雇员（列%）	—	12.9	—	23.6	10.4%

	受教育程度				续表
出生时期	初等教育	中等教育	大学教育	技术教育	总计
1866~1885 年（行%）	0.2	17.9	21.4	60.5	574
人均专利数（项）	—	144.5	53.6	155.7	26
出售/许可（列%）	—	1.0	46.3	40.1	34.3%
（技术）支持/指导（列%）	100.0	98.1	49.6	18.7	39.7%
雇员（列%）	—	1.0	4.1	41.2	26.0%

证据表明，美国专利制度的这些特征和市场导向对发明者非常有利，特别是对那些财富不足以支持他们直接利用其发明进行制造或其他商业活动的人。如表 7.2 所示，有相当高比例（接近或超过一半）的伟大发明家通过出售或许可其发明产权获得了大部分收入。此外，那些人们认为最关心知识产权交易的群体，正是最积极从事发明交易的群体。具体来说，只接受过初等教育的伟大发明家极有可能通过出售或许可的方式从他们的发明中获得收入。总体而言，1739~1794 年出生的群体对出售和许可的依赖程度相当高（平均 51.4%），并一直保持在较高水平（在接下来的三个群体中分别为 62.1%、44.0% 和 66.0%），直到最后一个出生群体（1866~1885 年出生的群体）显著下降。随着严重依赖专利技术出售或许可的伟大发明家的比例急剧下降，通过与那些直接利用技术的公司长期合作（作为负责人或雇员）实现发明回报的比例上升了。

与人们对专利制度设计的预期一致，英国的制度似乎对那些没有或不能上大学的人并不那么有利。在法律向美国模式转变之后，越来越多的英国著名发明家在其职业生涯中获得了至少一项专利。在普通人口的识字率和其他受教育程度方面，英国远远落后于美国（因此，结果与这里的情况存在偏差）。尽管如图 7.3 所示，在英国的伟大发明家中，受教育程度较低的人所占比例较低，但在工程、自然科学或医学等技术领域拥有大学学位的人所占比例要远高于美国的样本。在美国，出生于 1820~1845 年的被授予专利的群体中，仅接受过初等教育的约占 40%。在技术领域，受过大学教育的人只约占 10%。英国伟大发明家的这两个比例（由于许多发明家没有专利，所以按发明家人数计算）分别约为 20% 和 30% 以上。图 7.4 中关于上过大学的伟大发明家的父亲职业的证据同样表明，英国大学招收的学生远比美国高等教育机构的学生背景优越。

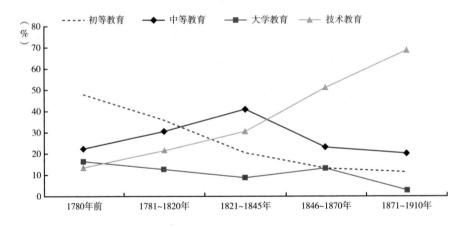

图 7.3　按受教育程度和出生时期分列的英国伟大发明家的分布

随着技术的发展，情况有所变化。科学知识显然变得越来越重要，特别是在 19 世纪后期第二次工业革命开始时（Khan，2008）。尽管这种发展可能被过分强调，但这种系统化的知识投入在技术前沿做出了重大贡献，并且可能发生在研发项目的背景下。例如，在英国和美国，拥有技术学位的人迅速开始在后来出生的伟大发明家群体中占据主导地位（见图

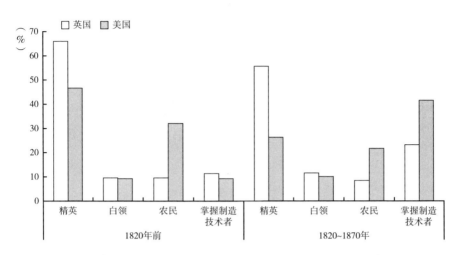

图 7.4 按父亲职业类别和出生时期分列的上过大学的英国和美国伟大发明家

7.5）。尽管在这一时期，通过正规教育，伟大发明家的分布有很大的趋同，但这可能夸大了发明家社会出身趋同的程度。如前所述，在英国获得大学学位的伟大发明家绝大多数来自特权阶层①。与英国的教育制度相比，美国的教育制度可能更愿意支持人们更广泛地获得日益宝贵的技术培训。19 世纪后期，获赠土地的州立大学开始在美国迅速发展，这些高等教育机构以提供开放教育以及在自然科学和工程方面拥有众多课程而闻名。英国在扩大教育机会和建立新大学方面要缓慢得多，而且其重点显然是更加"传统"的方向。因此，即使是在美国和英国的专利制度变得更

---

① 参见 Khan（2008）：英国的专利记录与这样一种观念是一致的，即至少在 1870 年以前，科学背景并没有大大提高英国伟大发明家的创造性生产力。如果科学知识给发明家带来了明显的优势，那么人们可能会认为，他们会在更早的年龄就表现出比没有这种人力资本的人更强的创造力。发明家科学家比非科学家稍微年轻一些，但这两类发明家在获得第一项发明时基本上都已接近中年（请注意，这个变量追踪的是发明而不是专利）。所有伟大的发明家，无论他们的科学方向如何，在平均专利申请量和职业生涯长度方面的生产力都是相似的。因此，在英国工业化过程中，能够产生重大技术贡献的知识和思想似乎相当普遍，而且所有有创造力的人都可以获得，不管他们是否受过科学培训。

加相似之后，由于其他制度差异，那些积极从事发明的人在社会出身方面的差异可能持续存在。

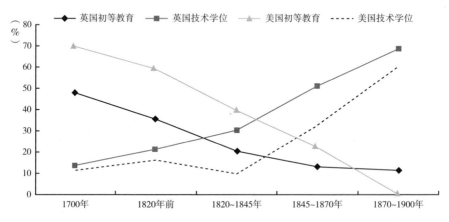

图 7.5　按出生时期分列的英国和美国伟大发明家的受教育程度

7.4　英国和美国的奖励

观察人士通常认为，科学家的动力主要来自同行的认可，而且解决之前非常棘手的问题，会产生一种天然的满足感。这意味着，与经济激励相关的供给弹性相当低，在激发或奖励知识前沿的贡献方面，荣誉可能比物质利益更合适。近年来，经济学家越来越关注奖励，将其作为专利的替代品，作为鼓励创造力和创新的一种手段，同时又不会导致低效率。在不存在成本和收益信息不对称的情况下，理论模型表明，奖励、公共资金或交货即付可能比与知识产权相关的暂时垄断更可取（Maurer and Scotchmer，2004）。Wright（1983）发现，如果成功概率中等偏高，发明的供应弹性较低，并且奖励可以事后调整，那么奖励是最优选择。Shavell 和 van Ypersele（2001）认为，补贴可能是根据社会价值校准创新奖励的最有效手段，而关于这种补贴机制的一些版本侧重于将价格折扣给那些认为专利产品价值高于其边际成本的消费者。Kremer（1998）提出了一种巧妙的混合方案，将专利转化为奖品，拍卖给出价最高的竞标者，从而发现该发明的潜在价值。然后，政府可以收购高价值的发明专利，并应用到公共领域。然而，关于奖励的理论和实践问题是众所周知的，其中包括评估发明价值所面临的挑战（例如信息不对称、价值确定的延迟，以及难以整合连续创新可能带来的利益）。即使这些问题得到了解决，官僚们履行合同承诺的可信度或效率也可能被质疑，从而导致奖励的预期回报减少。

这些工作大多依赖于基于孤立的历史事件的说明性轶事。专利收购模式，即专利—奖励混合模式的支持者指出，在法国，国家购买了达盖尔银版（照相）法的专利并向公众开放。其他广受欢迎的奖励来自 20 世纪初的航空业，最著名的是 1927 年查尔斯·林德伯格（Charles Lindbergh）首次跨大西洋飞行获得的奥泰格奖（Orteig prize）。具有讽刺意味的是，最常被引用的支持奖励的例子，即海上经度的确定问题和卑微的工匠约翰·哈里森（John Harrison）在经度委员会的经历，却恰恰证明了奖励制度在执行中的缺陷①。对奖励更为系统的研究包括 Petra Moser（2005）关于 1851 年世界博览会的论述，同时，Brunt、Lerner 和 Nicholas（2008）认为，英国皇家农业学会提供的奖励构成了诱导技术创新的"强大机制"。然而，仔细研究英国和法国的历史记录，就会有充分的理由对这一时期奖

---

① 更多细节见 Sobel（1995）。《经度法案》为找到一种"实用且有效"的海上经度测定方法，设置了高达 2 万英镑的赏金。该奖励的候选资格由经度委员会进行评判，其成员来自科学、军事和政府精英，他们中的一些人自己也在竞争该项奖励。这些人看不起哈里森，认为他只是一个普通的、没有受过教育的工匠，不愿让他获取奖金，导致这笔奖金迟迟未能颁发。直到哈里森即将去世时，国王出面干预，才向战胜了许多优秀的理论科学头脑而出色完成任务的哈里森支付了报酬。

励的效力提出怀疑，尤其是对那些政治上不精明或更可能来自"下层社会"的发明家而言①。

在欧洲，"有资格"的发明家获得了各种各样的奖励，比如为人造黄油和食品保鲜提供的补贴，以及为从氯化钠中制备苏打的工艺提供的奖金②。欧洲的发明家或发明的引入者可以从养老金（有时延伸到配偶和后代）、贷款（有些是免息的）、一次性补助金、生产奖励或补贴、免税、现金以及头衔或奖章中受益。英国伟大发明家的传记包括他们获得的荣誉和奖励的信息。样本中共有 171 位发明者（接近 40%）获得了这样的认可，从获赠皇室的银盘到获得诺贝尔奖 [爱德华·艾普尔顿（Edward Appleton）爵士和古列尔莫·马可尼（Guglielmo Marconi）]。与专利不同的是，不可能对发明者在其职业生涯中获得的奖项进行追踪和完全的统计，但这些遗漏似乎是随机的。尽管它们不像人们希望的那样详细或完整，但这些数据仍然允许我们深入了解专利的优点和缺点，以及针对重大技术发现的其他可选激励或奖励机制。

正如许多学者提醒我们的，精英和有才华的创新者可以带来社会效益和经济增长；然而，拥有特权的寻租者不仅可能重新分配财富，而且

---

① 1775 年，法国政府和科学院提供了 2400 里弗尔的奖金，奖励用氯化钠生产人造苏打的工艺。人们曾多次尝试解决这个问题，直到尼古拉斯·勒布朗（Nicholas LeBlanc）最终成功，并于 1791 年获得专利。然而，他从未得到这笔奖金，他的工厂被查封，1806 年他因贫困自杀。英国政府答应乔治·默里（George Murray）勋爵为他的电报支付 1.65 万英镑，但他们只给了他 2000 英镑，他因此负债累累。至于著名的亨利·施雷普内尔（Henry Shrapnel），《牛津国家传记词典》指出："奖励条款的狭隘、官僚主义解释导致他实际上没有获得多少经济收益。"

② 来自国家的补贴并不妨碍发明者通过其他手段，包括专利保护来追求利润。例如，拿破仑三世为发明廉价黄油替代品的人设立了一笔奖金，据说正是这种廉价替代品促使希波利特·梅格（Hippolyte Mège）对人造黄油的生产做出了重大改进。在评估这笔奖金的有效性时，应该注意到，世界各地的许多发明家已经在寻求一种廉价且持久的黄油替代品。梅格不仅获得了这个奖项，还于 1869 年在法国获得了长达 15 年的专利保护，并在英国、奥地利、巴伐利亚和美国获得了原始发明和多项改进的专利。

还有可能抑制增长（Murphy，Shleifer and Vishny，1991）。如果潜在的发明者意识到获奖者将来自更有特权的阶层，这样的奖励就不太可能吸引底层发明者为新技术做出贡献。表 7.3 给出了普通最小二乘（OLS）回归，其中因变量是英国伟大发明家获得至少一项奖励的可能性（这里的分析不区分不同类型的奖励）[①]。研究结果凸显了奖励管理的潜在低效性，这种奖励极易受到偏见、个人成见甚至腐败的影响。英国伟大发明家的获奖似乎主要与其精英地位有关，而不是与可能提高生产力的因素有关[②]。影响获奖的最重要变量是精英教育，这些变量大大增加了获奖的概率，尽管这些教育机构传统上对实用的或科学的追求抱有敌意[③]。值得注意的是，科学和工程专业教育、专利权人地位、在科学或技术领域就业等变量对获奖概率的影响很小或没有影响。相反，这样的荣誉更多地与首都附近的住所有关，或与"学术团体"年鉴中的出版物有关，"学术团体"类似于绅士的社交俱乐部，其成员资格仅取决于人脉关系和缴纳大量会费。

[①] 在理想状态下，人们希望区分不同类别的奖励，尤其是区分作为职业成就的事后奖励和作为激励手段的事前奖励。人们还希望考虑到目标、价值、时间和频率的变化。然而，不幸的是，传记信息不够详细，无法进行这样的分类。

[②] Samuel Sidney（1861）认为"奖励机制总是失灵"（375），"奖励可以鼓励不起眼的优点的理论只是一种理论，因为经验表明，在一系列的年度竞争中，财富会获胜，就像必须花费数百英镑才能赢得 10 英镑一样"（376）。

[③] 参见 Roy Macleod 和 Russell Moseley（1980）。直到 1880 年，只有 4% 的剑桥大学本科生参加了 NSTs（自然科学荣誉学位）考试，大多数人最终选择了神职人员和医学等职业。这种教学方法避开了有用的实验室工作，而且大学教师们普遍鄙视科学应该以专业训练为导向的观念，所以，只有 4% 的 NST 毕业生进入这个行业也就不足为奇了。因为准备不充分和教学不到位，参加 NSTs 考试的学生往往表现不佳，尤其是三一学院、卡尤斯学院和圣约翰学院以外的其他学院。剑桥大学和牛津大学分别在 1875 年和 1907 年设立了工程学讲席教授，而仅仅是麻省理工学院，在 1891 年就有 7 位工程学教授。

表7.3 英国伟大发明家获奖可能性（OLS 线性概率）				
	（1）	（2）	（3）	（4）
截距	0.43	0.40	0.38	0.29
	(9.75)***	(6.23)***	(5.90)***	(1.83)
时期				
1800 年前	−0.22	−0.22	−0.23	−0.17
	(2.88)***	(2.62)***	(2.77)***	(1.93)*
1800~1819 年	−0.12	−0.13	−0.13	−0.09
	(1.59)***	(1.51)	(1.54)	(1.07)
1820~1839 年	−0.18	−0.20	−0.23	−0.19
	(2.68)***	(2.63)***	(3.11)***	(2.58)***
1840~1849 年	−0.12	−0.08	−0.10	−0.06
	(1.31)	(0.84)	(1.03)	(0.60)
1850~1859 年	−0.11	−0.07	−0.10	−0.09
	(1.43)	(0.83)	(1.13)	(0.95)
1860~1869 年	0.02	−0.03	−0.01	−0.03
	(0.19)	(0.31)	(0.11)	(0.28)
教育				
精英教育	0.33	0.30	0.21	0.20
	(5.24)***	(4.06)***	(2.88)***	(2.63)***
科学教育	—	0.02	−0.04	−0.02
		(0.28)	(0.63)	(0.22)
技术教育	—	(0.03)	0.00	0.01
		(0.33)	(0.00)	(0.08)
居住地				
伦敦和周边各郡	—	0.16	0.12	0.13
		(3.27)***	(2.50)***	(2.64)***
专利所有权人	—	−0.04	−0.06	−0.11
		(0.64)	(0.97)	(1.81)
英国皇家学会会员	—	—	0.15	0.15
			(2.43)***	(2.23)***
出版物	—	—	0.16	0.16
			(3.04)***	(3.02)***
职业				

	（1）	（2）	（3）	续表 （4）
科学领域	—	—	—	0.06 (0.37)
专业领域	—	—	—	-0.01 (0.05)
工程领域	—	—	—	-0.00 (0.02)
制造领域	—	—	—	0.06 (0.40)
创新职业生涯长度	—	—	—	0.003 (2.19) *
	$N=435$ $R^2=0.09$	$N=394$ $R^2=0.11$	$N=390$ $R^2=0.15$	$N=385$ $R^2=0.16$

注：t 统计量在括号里。奖项包括所有非专利奖项，包括奖章和事后或事前的现金奖励。专利权人是一个虚拟变量，表示发明者在 1890 年之前是否获得过专利，共同发明被视为一项专利。出版物包括在专业期刊和非小说类书籍上发表的文章。伦敦和周边各郡包括伯克郡、米德尔塞克斯郡、萨塞克斯郡、埃塞克斯郡、肯特郡、牛津郡、贝德福德郡和赫特福德郡。精英教育指的是剑桥大学、牛津大学、杜伦大学、皇家学院或德国的研究生教育，科学教育包括数学、科学或医学方面的大学培训，而技术教育包括工程或冶金方面的高等教育。创新职业生涯长度是指从第一项发明到最后一项发明的时间再加上一年。 *** 代表在 1% 的水平下显著，** 代表在 5% 的水平下显著，* 代表在 10% 的水平下显著。

在英国，特权、科学和技术成就之间的关系非常有意思，这反映在有 90 位伟大发明家同时也是英国皇家学会会员[1]。对于那些获得著名科学家或皇家学会会员认可的发明家来说，他们获得奖金和奖章的可能性更高。在这一时期，皇家学会本身一直是被批评的对象，其会员如 William Grove

---

[1] 这个变量表示发明者是否在其一生的任何时候加入皇家学会。尽管英国皇家学会与一些最重要的科学进展有关，但它资助的许多项目都是荒谬或不切实际的。James Bischoff（1842）指出，该学会发放了 544 英镑 12 先令的奖金，"用于改进制造商使用的几种机器，包括精梳机、羊毛和棉花梳理机、织袜机、织布机、绕线机和并线机以及纺车。然而，这些发明都没有成功"。

爵士和 Charles Babbage 均进行了严厉抨击。许多人对这些奖励制度感到失望，将其结果归因于主观因素，如个人影响力、推荐人的不懈坚持，或颁发奖励机构的自身利益。Grove 是一名伟大的发明家，也是英国皇家学会的会员。当时有许多观察家"抨击皇家学会与影响力日益增强的专业科学协会的裙带关系和腐败行为，呼吁对英国的科学机构进行全面改革"，Grove 只是其中之一[①]。技术奖励的授予存在广泛的偏见，并不限于英国皇家学会会员的特权。William Sturgeon 是兰开夏郡一个鞋匠的儿子，是一位电力先驱，由于他的社会背景，他被科学精英们忽视了。未受过教育的 George Stephenson 用实用的方法解决了安全灯的问题，而 Humphry Davy 爵士则运用了科学原理。据《牛津国家传记词典》记载，"1816 年，Davy 收到了 2000 英镑的公开奖励，而 Stephenson 只收到了相对微不足道的 100 几尼"。在欧洲，奖金制度作为创新激励机制的幻想日益破灭，随后在 20 世纪衰落，这与 19 世纪的时间趋势项的系数是一致的。

在美国，共和国成立初期，各项法规确保科学和实用技术的进步是通过以专利制度形式在法律和市场之间建立一种互补关系来实现的。美国著名人士如本杰明·富兰克林（Benjamin Franklin）和亚历山大·汉密尔顿（Alexander Hamilton）主张对发明和创新给予奖励和补贴，但尽管有他们的支持，美国的奖励制度一直是零星的，范围有限。例如，成立于 1764 年的纽约艺术、农业和经济促进会（New York Society For Arts, Agriculture and Economy）曾为亚麻纺纱、制造业和农产品的创新提供 600 英镑的补贴，但仅仅 10 年后就解散了。纽约州在 1808 年为纺织品提供补贴，但几年后同样停止，而宾夕法尼亚州制造业和实用技术促进会（Pennsylvania

---

① Gillespie（1980, vol. 5, 559）.

Society for the Encouragement of Manufactures and the Useful Arts）偶尔会提供金质奖章和现金奖励。在整个 19 世纪，人们多次向国会提出建议，希望用更集中的国家奖项、奖励或补贴制度来取代专利制度，但收效甚微。一般来说，在农业领域，补贴的发放比在制造业更为普遍，可能是因为许多农业创新无法获得专利。

纽约的美国研究所（成立于 1828 年）和马萨诸塞州慈善机械协会（成立于 1795 年，但在 1837 年首次举办展览）每年都会举办各种农业和机械博览会，而许多不同规模的州博览会则零星地筹集资金，以奖励展品中不同类别的最佳改进①。富兰克林学院成立于 1824 年，旨在推广机械和制造业的发展。它不定期举办的展览会是对技术创新最重要的奖励，但到 19 世纪中期，这些活动基本上停止了。奖牌和证书形式的奖励同样出现在国际和国家展览上，特别是 1851 年在伦敦举行的水晶宫博览会，1855 年、1867 年和 1889 年的巴黎博览会，1876 年的费城百年纪念展，以及 1893 年在芝加哥举办的世界哥伦比亚博览会。

个人捐助者也为美国的科技进步提供奖励。最著名的奖励包括由 Elliott Cresson 1848 年捐赠基金资助的奖章、1890 年的 Longstreth 奖章，以及 John Scott 奖章和奖金。后者是由伦敦一位药剂师的遗产资助的。1815 年，这位药剂师向费城捐赠了 4000 美元，以"奖励那些做出有用发明的天才"。著名的 Scott 奖章得主包括乔治·威斯汀豪斯、尼古拉·特斯拉（Nikola Tesla）和托马斯·爱迪生，但有一些人认为该奖励"总体标准较

---

① 1841 年，纽约州批准每年拨款 8000 美元，用于推动农业和国内制造业的发展，资金通过各县分配。其他州也遵循同样的模式，包括俄亥俄州（1846 年）、密歇根州和新罕布什尔州（1849 年）、印第安纳州和威斯康星州（1851 年）、马萨诸塞和康涅狄格州（1852 年）、缅因州（1856 年）、艾奥瓦州（1857 年）。

低，而且有一定的局限性"（Fox，1968：416）。其他奖励是为了解决具体问题而设计的，例如 F. M. Ray 提供"Ray 奖金"，旨在鼓励"提高铁路旅行的便利性和安全性"的创新。然而，进一步加强奖励制度的提议未能说服众人，因为有人认为，技术的快速变化最有可能通过发明家自己的分散决策、市场对价值进行的客观过滤，以及法官在个案基础上处理个人冲突的执法来实现。总的结论是，美国人比欧洲人对以奖励作为发明的激励有更深的疑虑①。

在美国的伟大发明家中，有 30% 获得了奖励，主要来自富兰克林研究所颁发的奖金、展览颁发的奖章和海外荣誉。勤奋的参展商 Amasa Marks 和 Thaddeus Fairbanks 对假肢和消除水垢的方法做出了改进，分别获得了 30 多枚奖章。伊莱休·汤姆孙、托马斯·爱迪生和乔治·威斯汀豪斯等电力创新的贡献者获得了无数的奖章、荣誉和头衔。爱迪生被授予法国荣誉军团骑士勋章，伦敦皇家艺术协会授予他阿尔伯特奖章，以表彰他的职业成就，国会授予他一枚金质奖章，以表彰他"对发明的开发和应用，使上个世纪的文明发生了革命性的变化"。军事工具的发明者，在美国和世界各地都受到了青睐：塞缪尔·柯尔特（Samuel Colt）获得了特尔福德勋章（Telford Medal）；海勒姆·马克西姆（Hiram Maxim）在英格兰被封为爵士；根据比利时国王的命令，约翰·M. 布朗宁（John M. Browning）被授予

---

① 例如，特拉华州的 Charles B. Lore 在 1886 年提交了第 5925 号提议，要求设立一个奖励发明者的替代制度，由"专家委员会"进行管理。《科学美国人》（*Scientific American*）的编辑们对这项提议提出了批评，并指出"专家委员会在确定现金估值方面负有非常微妙的责任，而且他们将不断面临风险和犯下严重错误的可能性。例如，如果他们给出 10000 美元作为在信封封口处内置一条线以便打开信封的专利价值，那么，针对第二项专利，在线的末端打一个小结，这样指甲就可以很容易地握住线了，他们应该给出多少专利价值？另外，委员会应该为雨伞顶针滑轨这样的简单装置，一根制作成本为 1.25 美分的铜管，给出多少专利价值？委员会可能会认为 1000 美元是最慷慨的奖金，而 20 万美元——法案的上限——当然会被认为是一个骇人听闻和不诚实的估价。但事实是，这种装置的专利实际上价值近 100 万美元，而不是 20 万美元"［《科学美国人》54（4，1886）：208］。

利奥波德骑士勋章（Chevalier de l'Ordre de Léopold），以表彰他对军备的改进。

表 7.4 中的第一个回归显示了影响美国伟大发明家获奖概率的因素。令人惊讶的是，回归几乎没有解释力，调整后的 R^2 仅为 6.77%，这表明奖项的授予在很大程度上缺乏系统性。人们可能认为预示着更高经济或技术生产率潜力的个别变量——教育、行业——对奖项的获得几乎没有影响。地区没有影响，出生时期和专利数量也不具有影响力。然而，对伟大发明家在工业展览会上获得的奖项进行的回归（此处未报告）表明，往往是专利数量越多，获奖的可能性越大，这也许是因为评委们将专利记录作为更大价值的标志，又或者是因为擅长商业化的多项专利权持有人也在寻求参与展览上的有奖竞赛的资格，以更好地推销他们的发现。在所有类型的奖项中，对发明者创新的当代引用增加了获奖的可能性，这表明在某种程度上，奖项的颁发是因为评委们被"下一个新事物"的流行所说服[①]。正如长期引用系数所显示的那样，对更持久的技术创新做出贡献的发明家并不那么出名。相比之下，第二个回归评估了伟大发明家获得专利数量变化的决定因素（在这个样本中只有 3 人不是专利所有人）。专利数量似乎更加系统化，因为 2/3 的总体变化可以由所包含的变量来解释。专利数量与较高的当代引用和长期引用数量正相关。因此，对专利发明的更大投资倾向于表明，发明对技术的贡献不仅在他们那个时代很重要，而且在今天也很重要。

[①] Sidney Smith（1861~1862）提到"大量似是而非的改动和改进，旨在满足对'新事物'的热情，这是业余评委们特有的缺陷"。

表 7.4　美国伟大发明家获得奖项和职业专利的决定因素

因变量	（1）获奖概率		（2）专利数量的对数	
截距	0.142	(0.90)	1.516	(6.72) ***
出生时期				
19 世纪 20 年代和 30 年代	0.094	(0.91)	0.021	(0.13)
19 世纪 40 年代	0.010	(0.08)	0.034	(0.19)
19 世纪 50 年代	0.106	(0.98)	0.219	(1.29)
地区				
新英格兰北部	0.083	(0.77)	0.217	(1.27)
新英格兰南部	−0.152	(1.72)	0.111	(0.80)
中西部	−0.049	(0.49)	0.035	(0.23)
西部	−0.001	(0.00)	0.301	(0.56)
南部	−0.093	(0.58)	−0.217	(0.87)
教育				
中等教育	−0.022	(0.24)	0.189	(1.33)
大学教育	−0.007	(0.09)	0.095	(0.77)
科学教育	0.002	(0.02)	−0.186	(1.03)
工程教育	−0.055	(0.48)	0.065	(0.36)
引用（技术价值指数）				
当代引用	0.010	(2.69) ***	0.020	(3.53) ***
长期引用	0.006	(1.21)	0.038	(5.65) ***
行业				
建筑和工程行业	0.054	(0.46)	−0.069	(0.37)
电子和通信行业	0.164	(1.39)	0.329	(1.77)
重工业	0.041	(0.49)	0.227	(1.71)
轻工业	0.126	(1.15)	0.073	(0.42)
运输业	−0.028	(0.29)	0.061	(0.41)
专利				
专利数量的对数	−0.034	(0.77)	—	—
专利诉讼	−0.001	(0.16)	−0.008	(0.72)
专利出售比例	0.002	(1.51)	0.007	(4.70) ***
创新职业生涯长度	0.003	(1.12)	0.036	(4.70) ***
奖励（虚拟变量）	—	—	−0.085	(0.77)
	$R^2 = 0.1605$		$R^2 = 0.67$	

		续表
因变量	（1）获奖概率	（2）专利数量的对数
	调整 $R^2 = 0.0677$	调整 $R^2 = 0.63$
	$N = 231$	$N = 231$

注：这些 OLS 回归是针对 19 世纪 20 年代至 1885 年出生的美国伟大发明家的样本进行估计的。括号里是 t 统计量。参见其他表格的注释。"当代引用"是指同一时期其他发明者对该伟大发明家作品的专利引用，而"长期引用"是指现代专利权人（1975 年至今）对该伟大发明家作品的引用。专利诉讼指的是这位伟大的发明家作为原告或被告参与的诉讼总数。专利出售比例是商业成功的一个指标。创新职业生涯长度是指从第一项发明到最后一项发明的时间再加上一年。*** 代表在 1% 的水平下显著，** 代表在 5% 的水平下显著，* 代表在 10% 的水平下显著。

7.5　结论

产权等制度包括规则和标准，这些规则和标准产生了激励和约束机制，从而影响人类行为。本章利用来自英国和美国伟大发明家的平行数据集，探讨推动技术进步的不同制度的性质和所产生的后果。至少有三个结果值得关注。首先，相比于英国，美国的发明者来自更广泛的人群，这与在英国专利制度下，对于是谁参与创造性活动有更为严格规定的观点是一致的。尽管制度的其他差异和整个经济环境确实促成了这种模式，但令人惊讶的是，直到 19 世纪后期，美国如此多的重要发明都是由出身卑微的个人完成的。对于这些发明者来说，专利制度和相关的发明产权市场对于他们从其努力中获得适当回报的预期和实际能力至关重要。

其次，对这些伟大发明家因其发现而获得奖项的分析，凸显出一种"俘获"的可能性，即由特定的奖项颁发者将奖项授予与他们背景相同的成员，而不是考虑其贡献。在英国，决定发明者是否获奖的最重要因素是他毕业于哪所大学，是不是英国皇家学会的会员，这些特征似乎与技术生产力没有多大关联。因此，对英国发明家的奖励似乎在很大程度上是由非经济因素决定的，而不是根据发明者的贡献价值进行评判。如果琐碎的政治和社会联系被认为在选择获奖者方面发挥了重要作用，那么，对于那些缺乏这种必要联系或影响的创新人才来说，这种激励措施在激发他们努力方面的效力可能会被削弱。这里值得重申的是，背景平凡的发明家确实有能力在技术前沿领域有所发现，美国伟大发明家的记录充分证明了这一点。

最后，除了这些因素，在英国和美国，奖励的确定似乎有很大程度的特殊性，难以预测。在美国的案例中，唯一影响他们获奖的系统性因素是，创新者是否在最新的技术领域工作，而不是那些具有持久技术价值的发现。这与实施专利行为形成了鲜明的对比，特别是考虑到专利发明的产权授予更多地与技术的性质有关，而不是与发明者的个人特征有关。如果发明者对预期收益做出反应，这就意味着，与其他替代机制相比，奖励作为对发明活动投资的诱因可能不那么有效。因此，在 19 世纪期间，技术奖励的受欢迎程度下降也就不足为奇了。法国科学院最终从一个荣誉奖励系统转变为向更年轻的研究人员提供更分散的项目资助（Crosland and Galvez，1989）。类似地，到 1900 年，英国皇家学会理事会决定将其重点从颁发奖章改为研究资助[1]。

这些结果支持了一些经济学家的观点，他们认为制度很重要，但制度在不同的政治和经济背景下所发挥的作用可能大相径庭。在促进实用技术进步的制度机制方面，如果奖励是根据客观的技术贡献而不是发明者的身份而定，那么社会可能受益最大。在美国工业化早期，专利发明市场有效地动员了来自社会各个阶层和背景的创新人才做出努力。相比之下，英国专利制度的设计初衷是吸引特定阶层做出贡献，因此对渐进式发明或出身

---

[1] 该委员会表示，其在奖章颁发方面的经验表明，增加此类奖项的数量"既不利于社会，也不利于自然知识的进步"。参见 MacLeod（1971：105）。

卑微的发明者所提供的激励较少。英国和美国伟大发明家的经验表明，奖励制度的结构应该进行校准，使其更可预测，与生产率更相关，并采取具体措施，以避免管理部门被"俘获"或受到腐败的影响。因为，正如托马斯·杰斐逊（Thomas Jefferson）很久以前指出的那样，实现增长的最关键因素之一，可能是确保制度足够开放和灵活，以应对发展中社会的需求。

"伟大的发明家"这个项目最初是与肯尼思·L. 索科洛夫合作完成的，得到了美国国家科学基金会的资助。非常感谢 Greg Clark、Stanley Engerman、Naomi Lamoreaux、Peter Lindert、Joel Mokyr、Manuel Tratjenberg 的评论，以及在加州大学洛杉矶分校/国家经济研究局会议上，参与者为表彰索科洛夫而发表的评论。感谢 Brian Amagai、Nathaniel Herz、Brittney Langevin、Storey Morrison、Birgitta Polson、Sherry Richardson、Christine Rutan、Peter Smith 和 Anne Tolsma 杰出的研究协助。作者对文中错误承担一切责任。

参考文献

Acemoglu, Daron, Kostas Bimpikis, and Asuman Ozdaglar. 2008. "Experimentation, Patents, and Innovation." NBER Working Paper no. 14408. Cambridge, M. A. : National Bureau of Economic Research, October.

Bischoff, James. 1842. *A Comprehensive History of the Woollen and Worsted Manufactures.* London: Smith, Elder & Co.

Boldrin, Michele, and David K. Levine. 2008. *Against Intellectual Monopoly.* Cambridge and New York: Cambridge University Press.

Brunt, Liam, Josh Lerner, and Tom Nicholas. 2008. "Inducement Prizes and Innovation." CEPR Working Paper no. 6917. London: Centre for Economic Policy Research.

Clark, Gregory. 2003. "The Great Escape: The Industrial Revolution in Theory and in History." Unpublished Manuscript.

Crosland, Maurice, and Antonio Galvez. 1989. "The Emergence of Research Grants within the Prize System of the French Academy of Sciences. 1795–1914." *Social Studies of Science* 19: 71–100.

Day, Lance, and Ian McNeil. 1996. *Biographical Dictionary of the History of Technology*. New York: Routledge.

Dictionary of American Biography. 1928–1936. New York: Charles Scribner's Sons.

Dutton, Harold I. 1984. *The Patent System and Inventive Activity during the Industrial Revolution, 1750–1852*. Manchester: Manchester University Press.

Fox, Robert. 1968. "The John Scott Medal." *Proceedings of the American Philosophical Society* 112: 416–430.

Gillispie, Charles D., ed. 1980. *Dictionary of Scientific Biography*. 16 volumes. New York: Scribner.

Goldman, Lawrence, ed. 2005. *Oxford Dictionary of National Biography*, online edition. London: Oxford University Press.

Great Britain Patent Office. Various years. *Annual Report of the Comptroller General of Patents*. London: HMSO.

Khan, B. Zorina. 2005. *The Democratization of Invention: Patents and Copyrights in American Economic Development, 1790–1920*. New York: Cambridge University Press and NBER.

——. 2008. "Science and Technology in the British Industrial Revolution: Evidence from Great Inventors, 1750–1930." Unpublished Paper.

——. 2009. "Founding Choices: The Sources of U. S. Policies toward Innovation and Intellectual Property Protection." Unpublished Paper.

Khan, B. Zorina, and Kenneth L. Sokoloff. 1993. "'Schemes of Practical Utility': Entrepreneurship and Innovation among 'Great Inventors' in the United States, 1790–1865." *Journal of Economic History* 53: 289–307.

——. 1998. "Two Paths to Industrial Development and Technological Change." In *Technological Revolutions in Europe, 1760–1860*, edited by Maxine Berg and Kristine Bruland, 292–313. Cheltenham: Edward Elgar.

——. 2004. "Institutions and Democratic Invention in 19th Century America." *American Economic Review* 94: 395–401.

Kremer, Michael. 1998. "Patent Buyouts: A Mechanism for Encouraging Innovation." *Quarterly Journal of Economics* 113: 1137–1167.

Lamoreaux, Naomi R. , and Kenneth L. Sokoloff. 1996. "Long-Term Change in the Organization of Inventive Activity. " *Proceedings of the National Academy of Sciences* 93: 12686-12692.

MacLeod, Christine. 1988. *Inventing the Industrial Revolution.* Cambridge: Cambridge University Press.

MacLeod, Roy M. 1971. "Of Medals and Men: A Reward System in Victorian Science, 1826-1914. " *Notes and Records of the Royal Society of London* 26: 81-105.

MacLeod, Roy M. , and Russell Moseley. 1980. "The 'Naturals' and Victorian Cambridge: Reflections on the Anatomy of an Elite, 1851 – 1914. " *Oxford Review of Education* 6: 177-195.

Maine, Sir Henry Sumner. 1976. *Popular Government.* Indianapolis: Liberty Classics.

Maurer, Stephen M. , and Suzanne Scotchmer. 2004. "Procuring Knowledge. " In *Intellectual Property and Entrepreneurship: Advances in the Study of Entrepreneurship, Innovation and Growth*, Vol. 15, edited by Gary Libecap, 1 – 31. Bingley: Emerald Group Publishing Limited.

McNeil, Ian, ed. 1990. *Encyclopaedia of the History of Technology.* London: Routledge.

Mokyr, Joel. 1991. *The Lever of Riches.* New York: Oxford University Press.

Moser, Petra. 2005. "How Do Patent Laws Influence Innovation? Evidence from Nineteenth-Century World's Fairs. " *American Economic Review* 95: 1214-1236.

Murphy, Kevin M. , Andrei Shleifer, and Robert W. Vishny. 1991. "The Allocation of Talent: Implications for Growth. " *Quarterly Journal of Economics* 106: 503-530.

North, Douglass, and Robert Thomas. 1976. *The Rise of the Western World: A New Economic History.* New York: Cambridge University Press.

Shavell, Steven, and Tanguy van Ypersele. 2001. "Rewards versus Intellectual Property Rights. " *Journal of Law and Economics* 44: 525-547.

Sidney, Samuel. 1861-1862. "On the Effect of Prizes on Manufactures. " *Journal of Society of Arts* 10: 376-380.

Sobel, Dava. 1995. *Longitude: The True Story of a Lone Genius Who Solved the Greatest Scientific Problem of His Time.* New York: Penguin Books.

Sokoloff, Kenneth L. 1988. "Inventive Activity in Early Industrial America: Evidence from Patent Records. 1790-1846. " *Journal of Economic History* 48: 813-850.

——. 1992. "Invention, Innovation, and Manufacturing Productivity Growth in the Antebellum Northeast. " In *American Economic Growth and Standards of Living before the Civil War*, edited by Robert E. Gallman and John J. Wallis, 345 – 378. Chicago: University of Chicago Press.

Sokoloff, Kenneth L. , and B. Zorina Khan. 1990. "The Democratization of Invention during Early Industrialization: Evidence from the United States. " *Journal of Economic History* 50 (2): 363-378.

Wright, Brian D. 1983. "The Economics of Invention Incentives: Patents, Prizes, and Research Contracts. " *American Economic Review* 73: 691-707.

8 20 世纪早期美国发明活动的重组

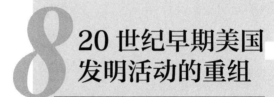

娜奥米·R. 拉摩洛克斯（Naomi R. Lamoreaux）

肯尼思·L. 索科洛夫 (Kenneth L. Sokoloff)

丹诺斯·索斯菲萨尔（Dhanoos Sutthiphisal）

根据美国技术史的标准观点，大企业在 20 世纪早期重新组织了发明活动。以前，个人主导了技术发现的过程，但是随着第一次工业革命的机械技术转向第二次工业革命以科学为基础的技术，成功的发明对资本的需求（包括人力和物力）急剧上升。大企业能够更好地调集成功发明所需的资源。此外，它们的内部研究实验室能更有效地解决技术问题。尽管个人发明家从未完全消失，但在技术变革中只能起到次要作用，将他们的想法商业化的创业型小企业也是如此（Schumpeter，1942；Hughes，1989）。

近年来，这种标准观点受到了批评，越来越多的研究质疑大企业内部研究实验室的优势，以及这些实验室是否真的是新技术发现的主要来源（Lamoreaux and Sokoloff，1999，2007；Nicholas，2009，2010；Hintz，2007）。另外，还有一篇与资本市场基本无关的文献，它大大影响了我们对创新活动地点变化趋势的理解。这篇文献将 20 世纪初描绘成一个越来越多的美国人将储蓄投资于股票的时期，因此，更多的公司可以从公众那里筹集到资金（O'Sullivan，2007）。从这一学术研究中可以得出一个假设：获得资金机会的增加使中小型企业（SMEs）能够继续对技术发现做出重要贡献，即使有效发明对资本的需求有所提高。

本章的目的是为这个假设提供系统的证据。通过专利转让（即出售或转移）的分析数据，我们发现，在 20 世纪第一个 1/3 时期，拥有工业研究实验室的大企业获得的专利份额不断上升，创业型小企业也是如此。与其说是前者超越后者，不如说是这两种可相互替代的组织技术发现的模式似乎在美国不同地区并行发展。大企业在中大西洋地区占有发明的最大份额。相比之下，在东北中部地区，创业型小企业占主导地位。

因此，地理环境对发明组织起着重要作用，正如许多其他经济活动一样。创业型小企业无法在美国的主要股票市场筹集资金，但它们能从与纽约证券交易所（NYSE）竞争投资资金的地区交易所中获益。它们尤其受益于风险资本家网络，这些风险资本家涌现在这些交易所周围，利用他们可以收集到的有关本地企业的大量信息。地理环境在另一个意义上也很重要，因为支持东北中部地区创业型小企业的金融机构网络，比中大西洋地区的大企业更容易受到宏观经济冲击的影响。在 20 世纪第二个 1/3 时期，大企业在更大程度上主导技术发现，但与标准文献相反，这种变化更可能是由于大萧条的差别效应，而不是内部研发的固有优势。

8.1 关于大企业工业研究实验室的文献

直到最近一二十年，大多数经济学家和商业史学家都认可约瑟夫·熊彼特（Joseph Schumpeter，1942）的观点，即大企业已经成为美国经济创新的驱动力[①]。从 20 世纪 20 年代到 60 年代，大企业建立工业研究实验室的热情（Mowery and Rosenberg，1989）表明，它们的高管相信，内部实验室是组织技术发现的一种优越方式。此外，似乎有很好的理论依据来支持他们的观点。第一，第二次工业革命的电化学技术要比第一次工业革命的机械技术复杂得多。成功的发明现在需要更多的物质和人力资本的投资，以及工业研究实验室所擅长的那种协调的团队合作。第二，一般来说，如果发明者能够获得制造和营销方面的知识，他们就能够更好地解决生产问题或创造理想的新产品。因为这种知识大部分是企业专用的，所以不容易被外人获得，但是它可以很容易地在企业内部研究人员中传播。第三，将研发部门内部化可以解决信息问题，这些信息问题使独立发明者很

[①] 文献不同部分的示例包括：Jewkes、Sawers 和 Stillerman（1958）；Chandler（1977）；Hughes（1989）；Lazonick（1991）；Teece（1993）；Cohen 和 Klepper（1996）。

难把他们的发明出售给公司以实现商业化。在购买者投资一项发明之前，他们需要评估其价值，例如，评估一种新工艺能在多大程度上降低生产成本，或者一种新产品是否可以吸引消费者。但是发明者必然会担心买家会窃取他们的想法，所以他们可能不愿意透露足够的信息来实现发明的销售。这些问题可以通过将技术发现的过程转移到内部来避免[1]。

当然，反对者不少，他们认为，对于大企业来说，内部研发的价值与其说是效率的问题，不如说是通过对重要技术的控制来实现市场主导地位的问题（Reich，1977，1980，1985）。其他学者也质疑企业规模与创新之间的关系，认为大多数大企业的规模远远大于产生规模优势的门槛（Scherer，1965；Cohen，Levin and Mowery，1987）。然而，直到20世纪90年代，大企业开始削减研发支出，甚至关闭实验室，学者们才真正开始质疑内部研发是组织技术发现的更好方式的观点（Rosenbloom and Spencer，1996）。正如当时有些人指出，与内部研发活动有关的重要信息和合同问题与影响技术理念的市场交流问题不同，但可能同样令人烦恼。例如，为了了解和控制所开发的新技术，公司必须监测员工的活动，并创建使员工利益与公司利益相一致的激励机制。然而，设计一种报酬结构并不容易，这种报酬结构能够激励员工努力工作，产生新的技术理念，同时又不妨碍在公司内部合作和分享信息（Lamoreaux and Sokoloff，1999）。此外，当企业开始雇用受过大学教育的科学家时，管理研究人员的问题被极大地放大了，因为这些科学家希望通过发表他们的发现来提高自己的学术地位，但雇主希望保留所有权，科学家更感兴趣的是研究科学上有趣的问题，而不是提高企业的赢利能力（Leslie，1980；Wise，1985；Smith and Hounshell，1985；Hounshell and Smith，1988）。另外，将研发部门设

---

[1] 关于提出这些观点的学者的例子，参见 Nelson（1959）、Arrow（1962）、Teece（1986，1988）、Mowery（1983，1995）、Hughes（1989）及 Zeckhauser（1996）。

在工厂内的信息优势并不像预期的那么明显，因为研究实验室往往与公司其他设施相互隔离。因此，要保持不同部门之间的沟通，需要在长期管理上付出相当大的努力（Hounshell and Smith，1988；Usselman，2007；Liparito，2009）。

在强调工业研究实验室所面临问题的同时，学者们也表明，在市场上进行技术交易的困难并不像迄今为止所认为的那么大。虽然专利权从未得到完全的执行，但它们提供了足够的保护，使发明者能够进行市场交易。此外，困扰这种交易的信息问题可以通过多种方式得到解决。寻求购买外部技术的公司可以投资设备来评估这些技术，也可以设法树立维护发明者利益的声誉。赢得市场交易双方当事人信任的中间人可以负责促进交易；有才华的发明家可以建立历史记录，使买家相信他们的发现的价值（Gans and Stern，2003；Lamoreaux and Sokoloff，1999，2007）。Lamoreaux和Sokoloff（1996，2001，2003）证明了在19世纪下半叶发展起来的由专利代理人和律师斡旋的充满活力的专利发明贸易，促使有才华的独立发明人能够专门从事技术发现。Steven Usselman（2002）、Stephen Adams 和 Orville Butler（1999）提供了企业建立声誉，从而鼓励发明家透露自己想法的例子。Ashish Arora、Andrea Fosfuri 和 Alfonso Gambardella（2001）记录了20世纪末高科技产业中专利技术贸易的复兴。此外，学者们发现了相当多的证据，表明大企业即使创建了工业研究实验室，仍然继续从外部购买发明。David Mowery（1995）指出，大多数内部研发设施的最初功能是跟上外部产生的技术（并对其进行审查以便购买）（另见 Lamoreaux and Sokoloff，1999，2007）。Tom Nicholas（2009）利用关于发明者和研究实验室的地理编码数据研究表明，20世纪20年代大企业获得的最有价值的专利中，很大一部分很可能不是在企业的研究实验室中产生的。Eric Hhintz（2007）提供的案例研究证据表明，即使是在20世纪50年代工业研究实验室的鼎盛时期，大企业也与坚持保持独立性的外部发明者进行重要技术的交易。

8.2　新股票市场史

如果说 20 世纪 20 年代是大企业首次大规模建立工业研究实验室的 10 年，那么也是证券市场开始向处于技术前沿的企业输入资金的 10 年。如果这些资金的接受者是那些正在建设内部研发设施的企业，那么股票市场的发展历史只会强化这种标准观点，即大企业是 20 世纪创新的主要驱动力。但最近的研究表明，创业型小企业在此期间也获得了进入股票市场的机会，这种发展与美国科技史的主流观点不一致。

19 世纪，证券市场上交易的仅限于银行、铁路（债券，而不是股票）、其他运输公司和公用事业公司的证券（Navin and Sears，1955；Cull et al.，2006）。在纽约证券交易所上市的工业企业屈指可数，而在纽约，场外交易的证券数量也非常少（Baskin and Miranti，1997）。工业企业在波士顿等区域交易所的影响力较大，但即使是在那里，它们的股票交易也不多（Martin，1898）。学者们普遍认为，信息不对称问题限制了公众对工业股票的兴趣。市场不受管制，企业很少披露关于企业事务的信息，内部人员为了自身利益操纵信息流和公司决策（De Long，1991；Baskin and Miranti，1997；White，2003）。即使是精明的人也可能被欺骗，就像科尼利尔斯·范德比尔特发现的那样，当时伊利铁路的官员们为了回应范德比尔特收购控制权的企图，启动了印刷机，发行了越来越多的伊利股票（Adams，1869）。

然而，到了 19 世纪末 20 世纪初，有意扩大证券市场范围的私人当事人，采取措施增加投资者的信任。例如，纽约证券交易所在 1896 年修改了一项规定，要求在交易所上市的企业公布经过审计的资产负债表。一些企业已经开始自行提供这类信息，新规则有助于使交易所成为上市公司股票质量、交易量和价值的认可机构，当然也是交易所席位价格的认可机构（Neal and Davis，2007）。与此同时，摩根等投资银行家利用多年建立起来的正直声誉，扩大了某些证券市场。19 世纪 90 年代，摩根通过重组破产的铁路公司、让自己的员工进入董事会，以及向股东保证公司经营符合他们的利益，找到了一种建立投资者信任的方法（Carosso，1987）。铁路公司恢复赢利，提升了摩根的声誉，扩大了铁路公司的股票市场。19 世纪末 20 世纪初，摩根又用同样的方法，推销他精心策划的巨型联合公司的股票。J. Bradford De Long（1991）和 Miguel Simon（1998）的研究表明，这样做的结果是股东们争相购买"摩根化"的企业股票，并且从购买中获得了丰厚的利润①。

这种赢利记录刺激了投资者对证券的兴趣，但直到 20 世纪 20 年代，市场才真正起飞。在第一次世界大战期间，投资银行家们开发了新的技术来出售自由债券。随着 20 世纪 20 年代"常态"的回归，他们将所学技能运用到股票销售中。急于进入这一业务领域的商业银行，通过设立分支机构向客户销售证券，规避了禁止它们从事股票交易的法律。与此同时，有进取心的金融机构通过创造新的、能够获得多样化投资组合的投资工具，首次将大量小投资者带入市场。其中，最重要的是投资信托基金，它的作用与今天的共同基金大致相同（Carosso，1970；White，1984，1990；De Long，1991；O'Sullivan，2007）。在此期间，纽约证券交易所和纽约路边交易所（纽约路边交易所类似现在的纳斯达克，专门发行技术动态行

---

① De Long 认为，摩根通过监控管理层的活动来增加企业价值，这一观点最近受到了 Leslie Hannah（2007）的挑战。Hannah 声称，增加的价值来自市场力量和内部交易。对我们来说，重要的是，股东对这些证券的需求增加了。

业新企业的股票）之间的竞争、克利夫兰证券交易所（克利夫兰证券交易所促进了当地企业的证券交易）等地区交易所的增长，以及"场外"证券交易商全国网络的发展，也都推动了股票的销售（O'Sullivan，2007；Lamoreaux，Levenstein and Sokoloff，2006，2007；Federer，2008）。

随着投资者欣然接受银行家最初提供的资金，金融机构开始发行越来越多的新证券。Mary O'Sullivan（2007）的研究表明，20 世纪初，新公司股票发行的数量和规模激增，于 20 世纪 20 年代末达到极高水平，按实际价值计算，直到 20 世纪 80 年代才再次达到这一水平。即使我们不考虑 1928 年和 1929 年的泡沫时期，20 世纪 10 年代和 20 年代发行的股票价值占国内生产总值（GDP）的比例也高于美国历史上除最近的网络泡沫时期以外的任何时期。此外，到 20 世纪 20 年代末，发行的大部分是普通股，投资者从股价上涨中获取的利润，与从股息支付中获取的利润一样甚至更多。

人们可能会认为，证券市场这种增长的主要受益人是公认的大企业，原因很简单，投资者可以很容易地收集这些企业的信息（Calomiris，1995）。当然，正如 Tom Nicholas（2003，2007，2008）所表明的那样，在 20 世纪 20 年代，投资者特别青睐拥有研发设施和在尖端技术领域拥有大量专利组合的大企业股票（也可参见 White，1990）。这种对科技股的兴趣似乎也蔓延到了规模较小的企业。最明显的证据是，在金融媒体报道的有关信息中，企业数量激增。19 世纪 90 年代，《商业和金融编年史》中只提到了少数几家工业企业，而到 20 世纪 20 年代末，在穆迪评级公司出版的年度证券手册中，有 3000 多页用于披露个体工业企业的财务信息。O'Sullivan（2007）的研究表明，投资者特别喜欢无线电通信和航空等"高科技"行业的新企业。20 世纪 20 年代初，商业广播的出现激发了对无线电通信股票的狂热，导致了如此多的首次公开发行（IPO），以至于有人开玩笑说，新股的数量相当于所售无线电通信设备的数量。同样，在查尔斯·林德伯格（Charles Lindbergh）飞越大西洋的壮举吸引了公众的想象力之后，人们对航空类股票的兴趣日益高涨，又引发了大约 125 次额外的证券发行，涉及许多来自航空业的新进入者。O'Sullivan 计算出发行公司的中位数年龄只有 0.4 岁！20 世纪 20 年代推出的大多数新证券都没有在纽约证券交易所上市，而是在地区交易所、路边交易市场、场外交易市场或更多非正式渠道进行交易。

重要的是要认识到，在 20 世纪 20 年代，高科技行业新企业股票的发行只占新股发行的少数。尽管如此，这段时间股票市场的增长提高了处于技术前沿的中小企业的创新融资能力，它们或通过发行股票直接融资，或通过吸引风险资本来间接融资，这些风险资本来自希望日后能够公开募股的投资者。如果是这样的话，这一结论与工业研究实验室已经开始取代创业企业成为技术发现中心的标准论点不一致。本章也将为这个问题提供系统的证据——确定 20 世纪早期是否存在有利于大企业技术发现的重组，或者中小企业（或许还有独立的发明者）是否继续在新技术的产生和开发中发挥重要作用。

8.3 数据来源

我们通过分析专利数据来探讨这个问题①。我们从专利委员会年度报

---

① 我们认识到，一些学者会反对如下观点：大企业往往会利用 20 世纪早期颁发的新的保护商业机密的法律，来回避专利而支持保密（Fisk，2001），但我们认为没有理由先验地假设，大企业比小企业更倾向于保密。事实上，研究 20 世纪后期数据的经济学家有时发现情况恰恰相反。例如，他们利用调查数据表明，小企业担心无法保护自己的知识产权免受大企业的侵犯——实际上，他们无力抵御那些有资源雇用最佳法律人才的巨头们（Lerner，1995；Cohen，Nelson and Walsh，2002；Arora，Ceccagoli and Cohen，2007）。一些学者可能也会反对，大企业把大部分研发资源投入新技术，而这些新技术通常是不可申请专利的［例如，Usselman（2002）对铁路的研究］。也许情况确实如此，但是我们在这一章的主要目的是了解 20 世纪 20 年代末拥有研发设施的大企业是不是新技术发现的主要来源。

告（*Annual Reports of the Commissioner of Patents*）中随机抽取 4 个专利的
截面样本，分别是 1870～1871 年、1890～1891 年、1910～1911 年和
1928～1929 年①。对于样本中的每项专利，我们都记录了发明的简要描
述、专利权人的名称和位置，以及在专利实际发布之前获得发明权转让的
受让人名称和位置。然后，我们将专利与收集到的其他关于专利受让人的
信息联系起来。例如，我们在国家研究委员会（NRC）编制的《工业研
究实验室目录》中查找每家获得专利的公司。我们还从金融出版物中收
集了有关获得专利的公司的信息，这些信息包括：《商业和金融编年史》
（*Commercial and Financial Chronicle*）中关于 1870～1871 年和 1890～1891
年的截面数据；《普尔工业手册》（*Poor's Manual of Industrials*）中关于
1910～1911 年的截面数据；《穆迪投资手册》（*Moody's Manual of Investments*）
中关于 1928～1929 年的截面数据。最后，我们尽可能在城市名录中查找
受让的个人和公司。

我们能够根据从这些金融出版物和城市名录中获得的信息，按照
企业的资产总额（如果没有这些信息，则按资本总额）来确定企业规
模，再对大量获得专利的企业按规模进行分类。对于这些企业，我们
还能够确定将专利转让给企业的发明者，是不是公司的高级职员、董
事或所有者。我们的基本策略是利用这些信息，寻找那些随着时间的
推移而发生的变化：专利权人与其受让人之间关系的变化，以及获得
转让的企业类型的变化。随着时间的推移，发明家成为获得专利的企
业负责人的可能性是否越来越小？他们更有可能是雇员吗？随着时间
的推移，获得专利转让的企业类型是逐渐转变为超大企业还是拥有内
部研究实验室的企业？

---

① 1870～1871 年的样本约占专利总数的 6%，其他样本约占 4%。

8.4 大萧条前发明活动的组织

如果在 20 世纪早期有一场有利于拥有研发设施的大企业的发明活动的重组，那么，人们将会发现：首先，会有越来越多的专利在发明家发布专利时就被转让给企业（因为雇员通常必须自动将专利转让给所在的企业）；其次，拥有研发实验室的大企业将在专利转让中占有越来越大的比例①。当然，证据证明了最初的期望。如表 8.1 所示，专利转让的比例随着时间的推移急剧增加，从 1870~1871 年截面样本中的 16.1% 上升到 1928~1929 年的 56.1%，后一个样本中 87.2% 的专利转让给了企业。大企业获得的专利比例也大幅上升。在 1928~1929 年的截面样本中，穆迪公司报告的拥有至少 1000 万美元资产的企业获得转让专利的比例为 20.5%，其中国家研究委员会列出的拥有研发实验室的企业获得转让专利的比例为 16.1%②。

最后那组数据比 1910~1911 年的数据增加了很多，1910~1911 年，只有很少的大企业拥有实验室，资产在 1000 万美元及以上的企业拥有转让专利的比例只有 3.4%。然而，问题在于，1928~1929 年的数字是否足以证明这些企业正在主导技术发现的过程。在同一时期，穆迪等出版物未涉及的企业获得转让专利的比例也从 13.5% 上升至 22.1%。后一个数字

---

① 到 20 世纪 20 年代，要求雇员将所有专利转让给雇主的合同变得越来越普遍。参见 Fisk（1998）、Lamoreaux 和 Sokoloff（1999）。在本章剩下的部分，我们所说的"大企业"是指在穆迪公司报告中至少拥有 1000 万美元资产的企业。

② 重要的是要记住，转让给企业的专利既可以来自外部发明者，也可以来自雇员，所以我们的调查结果高估了有关企业产生的专利比例。我们的分析只包括授予美国居民的实用专利。加上授予外国人的专利不会改变分析结果，因为它们太少了。即使是在 1930 年，样本中也大约只有 40 个，而且有趣的是，这其中大部分是由穆迪投资手册中没有列入的企业获得的，而不是由大企业获得。我们在分析中还排除了少量转让给外国企业的专利和少量重新发布的专利。

表8.1 按企业类别划分的有关专利及其转让的分布情况

样本年份	观测次数（次）	未转让（%）	转让给个人（%）	转让有财务报告的企业				转让给其他企业（%）
				资产≥1000万美元		资产<1000万美元		
				有研发实验室（%）	没有研发实验室（%）	有研发实验室（%）	没有研发实验室（%）	
A. 专利转让比例								
1870~1871	1425	83.9	13.4	0.0	0.1	0.0	0.0	2.6
1890~1891	2022	70.8	15.7	0.0	0.4	0.0	0.0	13.0
1910~1911	2498	69.2	11.0	1.2	2.2	0.2	2.6	13.5
1928~1929	2297	43.9	7.2	16.1	4.4	2.0	4.4	22.1
B. 转让给企业的专利比例								
1870~1871	38			0.0	2.6	0.0	0.0	97.4
1890~1891	273			0.4	2.9	0.0	0.4	96.3
1910~1911	494			6.3	11.3	0.8	13.2	68.4
1928~1929	1124			32.8	8.9	4.1	9.1	45.1
C. 获得转让专利的企业比例								
1870~1871	35			0.0	2.9	0.0	0.0	97.1
1890~1891	220			0.5	1.4	0.0	0.5	97.7
1910~1911	372			3.2	5.6	0.8	11.6	78.8
1928~1929	787			14.5	8.9	5.0	11.3	60.4

注：A、B两组的观察结果是从1870~1871年、1890~1891年、1910~1911年和1928~1929年的专利中随机抽取的专利样本。我们只报告授予美国居民的实用专利，不包括授予外国企业的专利或重新发布的专利。"未转让"是指专利在发布时未被出售或以其他方式转让。我们根据受让人的身份对我们要讨论的转让进行分类：首先，受让人是个人还是企业；其次，如果是企业，它是否被列入金融出版物（1870~1871年和1890~1891年的截面样本被列入《商业和金融编年史》，1910~1911年的截面样本被列入《普尔工业手册》，1928~1929年的截面样本被列入《穆迪投资手册》）。对于没有被披露资产信息的企业，我们就用它的总资本来代替。如果企业是一个大公司的子公司，只要有可能，我们便用母公司的数据。理由是这些信息更好地反映了企业可用的财力资源。一家公司是否拥有研发实验室的信息来自1921年、1927年和1946年发表的《国家研究委员会公报》上的调查。我们认为，如果在截面样本的年份之前或该份之前记录了有一个研发实验室，或者1946年的调查（含历史信息）记载的一些企业研发实验室的建立日期在截面样本年份之前，那么我们就得出截面样本中有研发实验室的结论。其他企业类别中的一些企业有研发实验室，但为了节省空间，我们没有在这一列表中提供说明。C组中的观察结果是我们得到截面样本中专利转让的企业。在某些情况下，受让企业中可能有多家公司同一是同一家大公司的子公司。

略高于同一年大企业获得的专利比例，因此，作为可申请专利技术的发明者，这些其他企业似乎是拥有自己专利的。

如表 8.2 所示，在 1910~1911 年和 1928~1929 年期间，企业获得专利的份额也大幅增加（从 4% 增加到 9%），这些企业的高级职员、董事或业主可能是专利权人，它们也可能会被冠以专利权人的姓氏[1]。我们认为专利权人主管的存在，是企业创业精神的标志。有时专利权人显然是创业型企业背后的推动力量，并且他会担任一个表明其积极参与公司经营的职位（如总裁、秘书或财务主管）。有时候，会由另一个人扮演企业家的角色，而专利权人获得了所有权和主要的荣誉头衔（如副总裁），以确保其继续参与技术开发和改进[2]。

正如表 8.2 所示，我们定义为创业型企业的公司，和穆迪手册提供的大公司之间，几乎没有重叠，尤其是那些 NRC 调查显示有研发实验室的大公司。1928~1929 年，有研发实验室的大公司得到的转让专利只有 4% 涉及专利权人主管，而其他类别的公司得到的转让专利有 26% 涉及专利权人主管。此外，从表 8.3 中我们可以看到，66.3% 的专利权人的专利转让给其他公司，只有 7.1% 是转让给有研发实验室的大公司。这里的其他公司包括我们在穆迪手册中找不到的公司。虽然穆迪手册也收录了许多小公司的报告，但该杂志对大公司的报道更为全面。因此，我们假设其他类别的公司平均规模，比那些已公布财务报告的公司更小。

---

[1] 关于董事身份的信息来自城市目录和金融出版物，如《穆迪投资手册》。由于我们无法识别没有城市目录的地区的小公司的高级职员和董事，因此我们低估了授予公司主管的专利数量。我们的调查结果也被低估了，因为我们遗漏了那些发明家即主管的公司，在这些公司，发明者恰好没有在 1928 年或 1929 年获得专利。我们观察到的一些增长可能仅仅是国家金融出版物所涵盖的企业数量增长的结果。然而，这种涵盖面的扩大是否能解释大部分的变化是值得怀疑的，因为在可以获得财务报告的公司中，实际上只有很少公司真正拥有专利权人主管。

[2] 参见 Lamoreaux、Levenstein 和 Sokoloff（2006）。在本章剩下的部分中，我们使用"创业型企业"这个词来表示拥有专利权人主管的公司。我们使用这一术语并不意味着没有专利权人主管（例如，大多数大公司）的公司就没有创新。

表 8.2 按接受让人类别划分的专利特征

样本年份	所有专利	未转让	转让给个人	转让给有财务报告的公司				转让给其他公司
				资产≥1000万美元		资产<1000万美元		
				有研发实验室	没有研发实验室	有研发实验室	没有研发实验室	
A. 专利权人是公司主管的比例								
1910~1911	0.04	n. a.	n. a.	0.06	0.02	0.50	0.22	0.26
1928~1929	0.09	n. a.	n. a.	0.04	0.11	0.20	0.31	0.26
B. 1975~2002 年被引用的专利比例								
1910~1911	0.23	0.25	0.18	0.03	0.18	0.25	0.11	0.18
1928~1929	0.33	0.36	0.35	0.25	0.31	0.30	0.30	0.32
C. 高科技 1 专利的比例								
1910~1911	0.32	0.29	0.36	0.39	0.77	0.25	0.38	0.34
1928~1929	0.50	0.37	0.58	0.78	0.53	0.57	0.55	0.52
D. 高科技 2 专利的比例								
1910~1911	0.15	0.13	0.17	0.19	0.52	0.00	0.14	0.19
1928~1929	0.24	0.18	0.24	0.46	0.15	0.37	0.20	0.21
E. 合作专利的比例								
1910~1911	0.08	0.08	0.07	0.10	0.11	0.50	0.06	0.08
1928~1929	0.10	0.07	0.14	0.10	0.10	0.11	0.12	0.10

注：关于专利的截面样本和受让人类别的说明，见表 8.1 的注释。1975~2002 年被引用的专利比主管。如果获得转让的公司被冠以发明者的姓氏，或者专利权人是公司的高级职员，董事或所有人，则我们认为专利权人是主管。1975~2002 年被引用的专利比例来自 Hall（2006）。如果用的专利比例数据来自 Hall，Jaffe 和 Trajtenberg（2002）。我们用两种不同的方法对 1910~1911 年和 1928~1929 年样本中的专利进行了分类。根据对专利的解读，我们将涉及电气机械和产品、化学品、石油、塑料和橡胶、汽车、初级金属、采矿机械和运输设备，以及这些行业生产中使用的机械的专利归类为高科技 1 专利。对于高科技 Hall，Jaffe 和 Trajtenberg（2002）的分类。把技术子类 11~49（根据美国专利和商标局的分类表）的专利定义为高科技 2 专利，其中包括化学制品、计算机和通信技术、药品和医疗设备以及电气和电子方面的专利。如果一项专利的专利申请人数量大于一个，我们认为这项专利是合作的。n. a. 表示不适用。

表 8.3 按受让人类别划分的专利和专利权要求的分布（行百分比）

抽样年份	未转让	转让给个人	转让给有财务报告的公司				转让给其他公司
			资产≥1000 万美元		资产<1000 万美元		
			有研发实验室	没有研发实验室	有研发实验室	没有研发实验室	
A. 专利权人是公司主管的专利分布							
1910~1911	n. a.	n. a.	1.9	0.9	1.9	13.2	82.1
1928~1929	n. a.	n. a.	7.1	5.6	4.6	16.3	66.3
B. 1975~2002 年被引用的专利分布							
1910~1911	76.9	8.9	0.2	1.8	0.2	1.2	10.8
1928~1929	48.3	7.7	12.2	4.1	1.9	4.0	21.8
C. 按高科技 1 分类的专利分布							
1910~1911	62.9	12.4	1.5	5.4	0.1	3.2	14.4
1928~1929	32.4	8.3	24.8	4.6	2.3	4.9	22.7
D. 按高科技 2 分类的专利分布							
1910~1911	60.2	11.9	1.6	7.5	0.0	2.3	16.5
1928~1929	33.5	7.1	30.7	2.7	3.1	3.6	19.3
E. 专利权要求的分布							
1910~1911	59.1	11.7	3.6	4.6	0.2	3.2	17.6
1928~1929	34.7	7.4	19.5	7.1	2.3	5.2	23.8

注：参见表 8.1 和表 8.2 的注释。我们没有报告合作专利的分布情况，因为涉及一个以上发明者的专利数量太少了。专利权要求是指专利局在专利文本中批准的对新技术贡献的个人权利要求数。n. a. 表示不适用。

　　穆迪手册中的大公司与创业型企业还有另一个显著区别，它们往往分布在美国的不同地区。虽然大公司不成比例地集中在中大西洋地区，但专利权人为主管的企业更有可能分布在东北中部各州。因此，1928～1929年，53.5%的大公司获得的专利流向了位于中大西洋地区的受让人，而只有29.0%流向位于东北中部地区的受让人。相比之下，专利权主管授予的专利中，有43.9%流向了东北中部各州的企业，只有23.5%流向了中大西洋地区的公司①。

　　到20世纪20年代后期，中大西洋和东北中部地区是美国两个主要的技术中心，二者各约占专利总量的1/3（见表8.4）。这两个区域的专利申请率相当（见图8.1），总转让率接近（见表8.5）。此外，在这两个地区，大公司在1928～1929年获得的转让份额比1910～1911年的更大。不过，在某种程度上，在这一时期，中大西洋地区的创新重组，比东北中部地区更有利于大公司研发。1928～1929年，中大西洋地区32.5%的专利归大公司所有，只有19.5%归其他公司所有；在东北中部地区，这一比例发生了逆转，19.7%归大公司所有，27.5%归其他公司所有（见表8.5）。此外，在东北中部地区，转让给创业型企业（即专利权人为主管的企业）的比例是中大西洋地区的两倍多。因此，这些数据并不是对技术发现的完全重组，而是表明，在20世纪早期，有组织地开展技术发现的两种不同模式并存。大公司可能主导了中大西洋地区专利的受让，但在东北中部地区，创业型企业更为重要。按类别分列的受让公司区域分布见表8.6。

---

① 关于这一点，也可参见 Lamoreaux 和 Sokoloff（2009）。

表 8.4 按受让人类别分列的专利区域份额（列百分比）

地区	所有专利	未转让	转让给个人	转让给有财务报告的公司		转让给其他公司	由主管转让给公司	转让给缺少主管信息的公司	1975~2002年被引用的专利	专利是高科技1	专利是高科技2	专利权要求总数
				资产≥1000万美元	资产<1000万美元							
A.1910~1911 年												
西部	10.6	12.3	11.6	1.1	0.0	5.9	8.5	4.8	12.3	10.5	9.0	8.9
西北中部	11.2	13.6	8.7	4.6	5.8	4.1	5.7	4.8	9.4	11.0	8.3	9.1
东北中部	26.1	25.9	23.9	14.9	23.2	32.5	40.6	15.6	27.9	27.1	23.5	26.4
新英格兰	9.7	7.6	11.2	2.3	33.3	16.3	19.8	19.9	9.1	8.0	11.9	11.1
中大西洋	29.8	26.2	28.3	75.9	36.2	36.1	18.9	51.6	29.5	32.8	37.7	34.8
南大西洋	2.1	2.0	4.0	1.1	0.0	2.1	0.9	2.2	2.1	2.5	1.8	2.1
南部其他地区	10.4	12.4	12.3	0.0	1.4	3.0	5.7	1.1	9.8	8.1	7.8	7.7
B.1928~1929 年												
西部	10.4	16.4	15.8	1.7	2.7	6.9	5.1	8.2	11.6	7.5	10.0	8.1
西北中部	6.9	9.6	12.1	1.9	4.1	5.3	6.1	3.1	7.4	6.3	3.8	5.4
东北中部	30.1	26.4	20.0	29.0	44.6	37.5	43.9	32.8	29.3	32.0	27.3	30.5
新英格兰	10.0	6.6	9.1	11.5	20.3	12.4	14.8	10.9	9.4	6.9	8.7	12.2
中大西洋	33.7	28.6	27.3	53.5	25.7	29.8	23.5	35.5	33.3	38.0	42.0	37.2
南大西洋	2.4	1.5	4.8	1.7	2.0	4.3	3.6	6.3	1.9	2.9	3.3	2.3
南部其他地区	6.6	10.9	10.9	0.0	0.7	3.7	3.1	3.1	1.7		4.9	4.3

注：见表8.1、表8.2和表8.3的注释。地区是指受让人所在地。西部包括亚利桑那州、加利福尼亚州、科罗拉多州、爱达荷州、蒙大拿州、内华达州、新墨西哥州、俄勒冈州、犹他州、华盛顿州和怀俄明州。西北中部包括艾奥瓦州、堪萨斯州、明尼苏达州、内布拉斯加州、北达科他州和南达科他州。东北中部包括伊利诺斯州、印第安纳州、密歇根州、俄亥俄州和威斯康星州。新英格兰包括康涅狄格州、缅因州、马萨诸塞州、新罕布什尔州、罗得岛州和佛蒙特州。中大西洋包括新泽西州、纽约州和宾夕法尼亚州。南大西洋包括特拉华州、哥伦比亚特区和马里兰州。南部其他地区是指阿拉巴马州、阿肯色州、佛罗里达州、乔治亚州、肯塔基州、路易斯安那州、密西西比州、北卡罗来纳州、俄克拉荷马州、南卡罗来纳州、田纳西州、得克萨斯州、弗吉尼亚州和西弗吉尼亚州。

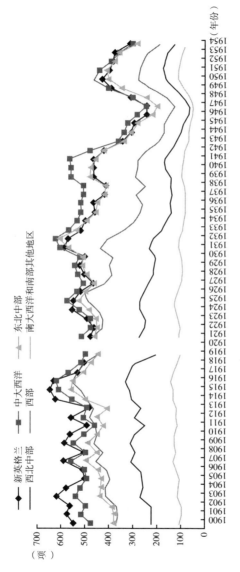

图 8.1 各区域的专利申请率

注：专利申请率是指该地区每百万居民拥有的专利数。专利数据来自美国专利委员会 1900～1925 年、1946 年和 1955 年的年度报告，人口数据来自美国人口普查局（2002）。我们通过汇总州级别的专利数据编撰了地区分类。1920 年的州级数据缺失。关于地区的定义，参见表 8.4。

表 8.5 按转让类别和专利特点分列的各区域专利分布情况

地区	专利数量（项）	未转让（%）	转让给个人（%）	转让给有财务报告的公司 资产≥1000万美元 有研发实验室（%）	资产≥1000万美元 没有研发实验室（%）	资产<1000万美元 有研发实验室（%）	资产<1000万美元 没有研发实验室（%）	转让给其他公司（%）	1975~2002年被引用（%）	专利是高科技1（%）	专利是高科技2（%）	主管转让（%）	缺失主管信息（%）
				A. 1910~1911 年									
西部	266	80.1	12.0	0.0	0.4	0.0	0.0	7.5	25.9	31.2	13.2	42.9	42.9
西北中部	281	83.6	8.5	0.0	1.4	1.4	0.0	5.0	18.9	31.0	11.4	27.3	40.9
东北中部	652	68.6	10.1	0.8	1.2	0.0	2.5	16.9	24.1	32.8	14.0	30.9	20.9
新英格兰	242	54.1	12.8	0.4	0.4	1.2	8.3	22.7	21.1	26.0	19.0	26.3	46.3
中大西洋	744	60.9	10.5	3.2	5.6	0.1	3.2	16.4	22.3	34.8	19.6	9.4	45.1
南大西洋	53	64.2	20.8	1.9	0.0	0.0	0.0	13.2	22.6	37.7	13.2	12.5	50.0
南部其他地区	260	82.7	13.1	0.0	0.0	0.0	0.4	3.8	21.2	24.6	11.5	54.5	18.2
				B. 1928~1929 年									
西部	238	69.3	10.9	1.7	1.7	0.4	1.3	14.7	36.6	36.6	23.1	21.3	44.7
西北中部	159	61.0	12.6	2.5	3.1	1.9	1.9	17.0	35.2	45.9	13.2	28.6	19.0
东北中部	691	38.5	4.8	14.9	4.8	2.5	7.1	27.5	32.0	53.4	21.7	21.9	21.4
新英格兰	229	29.3	6.6	16.6	7.0	3.9	9.2	27.5	31.0	34.9	21.0	19.7	19.0
中大西洋	773	37.3	5.8	27.2	5.3	1.8	3.1	19.5	32.5	56.7	29.9	10.5	20.7
南大西洋	56	26.8	14.3	14.3	0.0	1.8	3.6	39.3	25.0	58.9	32.1	21.2	48.5
南部其他地区	151	72.8	11.9	1.3	0.7	0.7	0.0	12.6	35.1	48.3	17.9	26.1	34.8

注：参见表 8.1 至表 8.4 的注释。

表 8.6 按类别分列的专利受让公司区域分布

地区	企业数量（家）	列百分比			行百分比		
		有财务报告的公司		其他公司	有财务报告的公司		其他公司
		资产≥1000万美元	资产<1000万美元		资产≥1000万美元	资产<1000万美元	
		A. 1910~1911 年					
西部	20	3.1	0.0	6.5	5.0	0.0	95.0
西北中部	17	3.1	8.5	4.1	5.9	23.5	70.6
东北中部	116	18.8	29.8	32.8	5.2	12.1	82.8
新英格兰	63	6.3	25.5	16.7	3.2	19.0	77.8
中大西洋	138	65.6	34.0	34.5	15.2	11.6	73.2
南大西洋	7	3.1	0.0	2.0	14.3	0.0	85.7
南部其他地区	11	0.0	2.1	3.4	0.0	9.1	90.9
		B. 1928~1929 年					
西部	43	2.7	3.1	7.2	11.6	9.3	79.1
西北中部	38	3.8	4.7	5.3	18.4	15.8	65.8
东北中部	288	32.1	43.8	36.4	20.5	19.4	60.1
新英格兰	107	12.5	18.8	12.6	21.5	22.4	56.1
中大西洋	262	45.7	26.6	30.3	32.1	13.0	55.0
南大西洋	26	1.6	2.3	4.2	11.5	11.5	76.9
南部其他地区	23	1.6	0.8	4.0	13.0	4.3	82.6

注：参见表 8.1，表 8.2 和表 8.4 的注释。我们根据在样本年收到的最早专利记录，将在不同州拥有设施的公司分配到一个地区。

8.5 重要性问题与科技范畴

在明确得出在 20 世纪初期有两种不同的技术发现模式并存的结论之前，我们必须考虑这样一种可能性，即从整体上来说，转让给创业型企业的专利比起那些拥有研发实验室的大企业获得的专利，并没有那么意义重大。毕竟，众所周知，专利数据可能会有误导性，因为它们会平等地对待重要性不同的发明。人们还必须考虑这样一种可能性，即创业型企业与有研发实验室的大企业，会在不同的技术领域运作——也就是说，它们获得的专利有可能不那么"高科技"。

重要性问题在 20 世纪初期很难解决，因为专利不收取延期费，而且发明家在申请中引用现有技术也不是常见的做法。我们采用了两种不算完美的替代方法来评估转让给大企业的专利是否通常比转让给创业型企业的专利更重要。首先，在 Nicholas（2003）之后，我们使用了关于样本中的专利是否在以后的专利（1975~2002 年授予的专利）中经常被引用的信息。其次，我们收集了专利权授予中允许的权利要求数量的信息（Lerner，1994；Lanjouw and Schankerman，2004）。

如表 8.2（B 组）所示，第一个方法不利于有研发实验室的大企业。在 1928~1929 年发布的转让给这类大企业的专利中，只有 25% 的专利被在 1975~2002 年授予的专利引用，而对于没有被穆迪手册收录的企业，该比例是 32%①。然而，这个结果可能并不那么令人惊讶。我们知道，像美国电话电报公司（AT&T）这样的大企业，实际上为其雇员设计的所有发明，不论重要与否，都申请了专利，这是出于士气方面的考虑，

---

① 当我们使用后来被引用的次数作为衡量重要性的标准，而不仅仅是专利是否被引用时，结果没有任何改变。

也是因为即使是微小的专利也可能有助于阻止竞争对手入侵其市场（Lamoreaux and Sokoloff，1999；Reich，1977，1980，1985）。然而，即使是按绝对值计算，拥有研发实验室的大公司在1975年以后被引用的专利中所占的比例也远远小于其他企业：12.2%对21.8%（见表8.3，B组）。耐人寻味的是，在1975年以后被引用的专利中，没有被转让的专利占了近一半（48.3%）（见表8.3），而且被20世纪后期专利引用的概率（36%）高于其他转让类别。这可能是因为发明家试图保持对最有价值的发明的控制，以便从它们的使用中获得更多的利益。这种可能性来源于Lamoreaux、Levenstein和Sokoloff（2006，2007）的研究，研究表明，克利夫兰地区的重要发明家与他们的金融支持者相比，往往有更大的议价能力，而且他们使用这种能力的方式是授权，而不是将其专利权转让给他们的公司。

1928~1929年样本的回归分析证实了描述性发现，即有研发实验室的大企业获得的专利，与其他企业获得的专利相比，不太可能被20世纪后期的专利引用。为了保持对不同类型企业的关注，我们将注意力限制在转让给公司的专利上[1]。因变量是一个虚拟变量，如果某项发明被1975~2002年授予的专利引用，该虚拟变量的值为1。自变量包括按总资产计算的规模类别的虚拟变量（省略的类别是我们没有财务信息的公司[2]）、NRC是否将企业列为有研发实验室的公司、发明人是不是企业的主要负责人、受让人所在的区域（省略类别是中大西洋地区），以及该专利是否属于当时的高科技产业[3]。估计量是概率单位，报告的数字是自变量变化

---

[1] 表8.7中的结论在我们对所有专利进行估算时并没有改变，只是前两个估计中高科技的虚拟系数始终为负值，且显著性较弱。

[2] 这一类包括穆迪手册没有提供资产或资本信息的企业，以及穆迪手册中没有的企业。

[3] 参见表8.2对高科技的两种可相互替代的定义的解释。

的边际效应。

正如表 8.7 前四列所显示的，没有一个系数在统计上是显著的①。在 21 世纪末，相比那些转让给没有被穆迪手册列入的企业，转让给资产超过 1000 万美元的企业的专利被引用的可能性并不会更大，而且比起没有研发实验室的企业获得的专利，有研发实验室的企业获得的专利在后来被引用的可能性也不会更大。事实上，点估计结果表明，有研发实验室的大企业获得的专利更不太可能被引用。当我们把个人技术子类的虚拟值（没有显示）包括进来时，我们得到了相同的结果。换句话说，即使是在亚类中，有研发实验室的大企业的专利也不比小企业的专利更容易在后来被引用②。在引用频率上也没有明显的区域差异。转让给中大西洋地区企业的专利并不比转让给东北中部地区企业的专利更可能被引用或更不可能被引用。此外，不管我们如何定义高科技，当时尖端产业的专利被引用的可能性并不比其他专利高，而且大多数的点估计都显示有错误。

最后特别提出一个问题，即来自很久以后的引用是不是一个很好的衡量重要性的方法。至少可能的是，高技术产业的技术变化比低技术产业更快，因为前者的发明更快过时，因此不太可能与 20 世纪后期授予的专利有关。例如，李·德·福里斯特（Lee de Forest）的电子管放大器专利在当时无疑很重要，但是因为这些设备使用的是真空管技术，所以在 1974 年之后就没有被引用过③。另外，可能有人会争辩说，1930 年前后旧工业的专利在 20 世纪晚期更可能无关紧要，因此被引用的可能性更小。

---

① 加上研发和规模变量之间的相互作用不会改变结果。由于严重的多重共线性问题，我们没有报告这些估计。
② 因为数值太小，所以我们没有报告这些结果。
③ 我们在谷歌搜索了德·福里斯特的专利，其中包括"真空"这个词。与福里斯特的其他专利不同，这些专利在 20 世纪晚期都没有被引用过。

表 8.7　谁的专利很重要?

	1975~2002 年被引用的专利				权利要求数量			
	使用高科技 1 的定义		使用高科技 2 的定义		使用高科技 1 的定义		使用高科技 2 的定义	
	(1)	(2)	(3)	(4)	(5)	(6)	(7)	(8)
高科技专利	-0.001 (0.05)	0.006 (0.19)	-0.036 (1.15)	-0.035 (1.12)	-0.059 (1.24)	-0.058 (1.21)	-0.093 (1.76)*	-0.098 (1.85)*
大型国家级企业	-0.042 (1.08)	-0.040 (1.00)	-0.041 (1.06)	-0.038 (0.97)	0.277 (4.32)***	0.239 (3.69)***	0.272 (4.27)***	0.235 (3.63)***
小型国家级企业	-0.020 (0.47)	-0.022 (0.52)	-0.020 (0.47)	-0.021 (0.50)	0.087 (1.18)	0.066 (0.89)	0.086 (1.17)	0.067 (0.90)
有研发实验室	-0.023 (0.63)	-0.020 (0.54)	-0.016 (0.42)	-0.012 (0.32)	-0.104 (1.72)*	-0.101 (1.69)*	-0.086 (1.41)	-0.082 (1.35)
专利权人是主管	0.012 (0.32)	0.010 (0.26)	0.010 (0.28)	0.009 (0.24)	0.055 (0.86)	0.064 (1.00)	0.053 (0.82)	0.062 (0.96)
西部		0.072 (0.99)		0.074 (1.03)		-0.160 (1.31)		-0.126 (1.04)
西北中部		-0.003 (0.04)		-0.009 (0.12)		-0.305 (2.35)**		-0.317 (2.45)**
东北中部		0.028 (0.85)		0.024 (0.73)		-0.072 (1.31)		-0.075 (1.36)
新英格兰		0.044 (0.96)		0.038 (0.84)		0.050 (0.67)		0.053 (0.72)
南大西洋		0.019 (0.23)		0.017 (0.21)		-0.012 (0.08)		-0.012 (0.08)
南部其他地区		0.013 (0.13)		0.005 (0.05)		-0.457 (2.61)***		-0.462 (2.64)***
常数项					2.051 (43.66)***	2.108 (35.83)***	2.037 (50.26)***	2.095 (39.71)***
观测次数	1124	1124	1124	1124	1124	1124	1124	1124

注：z 统计数据的绝对值在括号中。第（1）列至第（4）列是 probit 回归，报告的数字是边际效应。第（5）列至第（8）列是负二项回归。关于变量的定义，参见表 8.1 至表 8.4 的注释。观察次数是 1928~1929 年转让给公司的横截面上的专利。省略的分类是我们没有财务信息和中大西洋地区的企业。*** 代表在 1% 的水平下显著，** 代表在 5% 的水平下显著，* 代表在 10% 的水平下显著。

由于我们怀疑 20 世纪晚期的引用是否有效地表明了专利的重要性，因此我们收集了使用文献中建议的替代方法所需的数据——每项专利授权中允许的权利要求数量（Lerner，1994；Lanjouw and Schankerman，2004）。估计值（这里是负二项回归）见表 8.7 第（5）列至第（8）列。大企业与没有列入国家金融出版物的企业相比，每项专利有更多的权利要求，用这种方法来衡量，似乎表明大企业的专利通常比小企业的专利更重要。不过也有另一种解释，即大企业更容易获得法律知识，因此能够在审查过程中获得更多的权利要求[①]。无论如何，用这种方法来衡量，有研发实验室的大企业获得的专利并不比那些没有研发实验室的企业获得的专利更重要，点估计在前两项显示有错误和弱显著性。此外，高科技虚拟变量（对于我们两个分类方案的第二个来说是弱显著的）的系数为负使人们更加怀疑权利要求数量衡量专利重要性的有效性，就像他们怀疑 20 世纪晚期引用情况的有效性一样。

至于有研发实验室的大企业获得的专利，与不在金融监控下运行的企业获得的专利相比，是否更可能属于高科技行业，答案是肯定的。1928~1929 年，根据高科技的第一个定义，前者获得的专利中有整整 78% 属于高科技行业，根据高科技的第二个定义，有 46% 属于高科技行业。而没有列入穆迪手册的企业，这两个数字分别只有 52% 和 21%。表 8.8 中的 probit 回归分析显示，根据高科技的第一个定义，无论是大规模的企业还是有研发实验室的企业，都比穆迪手册上没有财务报告的企业更有可能获得高科技专利。但根据第二个定义，只有拥有研发实验室的企业，在尖端技术方面才更加专业。在所有回归方程中，尽管不显著，但创业型企业的点估计都是负值。最后，中大西洋地区的企业（大

---

① 当我们在纽约大学法学院展示这一章的时候，听众中的老师和学生们都怀疑，权利要求数量除了能反映专利律师的技能之外还能反映其他任何东西。

多数有研发实验室的大型企业都位于那里），通常比包括东北中部在内的其他地区的企业更有可能获得高科技专利，这种差异在我们的第二项测量中表现得尤为明显。

在人们得出有研发实验室的大企业在 20 世纪 20 年代后期的经济高科技部门主导了创新活动的结论之前，值得注意的是，不在穆迪手册上的企业占有相当大比例的高科技专利：高科技 1 专利占总数的 22.7%，高科技 2 专利占 19.3%，而有研发实验室的大企业的这两个比例分别为 24.8% 和 30.7%（见表 8.3，C 和 D 组）。东北中部的企业也是如此：高科技 1 专利占 32.0%，高科技 2 专利占 27.3%，而中大西洋地区企业的这两个比例分别为 38.0% 和 42.0%（见表 8.4，B 组）。而且早在 1910~1911 年，大企业拥有高科技专利的比例就很高，当时很少有企业拥有研发实验室。事实上，1910~1911 年，没有研发实验室的大企业比率先建立内部研究设施的企业更有可能获得高科技专利。此外，目前根本不清楚有研发设施的大企业获得的专利有多少实际上产生于公司的实验室。根据 1928~1929 年的截面数据，在转让给有研发实验室的大企业的专利中，有 36.9% 来自与受让人实验室处于完全不同状态的专利权人①。这个结果与 Nicholas（2009）的研究结果一致，尽管后者的研究结果稍大一些，Nicholas（2009）发现，大企业样本所获得的专利中，有很大一部分来自住所远离企业实验室的发明家②。这也符合下述论点：许多

---

① 把专利权人是否与公司的某个实验室处于同一个州纳入变量并不会改变表 8.7 或表 8.8 中的估计。点估计结果表明，与实验室处于同一个州的发明家的专利被引用的可能性要小于那些居住在其他州的发明家的专利，尽管非常有趣，但这个变量从来都是没有意义的。

② Nicholas 发现，在 20 世纪 20 年代转让给 69 家大企业（拥有 94 个研发实验室）的发明中，有 1/4 来自居住在实验室通勤距离以外的发明家。Nicholas 还发现，从远距离发明家那里获得的专利，通常要比从居住在通勤距离之内的发明家那里获得的专利更加重要（更有可能被 20 世纪晚期的专利引用）。在通用电气公司（GE）的案例中，Nicholas 能够根据雇用记录核对自己的发明家列表，发现通用电气获得的专利中，大约有 1/5 来自非雇员发明家。

企业首先建立研发实验室的主要原因之一是，可以更好地评估其从外部发明者那里获得的发明（Mowery，1995；Lamoreaux and Sokoloff，1999）。例如，在一战结束时，新泽西州的标准石油公司成立了它的第一个研究部门，其原则是"新的想法和发明……主要来自外部资源，而这个部门的主要工作……将是发现这些想法，测试它们，并把它们付诸实践"，而不是像人们普遍认为的那样，促进"初级研究"（Gibb and Knowlton，1956）。

最后，我们的数据能够检验学者们针对研发实验室的优越性所提出的一个论点——第二次工业革命的技术是复杂的、以科学为基础的，研发实验室促进了有效创新所需的团队合作。如果我们把一项专利有多个发明者看作专利是团队努力结果的象征，那么，我们发现大企业，即使是那些拥有研发实验室的企业，这样的发明也只是稍微多了那么一点点。拥有研发实验室的大企业获得的专利中，有 14% 授予了一个以上的发明者，而不在穆迪手册上的企业获得的专利中，这个数字是 10%。此外，根据表 8.8 最后四列中的回归结果，这种差异在统计学上并不显著[1]。

我们可以概括一下到目前为止的结论，到 20 世纪 20 年代，美国似乎有两个主要的创新活动区域，每个区域按不同的路径组织起来。在中大西洋地区，有内部研发设施的大企业占主导地位，而东北中部地区则以创业型的初创企业为主。到 20 世纪 20 年代后期，向拥有研发设施的大企业转

---

① 联合申请专利可能存在一些偏见，因为它们可能会造成特殊的法律困难。例如，在确定优先权至关重要的情况下，发明的日期不能先于发明者第一次开始合作的日期。尽管如此，如果发明是多个发明者的共同产品，除非所有发明者的名字都在专利中，否则专利就是无效的，而且有研发实验室的企业在这一点上必须非常谨慎。此外，到了 20 世纪 20 年代，法院不再惩罚那些没有欺骗意图，错误地将联合发明者列入专利名单的发明家。参见 Robb（1922：113~114）和 Robinson（1890，I：561~573）。

表 8.8 谁的专利是高科技? 谁的专利是合作的?

	专利是高科技				专利是合作的			
	使用高科技 1 的定义		使用高科技 2 的定义		使用高科技 1 的定义		使用高科技 2 的定义	
	(1)	(2)	(3)	(4)	(5)	(6)	(7)	(8)
高科技专利					-0.005 (0.22)	-0.007 (0.25)	-0.023 (1.09)	-0.026 (1.19)
大型国家级企业	0.113 (2.72)***	0.100 (2.36)**	0.003 (0.09)	-0.008 (0.21)	0.020 (0.73)	0.021 (0.74)	0.021 (0.75)	0.021 (0.74)
小型国家级企业	0.006 (0.13)	0.018 (0.38)	-0.012 (0.26)	0.002 (0.05)	0.009 (0.28)	0.014 (0.44)	0.009 (0.28)	0.014 (0.46)
有研发实验室	0.135 (3.41)***	0.119 (2.98)***	0.238 (6.23)***	0.234 (6.06)***	0.017 (0.63)	0.014 (0.54)	0.021 (0.79)	0.019 (0.70)
专利权人是主管	-0.018 (0.45)	-0.012 (0.29)	-0.057 (1.49)	-0.045 (1.14)	0.028 (1.04)	0.029 (1.06)	0.027 (1.00)	0.028 (1.04)
西部		-0.278 (3.54)***		0.104 (1.43)		-0.011 (0.23)		-0.007 (0.14)
西北中部		-0.054 (0.68)		-0.172 (2.42)**		-0.028 (0.55)		-0.032 (0.64)
东北中部		-0.067 (1.87)*		-0.095 (3.05)***		-0.017 (0.76)		-0.019 (0.86)
新英格兰		-0.290 (5.97)***		0.113 (2.74)***		-0.028 (0.95)		-0.029 (1.01)
南大西洋		-0.126 (1.38)		-0.035 (0.43)		-0.002 (0.03)		-0.001 (0.01)
南部其他地区		-0.165 (1.54)		-0.208 (2.24)**		0.053 (0.75)		0.048 (0.68)
观测次数	1124	1124	1124	1124	1124	1124	1124	1124

注：z 统计数据的绝对值在括号中。估计是 probit 回归，报告的数字是边际效应。观察次数是 1928～1929 年转让给公司的横截面上的专利。省略的分类是我们没有财务信息和中大西洋地区的企业。关于变量的定义，请参阅表 8.1 到表 8.4 的注释。*** 代表在 1% 的水平下显著，** 代表在 5% 的水平下显著，* 代表在 10% 的水平下显著。

让的专利比例有所增加，但向无法进入国家资本市场的企业转让的专利比例更大（而且仍在增加）。此外，有研发实验室的大企业获得的专利是否比其他类型的企业获得的专利更重要，这一点是不明确的。如果说有什么区别的话，那就是大企业的专利在 20 世纪后期的专利中被引用的可能性比其他企业的专利更低，尽管它们通常包含了更多的权利要求，但对于转让给有研发实验室的大企业的专利，情况并非如此。虽然大企业的专利（以及那些位于中大西洋地区企业的专利），比小企业的专利（以及位于东北中部地区企业的专利）更有可能出现在高科技行业，但后者在这些行业中仍然占据重要地位，特别是根据更广泛的高科技 1 的定义。此外，大企业对研发实验室的投资与高科技发明的产生之间的关系也是不确定的①。1910~1911 年，只有少数企业拥有研发实验室，但大企业获得的高科技专利的比例非常高；有研发实验室的大企业获得的许多专利都来自与公司实验室位于不同州的发明者；大企业的研发与合作发明之间没有明显的联系。与其说大企业能够主导技术发现的过程，不如像 Mowery 和其他人所说的，实验室帮助它们更好地决定在市场上应该购买哪种复杂的第二次工业革命技术。

8.6　股票市场的作用

对于创业型企业来说，要想对技术发现做出重要贡献，尤其是在第二次工业革命的复杂科技领域，它们需要筹集到足够的资金。拥有研发实验室的大企业相对创业型企业同行的一个明显优势是，它们可

---

① 换句话说，大企业可能主宰了这些行业，但这与其实验室的技术实力毫无关系。它们的优势可能存在于其他地方，例如，在生产或营销方面，或者在与监管方协商方面。参见 Chandler（1977）、Galambos 和 Sewell（1995）。

以随时进入国家的主要金融市场。如表8.9 B组所示，绝大多数转让给大企业（69.9%）和拥有研发实验室的大企业（60.1%）的专利，受让公司的股票在纽约证券交易所上市。相比之下，在纽约证券交易所上市的创业型企业获得的专利比例相对较小（7.2%），即使加上在二级交易所或地区交易所上市的企业，总数仍然只有19.5%。尽管如此，20世纪20年代股市的增长仍有可能促进了创业型企业的形成。未来能够进入资本市场的前景，很可能会鼓励地方金融机构投资于为开发新技术而成立的企业。

如果这样的承诺确实有助于创业型企业获得融资，那么最重要的股票市场应该是地区交易所和类似路边交易所、农产品交易所等二级交易市场，而不是纽约证券交易所。由于上市的要求过于严格，很少有创业型企业能够直接跳到大板上市。公司必须提交5年的财务报表，以及详细说明其资产和负债的文件，因此通过上市委员会审查的公司相对较少。1927年，委员会仅接受了300份申请中的116份，1928年仅接受了571份中的16份，1929年仅接受了759份中的80份（White，2009）。一般说来，能够达到纽约证券交易所标准的新企业只有合并形成的企业或有广泛金融支持的企业，后者一般属于有规模经济特征的产业（指为了有效运行天然要求大规模的产业）。创业型企业在地区交易所或纽约二级市场上市要容易得多，因为这些交易所为了吸引此类业务，故意采用了更宽松的标准（White，2009；Rripley，1927）。此外，与纽约证券交易所不同的是，上市并不是在这些其他交易所交易的必要条件。企业股票是否存在市场，与其说取决于这种手续，不如说取决于投资者是否有足够的信息来评估企业的前景。穆迪投资手册等国家金融出版物的报告对此有所帮助，但商界人士能够积累的有关邻近地区企业的这种当地信息可能更为重要。

表8.9 1929年按公司进入股票市场情况分列的专利分布

1929年公司股票交易的交易所	专利数量/专利份额	转让给资产≥1000万美元的企业的专利	转让给资产<1000万美元的企业的专利	转让给有研发实验室的企业的专利	转让给由发明人担任主管的企业的专利	转让给发明人不担任主管企业的专利	1995～2002年被引用的专利	高科技1的专利	高科技2的专利
A. 行百分比									
纽约证券交易所和地区交易所	201	98.5	1.0	92.5	3.5	96.5	22.4	89.1	60.7
仅纽约证券交易所	137	94.9	5.1	65.7	5.1	94.9	31.4	69.3	24.1
纽约二级交易所和地区交易所	63	79.4	20.6	63.5	11.1	88.9	15.9	52.4	17.5
仅纽约二级交易所	58	60.3	39.7	55.2	12.1	87.9	37.9	56.9	34.5
仅地区交易所	41	31.7	68.3	46.3	24.4	75.6	29.3	70.7	22.0
未知	121	35.5	62.0	40.5	23.1	76.9	31.4	45.5	22.3
所有在《穆迪投资手册》中的受让人	621	75.5	23.8	67.0	10.6	89.4	27.4	68.3	35.7
所有不在《穆迪投资手册》中的受让人	503	n. a.	n. a.	8.5	25.8	74.2	32.0	51.5	20.9
B. 专利的列百分比									
纽约证券交易所和地区交易所	17.9	42.2	1.4	40.5	3.6	20.9	13.6	26.2	37.3
仅纽约证券交易所	12.2	27.7	4.7	19.6	3.6	14.0	13.0	13.9	10.1
纽约二级交易所和地区交易所	5.6	10.7	8.8	8.7	3.6	6.0	3.0	4.8	3.4
仅纽约二级交易所	5.2	7.5	15.5	7.0	3.6	5.5	6.6	4.8	6.1
仅地区交易所	3.6	2.8	18.9	4.1	5.1	3.3	3.6	4.2	2.8
未知	10.8	9.2	50.7	10.7	14.3	10.0	11.5	8.1	8.3
所有在《穆迪投资手册》中的受让人	55.2	100.0	100.0	90.6	33.7	59.8	51.4	62.1	67.9
所有不在《穆迪投资手册》中的受让人	44.8	0.0	0.0	9.4	66.3	40.2	48.6	37.9	32.1

注：该表包括1928～1929年转让给该公司的专利的横截面数据。受让公司证券交易市场的信息来自1929年的《穆迪投资手册》。"未知"类别包括《穆迪投资手册》覆盖但报告中没有提供股票交易地点信息的公司。这些公司的股票可能暗中持有，或者是私下交易。如果受让人是一家大公司的子公司，我们会尽量将这些信息作为母公司作信息来报告。"由发明人担任主管的企业"包括冠以专利申请人姓氏的企业，以及专利申请人是企业的高级职员、董事或所有者的企业。所有剩下的企业都包含在"发明人不担任主管的企业"中。关于其他变量的定义，参见表8.1和表8.2的注释。n. a. 表示不适用。

很难直接了解地区交易所和纽约二级交易所在鼓励创业型企业方面发挥的作用，因为我们样本中大多数此类机构的股票都没有在任何市场上交易，至少在我们观察它们的时候没有交易。事实上，大多数这类企业都太小了，甚至没有被《穆迪投资手册》这样的出版物注意到。然而，我们可以通过把注意力集中在有财务报告的小企业，来了解不同交易所的重要性。1928~1929 年，资产不足 1000 万美元的企业看起来更像是没有被《穆迪投资手册》收录的公司，而不是那些资产达到或超过 1000 万美元的企业。尽管在大资产类别中大部分受让公司是拥有研发实验室的企业，但大多数受让的"小盘股"企业则是那些在 NRC 名单中没有显示拥有工业研究设施的企业。相比于大盘股公司，它们的专利被归类为高科技的比例也更像是"其他"类别的公司：对于高科技 1，小盘股企业的高科技专利比例为 56%，其他公司为 52%，而大盘股企业的比例是 74%；对于高科技 2，对应的数字分别为 25%、21% 和 40%[①]。小盘股企业与大企业非常不同，因为它们获得的专利中有更大的份额来自企业主管发明人。1928~1929 年，在小盘股企业获得的专利中，28% 是由主管发明人提供的，其他公司只有26%，大盘股公司只有 6%。和拥有主管发明人的企业一样，绝大多数小盘股企业分布在东北中部地区，而大盘股企业则集中在中大西洋地区。

对于《穆迪投资手册》覆盖的所有小盘股企业和大盘股企业，我们收集了有关企业股票交易市场的信息（见表 8.10）。不出所料，与大盘股企业的情况不同，转让给小盘股企业的专利很少流向在大板上市的公司。但有超过一半的专利流向了其股票在其他交易所交易的企业：18.9% 流向了

---

① 本段中所有小盘股企业和大盘股企业的比较，可以使用表 8.1 中的计数作为权重，将表 8.2 中的子类别加起来计算。对于没有被列入《穆迪投资手册》的企业，我们关于发明人是其专利受让企业主管的比例可能被低估了，因为我们是通过城市目录查找企业获得这些信息的，因此无法获得这些资源没有覆盖到的地区企业的专利转让情况。

表 8.10　1929 年企业进入股票市场的情况

1929 年企业股票交易所	企业数量/企业份额	资产 ≥1000 万美元的受让企业	资产 <1000 万美元的受让企业	有研发实验室的受让企业
A. 行百分比				
纽约证券交易所和地区交易所	45	93.3	4.4	73.3
仅纽约证券交易所	75	93.3	6.7	49.3
纽约二级交易所和地区交易所	29	65.5	34.5	58.6
仅纽约二级交易所	42	54.8	45.2	59.5
仅地区交易所	32	21.9	78.1	37.5
未知	93	24.7	72.0	32.3
所有在《穆迪投资手册》中的受让人	316	58.2	40.5	48.7
所有不在《穆迪投资手册》中的受让人	471	n. a.	n. a.	7.4
B. 列百分比				
纽约证券交易所和地区交易所	5.7	22.8	1.6	17.5
仅纽约证券交易所	9.5	38.0	3.9	19.6
纽约二级交易所和地区交易所	3.7	10.3	7.8	9.0
仅纽约二级交易所	5.3	12.5	14.8	13.2
仅地区交易所	4.1	3.8	19.5	6.3
未知的	11.8	12.5	52.3	15.9
所有在穆迪手册中的受让人	40.2	100.0	100.0	81.5
所有不在穆迪手册中的受让人	59.8	n. a.	n. a.	18.5

注：参见表 8.1，表 8.2 和表 8.9 的注释。n. a. 表示不适用。

在地区交易所交易的企业，15.5%流向了在二级市场交易的企业，8.8%流向了同时在地区交易所和二级市场交易的企业。其余流向《穆迪投资手册》没有提供上市信息的企业，这些公司的股票很可能被秘密持有，或者只能私下交易。如果我们进一步分析地区数据，我们会发现东北中部各州的小盘股企业更有可能在地区股票市场交易，而新英格兰和中大西洋的小盘股企业更有可能在纽约的二级市场交易①。

当我们追溯样本中早期金融出版物覆盖的企业上市历史时（见表8.11），我们发现其中只有较少的公司能从地区或二级市场跳到大板市场。1929年在纽约证券交易所上市的大盘股企业，是规模扩大并改变上市方式的小盘股企业。大部分企业一成立就是大公司（通常是合并的结果），它们的上市历史似乎是从纽约证券交易所开始的。同样，1929年股票在地区交易所交易的企业，大部分都是首次在那里上市，在纽约二级市场交易的股票，也是如此。主要的例外是那些1929年股票同时在纽约二级市场和地区交易所交易的企业。其中一大部分起源于地区交易所，后来才通过二级市场进入纽约资本市场。一些企业似乎能够在当地的交易所上市，然后，随着投资者积累了更多有关企业业务的信息，进入了其他地区更广阔的市场。但大多数企业进入资本市场的渠道仍然是本地的，东北中部地区的小企业主要是通过该地区的交易所交易，中大西洋地区的小企业则主要通过纽约二级市场交易。

尽管证据并不确凿，但在地区交易所上市的信息与这样一种观点是一致的，即区域性资本市场（尤其是在东北中部各州）的增长，鼓励了对创业型企业的投资。这些最成功的企业可以预期股票能在其所在城市的证券交易所进行交易，或许还能从那里转移到纽约的某个二级市场，而这种

---

① 因为表格容量有限，为节省篇幅，我们没有展示这些进一步的分析。

表 8.11　1929 年在《穆迪投资手册》上的受让企业的早期交易历史

	纽约证券交易所和地区交易所		仅纽约证券交易所		纽约二级交易所和地区交易所		仅纽约二级交易所		仅地区交易所		未知		没有财务报告的	
	1924	1912	1924	1912	1924	1912	1924	1912	1924	1912	1924	1912	1924	1912
A. 行百分比														
纽约证券交易所和地区交易所	**55.6**	**15.6**	2.2	2.2	6.7	0.0	0.0	0.0	6.7	15.6	6.7	17.8	22.2	48.9
仅纽约证券交易所	4.0	4.0	**37.3**	**12.0**	0.0	0.0	6.7	4.0	2.7	2.7	20.0	21.3	29.3	56.0
纽约二级交易所和地区交易所	6.9	0.0	0.0	0.0	**10.3**	**0.0**	6.9	0.0	31.0	17.2	27.6	37.9	17.2	44.8
仅纽约二级交易所	4.8	0.0	0.0	2.4	2.4	0.0	**23.8**	**0.0**	0.0	2.4	42.9	38.1	26.2	57.1
仅地区交易所	0.0	0.0	0.0	0.0	0.0	0.0	0.0	0.0	**31.3**	**9.4**	25.0	21.9	43.8	68.8
未知	0.0	0.0	0.0	0.0	0.0	0.0	0.0	0.0	2.2	3.2	**57.0**	**19.4**	40.9	77.4
所有类别的股票	10.1	3.2	9.2	3.5	2.2	0.0	5.4	0.9	8.2	6.6	33.2	24.1	31.6	61.7
B. 列百分比														
纽约证券交易所和地区交易所	78.1	70.1	3.4	9.1	42.9	n.a.	0.0	0.0	11.5	33.3	2.9	10.5	10.0	11.3
仅纽约证券交易所	9.4	30.0	**96.6**	**81.8**	0.0	n.a.	29.4	100.0	7.7	9.5	14.3	21.1	22.0	21.5
纽约二级交易所和地区交易所	6.3	0.0	0.0	0.0	**42.9**	**n.a.**	11.8	0.0	34.6	23.8	7.6	14.5	5.0	6.7
仅纽约二级交易所	6.3	0.0	0.0	9.1	14.3	n.a.	**58.8**	**0.0**	0.0	4.8	17.1	21.1	11.0	12.3
仅地区交易所	0.0	0.0	0.0	0.0	0.0	n.a.	0.0	0.0	**38.5**	**14.3**	7.6	9.2	14.0	11.3
未知	0.0	0.0	0.0	0.0	0.0	n.a.	0.0	0.0	7.7	14.3	**50.5**	**23.7**	38.0	36.9
所有类别的股票	100.0	100.0	100.0	100.0	100.0	n.a.	100.0	100.0	100.0	100.0	100.0	100.0	100.0	100.0

注：该表包括被 1929 年《穆迪投资手册》报道的，在 1928～1929 年转让专利权的企业。交易信息来自 1924 年和 1929 年的《穆迪投资手册》和 1912 年的《普尔工业手册》。1912 年、1924 年和 1929 年一样，相同类别交易所列示的企业百分比用黑体表示。n. a. 表示不适用。

预期很可能足以刺激这些领域的商业人士将部分资产投入新企业。Lamoreaux、Levenstein 和 Sokoloff（2006，2007）及 Steven Klepper（2007）分别对克利夫兰和底特律进行了研究，指出在地方上确实存在渴望为创业型企业提供风险资本的知名人士网络。

8.7 创新活动的重组

我们在本章开始时讨论了两个文献，这两个文献对我们理解 20 世纪早期美国技术发现的重组有着非常不同的含义。关于工业研究实验室崛起的文献声称，拥有研发设施的大企业的发明越来越多。有关股票市场增长的文献表明，融资渠道的扩大，可能使创业型企业家们能够筹集到在技术发现过程中持续发挥作用的资金。

我们对专利数据的分析表明，这两种观点都有一定道理。在中大西洋地区，拥有工业研究设施的大企业确实开展了诸多创新活动。然而，东北中部地区在蓬勃发展的地区交易所的支持下（我们有充分理由相信这一点），成为富有创新精神的初创企业的基地。20 世纪 20 年代，这两个创新活动中心似乎都没有相对于对方的特殊优势，因为这两个地区在专利总量中所占的份额大致相当，人均专利申请率也相似。的确，中大西洋地区的大企业在与第二次工业革命相关的技术方面更加专业化，但是它们大多数在建造工业研究实验室之前就已经显示了这一特性。此外，拥有研发设施的大企业获得的发明不比没有实验室的企业获得的发明更可能是团队合作的产物，这可以通过专利是不是多人联合申请来衡量，而且大企业仍然从发明家那里获得了相当大的专利比例，这些发明家所在的州表明他们不可能是受让企业实验室的雇员。

那么，为什么有关技术史的文献只关注中大西洋地区的大规模投资，而忽略了更西边的充满活力的创业型经济呢？我们认为，答案在于大萧条，大萧条对东北中部地区小企业的打击，比对中大西洋地区大企业的打击更为严重①。为了衡量这场金融灾难对两个地区的不同影响，我们对比了1935年和1928年的《穆迪投资手册》都覆盖的公司。然后，估计了在1929年获得专利的企业在1935年遭受财政困难的可能性。在表8.12的前四列中，因变量是一个虚拟变量，如果专利受让企业在1935年《穆迪投资手册》中不再发表报告，或者报告指出企业破产或被重组，该虚拟变量值为1②。在后四列中，因变量还包括其进入资本市场的机会在1929~1935年似乎出现恶化的企业③。所有的估计都是probit估计，而且自变量的定义和前面的表格一样。

　　从估计值来看，大萧条的影响不同是很明显的。尽管创业型企业与专利权人不是主管的企业受到的负面影响相当，但是小企业比大企业更有可能遭受财务危机④。此外，拥有研发设施的企业也能更好地度过大萧条时期。正如我们所看到的，大企业和拥有研发设施的大企业大部分分布在中大西洋地区。然而，即使我们控制了这些特征，很明显，大萧条对该地区的影响，比对该国其他地区的影响要小。当然，特别令人感兴趣的是东北中部地区的系数。点估计值都暗示着财务危机。第二组的估计值在5%水平下是显著的，第一组的估计值在10%的水平下是显著的⑤。

---

① 关于这一点，也可参见Lamoreaux和Levenstein（2008）。
② 没有报告的大多数企业被明确删除。如果小企业遇到财务困难，《穆迪投资手册》可能会停止发表它们的信息，但是在同样条件下，手册通常会继续报道大企业的信息，因为这些企业的前景会引起大量读者的兴趣。
③ 关于这个变量的准确定义，参见表8.12的注释。
④ 当然，这个结果并不令人惊讶。关于20世纪20~60年代大企业的高存活率，参见Edwards（1975）。更普遍的说法，也可参见Averitt（1968）。
⑤ 限于表格篇幅，我们没有报告技术子类控制变量的估计值，但结果是一样的，除了在东北中部的虚拟系数有显著提高。

表8.12 按企业类型和地区分列的大萧条案影响

| | 破产、重组或从《穆迪投资手册》退出 | | | | 破产、重组,从《穆迪投资手册》退出,或进入金融市场的机会恶化 | | | |
| | 使用高科技1的定义 | | 使用高科技2的定义 | | 使用高科技1的定义 | | 使用高科技2的定义 | |
	(1)	(2)	(3)	(4)	(5)	(6)	(7)	(8)
高科技专利	0.020	0.022	0.025	0.031	−0.103	−0.089	−0.029	−0.017
	(0.66)	(0.74)	(0.79)	(0.96)	(2.76) ***	(2.37) **	(0.77)	(0.44)
大企业	−0.185	−0.177	−0.184	−0.175	−0.220	−0.205	−0.228	−0.210
	(4.79) ***	(4.63) ***	(4.78) ***	(4.61) ***	(4.85) ***	(4.53) ***	(4.99) ***	(4.60) ***
有研发实验室	−0.210	−0.200	−0.215	−0.205	−0.154	−0.142	−0.162	−0.150
	(5.88) ***	(5.66) ***	(5.85) ***	(5.66) ***	(3.81) ***	(3.52) ***	(3.91) ***	(3.61) ***
专利人即主管	0.003	−0.005	0.003	−0.005	0.078	0.062	0.075	0.064
	(0.06)	(0.12)	(0.06)	(0.14)	(1.39)	(1.12)	(1.35)	(1.14)
西部		0.233		0.221		0.192		0.205
		(1.97) **		(1.91) *		(1.45)		(1.51)
西北中部		0.366		0.365		0.431		0.454
		(3.07) ***		(3.07) ***		(3.25) ***		(3.38) ***
东北中部		0.065		0.067		0.085		0.083
		(1.90) *		(1.96) *		(2.04) **		(1.99) **
新英格兰		−0.012		−0.014		0.081		0.105
		(0.28)		(0.34)		(1.45)		(1.87) *

续表

	破产、重组或从《穆迪投资手册》退出				破产、重组，从《穆迪投资手册》退出，或进入金融市场的机会恶化			
	使用高科技 1 的定义		使用高科技 2 的定义		使用高科技 1 的定义		使用高科技 2 的定义	
	(1)	(2)	(3)	(4)	(5)	(6)	(7)	(8)
南大西洋		0.071		0.061		−0.013		−0.011
		(0.58)		(0.50)		(0.09)		(0.07)
南部其他地区		0.464		0.463		0.362		0.381
		(2.00)**		(2.01)**		(1.48)		(1.54)
观测次数	621	621	621	621	621	621	621	621

注：z 统计量的绝对值在括号中。这些估计是 probit 估计。这些观测值是 1928～1929 年的数据，报告的数据是边际效应。这些观测值是 1928～1929 年转让给公司的专利的横截面数据，这些公司在 1929 年的《穆迪投资手册》中有报告。因为我们的《穆迪投资手册》中有的观察对象是专利，所以这些估计是根据每家公司受让的专利数量进行加权的。在前四列中，因变量是一个虚拟变量，如果公司在 1929 年的《穆迪投资手册》中有报告，或者如果公布报告被告出企业破产或破重组，该变量是一个虚拟变量，在前四列的因变量值为 1。按照这个定义，有 17% 的专利被转让给了这类正处于困境的企业。在后四列中，因变量也是一个虚拟变量，目的是反映受让企业所在纽约的二级交易所所在的二级交易所赋值为 5；同时在纽约的企业赋值为 5；同时在地区交易所所和纽约的二级交易所赋值为 3；没有提供上市信息的企业赋值为 2；在《穆迪投资手册》中没有任何信息的企业赋值为 4；在地区交易所所得二级交易所赋值为 3；省略如果提供上市 1929 年，或者如果有机构处于大西洋地区，省略被转让给企业的数字代码在 1935 年低于 1929 年，或者如果有机构处于大西洋地区，那么该变量的值为 0。如果交易进入金融市场的信息的企业赋值为 1。如果企业拥有的企业数字有转让给企业处于困境的企业。关于自变量的定义，变量的值为 1，否则为 0。按照第二个定义，有 24% 的专利被转让给这类正处于困境地区。关于自变量的定义，参见表 8.1、表 8.2 和表 8.4 的注释。*** 代表在 1% 的水平下显著，** 代表在 5% 的水平下显著，* 代表在 10% 的水平下不显著。

大萧条对区域专利申请率的影响也很明显，20 世纪 30 年代，中大西洋地区的专利申请率比东北中部地区要高得多①。考虑到大萧条时期的低需求水平，大企业不会认为发展新的生产能力是一个有吸引力的策略。但正如 Mowery 和 Nathan Rosenberg（1989）所表明的，它们极大地扩大了在研发方面的投资②。1929～1936 年，新的工业研究实验室的数量增加了 590 个，这一增长优于 1919～1928 年新建的 660 个实验室。此外，工业研究实验室带动就业数量的增长更为迅速，1927～1940 年几乎增长了 5 倍，研发设施使得企业里每 1000 名工薪阶层中的研究员人数从 0.83 人增加到了 3.67 人。作为这些投资的结果，中大西洋地区的大企业从大萧条中崛起，拥有大量的新技术，增强了它们的竞争力，而在东北中部地区存活下来的小企业却无法维持同样水平的专利申请活动。

虽然东北中部地区的经济在二战期间及其余波中蓬勃发展，但它再也没有恢复其创业型的特征。探究其原因必然是未来研究的一个主题。一种可能性是，战争期间政府的采购政策偏向于有工业研究实验室的大企业，进一步激发了发明活动的重组（Blum，1976；Vatter，1985；Mowery and Rosenberg，1989）。另一个原因是，由于大萧条而设立的监管机构，使那些曾支持当地风险资本家的地区交易所无法生存（White，2009）。还有一种观点认为，20 世纪 20 年代的创新经济依赖于高度专业化的人力资本，但这种人力资本与发明家、企业家和与创新活动紧密结合的金融家网络一起在 20 世纪 30 年代遭到破坏（Lamoreaux and Levenstein，2008）。

不管怎样，到 20 世纪 50 年代，东北中部地区在 20 世纪 20 年代兴起

---

① 某个特定年份的专利申请率反映了几年前提出的申请。因此，大萧条早期大多数地区专利申请率的上升是 20 世纪 20 年代后期产生的发明的结果。

② 关于这一点，也可参见 Bernstein（1987）。

的另一类创业型企业已经所剩无几。它们对技术发现的贡献大部分已经从我们的历史记忆中被抹去，20 世纪后期的学术研究把像硅谷这样的创新地区写成是全新的东西。现在金融危机再次冲击经济，重温这段被遗忘的历史是有益的。大萧条对中大西洋地区大企业和对东北中部地区创业型企业的不同影响，是一个明显的提醒：在这种情况下，大企业可以获得竞争优势，因为它们拥有优越的资本条件。宏观经济冲击可能给创新型地区带来灾难性后果，我们应引以为戒。

我们要感谢 Oana Ciobanu、Shogo Hamasaki、Scott Kamino 和 Ludmila Skulkina 的研究协助以及 Yun Xia 设计的程序，更要感谢 Shih-tse Lo 提供的建议和帮助。感谢 Michael Darby、Rochelle Dreyfuss、Harry First、Louis Galambos、Timothy Guinnane、Paul Israel、Daniel Kevles、Zorina Khan、Margaret Levenstein、Tom Nicholas、Jean-Laurent Rosenthal、Mary O'Sullivan、Ariel Pakes、Ross Thomson、Eugene White 和 Lynn Zucker，感谢参加 2008 年 11 月在加州大学洛杉矶分校举办的肯尼思·索科洛夫纪念大会和 2009 年乌得勒支世界经济史大会的同人，以及纽约大学法学院、加州大学默塞德分校、加州大学洛杉矶分校安德森管理学院的研讨会参与者，他们的意见给了我们很大的帮助。我们还要感谢加拿大社会及人文科学研究局（SSHRC）、蒙特利尔大学间数量经济学研究中心（CIREQ）、加州大学洛杉矶分校安德森管理学院的 Harold 与 Pauline Price 创业研究中心，以及加州大学洛杉矶分校经济史研究中心提供的财政支持。

参考文献

Adams, Charles F., Jr. 1869. "A Chapter of Erie." *North American Review* 109:

30-106.

Adams, Stephen B. , and Orville R. Butler. 1999. *Manufacturing the Future: A History of Western Electric.* New York: Cambridge University Press.

Arora, Ashish, Marco Ceccagnoli, and Wesley M. Cohen. 2007. "Trading Knowledge: An Exploration of Patent Protection and Other Determinants of Market Transactions in Technology and R&D." In *Financing Innovation in the United States, 1870 to the Present*, edited by Naomi R. Lamoreaux and Kenneth L. Sokoloff, 365-403. Cambridge, M. A. : MIT Press.

Arora, Ashish, Andrea Fosfuri, and Alfonso Gambardella. 2001. *Markets for Technology: The Economics of Innovation and Corporate Strategy.* Cambridge, M. A. : MIT Press.

Arrow, Kenneth J. 1962. "Economic Welfare and the Allocation of Resources for Invention." In *The Rate and Direction of Economic Activity: Economic and Social Factors*, Universities-National Bureau Committee for Economic Research, 609-626. Princeton, N. J. : Princeton University Press.

Averitt, Robert T. 1968. *The Dual Economy: The Dynamics of American Industry Structure.* New York: W. W. Norton.

Baskin, Jonathan Barron, and Paul J. Miranti Jr. 1997. *A History of Corporate Finance.* New York: Cambridge University Press.

Bernstein, Michael A. 1987. *The Great Depression: Delayed Recovery and Economic Change in America, 1929-1939.* New York: Cambridge University Press.

Blum, John Morton. 1976. *V Was for Victory: Politics and Culture during World War II.* San Diego: Harcourt Brace Jovanovich.

Bulletin of the National Research Council. 1921. Pt. 1, No. 16 (December). Washington, D. C. : National Research Council.

——. 1927. No. 60 (July). Washington, D. C. : National Research Council.

——. 1946. No. 113 (July). Washington, D. C. : National Research Council.

Calomiris, Charles W. 1995. "The Costs of Rejecting University Banking: American Finance in the German Mirror, 1870-1914." In *Coordination and Information: Historical Perspectives on the Organization of Enterprise*, edited by Naomi R. Lamoreaux and Daniel M. G. Raff, 257-315. Chicago: University of Chicago Press.

Carosso, Vincent P. 1970. *Investment Banking in America: A History.* Cambridge, M. A. : Harvard University Press.

——. 1987. *The Morgans: Private International Bankers, 1854 – 1913.* Cambridge, M. A. : Harvard University Press.

Chandler, Alfred D. , Jr. 1977. *The Visible Hand: The Managerial Revolution in American Business.* Cambridge, M. A. : Harvard University Press.

Cohen, Wesley M., and Steven Klepper. 1996. " A Reprise of Size and R&D. " *Economic Journal* 106: 925-951.

Cohen, Wesley M., Richard C. Levin, and David C. Mowery. 1987. "Firm Size and R&D Intensity: A Re-examination. " *Journal of Industrial Economics* 35: 543-565.

Cohen, Wesley M., Richard Nelson, and John P. Walsh. 2000. " Protecting their Intellectual Assets: Appropriability Conditions and Why U. S. Manufacturing Firms Patent (or Not). " NBER Working Paper no. 7552. Cambridge, M. A.: National Bureau of Economic Research, February.

Commercial and Financial Chronicle. 1870-1872 and 1890-1891. New York: William P. Dana and Co.

Cull, Robert, Lance E. Davis, Naomi R. Lamoreaux, and Jean-Laurent Rosenthal. 2006. "Historical Financing of Small-and Medium-Size Enterprises. " *Journal of Banking and Finance* 30: 3017-3042.

De Long, J. Bradford. 1991. " Did J. P. Morgan's Men Add Value? An Economist's Perspective on Financial Capitalism. " In *Inside the Business Enterprise: Historical Perspectives on the Use of Information*, edited by Peter Temin, 205-236. Chicago: University of Chicago Press.

Edwards, Richard C. 1975. "Stages in Corporate Stability and the Risks of Corporate Failure. " *Journal of Economic History* 35: 428-457.

Federer, J. Peter. 2008. " Advances in Communication Technology and Growth of the American Over-the-Counter Markets, 1876 - 1929. " *Journal of Economic History* 68: 501-534.

Fisk, Catherine L. 1998. "Removing the 'Fuel of Interest' from the 'Fire of Genius': Law and the Employee-Inventor, 1830-1930. " *University of Chicago Law Review* 65: 1127-1198.

——. 2001. " Working Knowledge: Trade Secrets, Restrictive Covenants in Employment, and the Rise of Corporate Intellectual Property, 1800-1920. " *Hastings Law Journal* 52: 441-535.

Galambos, Louis, with Jane Eliot Sewell. 1995. *Networks of Innovation: Vaccine Development at Merck, Sharp & Dohme, and Mulford*, 1895-1995. New York: Cambridge University Press.

Gans, Joshua, and Scott Stern. 2003. " The Product Market and the Market for 'Ideas': Commercialization Strategies for Technology Entrepreneurs. " *Research Policy* 32: 333-350.

Gibb, George Sweet, and Evelyn H. Knowlton. 1956. *History of Standard Oil Company*

(*New Jersey*), *Volume 2, The Resurgent Years, 1911 – 1927.* New York: Harper and Brothers.

Hall, Bronwyn H. 2006. " 2002 Updates to NBER Patent Data." Accessed October 2008. http://elsa. berkeley. edu/~bhhall/bhdata. html.

Hall, Bronwyn H., Adam B. Jaffe, and Manuel Trajtenberg. 2002. " The NBER Patent-Citation Data File: Lessons, Insights, and Methodological Tools." In *Patents, Citations, and Innovations: A Window on the Knowledge Economy*, edited by Adam B. Jaffe and Manuel Trajtenberg, 403–459. Cambridge, M. A.: MIT Press.

Hannah, Leslie. 2007. "What Did Morgan's Men Really Do?" CIRJE Discussion Paper F–465. Tokyo: Centre for International Research on the Japanese Economy, the University of Tokyo.

Hintz, Eric S. 2007. "Independent Researchers in an Era of Burgeoning Research & Development." *Business and Economic History On-Line* 5. http://www. h – net. org/~ business/bhcweb/publications/BEHonline/2007/hintz. pdf.

Hounshell, David A., and John Kenley Smith Jr. 1988. *Science and Corporate Strategy: Du Pont R&D, 1902–1980.* New York: Cambridge University Press.

Hughes, Thomas Parke. 1989. *American Genesis: A Century of Invention and Technological Enthusiasm, 1870–1970.* New York: Viking.

Jewkes, John, David Sawers, and Richard Stillerman. 1958. *The Sources of Invention.* London: Macmillan.

Klepper, Steven. 2007. "The Organizing and Financing of Innovative Companies in the Evolution of the U. S. Automobile Industry." In *Financing Innovation in the United States, 1870 to Present*, edited by Naomi R. Lamoreaux and Kenneth L. Sokoloff, 85–128. Cambridge, M. A.: MIT Press.

Lamoreaux, Naomi R., and Margaret Levenstein. 2008. "The Decline of an Innovative Region: Cleveland, Ohio, in the Twentieth Century." Unpublished Manuscript.

Lamoreaux, Naomi R., Margaret Levenstein, and Kenneth L. Sokoloff. 2006. "Mobilizing Venture Capital During the Second Industrial Revolution: Cleveland, Ohio, 1870–1920." *Capitalism and Society* 1. http://www. bepress. com/cas/vol1/iss3/art5/.

——. 2007. "Financing Invention during the Second Industrial Revolution: Cleveland, Ohio, 1870–1920." In *Financing Innovation in the United States: 1870 to Present*, edited by Naomi R. Lamoreaux and Kenneth L. Sokoloff, 39–84. Cambridge, M. A.: MIT Press.

Lamoreaux, Naomi R., and Kenneth L. Sokoloff. 1996. "Long-Term Change in the Organization of Inventive Activity." *Proceedings of the National Academy of Sciences of the United States of America* 93: 12686–12692.

———. 1999. "Inventors, Firms, and the Market for Technology in the Late Nineteenth and Early Twentieth Centuries. " In *Learning by Doing in Markets, Firms and Countries*, edited by Naomi R. Lamoreaux, Daniel M. G. Raff, and Peter Temin, 19 - 57. Chicago: University of Chicago Press.

———. 2001. "Market Trade in Patents and the Rise of a Class of Specialized Inventors in the Nineteenth-Century United States. " *American Economic Review, Papers and Proceedings* 91: 39-44.

———. 2003. "Intermediaries in the U. S. Market for Technology, 1870 - 1920. " In *Finance, Intermediaries, and Economic Development*, edited by Stanley L. Engerman, Philip T. Hoffman, Jean-Laurent Rosenthal, and Kenneth L. Sokoloff, 209 - 246. New York: Cambridge University Press.

———. 2007. "The Market for Technology and the Organization of Invention in U. S. History. " In *Entrepreneurship, Innovation, and the Growth Mechanism of the Free-Enterprise Economies*, edited by Eytan Sheshinski, Robert J. Strom, and William J. Baumol, 213-243. Princeton, N. J. : Princeton University Press.

———. 2009. "The Rise and Decline of the Independent Inventor: A Schumpeterian Story?" In *The Challenge of Remaining Innovative: Insights from Twentieth Century American Business*, edited by Sally H. Clarke, Naomi R. Lamoreaux, and Steven W. Usselman, 43-78. Stanford: Stanford University Press.

Lanjouw, Jean O. , and Mark Schankerman. 2004. "Patent Quality and Research Productivity: Measuring Innovation with Multiple Indicators. " *Economic Journal* 114: 441-465.

Lazonick, William. 1991. *Business Organization and the Myth of the Market Economy*. New York: Cambridge University Press.

Lerner, Josh. 1994. "The Importance of Patent Scope: An Empirical Analysis. " *Rand Journal of Economics* 25: 319-333.

———. 1995. "Patenting in the Shadow of Competitors. " *Journal of Law and Economics* 38: 463-495.

Leslie, Stuart W. 1980. "Thomas Midgley and the Politics of Industrial Research. " *Business History Review* 54: 480-503.

Lipartito, Kenneth. 2009. "Rethinking the Invention Factory: Bell Laboratories in Perspective. " In *The Challenge of Remaining Innovative: Insights from Twentieth Century American Business*, edited by Sally H. Clarke, Naomi R. Lamoreaux, and Steven W. Usselman, 132-159. Stanford: Stanford University Press.

Martin, Joseph G. 1898. *A Century of Finance: Martin's History of the Boston Stock and*

Money Markets. Boston: Privately printed.

Moody's Manual of Investments and Security Rating Service. 1924, 1929, and 1935. New York: Moody's Investors Service.

Mowery, David C. 1983. "The Relationship between Intrafifi rm and Contractual Forms of Industrial Research in American Manufacturing, 1900–1940." *Explorations in Economic History* 20: 351–374.

——. 1995. "The Boundaries of the U. S. Firm in R&D." In *Coordination and Information: Historical Perspectives on the Organization of Enterprise*, edited by Naomi R. Lamoreaux and Daniel M. G. Raff, 147–176. Chicago: University of Chicago Press.

Mowery, David C., and Nathan Rosenberg. 1989. *Technology and the Pursuit of Economic Growth*. New York: Cambridge University Press.

Navin, Thomas R., and Marian V. Sears. 1955. "The Rise of a Market for Industrial Securities, 1887–1902." *Business History Review* 29: 105–138.

Neal, Larry, and Lance E. Davis. 2007. "Why Did Finance Capitalism and the Second Industrial Revolution Arise in the 1890s?" In *Financing Innovation in the United States, 1870 to Present*, edited by Naomi R. Lamoreaux and Kenneth L. Sokoloff, 129–161. Cambridge, M. A.: MIT Press.

Nelson, Richard R. 1959. "The Simple Economics of Basic Scientific Research." *Journal of Political Economy* 67: 297–306.

Nicholas, Tom. 2003. "Why Schumpeter Was Right: Innovation, Market Power, and Creative Destruction in 1920s America." *Journal of Economic History* 63: 1023–1058.

——. 2007. "Stock Market Swings and the Value of Innovation, 1908–1929." In *Financing Innovation in the United States, 1870 to Present*, edited by Naomi R. Lamoreaux and Kenneth L. Sokoloff, 217–245. Cambridge, M. A.: MIT Press.

——. 2008. "Does Innovation Cause Stock Market Runups? Evidence from the Great Crash." *American Economic Review* 98: 1370–1396.

——. 2009. "Spatial Diversity in Invention: Evidence from the Early R&D Labs." *Journal of Economic Geography* 9: 1–31.

——. 2010. "The Role of Independent Invention in U. S. Technological Development, 1880–1930." *Journal of Economic History* 70: 57–82.

O'Sullivan, Mary A. 2007. "Funding New Industries: A Historical Perspective on the Financing Role of the U. S. Stock Market in the Twentieth Century." In *Financing Innovation in the United States, 1870 to Present*, edited by Naomi R. Lamoreaux and Kenneth L. Sokoloff, 163–216. Cambridge, M. A.: MIT Press.

Poor's Manual of Industrials. 1910 and 1912. New York: Poor's Railroad Manual Co.

Reich, Leonard S. 1977. "Research, Patents, and the Struggle to Control Radio: A Study of Big Business and the Uses of Industrial Research." *Business History Review* 51: 208–235.

——. 1980. "Industrial Research and the Pursuit of Corporate Security: The Early Years of Bell Labs." *Business History Review* 54: 504–529.

——. 1985. *The Making of American Industrial Research: Science and Business at GE and Bell, 1876–1926.* New York: Cambridge University Press.

Ripley, William Z. 1927. *Main Street and Wall Street.* Boston: Little, Brown and Co.

Robb, John F. 1922. *Patent Essentials for the Executive, Engineer, Lawyer and Inventor.* New York: Funk and Wagnalls.

Robinson, William G. 1890. *The Law of Patents for Useful Inventions.* 3 volumes. Boston: Little, Brown and Company.

Rosenbloom, Richard S., and William J. Spencer. 1996. "Introduction: Technology's Vanishing Wellspring." In *Engines of Innovation: U. S. Industrial Research at the End of an Era*, edited by Richard S. Rosenbloom and William J. Spencer, 1–9. Boston: Harvard Business School Press.

Scherer, F. M. 1965. "Firm Size, Market Structure, Opportunity, and the Output of Patented Inventions." *American Economic Review* 55: 1097–1125.

Schumpeter, Joseph A. 1942. *Capitalism, Socialism, and Democracy.* New York: Harper.

Simon, Miguel Cantillo. 1998. "The Rise and Fall of Bank Control in the United States: 1890–1939." *American Economic Review* 88: 1077–1093.

Smith, John K., and David A. Hounshell. 1985. "Wallace H. Carothers and Fundamental Research at Du Pont." *Science* 229: 436–442.

Teece, David J. 1986. "Profiting from Technological Innovation: Implications for Integration, Collaboration, Licensing, and Public Policy." *Research Policy* 15: 285–305.

——. 1988. "Technological Change and the Nature of the Firm." In *Technical Change and Economic Theory*, edited by Giovanni Dosi, Christopher Freeman, Richard Nelson, Gerald Silverberg, and Luc Soete, 256–281. London: Pinter.

——. 1993. "The Dynamics of Industrial Capitalism: Perspectives on Alfred Chandler's Scale and Scope." *Journal of Economic Literature* 31: 199–225.

U. S. Census Bureau. 2002. "Demographic Trends in the 20th Century." Census 2000 Special Reports, Series CENSR-4. Washington, D. C.: U. S. Government Printing Office. http://www.census.gov/prod/2002pubs/censr-4.pdf.

U. S. Commissioner of Patents. 1870–1871, 1890–1891, 1900–1925, 1946,

1955. *Annual Report*. Washington, DC: U. S. Government Printing Office.

Usselman, Steven W. 2002. *Regulating Railroad Innovation: Business, Technology, and Politics in America, 1840-1920*. New York: Cambridge University Press.

——. 2007. "Learning the Hard Way: IBM and the Sources of Innovation in Early Computing." In *Financing Innovation in the United States, 1870 to Present*, edited by Naomi R. Lamoreaux and Kenneth L. Sokoloff, 317-363. Cambridge, M. A. : MIT Press.

Vatter, Harold G. 1985. *The U. S. Economy in World War II*. New York: Columbia University Press.

White, Eugene N. 1984. "Banking Innovation in the 1920s: The Growth of National Banks' Financial Services. " *Business and Economic History*, Second Series 13: 92-104.

——. 1990. "The Stock Market Boom and Crash of 1929 Revisited. " *Journal of Economic Perspectives* 4: 67-83.

——. 2009. "Competition Among the Exchanges Before the SEC: Was the NYSE a Natural Hegemon?" Unpublished Manuscript.

White, Richard. 2003. " Information, Markets, and Corruption: Transcontinental Railroads in the Gilded Age. " *Journal of American History* 90: 19-43.

Wise, George. 1985. *Willis R. Whitney, General Electric, and the Origins of U. S. Industrial Research*. New York: Columbia University Press.

Zeckhauser, Richard. 1996. " The Challenge of Contracting for Technological Information. " *Proceedings of the National Academy of Sciences of the United States of America* 93: 12743-12748.

9 大众中学教育与州：州强制在高中运动中的作用

克劳迪娅·戈尔丁（Claudia Goldin）

劳伦斯·F. 卡茨（Lawrence F. Katz）

1910~1940 年是美国教育史上的高中运动时期，在这一时期，在美国公立和私立中学就读的青少年比例从 18% 上升到 71%，毕业率从 9% 飙升至 51%（见图 9.1），而且北部和西部的大多数州增幅更大（关于美国地区数据见图 9.2）。这种增长幅度与近代史上那些中学教育大众化进程最快的国家所取得的增长幅度一样大。例如，韩国在 1954~1984 年的 30 年间，高中毕业率从 25% 上升到 88%[①]。

1910~1940 年，美国在中学教育大众化方面的经验与二战后其他国家的经验有一个重要的区别，即政府所扮演的角色不同，特别是中央政府所扮演的角色不同。在大多数国家，中央政府或联邦政府会在很大程度上协调这种变革，但美国没有。

美国的教育管理部门一直都是分权、散漫和多样的。联邦政府在 K-12 教育中只是一个相对次要的参与者，在每个州，学区在规章制度、税收和支出方面都有相当大的自由[②]。此外，学区数量特别多。现在大约有 15000 个学区，但是在 1932 年，当联邦政府第一次对全国的学区进行统计的时候，学区的数量差不多有 13 万个之众。虽然绝大多数是"空旷田野"的小型普通学区，但大约 20% 的学区有一所高中[③]。尽管美国有大量的学区，而且联邦没有强有力的管控，但"州"（这里我们指的是各州）

---

① 男性从 41% 增加到 90%，女性从 10% 增加到 86%。参见经济合作与发展组织（OECD，1998），表 A1-2a 和 A1-2b。调查是在 1996 年针对两个年龄组进行的：55~64 岁，25~34 岁。如果毕业时大约 18 岁，这些数据大约指的是 1954~1984 年。1949 年，美国式的教育体制在韩国实施。学校教育是 6-3-3 制的，即小学 6 年、中学 3 年、高中 3 年。在 1969 年之前，韩国的义务教育时间是 6 年，之后扩展到 9 年。

② 在公立 K-12 的总投入中，联邦政府的投入所占比例从未超过 10%。20 世纪 20 年代，联邦政府的投入不到总投入的 0.5%。随着 1964 年国防教育法的通过，联邦政府的投入从 1964 年的 4.4% 增加到 1968 年的 8.8%。联邦政府在公立 K-12 的投入中所占的份额在 1980 年达到 9.8% 的峰值，但整个 20 世纪 80 年代都在下降，此后在 2005 年又上升至 9.2%。参见美国教育部（2008，表 162）。

③ 教育办公室在 1932 年也报告说，全国有 26409 所公立中学。因此，在所有学区中，最多只有 21% 有公立中学，而其余学区只有小学或普通学校。

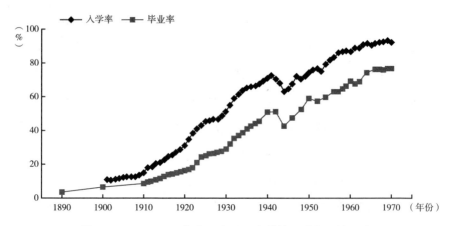

图 9.1　1890~1970 年公立和私立中学的入学率及毕业率

注：入学率等于入学人数除以 14~17 岁的人数，毕业率等于毕业人数除以 17 岁的人数。数据包括公立学校和私立学校（不包括大学预科）的男生和女生。所给的年份是学年结束时的年份。

资料来源：美国教育部（1993）；关于 1910~1930 年的毕业率，参见 Goldin（1994，1998）。

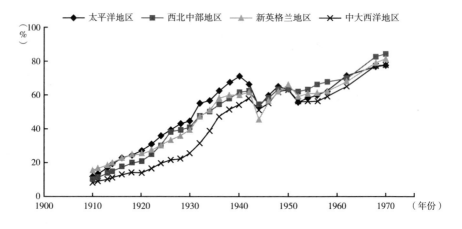

图 9.2　1910~1970 年四个地区公立和私立高中的毕业率

注：包括公立学校和私立学校（包括大学预科）的男生和女生。毕业率等于毕业生的人数除以该州 17 岁的大致人数。在 10 年一次的人口普查年之间，按不变的增长率插值计算人口数据。

资料来源：各种来源的州级高中毕业数据集；Goldin（1994，1998）。

确实规定和协调了有关中学教育的各种细节。

在高中运动初期，各州要求每个地区为其公民提供公立高中教育（通过制定"免收学费"法律），正如各州在 19 世纪要求所有地区提供普通学校教育。各州通过制定标准来协调各地区的中学教育，这些标准包括：什么是高中，高中教师需要哪些资格证书，以及升学和高中毕业需要什么样的成绩。这些法律法规都要求各地区采取特定的行动。一些州甚至通过立法，迫使州立大学在没有进一步准备的情况下，接受本州的高中毕业生。

州政府还参与制定了一系列方法，有效降低了面向某些个人和地区提供中学教育的价格。一些州为贫困地区提供补助，用于发放教师工资、修建高中教学楼、采购课本和改善交通。各州经常提供财政激励，鼓励学区整合以扩大中学规模和高中建设。但在各州推进中学教育的所有立法中，义务教育法和童工法受到的关注最多。

在美国，义务教育法和童工法是在 19 世纪中期首次通过的。1852 年，马萨诸塞成为最早实施义务教育法的州。到 1890 年，20 个州（在 1912 年最终存在的 48 个州中）已经通过了义务教育法。1918 年，随着密西西比州通过这项法律，所有 48 个州（再加上夏威夷、波多黎各和哥伦比亚特区）都通过了这项法律①。

但直到 20 世纪早期，义务教育法和童工法才对中学教育产生直接影响。20 世纪初，法律适用的年龄、执法机构及教育法和劳动法的协调，都发生了变化，并赋予这些法律新的内容，以约束处于中学年龄的青少年的行为。

到 1938 年，联邦政府开始立法禁止使用童工。美国最高法院对两项

---

① 关于义务教育法的时间线，可参见 Steinhilber 和 Sokolowsi（1966）。

联邦童工法案做出了不利的裁决，一项是 1916 年的《基廷-欧文童工法案》，该法案在 1918 年被废除，另一项是 1918 年的《童工税法》，该法案是为了取代《基廷-欧文童工法案》，但在 1922 年同样被废除①。1941 年，《国家工业复兴法》（1933 年通过，但 1935 年宣布违宪）和后来的《公平劳动标准法》（1938 年）得到最高法院的支持，联邦政府在禁止童工的立法中开始发挥作用。与此同时，各州相当活跃。

1910~1940 年，州的强制行为在中学教育扩张中扮演了什么角色？从法律和高中运动的时间安排来看，强制非常重要。随着越来越多的青少年进入高中并从高中毕业，这些法律变得更加有效，并对中学年龄段的青少年进行了约束。这一巧合使许多优秀的历史学家认为，在进步时代，义务教育法和童工法在学校入学率和在校率的大幅增长中起着巨大的作用。例如，David Tyack 在他被广泛引用的著作《The One Best System》中写道："高中在校率的增长（从 1890 年到 1918 年）……中学入学率和毕业率的曲线持续上升：1920 年，14~17 岁的人口中有 61.6% 在校学习……1930 年，这个数字是 73.1%……正如统计数据所显示的，在 20 世纪前 20 年，义务教育法越来越有效"。（Tyack，1974：183）②

在前期研究中，我们使用了一个简单的准公共产品的供求框架来探讨中学入学率和毕业率提升的原因③。在这个简化模型中，我们利用各州的

---

① 1938 年前联邦立法规定的年龄为 14 岁。例如，《基廷-欧文童工法案》禁止 14 岁以下儿童和特定行业中较大儿童生产的产品在州际进行贸易。

② Selwyn Troen 在其广受欢迎的关于圣路易斯公立学校系统的论述中，给出了在人口普查年间的某段时间不同年龄段上学的青少年的比例。从 1880 年到 1930 年，7~13 岁人口上学的比例增加了（尽管如 Troen 所报道，1930 年所有比例不太可能都是 97.7%）。Troen 总结道："立法是非常有效的。由于执行严格，在 20 世纪 10 年代几乎所有的孩子从 6、7 岁一直到 14 岁都在上学。"（Troen，1975：202，表 12）因为 Troen 使用了 10 年一次的人口普查数据，他的证据并不一定表明，在所考虑的年龄段中，孩子们"一直"在学校上学。更重要的是，没有证据表明法律使入学率提升。

③ 参见 Goldin 和 Katz（1999，2009）。

重复横截面数据和面板数据，研究发现：高中毕业率和入学率随着人均收入和人均财富的增加而提高，随着青少年就业机会的增加而下降，随着社区同质化的增强而提高。我们依赖一些其他研究人员的成果来支持我们的观点，即义务教育法和童工法的变化只能解释高中入学率和毕业率增长的一小部分。我们所依赖的这些研究（Acemoglu and Angrist，2000；Lleras-Muney，2002；Schmidt，1996）都是利用美国人口普查中关于受教育程度的微观数据，来探究义务教育法和童工法的影响，这些法律在那些本州出生的成年人适用这些法律（14 岁）的时候已经生效[①]。

本章旨在揭示 1910~1939 年各州义务教育法和童工法对中学教育的影响。与前期研究不同，我们将这些法律与同期的中学入学管理数据联系起来，这些数据是我们为研究高中运动而编制的。此外，与其他试图解决这些问题的研究者一样，我们使用 1960 年人口普查的微观数据，估计这些法律对 1910~1939 年达到高中年龄的出生群体（1896~1925 年出生的人）整体受教育程度的影响。但我们修正了法律编码，并使用一套稍有不同（但我们认为更准确）的法律变量汇总指标，以突出法律中最可能限制入学选择的部分。我们的估计方法利用了法律变更时间上的州际差异，并以州固定效应、出生群体（或年份）固定效应和随着时间变化的州级协变量为控制变量。

我们发现，从 1910 年到 1939 年，州义务教育法和童工法的变更对学校教育产生了积极影响，但这种影响是有限的，特别是与高中入学率和整体教育水平的提升相比。法律变更对增加教育的其他（未测量的）决定

---

① 大量相关文献把美国的州义务教育法和童工法作为受教育年限的工具，试图估计教育对一系列结果的影响。对收入的影响，可参见 Angrist 和 Krueger（1991）与 Oreopoulos（2009）；对死亡率的影响，可参见 Lleras-Muney（2005）；对犯罪的影响，可参见 Lochner 和 Moretti（2004）；对公民权利的影响，可参见 Moretti、Milligan 和 Oreopoulos（2004）。

因素的潜在内生性表明，我们的方法高估了法律变更的"因果"影响。我们还探讨了法律实施的作用。到 1928 年，所有的州都有了某种形式的对州立学校的普查，实施力度虽然加大了，结果却无法衡量。

这一贡献的思想与肯尼思·索科洛夫和斯坦利·恩格曼关于经济增长和制度的研究密切相关[①]。在初始条件与经济增长的路径依赖之间的关系中，一个关键的中介因素是教育机构的类型。如果收入分配相当平均，选举权相对广泛，那么公立学校通常会出现，就像殖民时期以来北美大部分地区的情况一样。但如果像恩格曼和索科洛夫指出的那样，收入分配不均，选举权有限，公立学校就不太可能出现。较贫穷的社会成员受教育水平较低意味着阶级差异和收入不平等将会被强化。此外，许多较早拥有相对完备的公立教育体系的国家对学校教育决策是分权控制的，而那些公共教育资源有限的国家则集中控制。

民主平等制度和教育制度之间关系的一个有趣含义是，相对于控制权集中的正在加强民主政体建设的国家，义务教育法在分权控制的成熟民主国家中的作用应该会更小。而且，教育强制在专制政权中应该很少出现。

在教育控制权分散的成熟民主国家，教育和教育资金的最优水平由家长个人决定，而且在同一地区或社区往往会相当同质。在一个分权的教育制度下的成熟民主国家里，教育强制有什么作用呢？多数派为什么会投票约束自己？多数派可能会决定约束各种少数派，但它可能不会约束自己。

我们的发现完全符合这样一种观念，即拥有广泛选举权和分权控制的成熟民主国家不会有约束大部分人口的义务教育法。另外，那些突然扩大选举权的民主国家（以及那些教育控制权集中的国家）可能希望通过强

[①] 参见 Engerman 和 Sokoloff（1912），特别是关于教育和学校教育的章节。

制性立法，迫使中央政府提供教育资源。在本章最后一节，我们比较了义务教育对美国和英国的不同影响。

9.1 义务教育法和童工法

9.1.1 有哪些法律?

典型的义务教育法规定了青少年必须上学的年龄。也就是说，典型的法律包括最低年龄（入学年龄）和最大年龄（离校年龄）。但是在 20 世纪早期，法律开始变得更加复杂，当时许多州提高了义务教育的最大年龄（离校的最低年龄）。随后，对典型法律进行了修改，加入了教育水平的要求，达到这个要求的青少年可以免受义务教育最大年龄的限制。在许多州，约束条件是义务教育豁免需要的年级而不是最大年龄。当然这不能一概而论，特别是对于一些外国出生的儿童，他们在达到最大年龄之前还没有达到年级标准。几乎所有的法律都豁免了那些有精神缺陷或身体缺陷的人，以及一些父母贫困或住在距离学校太远的青少年。

童工法总是以各种方式修改义务教育法。它们通常会豁免受义务教育法约束的年龄较大的青少年，以便他们能够工作。它们规定了青少年获得工作许可证的方法，通常还规定了获得工作许可证所需的最低受教育水平（离校工作所需的最低上学时间几乎总是低于儿童免于上学所需的学校教育时间）。在家工作和从事农业的青少年往往不受有关工作许可证规定的限制。

当这两类法律被当局视为一个整体时，成为约束条件的几乎总是童工法，而不是义务教育的最大年龄要求或学校教育豁免的学历要求。20 世纪早期的另一个重要变化是，这两部法律更好地结合在一起，一些州将童工法纳入义务教育立法中。

　　进步时代的另一个重要变化是增加了授权或允许继续（或非全日制）教育的法规。继续教育学校的建立，是为了让那些已经离校工作但年龄仍小于义务教育最大年龄的青少年接受教育①。立法通常要求青少年在继续教育学校每周上 4~8 小时的课，这些时间应该是在正常的工作日，而不是在夜间或星期日。这些学校一般建立在那些持有工作许可证的学龄青少年足够多（通常超过 20 人）的城市。继续教育法提高了雇主雇用这些青少年的成本，因为他们每周必须有一个下午甚至一整天不能上班②。

　　童工法通常比义务教育法更复杂。通常它们会列出青少年禁止从事的职业和一天中他们不能工作的时间。童工法一般会有一套复杂的程序，来确保法律得到遵守。例如，想要获得工作许可证的孩子必须先找到工作，让他们未来的雇主填写一份表格，证明他们超过了规定的年龄，并由医生证明他们身体健康。他们的工作许可证留在雇主那里，雇主必须在他们离开或被解雇时交还许可证③。

　　一些学者在解释义务教育法和童工法时认为二者不一致，因为约束条件往往是童工法，而不是义务教育的最大年龄或豁免所需的学历。但这些法律并不冲突。事实上，这些法律往往是同一立法的不同组成部分④。所谓的不一致不过是强迫青少年上学或工作的方式不同。在很大程度上，童工法和义务教育法是一致的，旨在确保青少年不会游手好闲。

---

① 继续教育提供的课程通常是文化课程和职业课程的结合。

② Emmons（1926：134）记录了继续教育学校每周所需出勤的概况。1925 年，23 个州颁布了强制性继续教育法，其中 8 个州需要每周高达 8 小时，9 个州需要 4 小时，6 个州达到 5 小时或 6 小时的水平。

③ Bermejo（1923）详细描述了青少年如何在童工法生效的州获得就业地位。

④ 参见 Stambler（1968）和许多同期支持者进行的研究，包括 Clapp and Strong（1928）对马萨诸塞州的研究及 Gibbons（1927）对印第安纳州的研究。例如，在加利福尼亚州，1931 年的州普通法中就包括第 7519 号法案（"教育法典"），其中包含关于义务教育和工作许可的单独条款。其他各州的这些法律往往是分别由立法机构在不同时间通过的。在有些州，二者的关系更加密切，因为学校校长同时负责向未成年人发放工作许可证。

考虑一部 20 世纪 20 年代的典型州法律。它的最低年龄为 7 岁，最大年龄为 16 岁，教育豁免的标准是 8 年学校教育，工作许可年龄是 14 岁，只需要完成 6 年学校教育。如果一个青少年已经完成了 6 年的学业并且被合法雇用，那么他可以在 14 岁时辍学。但是一个 14 岁的失学儿童除非有工作（和有工作许可证），否则将被视为逃学。如果他既不想上学也不想工作，那么他必须完成 8 年的学校教育，使他在离开学校时年满 15 岁（假设该青少年在学校的每年都升了一个年级）。

在大多数州，义务教育法和童工法都是反逃学和反流浪法，而不是积极主动的教育法。尽管如此，这些法律还是"保护儿童"的，通过限制青少年的工作时间、行业和职业，使他们的就业成本提高。州义务教育法的政治反对派倾向于强调这类法律干涉了个人自由和父母的权利，还有一些反强迫主义者认为教育没有价值，对许多青少年没有意义（Deffenbaugh and Keesecker，1935；Reed，1927）。

9.1.2 1910~1939 年法律的具体规定

我们收集了 1910~1939 年各州法律 7 个方面的信息（见数据附录），并将一些变量追溯到 1900 年，以计算分析数据。这些变量包括：

（1）义务教育的最低年龄，即入学年龄（汇编了 1900~1909 年的数据）；

（2）义务教育的最大年龄，即离校年龄（汇编了 1900~1909 年的数据）；

（3）豁免最大年龄限制的受教育年数；

（4）青少年可以获得工作许可证的年龄（在正常上学时间工作）；

（5）获得工作许可证需要的受教育程度（在正常上学时间工作）；

（6）州是否有强制性的继续教育学校；

（7）继续教育的最大年龄（以及州政府是否允许市政当局强制继续教育）。

这些法律细节并没有穷尽与童工法和义务教育法有关的所有可能变量。但是，它们是最重要的，也是在上述大多数年份都可以获得的①。

1910~1939 年，义务教育法和童工法的各方面信息如图 9.3 所示。一方面，最大年龄一直在增大，直到 1930 年前后，当时 42 个州将最大年龄设定在 14 岁②或更大；另一方面，最低年龄在整个时期内都在变小③。在所示时期开始时，60%实行义务教育法的州将最低年龄定为 8 岁或 8 岁以上。然而，在所示时期的最后，差不多 75%的州将最低年龄降到 7 岁或更小。最低年龄可以迫使学区为青少年提供教室和教师，并可能使青少年在退出教育系统之前（通常在青春期前后），多接受一两年的教育。

豁免义务教育最大年龄限制需完成的学校教育年数有点复杂，因为它必须与最大年龄一致。在此期间开始时，有 31 个州（几乎 2/3）的法律中没有这样的条款，只有 13 个州需要 8 年或更长时间才能获得豁免。到 1925 年，只有 6 个州没有这样的条款，而 35 个州则需要 8 年或更长时间。随着州政府提高了豁免的教育要求，它们通常也会提高离校年龄。因为在大多数有 8 年豁免规定的州，义务教育的最大年龄已经提高到 16 岁，它们要求青少年必须在学校待满 8 年，这意味着大多数人在离开学校时已经 15 岁或 16 岁了。

青少年可以获得工作许可证的年龄包括两个变化时期：一战前后和 1935 年后。1910 年还没有工作许可证条例的 8 个州，在 1915 年到 20 世纪

---

① 其他重要变量包括：禁止从事的职业和行业、对未成年人工作时间的限制、其他因素的豁免和法院对这些豁免的解释、执行法律的州（或市）政府机构（例如，参与官员的数量、学校普查的质量）。

② 原著如此，根据图 9.3，此处应为 16 岁。——编者注

③ 在我们估计法律对入学、毕业和受教育程度的影响时，我们使用了 1902 年的最低年龄，因为如果最低年龄为 8 岁，1914 年 14 岁的青少年最有可能在 1908 年入学。

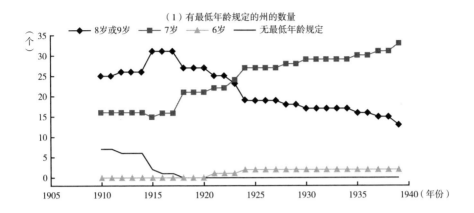

（1）有最低年龄规定的州的数量

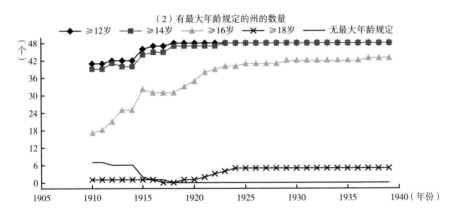

（2）有最大年龄规定的州的数量

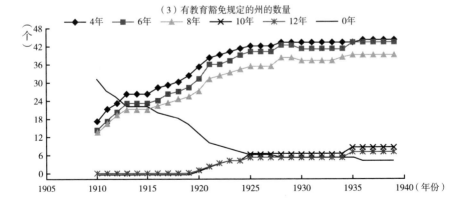

（3）有教育豁免规定的州的数量

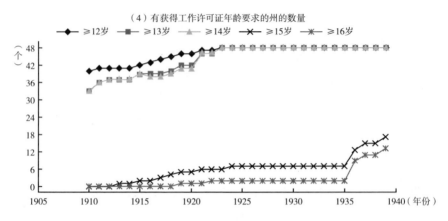

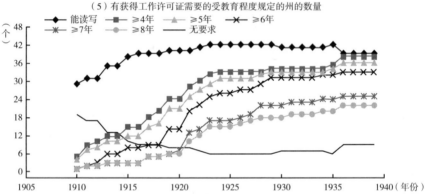

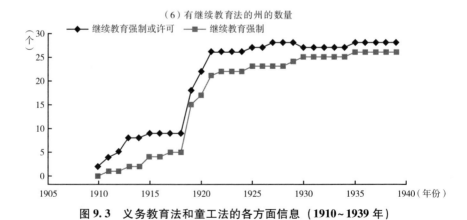

图9.3 义务教育法和童工法的各方面信息（1910~1939年）

资料来源：参见数据附录。

20 年代初都通过了这些条例，到 1925 年，所有的州对获得工作许可证都有了至少年满 14 岁的规定。1935 年后，早期缓慢提高获得工作许可证所需年龄的运动迅速改变，11 个州将年龄提高到至少 16 岁。与获得工作许可证的年龄要求互补的是获得许可证所需的受教育程度。它有时以受教育的年数来表示，有时以年级来表示，主要在 20 世纪 20 年代增加。到 1930 年，18 个州要求八年级（或在校学习 8 年），31 个州要求至少六年级（或 6 年）。但在 1930 年，仍有 7 个州没有识字要求，另有 7 个州只有基本的识字要求。1939 年，有 10 个州仍然没有要求，或只要求简单识字。

最后两个变量描述了继续教育学校或非全日制学校。继续教育学校一般设在社区的公立高中内，目的是教育那些已经离开学校教育体系去工作但年龄小于义务教育最大年龄，或在某些情况下未达到法定成年年龄的青少年。这些学校与夜校、成人学校、职业学校等其他类型的继续教育学校类似，但又有所不同，它们要求青少年在正常工作日上学。这样一来，强制要求这些未达到义务教育最大年龄的青少年进入学校学习，实际上增加了雇主雇用他们的成本。威斯康星州是进步党人士罗伯特·拉福莱特（Robert Lafollette）的家乡，该州在 1911 年成为第一个批准强制性继续教育学校的州。如图 9.3 所示，绝大多数州在第一次世界大战期间或之后加入了继续教育的行列①。到 1921 年，21 个州实行了强制性的继续教育，另有 4 个州允许市政当局在继续教育学校实行强制入学制度。

义务教育法和童工法如何影响中学入学率？最明显的方法是将离校年龄提高到至少 15 岁，或者要求 9 年的学校教育。1920 年，有 31 个州把离校年龄定为 16 岁，但只有一个州将法律与 9 年的学校学习要求相匹配，而其

---

① 在英国，长期以来有各种类型的继续教育学校，《1918 年教育法》（称为《费舍尔法案》）和《1921 年教育法》规定，14～18 岁辍学的人必须在继续教育学校兼职学习（Ringer，1979）。

他州都少于 9 年。到 1925 年，6 个州有 9 年或更长时间的豁免规定，到 1935 年，8 个州有这样的豁免规定。但由于童工法往往附加豁免，所以从 1925 年到 1934 年，实际上只有两个州有强迫青少年上中学的立法。不过立法还有其他可能产生效果的方式，比如我们已经提到了强制继续教育法的潜在影响。此外，到 20 世纪 20 年代，大多数大城市都建立了初中，这给了青少年一个不可抗拒的理由：他们要留在学校直到 15 岁才能获得文凭。可能正是因为这个原因，加上青少年接受更多教育可以获益的间接影响，法律规定青少年的离校年龄是 14 岁，但他可能会在学校待到 15 岁。

9.2 义务教育法和童工法对教育和受教育程度的影响

9.2.1 前期成果和实证方法

我们的研究与 Lleras-Muney（2002）和 Schmidt（1996）的关系最为密切，他们都将个人的最终教育与他们 14 岁时出生州的法律联系起来。两位作者都利用了法律的复杂性，并将重点放在了 1915~1939 年这段时期①。Lleras-Muney 使用 1960 年的美国人口普查微观数据档案来估计法律对受教育程度的影响，而 Schmidt 使用的则是 1940 年的人口普查数据。

---

① Margo 和 Finegan（1996）使用 1900 年人口普查微观数据档案对义务教育法进行研究，他们也利用了法律的复杂性，揭示了为什么某些州的青少年更受义务教育法的约束。他们发现童工法和义务教育法的结合使后者更加有效。关于 19 世纪义务教育法的复杂性，也可参见 Eisenberg（1988）。此前，关于美国义务教育法对教育结果影响的其他研究包括：Landes 和 Solmon（1972）利用 1870~1890 年各州的横截面差异和年代间的变化，探索 19 世纪末义务教育法的影响；Edwards（1978）研究了 1940~1960 年义务教育法对入学率的影响；Lang 和 Kropp（1986）利用 1910~1970 年的人口普查数据分析了义务教育法以及 16 岁和 17 岁儿童的入学率，试图检验教育投资的信号与人力资本模型；Angrist 和 Krueger（1991，1992）利用美国义务教育法的差异效应，按出生地区来估计入学年龄对完成学业的影响。斯蒂格勒（Stigler）（1950，附录 B）提供了一些具有启发性的证据，证明义务教育法在 1940 年对学校教育没有产生因果影响。

Acemoglu 和 Angrist（2000）也估计了法律的影响，虽然他们利用的法律特征较少，但是扩大了时间范围，涵盖了整个 20 世纪 60 年代受过教育的青少年人群。这些研究及其他关于美国义务教育法的研究发现，义务教育法对受教育程度的影响是积极的，但与研究期间受教育程度的大幅提高相比，这种影响很小。

上述三项研究和我们的研究，都使用了包括州和群体（按出生年份）固定效应的实证方法，从而得出主要水平和趋势，并以此确定州内法律变更的影响①。该方法有其优点，但也有一些缺陷。比如，群体效应将吸收对所有州都有冲击的因子。再比如，农业和家政服务业劳动力的减少以及工业中家庭工作的减少，应该会加强义务教育法的影响，因为它减少了那些没有保障的部门和监督费用高昂的工作场所的就业机会。此外，除了法律方面的变化，执法方面的变化可能也很重要，我们（以及其他提到的学者）还没有找到一个能够反映研究期间所有州的执法支出和努力的变量②。当然，我们已经收集了一些执法的相关信息，这些信息将在本章末报告。

对于上述问题，我们无法避免，但是我们避开了文献中的其他几个问题。在前期研究中，个体与其出生州的联系可能会因为地理流动而导致衰减偏误。同样，与出生州的联系意味着外国出生的孩子必然被排除在外，尽管这些孩子在美国上学，不应该被排除在外。

我们的一个贡献是，利用为研究高中运动而收集的有关中学入学率的同期数据，分析州法律的影响③。这样一来，我们不必将分析局限于土生

---

① Oreopoulos（2003）在一项平行研究中使用了类似的方法，研究了省级义务教育法的变更对加拿大受教育程度的影响。Oreopoulos 发现，比起我们和其他研究者对美国的研究结果，加拿大义务教育法的变更对受教育程度的影响更大。

② 关于纽约州执法资源对义务教育法律效力的影响，参见 Schmidt（1996）。

③ 参见 Goldin（1994，1998）及 Goldin 和 Katz（2008）。公立学校的数据来自教育办公室在 1910~1918 年的年度报告和之后的两年期报告，但早期的覆盖面不完整，所以数据集最好能被描述为两年期的。

土长的人，也不必将个人与其出生州进行匹配①。我们使用的同期数据包括公立和私立学校（包括大学的预科）九年级至十二年级的入学人数，以及当时的公立初中九年级人数。

我们的另一个贡献是关于法律的编码。我们比较了几份独立的法律汇编（包括我们自己的），协调了它们之间的差异，并纠正了各种编码错误②。此外，我们还将法律的各个方面追溯到 1910 年，将最低年龄追溯到 1900 年。我们采用后者修正了大多数研究中两个关键变量的定义：一是青少年获得工作许可证的年龄与义务教育最低年龄之间的差，二是义务教育最大年龄与最低年龄之间的差。最低年龄适用的应该是青少年辍学工作 8 年前的法律，而前期研究都错误地对这两项法律用了同一年的。由于我们修改了适用的法律和一些变量的定义，因此有必要使用 1960 年的人口普查微观数据重新估计法律对受教育程度的影响。

9.2.2　遵从与约束：1910年和1920年

在研究义务教育法和童工法的影响之前，有必要问一下有多少青少年会受到法律的约束，又有多少青少年会遵守现行法律。我们可以利用 1910 年和 1920 年的美国人口普查微观数据来回答这些问题。

1910 年和 1920 年的人口普查都要求提供上一学年儿童和青少年的在校（无论时间长短）信息③。此外，被纳入的群体可能还列出了职业这一项。我们将"全日制"在校学习定义为上学且未列出职业，将"非全日

---

① 另见 Schmidt's（1996）关于纽约州行政登记数据的研究。
② 见数据附录。
③ 具体来说，1910 年和 1920 年人口普查中的学校教育问题集中在 5~21 岁的人身上，他们会被问及自头一年的 9 月 1 日起是否有上学记录。人口普查员被要求对任何年龄的在校学生填写"是"，对 5~21 岁、自头一年 9 月 1 日起没有上学的学生填写"否"。

制"在校学习定义为上学并列出职业。人口普查资料并没有显示这些青少年在这一年里是什么时候工作的。因此，无法确定这些工作是在夏季、课后还是在假期（这些时间都是合法的工作时间）完成的，也无法得知这些青少年是否在学年开始时上学，然后辍学去找工作。对于 10 岁以上的青少年，我们会给出所有在校率和全日制在校率的数据。

表 9.1 列出了按当前居住州现行法律规定的年龄分列的不同年龄段在校青少年的比例。我们研究了两组：最低年龄（A 组）和青少年获得工作许可证的年龄（B 组）。我们还给出了每个类别中州的数量。

在最低年龄为 7 岁的州，大约 85% 的 7 岁儿童上过学，在最低年龄为 8 岁的州，85%~90% 的 7 岁儿童上过学。虽然 1910 年和 1920 年各州儿童入学率很少超过 95%（这个缺口很可能是由于少量的误报与对距离学校太远儿童和残疾儿童的豁免），但总的来说，遵从似乎已经成为常态。此外，对于最低年龄为 8 岁的州来说，如果法律更加严格，受约束的比例会更低。1910 年，在最低年龄为 8 岁的州，7 岁儿童的入学率仅比 8 岁儿童的入学率低 9 个百分点（77.5% 和 86.5%）。1920 年，7 岁儿童的入学率仅比 8 岁儿童入学率低 6 个百分点（84.7% 和 90.4%）。

1910 年和 1920 年，绝大多数州都向 14 岁的孩子颁发工作许可证。在这两个年份，青少年在校（全日制和非全日制）的比例都非常高。13~14 岁的儿童在校率下降了约 7 个百分点。换言之，在 13 岁上学的所有青少年中，只有约 7% 的人在 14 岁时辍学。如果使用"全日制在校率"的定义，影响会更大一些，在向 14 岁儿童发放工作许可证的州，13 岁儿童中约有 10%~12% 在 13~14 岁时辍学。

尽管这些数据只能提供大致的判断，但它们似乎表明绝大多数青少年遵守了法律。此外，大部分不在适用年龄段的青少年也在上学。法律的变

表 9.1　按白人青少年年龄、州义务教育法和童工法规定年龄分列的在校率（1910 年和 1920 年）

	A. 义务教育最低年龄						
儿童年龄（岁）	1910 年				1920 年		
	无	7	8	9	7	8	9
6	0.334	0.675	0.523	0.417	0.738	0.624	0.644
7	0.611	0.844	0.775	0.741	0.886	0.847	0.867
8	0.747	0.902	0.865	0.886	0.921	0.904	0.974
9	0.819	0.925	0.897	0.976	0.941	0.926	0.948
州的数量(个)	7	16	24	1	21	26	1

	B. 获得工作许可证年龄								
青少年年龄（岁）	1910 年			1920 年					
	无	12	14	无	12	13	14	15	16
	全日制和非全日制在校率								
11	0.894	0.925	0.958	0.932	0.904	0.986	0.965	0.976	0.915
12	0.847	0.901	0.943	0.929	0.902	0.964	0.961	0.973	0.893
13	0.854	0.893	0.934	0.946	0.877	0.925	0.953	0.972	0.912
14	0.803	0.828	0.868	0.846	0.843	0.820	0.883	0.938	0.882
15	0.723	0.704	0.721	0.793	0.736	0.611	0.739	0.806	0.778
16	0.617	0.568	0.517	0.586	0.588	0.329	0.506	0.526	0.646
17	0.454	0.384	0.354	0.476	0.441	0.263	0.345	0.358	0.445
	全日制在校率								
11	0.661	0.825	0.923	0.932	0.841	0.973	0.950	0.969	0.870
12	0.606	0.789	0.900	0.912	0.810	0.959	0.938	0.959	0.843
13	0.583	0.713	0.874	0.913	0.782	0.890	0.921	0.953	0.830
14	0.494	0.637	0.759	0.838	0.727	0.775	0.825	0.912	0.792
15	0.467	0.504	0.589	0.724	0.620	0.578	0.671	0.760	0.677
16	0.360	0.354	0.400	0.560	0.482	0.276	0.433	0.467	0.550
17	0.280	0.249	0.263	0.427	0.352	0.220	0.287	0.315	0.370
州的数量(个)	8	7	33	2	4	1	36	4	1

注：1910 年和 1920 年美国人口普查中的"在校率"意味着这些青少年在前一年至少在学校待了一天。受访者可以列出除在校之外的职业。我们将"全日制在校"定义为在校但没有职业。"全日制和非全日制在校"是指该青少年被列入在校名单，但也可以有一项职业。列有职业并表示在这一年中上学的青少年可以在假期或课余时间工作。但他们也可能是那些在这一年辍学工作的青少年，或者是工作了并在有限的时间里上学的青少年。

资料来源：有关义务教育和童工法的资料来源，请参阅数据附录。学校入学数据来自世界人口数据库（IPUMS）1910 年和 1920 年美国联邦人口普查数据。参见 Ruggles 等（2008）。

更可能会产生影响，但影响可能不像英国那么大，在英国，不在适用年龄段的青少年大多数根本不上学①。

9.2.3 使用同期证据的法律变更对入学的影响

我们使用 1910~1938 年中的偶数年，九年级至十二年级公立和私立学校的入学数据（除以该州 14~17 岁的人口数），研究了在高中运动期间，州童工法和义务教育法对同期高中入学率的影响②。我们构建了一个标准的面板数据模型，包括州和年份的固定效应、州法律变量，以及其他州时变经济变量和人口统计变量等控制变量。州固定效应描述了无法测量的时不变的州特征，这些特征可能会影响教育法规的通过和入学率。年份效应（以及出生群体效应）反映了推动高中入学率的总体变动趋势。因此，我们对各州童工法和义务教育法影响的认定，是由各州不同的法律变更驱动的，条件是一系列时变的州控制变量。

我们设定的回归方程如下：

$$ENR_{st} = L_{st}\delta + Z_{st}\beta + \alpha_s + \gamma_t + \varepsilon_{st}$$

其中，ENR_{st} 是 s 州在 t 年的高中入学率，L_{st} 是州童工法和义务教育法变量的向量，Z_{st} 是州时变协变量的向量，α_s 是州固定效应，而 γ_t 是年份固定效应。州控制变量包括戈尔丁和卡茨（1999，2009）发现的那些对高中入学率和毕业率有重大影响的变量，包括人口统计的基本控制变量，如年龄结构（青少年比例、老年人比例）、出生地（国外出生的比例）和种族（黑人比例）。我们还包括一些时变的经济控制变量，如人均汽车登记数和制造业就业人口比重。在汽车历史的早期阶段，人均汽车登

---

① 关于英国和爱尔兰义务教育法的影响，参见 Oreopoulos（2006，2007）。
② Goldin（1998）编制了 1910 年、1911 年、1913 年及 1914~1950 年中的偶数年的公立和私立中学入学率。我们使用 1911 年和 1913 年的平均值来估算 1912 年的入学率。

记数是可以代表州财富（或收入）及其分配的一个粗略的指标。结合州人口统计和城市化情况，这个变量可以用来衡量"中产阶级"在该州人口中所占的比例（能够买得起汽车的人口比例）。我们在基本设定中还包括了一整套人口普查分区的线性时间趋势，并评估了我们的结果对设定州的线性时间趋势的敏感性。我们报告了按州分类的稳健标准误差，以解释残差中的序列相关性［如 Bertrand、Duflo 和 Mullainathan（2004）和 Kézdi（2001）所建议的］。所有回归均以该州 14 岁儿童的同期人数为权重①。

表 9.2 给出了影响高中青少年的州童工法和义务教育法设定的不同变量的回归估计。全国高中入学率（样本中的 48 个州）在样本期间上升了 50 个百分点，从 1910 年的 18.7% 上升到 1938 年的 69.1%。在所有设定中，还包括一个虚拟变量，即"准许的"州继续教育法，它意味着要求或准许市政当局建立继续教育学校。这两种类型的继续教育法都设置了一个最大年龄，在这个年龄之下的在职青少年如果没有达到教育标准，就必须在继续教育学校上学。拥有"准许的"继续教育法的州从 1910 年的 2 个增加到 1938 年的 28 个。从 1910 年到 1938 年，继续教育法覆盖的高中适龄人口比例从 9% 上升到 69%。

表 9.2 的第一列是根据 Lleras-Muney（2002）得出的，Muney 利用一个变量总结了法律的影响，该变量被定义为一个儿童在义务教育入学年龄时（在 t 年）入学，能够获得工作许可证时（也是在 t 年）离开，他将被迫上学的年数。由于高中年龄的青少年是在 7、8 岁时受入学年龄法律的影响的，所以我们构建的变量稍微有些不同。我们利用在 t 年的工作许可证年龄和该州在（$t-8$）年时普遍的入学年龄的差额。这个变量的范围从 0 年到 10 年，平均值（按人口加权）从 1910 年的 4.0 年增加到 1938 年

---

① 回归结果对权重并不敏感。在所有情况下，未加权回归产生的估计值与报告的估计值非常相似。如果每年以一个州的 14 岁儿童在美国的比例作为权重，结果也几乎相同。

的 7.5 年。按照这一定义，1910 年，最严格的在校学习时间要求是 7 年，到 1938 年，有 14 个州要求 8 年或更长时间。

表 9.2 第（1）列中的估计值显示了继续教育法指标具有显著性且具有统计学意义的积极影响。继续教育法的通过使高中入学率提高了 2.4 个百分点。童工法初始汇总变量（即获得工作许可证年龄−入学年龄）增加一年，高中入学率将提高小小的 0.3 个百分点（在统计上并不显著）[1]。

表 9.2　1910~1938 年州义务教育法和童工法对高中入学率的影响（根据 48 个州两年期数据）

	(1)	(2)	(3)	(4)	(5)
因变量:各州在公立和私立中学就读的 14~17 岁学生所占比例(平均值=0.441)					
继续教育法	0.0244	0.0271	0.0245	0.0271	0.0247
	(0.00899)	(0.00917)	(0.00846)	(0.00917)	(0.01110)
童工学年数[a]		0.00522		0.00498	0.00422
		(0.00192)		(0.00231)	(0.00243)
义务教育年数[b]				0.000324	−0.000890
				(0.00170)	(0.00171)
获得工作许可证年龄$_t$−入学年龄$_{t-8}$	0.00297				
	(0.00223)				
童工学年数=8			0.00630		
			(0.0102)		
童工学年数≥9			0.0533		
			(0.0190)		
义务教育年数=8			−0.000112		
			(0.00759)		
义务教育年数≥9			0.00987		
			(0.0100)		

---

[1]　我们还发现［与 Goldin 和 Katz（1999，2009）一致］人均汽车登记数的重大、积极的影响，以及该州上端和下端年龄结构的重大影响。

	（1）	（2）	（3）	（4）	（5）
					续表
人均汽车登记数	0.987	0.979	0.856	0.978	1.011
	（0.208）	（0.204）	（0.184）	（0.201）	（0.268）
人均制造业就业数	−0.0349	0.0123	0.0482	0.0224	−0.0355
	（0.412）	（0.409）	（0.398）	（0.412）	（0.465）
≥65 岁的人口比例	2.44	2.67	2.69	2.69	3.58
	（1.55）	（1.54）	（1.35）	（1.54）	（2.72）
≤14 岁的人口比例	−1.83	−1.74	−2.01	−1.75	−2.04
	（0.601）	（0.591）	（0.605）	（0.596）	（0.915）
其他州人口统计控制变量c	是	是	是	是	是
州虚拟变量	是	是	是	是	是
年份虚拟变量	是	是	是	是	是
人口普查分区趋势	是	是	是	是	否
州趋势	否	否	否	否	是
R^2	0.977	0.977	0.978	0.977	0.984
标准误差	0.0326	0.0325	0.0318	0.0325	0.0286
观测数量	720	720	720	720	720

注：所有回归均以该州 14 岁儿童的数量加权。括号中的数字是按州分类的稳健标准误差。1912 年的入学率是 1911 年和 1913 年的平均值。

a 童工学年数$_t$=max〔（获得工作许可证要求的受教育年数$_t$），（获得工作许可证年龄$_t$−入学年龄$_{t-8}$）〕。

b 义务教育年数$_t$=min〔（豁免所需要的受教育年数$_t$），（义务教育最大年龄$_t$−入学年龄$_{t-8}$）〕。

c 包括黑人比例、国外出生的比例、城市人口比例。

资料来源：中学入学率，参见 Goldin（1994，1998）；义务教育法和童工法，参见数据附录。有关黑人比例、国外出生的比例和城市人口比例的数据，由 Adriana Lleras-Muney 提供，也可参见 http：//www.econ.ucla.edu/alleras/papers.htm，以及 1910 年、1920 年、1930 年和 1940 年的人口普查（中间年份的线性估算）。其他变量，参见 Goldin 和 Katz（2009）。

我们刚刚定义的法律汇总变量（获得工作许可证年龄−入学年龄）没有考虑其他重要的约束，但这些约束是州童工法和义务教育法的一部分。许多州法律规定，除年龄要求外，获得工作许可证还必须达到最低受教育程度。在某些情况下，法定学年数大于获得工作许可证年龄和入学年龄之间的差。因此，根据 Acemoglu 和 Angrist（2000），我们对法定学年数定义了一个更准确的测量方法，如下所示：

$$\text{童工学年数}_{st} = \max\left[\left(\text{获得工作许可证要求的受教育年数}_{st}\right),\left(\text{获得工作许可证年龄}_{st} - \text{入学年龄}_{s,t-8}\right)\right]$$

获得工作许可证的读写要求被编码为相当于需要完成 4 年的学校教育[①]。童工学年数的平均数（14 岁人数加权平均）从 1910 年的 4.5 年增加到 1938 年的 7.8 年。1910 年，只有一个州（华盛顿）需要接受 8 年的学校教育才能获得工作许可证，其他州都没有要求更长时间。到 1938 年，大多数州要求 8~10 年的学校教育，才能获得工作许可证。

表 9.2 第（2）列中的估计值包含了更准确的变量，以衡量童工法对学校教育的约束。按照修正的童工法计量方法，童工法的影响是积极的，而且在统计上是显著的，童工学年数每增加一年，中学入学率就会增加 0.5 个百分点。继续教育法指标仍然很重要，与第（1）列估计值类似，它与入学率增加 2.7 个百分点相关。

接下来我们将考察州义务教育法和童工法的影响。第（4）列中的设定包括对州义务教育法要求的最低学年数的汇总测量：

$$\text{义务教育年数}_{st} = \min\left[\left(\text{豁免所需要的受教育年数}_{st}\right),\left(\text{义务教育最大年龄}_{st} - \text{入学年龄}_{s,t-8}\right)\right]$$

在构造这个变量时，我们按照前面提到的程序，将"读写"的教育豁免编码为 4 年的学校教育。如果 s 州在 t 年没有教育豁免，那么义务教

[①] 如果没有关于入学年龄或获得工作许可证年龄的法律，则"童工学年数"变量被设置为零或获得工作许可证所需的受教育程度（如果存在此类要求）。对读写要求设定单独的虚拟变量会产生一个小的、统计上不显著的系数，并且不会以任何可检测的方式影响其他系数。

育年数等于（义务教育最大年龄$_{st}$－入学年龄$_{s,t-8}$）[1]。在样本中，义务教育年数的平均值为6.9，范围从0到12。第（4）列中的估计值显示，义务教育年数对高中入学率的影响很小，且在统计上并不显著，这与第（2）列中设定的童工法和继续教育法的控制变量是一致的。义务教育年数每增加一年，高中入学率仅上升0.03个百分点，而童工学年数每增加一年，高中入学率会上升0.50个百分点。

童工学年数和继续教育法对高中入学率的影响对于州、人口普查分区（或地区）趋势以及其他各种控制变量都是稳健的。例如，在第（5）列中，我们用一整套设定州的线性时间趋势来替换人口普查分区趋势。童工学年数和继续教育法变量的影响程度仅略有下降，义务教育年数的影响仍然不明显。

我们还研究了童工法和义务教育法要求的离散效应，这些法律要求非常严格，足以直接影响高中入学决定。我们重点关注那些要求8年或8年以上学校教育才能获得工作许可证的州童工法，以及要求8年或8年以上才能离开学校的义务教育法。在第（3）列中，我们在童工学年数和义务教育年数中包括了8年和9年或9年以上（省略的类别是少于8年）的虚拟变量。

第（3）列中的估计值显示，要求9年或9年以上学校教育的童工法产生了重大的积极影响。如果持工作许可证离开学校需要9年或9年以上的学校教育，高中入学率将提高5.3个百分点。义务教育年数指标的系数较小，而且无显著意义。

---

[1] 如果现行法律没有设定义务教育或学校教育的最大年龄和入学年龄，那么"义务教育年数"这个变量就设置为零。如果没有教育豁免的法规，那么这个义务教育变量就设置为义务教育最大年龄减入学年龄。几乎所有在1910年没有教育豁免的州后来都在义务教育法中加入了这一条款。在没有豁免的情况下，最大年龄的信息可能是不严格的。

总之，从 1910 年至 1938 年，州童工法和义务教育法的变化似乎对高中入学率产生了一些影响。不过，相对于高中运动时期高中入学率的迅速上升而言，这种影响实在有限①。继续教育法对入学率产生了最持续的积极影响，可能是因为它们提高了高中年龄青少年的雇用成本。其他的童工法律要求也产生了一些影响，尤其是那些需要在校学习 9 年或更长时间才能获得工作许可证的要求，因为许可证规则通常会破坏义务教育法。

1910~1938 年，高中入学率提高了 50.4 个百分点，这其中童工法和义务教育法的贡献有多大？我们利用 1910~1938 年法律变量平均值的变化，从表 9.2 第（4）列的设定中选取系数，其中包括继续教育法、童工法和义务教育法的控制变量，以预测法律对高中入学率的影响。

从 1910 年到 1938 年，实行继续教育法的各州青少年比例上升了 60 个百分点，这种上升可以解释高中入学率上升的 1.6 个百分点。童工法和义务教育法变更的联合效用增加了 1.8 个百分点，这几乎完全是由童工学年数平均增加 3.4 年的影响带来的。因此，1910~1938 年高中入学率总体增长的 3.4 个百分点可以用童工法和义务教育法的变化来解释。相比之下，第（4）列中的估计值意味着，人均汽车登记量所代表的经济状况改善（从 1910 年的不到 0.01 辆增加到 1938 年的 0.22 辆），可以作为解释高中入学率上升了 21 个百分点的原因。

9.2.4 使用人口普查数据的法律变更对受教育程度的影响

接下来，我们将探讨州义务教育法和童工法对在高中运动时期正处于高中年龄的出生群体最终受教育程度的影响。我们重点关注 1896~1925

---

① 在 NBER 的研究报告（Goldin and Katz，2003）中，我们考虑了童工法和义务教育法的非线性影响，包括无童工法和无义务教育法的虚拟变量。该分析得出的结论与本章给出的结论几乎相同。

年出生的人口，因为他们达到高中入学年龄时恰好在 1910～1939 年。20 世纪上半叶，受高中运动影响的人群整体受教育程度迅速提高。1960 年联邦人口普查得到的估计值表明，美国出生人口的平均受教育年限增加了 2.45 年，从 1896 年出生人口的 8.59 年增加到 1925 年出生人口的 11.04 年。高中年级（九年级至十二年级）的增长占这一时期学校教育增长的大部分（1.42 年，占 58%）。

我们的实证方法是将州法律和其他州级协变量的相关数据与个人层面的数据联系起来，这些个人数据包括受教育程度、出生的州和其他人口统计数据（包括种族、性别和父母出生情况），来自 IPUMS（世界人口数据库）1960 年人口普查数据中关于 1896～1925 年美国出生的人口群体。

我们将每个相关年龄段的个人与他们出生的州普遍适用的童工法和义务教育法相匹配。因此，我们采用他们 7 岁时出生的州的入学年龄法和 14 岁时现行法律的其他组成部分。

人口普查的微观数据使我们能够估计法律对受影响群体长期受教育程度的影响，尽管如前所述，这种方法存在一些缺点。例如，我们使用的是每个人出生的州的信息，而不是他们在学龄时居住的州的信息。州际迁移（1920 年，14 岁的人中约有 14% 生活在与其出生地不同的州）会导致标准测量误差适度地衰减，但由于各州法律变化模式不同，非随机迁移会产生更不易察觉的偏差。此外，我们不能衡量法律对国外出生的孩子的影响，他们在 1920 年约占高中年龄青少年的 5%[①]。我们的分析集中在 1960 年的人口普查上，因为它包含了所有相关群体的大量样本，并以统一的方

---

① 1920 年有青少年的家庭的州际迁移比例以及 14～17 岁国外出生人口比例的估计值来自 IPUMS 1920 年的人口普查。

式衡量受教育年限①。

为分析州法律对受教育年限的影响，我们设定的基本回归方程是：

$$E_{ics} = X_{ics}\beta + L_{cs}\delta + Z_{cs}\pi + \alpha_s + \gamma_c + \mu_{ics}$$

其中，E_{ics} 是来自出生群体 c 和出生州 s 的个人 i 完成学业的年数；X_{ics} 是个人层面人口统计的控制变量（虚拟变量：种族和性别；指示变量：国外出生的父母）；L_{cs} 是州童工法和义务教育法变量的向量，这些变量会影响来自群体 c 出生在 s 州的那些人；Z_{cs} 是时变的州协变量；α_s 是州固定效应；γ_c 是出生群体的固定效应。我们还包括了人口普查分区的线性时间趋势②。州法律变量与表 9.2 第（4）列高中入学率核心设定中的变量相同。我们报告了按出生州聚集的稳健标准误差，以解释残差中的州级序列相关性。

表 9.3 列出了全样本和各个子样本（白人与黑人，男性与女性）受教育程度的主要结果。全样本的核心设定见第（1）列。继续教育法的实施使受影响的学生群体的受教育年限增加了 0.15 年。与同期高中入学率的研究结果类似，我们估计童工学年数的影响大于义务教育年数的影响，但这两个变量的影响都很小，且在统计上不显著。州制造业就业人数往往对受教育程度有抑制作用，这可能反映了某些行业雇用青少年的

---

① 我们也利用 1940 年、1950 年、1960 年和 1970 年人口普查的数据，对在相似年龄（从 40 岁到 49 岁）估计的同一出生群体的受教育程度进行了类似的分析。结果与利用 1960 年人口普查数据进行的估计值相似，但精确度较低。这种方法的缺点是早期群体的样本数量较小，如 1940 年的人口普查只提供了抽样个体的父母出生情况（一个关键的控制变量）的信息，而 1950 年的人口普查只提供了抽样个人的受教育程度。此外，在不同的人口普查年份，受教育程度的衡量标准也存在一些差异。1940 年人口普查中的教育变量并不区分最高年级是否实际达到，1940 年和 1950 年的人口普查对受教育程度数据的最高编码为 17 年，而 1960 年人口普查数据的最高编码为 18 年。

② 如果包括一整套人口普查区域和年份的固定效应，估计值会类似，但略有减弱。

表 9.3 各州义务教育法和童工法对 1896～1925 年出生于美国的群体受教育程度的影响

	全样本(1)	1901～1925 年群体(2)	白人(3)	黑人(4)	男性(5)	女性(6)
	因变量：完成学业年限（平均值=10.01）					
继续教育法	0.147 (0.0552)	0.140 (0.0524)	0.134 (0.0579)	0.220 (0.0977)	0.162 (0.0624)	0.131 (0.0549)
童工学年数[a]	0.0148 (0.0124)	0.0396 (0.0130)	0.0162 (0.0141)	-0.00549 (0.0145)	0.00913 (0.0136)	0.0219 (0.0144)
义务教育年数[b]	0.00225 (0.00757)	-0.0121 (0.00796)	-0.00630 (0.00763)	0.00670 (0.00957)	-0.00654 (0.00860)	0.00996 (0.0105)
人均汽车登记数	0.725 (0.760)	0.497 (0.695)	0.753 (0.710)	1.92 (2.32)	0.582 (0.853)	0.875 (0.793)
人均制造业就业数	-3.32 (1.63)	-4.26 (1.72)	-2.45 (1.56)	-6.42 (2.63)	-4.29 (1.86)	-1.12 (1.71)
州人口控制变量	是	是	是	是	是	是
个人人口控制变量	是	是	是	是	是	是
出生州的虚拟变量	是	是	是	是	是	是
出生群体的虚拟变量	是	是	是	是	是	是
人口普查分区趋势	是	是	是	是	是	是
R^2	0.160	0.150	0.099	0.160	0.172	0.151
标准差	3.19	3.17	3.14	3.53	3.36	3.01
观测次数	536628	478591	483993	50912	260884	275744

注：州人口控制变量包括外国出生的人口比例、黑人比例、城市人口比例、大于 64 岁的人口比例、个人人口控制变量包括女性、黑人、其他种族和国外出生的父母的虚拟变量。括号中表示的是稳健的标准误差，按出生州分类。入学法适用的是个人在 7 岁时出生州存在的法律，而所有其他法律变量都适用 14 岁时的法律。

a 童工学年数$_t$ =max [获得工作许可证要求的受教育年数$_t$]，（获得工作许可证年龄，-入学年龄$_{t-8}$）]，其中 t 是个人在 14 岁的年份。

b 义务教育年数$_t$ =min [（豁免所需要的受教育年数$_t$），（义务教育最大年龄，-入学年龄$_{t-8}$）]，其中 t 是个人在 14 岁的年份。

资料来源：IPUMS 1960 年联邦人口普查（Ruggles et al.，2008）。关于国家义务教育法和童工法，参见数据附录。其他变量的资料来源见表 9.2 的注释。

机会成本较高①。

我们关于州法律对受教育程度的影响的定性研究与 Lleras-Muney（2002）相似。但我们估计，继续教育法的影响要大一些，童工学年数的影响要小一些②。第（2）列的估计值将样本限制在与 Lleras-Muney 样本相同的出生群体（出生于 1910~1925 年），但我们对童工法使用更准确的测量方法。第（2）列是对没有最大年龄组的有限样本的估计，它意味着童工学年数每增加一年，完成学业的时间就增加 0.04 年，这与 Lleras-Muney 的基线估计类似，即根据童工法要求，童工学年数每增加一年，完成学业的时间就增加 0.05 年。

表 9.2 第（3）列至第（6）列的估计值显示，继续教育法对白人和黑人以及男性和女性的受教育程度产生了显著、重大且相当类似的影响。童工法和义务教育法的其他方面对任何群体都没有产生单独的显著影响。制造业就业对受教育程度产生负面影响，其中对黑人的影响比对白人的影响更为显著，对男性的影响也大于女性。

表 9.3 中估计值所传达的核心信息是，尽管州义务教育法和童工法在不断发展，但对 1910~1939 年的青少年（1896~1925 年出生）受教育程度的提高，似乎只起到了很小的作用。在 1896 年出生的青少年中，9% 的人在 14 岁时生活在有继续教育法的州，33% 的人在 7 岁时没有义

---

① 此外，对同期高中入学率有较大影响的人均汽车登记量对全样本受教育年限的影响较小，且在统计上不显著。但是我们发现（在未报告的回归中），使用同样的样本，人均汽车登记量对高中教育年数和完成 9 年或 9 年以上教育的可能性有积极影响，且影响较大，在统计上也是显著的。与表 9.3 中的研究结果和使用高中毕业率得出的横截面研究结果（Goldin and Katz，2009）相比，表 9.2 中的制造业变量并不总是为负。

② 与 Lleras-Muney（2002）的估计值不同，原因在于以下几点：我们扩大了样本范围，涵盖了更早期的群体（1896~1900 年出生的群体）；我们在州法律影响的编码和设定方面有所改进；在处理地区趋势方面略有不同；在 Lleras-Muney 的回归中，还有一些小的数据错误也会对观测值的控制变量有所影响。

务教育法，14%的人在14岁时没有童工法，童工法和义务教育法规定的平均受教育年数分别为4.6年和4.9年。相比之下，在1925年出生的青少年中，69%的人生活在有继续教育法的州，所有的州都有童工法和义务教育法，童工法和义务教育法对平均受教育年数的要求都上升到了8年。

我们在表9.3第（1）栏中的核心估计意味着，各州法律的变化可以解释0.145年受教育年数的增加，其中0.088年来自继续教育法的实施，0.057年来自其他童工法和义务教育法要求的加强。因此，在1896~1925年出生的群体中，受教育年数增加了2.45年，其中约有6%可归因于童工法和义务教育法的变更。我们估计的这些法律在整体受教育程度提高中的贡献比例，与同期对同一群体高中入学率的影响的估计几乎相同。

9.3 义务教育法的实施

到目前为止，我们已经探讨了义务教育法和童工法的细节，但没有分析其实施问题。正如我们先前指出的，法律实施程度难以衡量，而且我们用来编纂法律的大量卷册和文件中，关于实施程序的信息也很少。其中一个原因是，实施工作通常在市政当局进行，而法律是在州一级通过的。此外，法律实施并不总是在一个机构或一个政府单位进行。例如，义务教育法的实施有时是在学区一级或法院等其他实体进行。童工法也是如此。

Deffenbaugh和Keesecker是同时代的两位知名人士，从1914年至20世纪30年代中期，他们共同或分别制定了许多关于义务教育的政府文件，他们指出，在实施义务教育的地方会进行教育普查（1935：23~24）。因此，为了了解高中运动时期的实施变化，我们收集了以下信息：哪些州的法律要求进行教育普查，按怎样的频率进行普查。教育普查是一项调查，通常由学区的就学督促员（也被称为"逃学"调查员）实施（在小的学区也可以由教师自己实施），普查对象是义务教育年龄范围内的所有儿童[1]。通过了解哪些孩子应该在该学区上学，义务教育法的实施变得更有可能。

我们找到了 4 份相当全面的教育普查清单，涵盖了我们研究的大部分时期：1913 年、1928 年、1935 年和 1945 年（按报告中最后一年的法律列出）。因为到 1928 年每个州都有教育普查，所以我们比较 1914 年和 1928 年[2]。这些年份对我们来说很有意思，因为它们涵盖了大萧条之前高中运动时期的大部分时间，也涵盖了义务教育法扩张最快的时期（见图 9.3）。

《1913 年义务教育法汇编》（1914 年美国教育局，表 II，39）报告称，在实行义务教育法的州中，除 4 个州外，所有州都需要进行教育普查。有些只要求对较大城市进行普查，有些可能不需要每年进行普查[3]。没有进行教育普查的 4 个州（加利福尼亚州、伊利诺伊州、路易斯安那州和密歇根州）是一个混合群体，其中有几个州是教育领域的领导者。密歇根州可能实际上是需要教育普查的，因为教育厅报告（1914）指出，密歇根州的教师缺勤报告要求"最后一次教育普查应与入学率相比较"。

1928 年的汇编（Keesecker，1929，第 I 部分，20）报告说，39 个州

---

① 在义务教育法通过之前和之后，各州都使用教育普查来分配州立学校的资金。

② 在这里，我们没有使用 Deffenbaugh 和 Keesecker（1935：25）以及 Proffitt 和 Segel（1945，表 1）的列表。1935~1945 年，以下州降低了教育普查的频率——亚利桑那州（每年）、加利福尼亚州（每三年）、特拉华州（每两年）、印第安纳州（每年）、内华达州（每年或主管认为必要时）和新泽西州（每五年），其中括号内是 1935 年的要求。其他大多数州的要求与 1935 年相同。

③ 1913 年的汇编没有说明普查是每年进行一次，还是每两年进行一次，或是按其他时间表进行。

要求每年进行一次教育普查，5 个州要求每两年进行一次，1 个州要求每四年进行一次，3 个州要求每五年进行一次，一个州（内华达州）要求根据州教育委员会的裁决进行①。到 1928 年，绝大多数州都进行了年度教育普查，其他州也有某种类似的普查。

从 1913 年到 1928 年，在进行教育普查的州中，最大的变化是那些以前没有义务教育法的州。在 1913 年之前就颁布了相关法律的州中，通过在全州范围内（不仅仅是大城市）强制实施，并要求每年进行一次教育普查，实施力度加大了。通过教育普查的规定来加大实施力度，似乎并不像某些人所认为的那样有效。如果专家 Deffenbaugh 和 Keesecker 是正确的，那么义务教育法就能得到实施。

9.4 结论

在 1910~1940 年的高中运动期间，美国青少年的中学入学率大幅上升（上升了 50 个百分点）。在进步时代减少童工、消除青少年懒惰和犯罪、扩大学校教育等运动的推动下，童工法和义务教育法发生了变更，许多人认为，这种变更在 20 世纪上半叶美国中学教育的迅速崛起中发挥了重要作用。本章发现童工法和义务教育法的变更在统计学上是可以观察到的，但对美国中学教育的影响相对较小。继续教育的要求，旨在增加雇用青少年劳动力的成本，与童工法和义务教育法的其他组成部分相比，对学校教育的影响更大一些。我们的估计表明，州继续教育法、童工法和义务教育法提高要求，仅能解释 1910~1939 年美国青少年中学入学率和最终

---

① 这些州包括哥伦比亚特区。被 Keesecker 列入"年度"普查小组的加利福尼亚州，是不要求教育普查的，但要求家长向当局登记学龄儿童。汇编材料还有一个错误，即华盛顿特区和佛罗里达州应该是"每年"，而不是"两年一次"。

受教育程度提高的6%~7%。

如果义务教育法和童工法在美国收效甚微，为什么会获得通过？这些法律对学校教育有一些积极影响，对某些目标群体可能更有效，如在大城市出生的外国人的子女。但正如我们所指出的，许多法律的出台不是为了支持教育。相反，它们是反逃学、反流浪的法律，旨在确保青少年就业或上学，而不是游荡。

为什么美国的结论与其他国家不同？20世纪中叶，义务教育法在许多国家得到推广和实施，在提高入学率方面效果明显。当法律要求国家提供更多的教育资源时，教育机会和支出大幅增加，此时这些法律的有效性最大。研究最多的案例之一是英国。

具有历史意义的1944年《教育法》（*Education Act*）于1947年将英格兰、苏格兰和威尔士的义务教育年龄（离校年龄）从14岁提高到15岁，而且似乎得到了严格执行（Ringer，1979）。14岁孩子辍学的比例从1945年的57%下降到1948年的不到10%，然后到1950年又下降到5%左右（Oreopoulos，2006）。该法案还包括中学教育免费的承诺[1]。该法案推迟到1947年才提高义务教育年龄，原因是只有在教育系统从战争中恢复过来，教师和学校能够满足越来越多的14岁孩子的需要时，英国的义务教育年龄才会被延长。在没有该法案的情况下，大量英国在校儿童不可能在14岁以后上学，因为如果没有政府的承诺，这些资源是无法到位的。

在美国，受义务教育法影响，大多数学生基本上可以获得免费的学校

---

[1] Oreopoulos（2006）低估了1944年《教育法》对中学教育免费的承诺的作用，因为在1947年前后以及之后的许多年里，15岁青少年的学校教育几乎没有变化。但15岁青少年入学率的滞后可能更多地与教育资源匮乏有关，而不是英国青少年缺乏主动性。该法案迫使国家为14岁孩子提供学习场所，但即使该法案规定中学是免费的，国家也没有义务让年龄较大的青少年上学。1947年《泰晤士报教育副刊》（Damon Clark 慷慨提供）对14岁学生的学校和课程的描述显示，课程是在临时建筑物中进行的（尤其是在农村地区），而且只打算在学生14岁那年再上一年。

教育（甚至中学教育）。童工法和义务教育法对青少年、雇主和地方政府施加的限制，对美国中学教育兴起的影响远没有那么重要。美国中学入学人数的巨大增长，很大程度上是由以下因素造成的，比如多一年学校教育所获得的巨大经济回报、家庭财富的增加、更多的入学机会等。

数据附录

1910~1939 年州级义务教育法和童工法的法律解释（数据发布在 http：//www. economics. harvard. edu/faculty/goldin/data.）。

1910~1939 年州级义务教育法和童工法汇编包含以下 7 个变量：

（1）义务教育的最低年龄，即入学年龄（汇编了 1900~1909 年的数据）；

（2）义务教育的最大年龄，即离校年龄（汇编了 1900~1909 年的数据）；

（3）豁免最大年龄限制的受教育年数；

（4）青少年可以获得工作许可证的年龄（在正常上学时间工作）；

（5）获得工作许可证需要的受教育程度（在正常上学时间工作）；

（6）州是否有强制性的继续教育学校；

（7）继续教育的最大年龄（以及州政府是否允许市政当局强制继续教育）。

这些变量总结了复杂的法律。前 3 个变量涉及义务教育法，后 4 个变量涉及的是童工法。义务教育法和童工法通常是一枚硬币的两面。在后来的观察者看来，二者似乎并不一致，因为义务教育的最大年龄往往高于可以获得工作许可证的年龄。但这些法律通常都是同一项立法的一部分，并有一系列相似的目标。

在我们考察的大部分时期，约束条件是青少年可以获得工作许可证的年龄或获得工作许可证所需的受教育程度。例如，某州的义务教育最大年龄为 16 岁，但在该州，如果一个人在 14 岁时已经完成了 8 年的学业，那么他就可以获得工作许可证，可以在正常上学时间工作。在这种情况下，约束条件很可能是获得工作许可证所需的年龄。但如果所需的受教育程度只是能够"读写"，那么约束条件将是获得工作许可证所需的受教育程度。许多州还规定了最低受教育程度，以豁免青少年义务教育的最大年龄。在某些州和某些时期，这就是约束条件。

最后，许多州还通过了要求学区建立继续教育学校的法律。威斯康星州在 1911 年首次通过了继续教育法，但继续教育思想的流行，是在第一次世界大战后。强制性的州继续教育法意味着学区必须建立一所继续教育学校，因为学区有足够多的未满一定年龄的在职青少年。未达到最低教育标准的青少年被要求每周在学校上学若干小时（例如，某个下午的 4 个小时），雇主通常有责任在他们上学期间免除他们的工作。然而，许多州没有强制性法律，但有青少年在此类学校（如果有的话）就读的最大年龄的法律规定。也就是说，变量（6）将是 0，但变量（7）将是某个年龄。如果市政当局有一所继续教育学校，那么，州法律规定的最大年龄将具有约束力。

义务教育法和童工法包含了许多复杂的内容，使得它们的代码难以编写。例如，大多数州都有几项义务教育豁免条款，需要详细了解法院判决才能评估其重要性。比如说，"精神缺陷者"几乎总是不受义务教育法的约束。同样，贫困家庭的孩子通常也不需要达到工作许可证的教育要求。有缺陷和贫困的定义，取决于法庭。还有一个棘手的问题就是法律的实施。

另一个复杂性是，州法律有时对城镇与州内其他地方有不同的年龄规定，或者对最大城市和其他地方不同。我们的代码适用于大多数人。另外，州政府会将义务教育法的细节留给学区和市政当局。最后，这 7 个变量忽略了有关童工法的细节，例如他们能够劳动的小时数、不同年龄和性别的青少年被禁止从事的职业。

有关这些法律的数据主要来自十几份同期汇编，这些汇编通常是由美国教育办公室或美国劳工部儿童局委托编写的。当一项法律在两部汇编之间发生变更时，会参考州法律以确定变更的确切日期，或参考美国教育部公布的州法律变更信息（如果有的话）[①]。在某些情况下，我们无法确定变更的确切日期。在这种情况下，法律一般可以往回推断（例如，如果一项法律在 1921 ~ 1924 年发生了变化，那么 1924 年的详细情况就归到 1922 年和 1923 年）。因为我们有 1910 年、1914 年、1915 年、1917/18 年、1921 年、1924 年、1927 年、1928 年、1929 年、1935 年、1939 年和 1945 年的主要汇编，以及其他时期的次要汇编，所以我们估算的变更日期可能与实际变更日期相差不大。

对州法律进行解释往往很困难，有的汇编在某些细节上是错误的。在某些情况下，州法律很难编码。例如，有些法律仅适用于最大的城市（如特拉华州的威尔明顿、路易斯安那州的新奥尔良、马里兰州的巴尔的摩）。在这种情况下，我们对州法律进行了编码，而不是对城市法律进行编码，因为该州的大多数人口并不居住在最大的城市。但如果法律适用于所有城镇，那么，我们就会对城镇法律进行编码。还有一些州没有州层面的法律，地方可以自行制定法律。在这种情况下，我们把这些州编码为没有法律。在个别情况下，男孩和女孩适用的法律不同，我们选用了适用于男孩的法律。

---

① 州法律文件包括有"（州）教育法规"、"（州）立法法案"、"（州）教育委员会"和"（州）两年期报告"等标题的文件。

数据库是许多人努力的结果。它是由 Claudia Goldin（1993）和 Adriana Lleras-Muney（在她的博士论文中）分别开始的。Stefanie Schmidt 接受了戈尔丁最初的编码，并添加了其他编码。Stefanie Schmidt 研究的年份与 Lleras-Muney 几乎相同（Schmidt 为 1915~1935 年，Lleras-Muney 为 1915~1939 年）。在大多数年份里，他们使用了相似的原始资料，但也存在一些差异。Schmidt 在汇编之间的几年里，依靠州法律文件来确定州法律的变更。与 Schmidt 相比，Lleras-Muney 使用了更多已出版的汇编，因此遇到日期不确定的变更更少。

我们交叉检查了这两份汇编（以及由 Angrist 和 Acemoglu 编撰的汇编，它也涵盖了 1940 年以后的年份，但 1915~1940 年的内容不够详细），将它们与所使用的原始文件进行了核对，并尽可能地消除了分歧。另外，我们将 Lleras-Muney 和 Schmidt 系列的历史追溯到 1910 年。

我们非常感谢斯宾塞基金会（Spencer Foundation）对我们的著作《教育与技术之间的竞赛》（*The Race between Education and Technology*）（哈佛出版社，2008）的部分内容提供财政支持，该书第 6 章论述了义务教育的相关内容。Adriana Lleras-Muney 慷慨地提供了关于义务教育和童工的数据，Joshua Angrist、Daron Acemoglu 和 Stefanie Schmidt 友好地提供了法律编码，感谢他们所有人。我们还要感谢 Damon Clark、Edward Glaeser、Robert Willis 和哈佛劳工研讨会参与者，特别是参与讨论的 David Card，他们都提供了有益的意见。

参考文献

* Acemoglu, Daron, and Joshua Angrist. 2000. " How Large Are Human Capital

Externalities? Evidence from Compulsory Schooling Laws. " In *NBER Macroeconomics Annual 2000*, volume 15, edited by Ben S. Bernanke and Kenneth Rogoff, 9 – 59. Cambridge, M. A.: MIT Press.

Angrist, Joshua D. , and Alan B. Krueger. 1991. "Does Compulsory School Attendance Affect Schooling and Earnings?" *Quarterly Journal of Economics* 106: 979–1014.

——. 1992. "The Effect of Age of School Entry on Educational Attainment: An Application of Instrumental Variables with Moments from Two Samples. " *Journal of the American Statistical Association* 87: 328–336.

* Bender, John F. 1928. "Criticisms of Attendance Laws. " *American School Board Journal* 76: 43–44.

Bermejo, F. V. 1923. *The School Attendance Service in American Cities.* Menasha, W. I. : George Banta Publishing Co.

Bertrand, Marianne, Esther Duflo, and Sendhil Mullainathan. 2004. "How Much Should We Trust Differences-In-Differences Estimates?" *Quarterly Journal of Economics* 119: 249–275.

* Bonner, H. R. 1923. "The Conviction of Legislators. " *American School Board Journal* 66: 45–48.

Clapp, Mary A. , and Mabel A. Strong. 1928. *The School and the Working Child: A Study of Fifty School Departments of Massachusetts.* Boston: Massachusetts Child Labor Committee.

§ Deffenbaugh, Walter S. , and Ward W. Keesecker. 1935. *Compulsory School Attendance Laws and their Administration.* U. S. Office of Education Bulletin, 1935, no. 4. Washington, D. C. : GPO.

Edwards, Linda Nasif. 1978. "An Empirical Analysis of Compulsory Schooling Legislation, 1940–1960. " *Journal of Law and Economics* 21: 203–222.

Eisenberg, Martin J. 1988. "Compulsory Attendance Legislation in America, 1870 to 1915. " PhD diss. , Department of Economics, University of Pennsylvania.

Emmons, Frederick Earle. 1926. *City School Attendance Service.* Teachers College, Columbia University Contributions to Education, no. 200. New York: Teachers College, Columbia University.

Engerman, Stanley L. , and Kenneth L. Sokoloff. 1912. *Economic Development in the Americas since 1500: Endowments and Institutions.* Cambridge: Cambridge University Press.

* Ensign, Forest Chester. (1921) 1969. *Compulsory Education Laws and Child Labor.* New York: Arno Press.

Gibbons, Charles E. 1927. *School or Work in Indiana?* New York: National Child Labor

Committee.

Goldin, Claudia. 1994. "Appendix to: How America Graduated from High School: An Exploratory Study, 1910 to 1960." NBER Historical Working Paper no. 57. Cambridge, M. A.: National Bureau of Economic Research, June.

——. 1998. "America's Graduation from High School: The Evolution and Spread of Secondary Schooling in the Twentieth Century." *Journal of Economic History* 58: 345−374.

Goldin, Claudia, and Lawrence F. Katz. 1999. "Human Capital and Social Capital: The Rise of Secondary Schooling in America, 1910 to 1940." *Journal of Interdisciplinary History* 29: 683−723.

——. 2003. "Mass Secondary Schooling and the State: The Role of State Compulsion in the High School Movement." NBER Working Paper no. 10075. Cambridge, M. A.: National Bureau of Economic Research, November.

——. 2008. *The Race between Education and Technology.* Cambridge, M. A.: Belknap Press of Harvard University.

——. 2009. "Why the United States Led in Education: Lessons from Secondary School Expansion, 1910 to 1940." In *Human Capital and Institutions: A Long Run View*, edited by D. Eltis, F. Lewis, and K. Sokoloff, 143−178. New York: Cambridge University Press.

§ Keesecker, Ward W. 1929. *Laws Relating to Compulsory Education.* Bureau of Education Bulletin, 1928, no. 20. Washington, D. C.: GPO.

Kézdi, Gábor. 2001. "Robust Standard Error Estimation in Fixed-Effects Panel Models." Unpublished Manuscript. University of Michigan, July.

Landes, William M., and Lewis C. Solmon. 1972. "Compulsory Schooling Legislation: An Economic Analysis of Law and Social Change in the Nineteenth Century." *Journal of Economic History* 32: 54−91.

Lang, Kevin, and David Kropp. 1986. "Human Capital versus Sorting: The Effects of Compulsory Attendance Laws." *Quarterly Journal of Economics* 101: 609−624.

* Lleras-Muney, Adriana. 2002. "Were Compulsory Attendance and Child Labor Laws Effective? An Analysis from 1915 to 1939." *Journal of Law and Economics* 45: 401−435.

——. 2005. "The Relationship between Education and Adult Mortality in the U. S." *Review of Economic Studies* 72: 189−221.

Lochner, Lance, and Enrico Moretti. 2004. "The Effffect of Education on Criminal Activity: Evidence from Prison Inmates, Arrests and Self-Reports." *American Economic Review* 94: 155−189.

Margo, Robert A., and T. Aldrich Finegan. 1996. "Compulsory Schooling Legislation and School Attendance in Turn-of-the-Century America: A 'Natural Experiment'

Approach. " *Economics Letters* 53: 103−110.

* Merritt, Ella Arvilla. 1940. "Trends of Child Labor, 1937 to 1939. " *Monthly Labor Review* 50 (January): 28−52.

* *Monthly Labor Review.* 1937. " Child Labor: Compulsory School-Attendance Provisions Affecting Employment of Minors in the United States, 1936. " February.

* ——. 1938. "Labor Laws, State Labor Legislation, 1937. " January.

Moretti, Enrico, Kevin Milligan, and Philip Oreopoulos. 2004. " Does Education Improve Citizenship? Evidence from the U. S. and the U. K. " *Journal of Public Economics* 88: 1667−1695.

* National Child Labor Committee. 1927. *Twenty-Third Annual Report of the National Child Labor Committee for 1927.* New York: National Child Labor Committee.

§ ——. 1928. *Child Labor Laws and Child Labor Facts: An Analysis by States* (November 1927). New York: National Child Labor Committee.

Oreopoulos, Philip. 2003. "The Compelling Effects of Compulsory Schooling: Evidence from Canada. " Unpublished Manuscript. University of Toronto, March.

——. 2006. " Estimating Average and Local Average Treatment Effects of Education when Compulsory School Laws Really Matter. " *American Economic Review* 96: 152−175.

——. 2007. "Do Dropouts Drop Out Too Soon? Wealth, Health, and Happiness from Compulsory Schooling. " *Journal of Public Economics* 91: 2213−2229.

——. 2009. "Would More Compulsory Schooling Help Disadvantaged Youth? Evidence from Recent Changes to School-Leaving Laws. " In *An Economic Perspective on the Problems of Disadvantaged Youth*, edited by J. Gruber, 85−112. Chicago: University of Chicago Press.

Organization for Economic Cooperation and Development (OECD). 1998. *Education at a Glance: OECD Indicators*, 1998. Paris: OECD Press.

* Proffitt, Maris M. 1933. *Report on 206 Part-Time and Continuation Schools.* Office of Education Pamphlet no. 38. Washington, D. C. : GPO.

§ Proffitt, Maris M. , and David Segel. 1945. *School Census, Compulsory Education, Child Labor: State Laws and Regulations.* U. S. Office of Education, Bulletin, 1945, no. 1. Washington, D. C. : GPO.

Reed, Anna Yeomans. 1927. *Human Waste in Education.* New York: The Century Company.

Ringer, Fritz K. 1979. *Education and Society in Modern Europe.* Bloomington: Indiana University Press.

Ruggles, Steven, Matthew Sobek, Trent Alexander, Catherine A. Fitch, Ronald Goeken, Patricia Kelly Hall, Miriam King, and Chad Ronnander. 2008. *Integrated Public*

Use Microdata Series：Version 4. 0（Machine-readable database）. Minneapolis：Minnesota Population Center（producer and distributor）. http：//usa. ipums. org/usa/.

* Schmidt, Stefanie. 1996. "School Quality, Compulsory Education Laws, and the Growth of American High School Attendance, 1915 - 1935. " PhD diss. , Department of Economics, Massachusetts Institute of Technology.

§ Segel, David, and Maris M. Proffitt. 1942. *Pupil Personnel Services as a Function of State Departments of Education.* U. S. Office of Education Bulletin, 1940, no. 6. Washington, D. C. ：GPO.

Stambler, Moses. 1968. "The Effect of Compulsory Education and Child Labor Laws on High School Attendance in New York City, 1898-1917. " *History of Education Quarterly* 2：189-214.

Steinhilber, August W. , and Carl J. Sokolowsi. 1966. *State Law on Compulsory Attendance.* U. S. Department of Health, Education, and Welfare, Circular no. 793. Washington, D. C. ：GPO.

Stigler, George. 1950. *Employment and Compensation in Education.* Occasional Paper 33. New York：National Bureau of Economic Research.

§ Sumner, Helen L. , and Ella A. Merritt. 1915. *Child Labor Legislation in the United States.* U. S. Department of Labor, Children's Bureau Publication no. 10. Washington, D. C. ：GPO.

Troen, Selwyn K. 1975. *The Public and the Schools：Shaping the St. Louis System, 1838-1920.* Columbia：University of Missouri Press.

Tyack, David B. 1974. *The One Best System：A History of American Urban Education.* Cambridge, MA：Harvard University Press.

U. S. Department of Education. 1993. *120 Years of American Education：A Statistical Portrait.* National Center for Education Statistics, Washington, D. C. ：GPO.

——. 2008. *Digest of Education Statistics：2007*（NCES 2008-022）. National Center for Education Statistics, Washington, D. C. ：GPO.

§ U. S. Department of Labor, Children's Bureau. 1921a. *State Child-Labor Standards, January 1, 1921.* Chart series no. 1. Washington, D. C. ：GPO.

§ ——. 1921b. *State Compulsory School Attendance Standards Affecting the Employment of Minors, January 1, 1921.* Chart series no. 2. Washington, D. C. ：GPO.

* ——. 1923. *Standards and Problems Connected with the Issuance of Employment Certificates.* Bureau Publication no. 116. Washington, D. C. ：GPO.

§ ——. 1924. *State Compulsory School Attendance Standards Affecting the Employment of Minors, September 15, 1924.* Chart series no. 1. Washington, D. C. ：GPO.

§ ——. 1930. *Child Labor: Facts and Figures*. U. S. Department of Labor, Children's Bureau Publication no. 197 (October 1929). Washington, D. C. : GPO.

§ ——. 1935. *State Compulsory School Attendance Standards Affecting the Employment of Minors: State Child Labor Standards*. Washington, D. C. : GPO.

* ——. 1938. *Child-Welfare Legislation, 1937*. Bureau Publication no. 236. Washington, D. C. : GPO.

* U. S. Federal Board for Vocational Education. 1920. *Compulsory Part-Time School Attendance Laws*. Bulletin no. 55. Trade and Industrial Series no. 14 (August). Washington, D. C. : GPO.

§ U. S. Office (Bureau) of Education. 1910. *Education Report, 1910* (Annual Report of the Commissioner of Education). "Compulsory Education and Child-Labor Laws." Washington, D. C. : GPO.

§ ——. 1914. *Compulsory School Attendance*. Bulletin no. 2. Compiled by Walter S. Deffenbaugh. Washington, D. C. : GPO.

* ——. 1925. *Important State Laws Relating to Education Enacted in 1922 and 1923*. Bulletin, 1925, no. 2. Compiled by William R. Hood. Washington, D. C. : GPO.

* ——. [various years] . *Report of the Commissioner of Education for the Year Ended*. [Annual Report]. Washington, D. C. : GPO.

* ——. [various years] . *Biennial Survey of Education*. Washington, D. C. : GPO.

§ 1916/18 (1917/18 compendium); also 1920/22, 1922/24, 1928/30, 1930/32.

带 § 的是义务教育法和/或童工法的主要汇编。

带 * 的是构建附录的参考材料。附录中使用的一些参考文献在文中也提到过。

10 亚洲奇迹对经济增长理论的影响

罗伯特·W.福格尔（Robert W.Fogel）

在考虑"亚洲奇迹"对增长理论的影响之前，需要考虑亚洲奇迹这个词在经济学家中是从什么时候开始流行的，以及在此之前有什么观点。还需要回顾增长理论的概念，追溯其起源和演变。这不是一项简单的任务，因为自二战以来，理论、计量方法和经济政策的需要，在增长经济学家的研究中以非常复杂的方式相互作用。

不过，我认为普遍的观点是，罗伯特·M. 索洛（Robert M. Solow）在 20 世纪 50 年代后半期发表的两篇论文是关于长期经济增长理论和计量方法的大量文献中的代表性文献[①]，尽管在同一时期有其他人提出了类似的增长模型。索洛（2007）最近特别挑出澳大利亚经济学家特雷弗·斯旺（Trevor Swan）（1956）的一篇论文，指出该论文体现了他的模型中的所有要素，但对后续研究几乎没有影响。

10.1 总生产函数、全要素生产率和外生的技术变革

索洛在他 2007 年的论文中思考了这种差异。他问道，为什么他的论文如此有影响力？他说，要做到这一点，方法是：

（i）简洁；（ii）正确；（iii）合理。（我所说的正确，是指找到一个清晰直观的公式，而不仅仅是避免代数错误。）我觉得这三个准则都适用于 1956 年的那篇论文。它确实很简单；它没有迷失在困扰特雷弗·斯旺的复杂性和死胡同中；从某种意义上讲，它是合理的，因为它符合程式化的事实，提供检验和校准的机会，并不要求你相信某些让人难以置信的东西。（Solow，2007：4）

---

① 参见 Solow（1958）。

在 1957 年的论文中，索洛将柯布-道格拉斯生产函数用来解释美国产出的增长，结果令人震惊，劳动力和资本投入的增加，只能解释 1909～1949 年产出增长的 13%，87% 无法解释。索洛将这一无法解释的部分归因于技术的改进，他认为这超出了模型的范畴，因此称之为外生的技术变革。

从实证角度来看，索洛论文最重要的结果或许是将经济学家的注意力从劳动生产率转移到全要素生产率，并将全要素生产率作为衡量经济效率变化或技术变革的主要指标。然而，索洛的分析并没有像雅典娜那样，从宙斯的头颅里完全跳出来。

几十年来，经济学家一直致力于研究全要素生产率的概念。正如格里利切斯（Griliches）在 1996 年指出的那样，这些指标在 20 世纪 30 年代得到了广泛讨论，尤其是与美国国家经济研究局（NBER）关于国民收入发展的时间序列项目有关①。这种关注促使该局启动了一些项目，产生了衡量各部门和整个经济中长期资本形成的时间序列的指标。Goldsmith（1952）出版了一份关于这项工作进展的中期报告。在 20 世纪 30 年代末、40 年代和 50 年代，美国国家经济研究局的经济学家们构建了投入产出比的指数，并将这些指数确定为衡量经济效率的指标（Copeland and Martin，1938；Stigler，1947；Fabricant，1954；Kendrick，1955）。

在索洛之前，关于全要素生产率的最重要的论文，大概是摩西·阿布拉莫维茨（Moses Abramovitz）在 1956 年发表的《1870 年以来美国的增长源泉与产出趋势》。他利用西蒙·库兹涅茨（Simon Kuznets）关于实际国民收入的数据，估计人均实际净产值以每年 1.9% 的速度增长，1944～1953 年相较于 1869～1878 年翻了两番。他还把所有的资源、劳动力和各

---

① 在欧洲，1942 年简·丁伯根（Jan Tinbergen）用德文发表了一篇论文，在论文中，他使用了具有指数时间趋势的柯布-道格拉斯函数，将其作为衡量德国、英国、法国和美国效率变化的指标进行解释。但丁伯根的论文直到很久以后才被美国人知晓。

种形式的财产按其在国民收入中所占的比例为权重，计算出了一个指数。令他惊讶的是，这个投入的指数仅仅解释了 75 年间产出增长的 14%，剩下的 86% 无法解释。

阿布拉莫维茨不仅对结果感到惊讶，而且也无法给出充分的解释。他把无法解释的全要素生产率增长称为"剩余要素"，也是"衡量我们无知的尺度"。他把其中的大部分归因于对投入的测量误差。在劳动方面，他特别指出劳动力年龄结构的变化，认为这些变化使工作时间集中在生产率最高的年龄段。他还指出，人们忽视了技能的提高，以及卫生、教育和劳动力在职培训方面的投资的增加。在资本方面，他强调，知识存量的增加、生产组织的优化和技术的改进以及对研发的更大投资都无法计量。他还指出了规模报酬递增的贡献，可惜的是他没有去尝试测量，后来爱德华·丹尼森认为其占全要素生产率增长的 10%（Denison，1962）。

10.2　趋同与分歧

1945 年，美国或欧洲的经济学家并不认为亚洲经济表现良好。在美国，经济学家担心的是超过 2000 万人（一半来自军队、一半来自军工业）的复员和他们融入平民劳动力所带来的问题。人们普遍担心美国可能陷入新一轮的大萧条。在欧洲，核心问题转向了盟军占领德国和意大利，以及恢复被战争破坏的经济。在亚洲，核心问题是日本的非军事化和曾经被日本占领的那些国家的重建，后续出现的问题则与英法等欧洲列强殖民帝国的瓦解有关。

1945～1950 年发生的几件事，为 20 世纪后半叶的政治经济学奠定了基础。一是冷战的爆发和美国遏制苏联扩张的战略；二是西欧的迅速复苏，以及联邦德国转变为反共产主义联盟的盟友；三是中国共产党在日本投降后的国共内战中取得胜利；四是印巴分治；五是南亚与东南亚①也出现了新的独立政府，它们都在努力寻找经济快速增长的路径。

如表 10.1 所示，在 1950 年，即这一探索的起点，南亚与东南亚国家和地区的经济发展水平是不同的。日本是一个战败国，经历了严重的财富逆转，人均收入下滑到了中低收入经济体的水平。即使是表 10.1 中显示的比较富裕的亚洲国家和地区，其人均收入也不到美国的 1/4。相比之下，饱受战争蹂躏的欧洲经济到 1950 年时已经走上了前 25 年里不曾有过的增长道路，把普通人的生活、健康和预期寿命提高到很少有人能够预料到的水平（Crafts and Toniolo，1996）。因此，经济学家和决策者们就如何

表 10.1　1950 年 15 个国家和地区人均收入的比较（1990 年国际美元）

国家/地区	人均收入
中国大陆	439 *
中国香港	2218 **
印度尼西亚	840 **
韩国	770 **
马来西亚	1559 **
新加坡	2219 **
中国台湾	936 **
泰国	817 **
印度	619 *
日本	1926 **
法国	5270 ***
德国	3881 **
意大利	3502 **
英国	6907 ***
美国	9561 ***

注：按 1990 年世界银行标准排名。* 低收入；** 中低收入；*** 中高收入。
资料来源：Maddison（2001）。

① 在本章，"东南亚"一词主要指表 10.2 中的前 8 个国家和地区。这与现行认识不同，目前一般将中国、韩国视为东亚国家。为尊重原著，本处不做改动，本章后文同此，特此说明。——编者注

应对全球差距展开了激烈的争论。争论的焦点包括是中央集权的计划经济好还是分权的计划经济好，以及国际贸易是促进还是阻碍了国内经济增长。

当西方经济学家在 20 世纪 50 年代和 60 年代就融合问题开始讨论并撰写文章时，他们谈论的焦点不是东西方之间的融合，而是西欧和美国之间的融合。第二次世界大战之后，美国是世界上最富有的国家，无论是按人均收入还是按总收入来衡量。美国人口仅占世界人口的 7%，但国内生产总值却占了全球生产总值的 1/4（Nelson，1991）。

这并不意味着西方经济学家忽视了世界其他地区。在 20 世纪 50 年代和 60 年代，他们对亚洲地区，尤其是印度和中国的进步，产生了越来越浓厚的兴趣。两国的政治领导层都深受苏联中央集权的计划经济模式影响。两国都相继制订了本国经济增长的五年计划。这些计划特别强调重工业优先发展，以谋求经济的快速增长。两个国家都向农村地区征税，以补贴城市和工业。

然而，印度寻求在政治民主制度下实现自己的目标，在这种制度下，一些行业得到政府的支持，但大部分经济生产和分配将留给私营部门。它还实施了旨在推动幼稚产业发展的保护主义政策，建立了新的金融制度，将资本的供给大部分置于政府的控制之下，政府将投资引导到计划所强调的部门。1951~1956 年的第一个五年计划成功地实现了目标，私营企业得到了扩张。如表 10.2 所示，该计划期间人均收入的年增长率在 2% 左右。但是，每年的净投资只有 6% 或 7%（Pepelases，Mears and Adelman，1961；Malenbaum，1959，1982）。

到 20 世纪 60 年代初，印度经济开始步履蹒跚。并非所有的问题都是决策者的错误造成的。一些问题源于与巴基斯坦、中国的边境冲突。而粮食短缺部分是由于干旱。但粮食供给的主要压力来自死亡率急剧下降所带来的人口爆炸性增长。由于 20 世纪 50 年代和 60 年代采取了成功的公共卫生措施，霍乱、疟疾和天花等致命性疾病得到了控制，从而使出生时的预期寿命从 1950 年的 32 岁提高到 1968 年的 51 岁（Chandrasekhar，1968）。此外，人均收入的提高也增加了对粮食的需求，给粮食价格带来了上行压力，使城市和农村的贫困人口陷入困境。政府在土地改革方面的努力实际上可能加剧了农村的不平等（Mellor et al.，1968；Blyn，1971）。政府控制的工业化阻碍了私人投资，有利于缺乏竞争力的企业（Shenoy，1968；Sklaeiwitz，1966；Healy，1972；Bhagwati and Chakravarty，1969）。结果，印度的经济增长在 20 世纪 60 年代前半期严重下滑。

虽然印度和中国是经济学家讨论最多的案例，但东南亚其他国家和地区也受到了关注。20 世纪 60 年代，人们对印度尼西亚的未来相当悲观。尽管印度尼西亚在独立后经济迅速增长，很快从日治时期带来的挫折中恢复过来，但在 1955~1965 年，印度尼西亚的经济停滞不前，时间之长足以让经济学家怀疑它能否克服自身的问题（Mears，1961）。但从 20 世纪 60 年代中期开始，这个国家开始了持续 30 年的强劲增长。马来西亚和新加坡在 20 世纪 50 年代也停滞不前，使得一些西方经济学家认为，不利的制度因素可能会阻碍它们的发展。但是在 20 世纪 60 年代，这些国家的命运发生了决定性的变化。

如表 10.2 所示，从 1965 年起，8 个东南亚国家和地区都实现了强劲的增长，其中有几个国家和地区（中国香港、中国台湾和泰国）在整个 20 世纪后半叶都有着快速的经济增长。事实上，它们的增长率远远超过工业化国家以前的增长率。很少有美国或欧洲的经济学家能预料到这个增长率，因为它是工业化领先国家在 1820~1950 年长期增长率的 2 倍、3 倍甚至 4 倍。

日本的财富变化最令人吃惊。随着朝鲜战争的爆发，联合国军队向日本下了大量订单，极大地刺激了日本的工业发展。即使是在战争结束后，日本经济也从美国在太平洋地区建立军事基地的大量订单中受益。日本的出口繁荣推动了日本经济的急剧增长。在一个又一个行业，包括科学仪器、照相机、缝纫机、造船，日本企业展示了它们对最新技术的掌握。20世纪 60 年代，日本从汽车产量不到 50 万辆，转变为世界第二大汽车供应国，取代了德国和法国等国。汽车产业的兴起有助于促进钢铁产业的扩张，并推动该国这一基础产业走向世界领先地位（Allen，1972）。如表10.2 所示，从 1950 年到 1970 年，日本人均收入的增长超过了所有其他高收入经济体。在 20 年的时间里，日本人均收入增长了 5 倍多，而取得这一成就，那些工业革命领先国家花费了一个多世纪的时间（Kuznets，1971a；Maddison，1995）。虽然日本人均收入的增长在 1970 年后有所放缓，但在 1970~1980 年仍增长了约 40%，成为世界第二大经济体，超过法国和英国的总和（Maddison，1995）。

20 世纪 60 年代末和 70 年代初，许多分析家开始担心亚洲人口的无节制增长。人们普遍预测，这种增长不仅会蚕食掉南亚和东南亚自给自足的能力，还会扼杀该地区脆弱的经济增长。20 世纪 50 年代，许多人口学家预测死亡率的下降虽然导致了亚洲人口的激增，但死亡率下降之后，生育率很快会随之下降，因此人口增长最终会放缓。这种观点被称为人口转变理论。但是直到 20 世纪 60 年代末，生育率仍然居高不下，导致一些人口学家宣布人口转变理论已经死亡（Coale，1975）。事实证明，那个悲观的预测是错误的。如表 10.3 所示，从 1970 年到 1980 年，所有东南亚国家和地区的总生育率急剧下降。到今天，除了马来西亚和印度尼西亚，所有这些国家和地区的总生育率都低于人口置换率。事实上，在这些国家和地区中，大多数的生育率都低于表 10.3 所示的 5 个富裕国家中 3 个国家的生育率。

表10.2 1950~2005年 10个高增长亚洲经济体（HPAEs）与5个富裕国家相比较的人均收入年均增长率（%）

国家/地区	1950~1955年	1955~1960年	1960~1965年	1965~1970年	1970~1975年	1975~1980年	1980~1985年	1985~1990年	1990~1995年	1995~2000年	2000~2005年
中国大陆	5.5	3.2	1.0	2.1	2.2	5.1	9.1	6.2	11.1	7.6	8.9
中国香港	3.5	3.5	9.0	3.4	4.2	8.9	4.0	6.7	3.1	1.0	3.7
印度尼西亚	3.3	0.7	-0.6	3.8	4.7	5.9	3.9	5.1	5.8	-0.7	3.3
韩国	6.5	1.0	3.2	8.6	10.1	5.4	6.5	7.8	6.4	3.5	4.0
马来西亚	-1.3	0.9	3.4	2.9	5.0	6.2	3.2	3.1	6.9	2.3	2.4
新加坡	1.2	-0.4	2.9	10.7	7.7	8.2	2.2	6.2	5.9	3.5	2.8
中国台湾[a]	6.0	3.7	6.6	7.7	6.0	8.3	6.7	3.9	5.6	6.8	
泰国	3.0	2.7	3.9	5.3	2.9	5.6	3.7	8.4	7.6	-0.6	4.3
印度	1.8	2.2	0.5	2.4	0.7	0.7	3.3	4.2	3.2	4.0	5.4
日本	7.6	7.5	8.3	10.4	3.2	3.5	2.6	4.3	1.2	0.8	1.2
法国	3.7	3.6	4.4	4.5	2.6	2.6	1.4	2.7	0.7	2.4	1.0
德国	8.3	5.8	3.6	3.4	2.1	3.3	1.3	2.9	1.8	1.9	0.6
意大利	6.0	4.8	5.1	5.0	2.1	5.8	1.8	3.0	1.1	1.9	0.1
英国	2.5	2.0	2.4	2.0	1.9	2.1	1.8	3.1	1.3	2.9	2.0
美国	2.7	0.8	3.4	2.3	1.6	2.6	2.1	2.3	1.2	2.9	1.4

注：a 1950年：Maddison（2001）；1995~2002年：亚洲开发银行（2003a、2003b）。

1975~2005年：Maddison（2001）；1950~1975年：世界银行，World Development Indicators Online（http：//web. worldbank. org/WBSITE/EXTERNAL/DATASTATISTICS/0，content MDK：21725423~pagePK：64133150~piPK：64133175~theSitePK：239419，00. html）。

表 10.3	总生育率的长期变动趋势（‰）							
国家/地区	1950 年	1960 年	1970 年	1980 年	1990 年	2000 年	2005 年	2007 年
中国大陆	6.24	5.93	4.76	2.68	2.10	1.89	1.60	1.60
中国香港	4.43	4.97[b]	3.49	2.06	1.27	1.04	1.00	1.00
印度尼西亚	5.49	5.42	5.10	4.10	3.04	2.42	2.60	2.40
韩国	5.18	5.60	5.24	4.02	1.77	1.47	1.20	1.10
马来西亚	6.83	6.72	5.15	3.91	3.77	2.93	3.30	2.90
新加坡	6.41	5.43[c]	3.10	1.74	1.87	1.44	1.30	1.30
中国台湾		5.79	4.00	2.51[d]	2.27	1.76	1.20	1.10
泰国	6.62	6.42	5.01	3.52	2.10	1.86	1.70	1.70
印度	5.97	5.81	5.43	4.75	3.80	3.07	3.00	2.90
日本	3.30[a]	2.01	2.07	1.74	1.54	1.36	1.30	1.30
法国	2.83[a]	2.80[d]	2.48	1.95	1.78	1.88	1.90	2.00
德国	2.10	2.41	2.01	1.46	1.45	1.38	1.30	1.40
意大利	2.40	2.42[d]	2.38	1.61	1.26	1.24	1.30	1.40
英国	2.18	2.82	2.45	1.89	1.83	1.64	1.70	1.80
美国	3.08	3.65	2.47	1.84	2.08	2.06	2.10	

注：a 1951 年；b 1961 年；c 1962 年；d 1981 年。

资料来源：Keyfitz 和 Flieger（1990）；美国人口资料局（参见 http：//www.prb.org/datafind/datafinder.htm）；世界银行，World Development Indicators Online（参见 http：//www.worldbank.org/data/wdi2004/index.htm）；CIA World Factbook（参见 https：//www.cia.gov/library/publications/the-world-fact book/）。

关于东南亚因人口无节制增长而无法养活自己的预测也是错误的。表10.4 显示了 1961 年南亚和东南亚的粮食状况。即使是在饥荒之后，中国的人均热量消费量仍处于或低于 18 世纪末英国和法国的消费水平（Floud et al.，2011）。印度、泰国和韩国也出现了同样的绝望局面。到了 2000年，粮食状况发生了巨大的变化。尽管错误的农业政策导致了 1960~1961年的饥荒，1966~1976 年"文化大革命"期间农业发展再次减缓，但中国在 1962~2000 年的农业发展令人瞩目（Clark，1976；Lin，1998）。中国不仅找到了养活自己的方法，而且做得很好，尽管人口几乎翻了一番，但

1961~2000 年每天的平均热量消费量却增加了 73%。南亚和东南亚其他国家和地区虽然不像中国那么引人注目，但热量消费量也大幅增加。另一个值得注意的是饮食质量的改善，这一点可以从动物热量比例的增加中看出。在中国，这一比例从 1961 年的不到 4% 上升到 2000 年的 19% 以上。只有印度尼西亚和印度的动物产品消费水平仍然低于英国和法国在 18 世纪的水平（Floud et al.，2011）。另一个问题是南亚和东南亚许多国家的粮食分配不均。在这些国家，低出生体重的比例仍然很高，这意味着中老年人会提前出现慢性疾病，从而导致在未来若干年里老年人医疗保健费用高昂（Barker，1998；Doblhammer and Vaupel，2001；Fogel，2003，2004b）。

表 10.4　热量消费量的变动趋势

国家/地区	人均每天消费热量（卡）			增长率（%）		动物热量比例（%）		
	1961 年	2000 年	2003 年	1961~2000 年	1961~2003 年	1961 年	2000 年	2003 年
中国大陆	1725[a]	2979	2940	72.7	70.4	3.8	19.4	21.9
中国香港								
印度尼西亚	1727	2913	2891	68.7	67.4	2.9	4.1	4.8
韩国	2147	3093	3035	44.1	41.4	2.7	15.0	6.2
马来西亚	2401	2917	2867	21.5	19.4	10.5	17.8	17.9
新加坡								
中国台湾								
泰国	1938	2459	2424	26.8	25.1	8.8	11.7	12.5
印度	2073	2489	2473	20.1	19.3	5.5	7.9	8.2
日本	2468	2753	2768	11.5	12.2	9.0	20.5	20.6
法国	3194	3597	3623	12.6	13.4	31.7	37.7	36.8
德国	2889	3505	3484	21.3	20.6	32.7	30.0	30.7
意大利	2914	3663	3675	25.7	26.1	15.5	25.5	25.7
英国	3240	3312	3450	2.2	6.5	38.8	30.1	30.6
美国	2883	3814	3754	32.3	30.2	35.1	27.4	27.8
世界	2255	2805	2809	24.4	24.6	15.0	16.5	17.0

注：a 1962 年。

资料来源：使用"食物平衡表"数据收集的联合国粮食及农业组织（FAOSTAT）营养数据，2004 年（http://apps.fao.org/default.jsp）。

现在我们来考察二战后的经济增长预期。第二次世界大战结束时，学界围绕资本主义经济的未来展开了广泛的辩论，这些辩论围绕着凯恩斯主义的命题展开，即在不充分就业的情况下，宏观经济均衡是可能的，阿尔文·汉森（Alvin Hansen）在 1938 年美国经济学会（American Economic Association）发表的主席演讲中对这一命题的解释（Hansen，1939）是其中的典型。汉森认为，长期停滞可能是因为：①边疆的终结；②人口快速增长的终结；③资本密集型技术变革的终结。正如停滞论者所定义的那样，关键问题不是 GDP 增长是否会停止，而是即使 GDP 确实增长了，是否有必要通过高水平的政府支出来防止大规模的永久性失业。

这样的争论会在期待和平的情况下爆发，这并不奇怪。大规模失业的预警在 1943 年和 1944 年普遍存在，因为国家从军队中遣散了 1100 多万名士兵，同时还有 900 多万名军工业工人被解雇。因此，大约 2100 万人被扔在一个容量大约为 6000 万人的就业市场（包括军队和国防机构）（美国人口普查局，1955，表 220）。但事实证明，1945 年的经济衰退只持续了 8 个月，随后出现了长达 37 个月的强劲扩张。此外，1949 年和1950 年的经济衰退持续了 11 个月，随后也出现了持续 45 个月的强劲增长（美国人口普查局，2003，表 771）。这一峰值出现在 1953 年，当时美国经济已经吸纳了 2000 万名潜在失业工人，到 1953 年，失业率低于 3%。平民就业总人数比战时高峰期增加了 15%（Bratt，1953）。

尽管在长达 106 个月的肯尼迪-约翰逊（Kennedy-Johnson）扩张期间，失业率在某些年份仍保持在 5% 以上，但在 1969 年失业率降到了3.5%。因此，即使是在战后 1/4 个世纪，仍有经济学家认为，除非有一个非常强大的政府部门，否则美国不可能成为一个既有增长又有低失业率的经济体。到 20 世纪 50 年代末，美国和其他经济合作与发展组织（OECD）国家进入了二战后的扩张时期（现在被称为"黄金时代"），其增长率是 1840~1940 年世界领先国家长期平均增长率的两倍。以人均收入来衡量，1940 年以前领先国家的长期年均增长率约为 1.9%，西欧在黄金时代的增长率约为 3.8%（Kuznets，1971a；Maddison，1995；Crafts and Toniolo，1996）。在 1950~1999 年的整个期间，西欧和美国的国内生产总值平均增长了 5 倍左右（见表 10.5）。关于黄金时代经济加速增长的原因，人们进行了广泛辩论，得到一些共识。这些共识包括减少国际贸易壁垒，宏观经济政策成功实施，以及二战结束后出现追赶型增长的机会，特别是在法国、德国和意大利。大量的战前资本存量被破坏，利用更先进的技术援助重建工业体系，宏观经济政策的成功，劳动供给弹性，高水平

表 10.5　1950~1999 年部分经济体的 GDP 扩张倍数（国际美元）	
美国	5.07
法国	5.22
德国	5.50
意大利	6.20
西班牙	8.39
英国	3.19
5 个欧洲国家	4.98
中国大陆	25.59
中国香港	28.01
印度尼西亚	9.48
韩国	38.93
马来西亚	15.61
新加坡	36.72
中国台湾	46.84
泰国	23.68
8 个东南亚国家和地区	24.06
印度	8.11
日本	16.09

资料来源：Maddison（2001）；世界银行，World Development Indicators Online（参见 http://www.worldbank.org/data/wdi2004/index.htm）。

教育，以及既得利益的削弱，都作为解释因素被提出过（Abramovitz，1990；Mills and Crafts，2000；Crafts and Toniolo，1996；Denison，1967；Maddison，1987，1991，1995；Olson，1982）①。

停滞论（即资本主义经济运行中有某种东西使它们内在不稳定）最终逐渐消失，出现一些新的关注点，其中包括发达国家和欠发达国家之间日益扩大的收入差距，以及对阻碍贫穷国家经济增长的文化和意识形态的重视。与哈罗德-多马模型相关的一些早期理论认为，如果富国向穷国注入大量资本，这些国家就会迅速发展；与此相反，到20世纪60年代，人们强调的重点是，这些国家的文化不能接受经济增长所需条件，除非克服这些深层文化障碍，否则资本输出也无法促进增长。一些评论家，尤其是冈纳·缪尔达尔（Gunnar Myrdal），在他关于亚洲经济的三卷本著作中表示，印度将难以维持高增长，因为它崇尚禁欲主义，从而削弱了刺激西欧繁荣的贪婪文化的作用（Myrdal，1968；Lau，1969）。

人们对过度储蓄的担忧也发生了转变，必须说，这种担忧在某些大学从未流行过。芝加哥大学和哥伦比亚大学都不曾流行，美国国家经济研究局也从未流行。西蒙·库兹涅茨、亚瑟·伯恩斯等分析人士认为，储蓄不会对经济增长构成威胁，相反，它是经济增长的必要条件，因为储蓄可以用来建设发展中国家的基础设施，也可以让公共部门蓬勃发展（Kuznets，1961；Colm，1962；Robert W. Fogel 和 Enid Fogel 对萨缪尔森的采访录音，1992）。

大约就是在这个时候，出口导向型增长重新获得重视。贫穷国家向富裕国家出口商品的做法在两次世界大战期间名声不佳，被广泛认为是帝国主义列强对这些国家的剥削。从加拿大和美国的经验来看，新的观点恰恰

---

① 如果把寿命延长和健康状况改善的价值增加到 GDP 中，增长率会有显著提高（Fogel，1989b，2000，2004a；Murphy and Topel，2005）。

相反（North，1966；Kravis，1970）。欠发达国家向世界其他地区出售原材料和劳动密集型产品，是从发达国家获得资本和企业家精神的一种方式，使欠发达国家可以获得同样的人才和品质。20世纪60年代，经济史学家有一个重大发现（在20世纪80年代和90年代得到证明），即列宁的论点是错误的，该论点认为英国的食利阶层从印度等穷国的投资中致富，获得大量的收入。在计算机革命之后，将19世纪末英国海外投资的整个投资组合机读化成为可能（Simon，1970；Davis and Huttenback，1986；Stone，1999）。相关数据证明，一个国家的人均收入与英国海外投资组合的份额之间存在着很强的相关性。美国所占份额最大，其次是加拿大和阿根廷（20世纪初，这两个国家的人均收入位居世界前列）。当然，这并没有阻止西方帝国主义的顽固批评者，他们随后谴责英国没有在不发达国家投资（Davis and Huttenback，1986）。

10.3 亚洲奇迹

二战后的争论中被广泛预测到的事情引人注目，而那些在20世纪40年代、50年代甚至60年代早期都没有被预见到的事情同样备受关注。其中之一就是东南亚和东亚非凡的经济增长，首先从日本开始，日本在40年里从一个贫穷的战败国，成为世界第二大经济体，人均收入增长了10倍。这是工业革命领先国家花了大约150年时间才完成的壮举（Kuznets，1971a）。除了日本，在20世纪70年代之前，亚洲其他经济体的经济奇迹也是未曾被预料到的。这并不是说经济学家不知道人均收入在增长，而是他们普遍认为：这种增长不可能持续；这种增长不过是一种侥幸。有这种想法主要是因为几个东南亚国家（地区）的经济表现是不平衡的。例如，印度尼西亚在20世纪50年代前半期有一些追赶式的增长，但在60年代有所下降。在"亚洲四小龙"中，只有中国台湾在 1950~1970 年的表现好于意大利或德国。直到 20 世纪 90 年代初，人们才认为，包括中国在内的所有东南亚国家都处于可能影响全球经济平衡的前所未有的扩张之中。

因此，除日本以外，东亚其他地区的经济增长率几乎没有什么令人兴奋之处，直到 20 世纪 70 年代末和 80 年代初，一些分析家开始注意到韩国的经济奇迹［在不到 20 年的时间里人均国民生产总值（GNP）增长了两倍］（Krishnan，1982），而中国香港、新加坡和中国台湾也有类似的经济加速增长。这四个经济体开始被称为"亚洲四小龙"（Hicks，1989）。

世界银行在 1993 年出版了《东亚奇迹：经济增长与公共政策》（*The East Asian Miracle：Economic Growth and Public Policy*）一书，将"东南亚/东亚经济奇迹"（Southeast/East Asian Economic Miracle）和首字母缩写 HPAE（表示高增长亚洲经济体）纳入了经济词典。这一术语几乎立刻就被经济学家所接受，其中一些人认为它巧妙地概括了全球经济发展的一个新阶段，也有一些人，比如保罗·克鲁格曼（Paul Krugman），他在 1994 年发表了一篇题为《亚洲奇迹的神话》（The Myth of the Asian Miracle）的论文，认为资本的边际生产率很快就会下降，因为奇迹主要取决于资本投资，而不是效率增长。在后来的研究中，克鲁格曼修正了他的预期（1998；Krugman and Wells，2005），认同亚洲将有更长的增长期，但仍然保持他早期的怀疑态度。

然而，中国经济增长并没有因为阿布拉莫维茨在 1956 年论文中描述的原因而放缓。新的投资带来了新的技术，从而大大提高了生产效率。此外，中国在提高人口教育水平方面投入了大量资金，首先集中在初等教育上。早在 1980 年，小学的毛入学率[①]就达到了 113（见表 10.6）。中学的

---

① 在校人数÷学龄人口数×100。

扩张也令人印象深刻，入学率从 1980 年的 46 上升到 2006 年的 76。升幅最大的是高等教育（学院和大学），1980~1997 年，高等教育的入学率增加了两倍，1997~2004 年又增加了两倍，达到 19。教育水平的快速提高是由商界和政界领导人一起推动的，他们认识到，不仅要扩大训练有素的技术人员的供给，而且高科技消费品也需要受过良好教育的消费者。

表 10.6　毛入学率

国家/地区	小学			中学			高等学校[c]			义务教育年龄（岁）
	1980年	1997年	2006年	1980年	1997年	2006年	1980年	1997年	2005年	
中国大陆	113	123	111	46	70	76	2	6	19[b]	7~15
中国香港	107	94	98[a]	64	73	85	10	22	32	
印度尼西亚	107	113	114	20	56	64	4	11	17	7~15
韩国	110	94	105	78	102	96	15	68	90	6~15
马来西亚	94	101	101[a]	45	64	69[a]	4	12		
新加坡										
中国台湾[a]										
泰国	99	87	108	35	58	78	5	21	43	6~14
印度	83	100	112	30	49	54[a]	5	7	12[b]	6~14
日本	101	101	100	93	103	101	31	41	54[b]	6~15
法国	111	105	110	85	111	114	25	51	56[b]	6~16
德国		104	103		104	101	27	47		6~18
意大利	103	101	103	72	95	100	27	47	63[b]	6~14
英国	104	116	108	83	129	98	19	52	60[b]	5~16
美国	99	102	98	91	97	94	56	81	82[b]	6~16

注：a 2005 年；b 2004 年。

c 有人认为，美国高等教育的高数据具有误导性，因为美国的两年制专科院校和四年制本科院校的教育内容非常广泛。诚然，欧洲高中提供的教育相当于许多美国大学的头两年，但美国一流大学提供的教育超过了欧洲高中。在博士和博士后水平上，美国一流大学质量极佳，因此有大量的外国学生集中在这些美国大学。

资料来源：国家教育统计中心，2002（1980，1997）；World Resources Institute Earth Trend（http://earthtrends.wri.org/searchable_db/index.php?step=countries&cID=63&cID=91&cID=189&cID=190&theme=4&variable_ID=423&action=select_years）；Unesco.org（http://stats.uis.unesco.org/unesco/ReportFolders/Report Folders.aspx）。

因此，物质资本的边际生产率提高了，不仅是因为新的实体投资体现了先进的技术，还因为在提高劳动力质量方面有了更大投资。劳动力质量的提高，不仅是因为正规教育，还和在职培训、经验的增加、健康的改善以及寿命的延长密切相关。1990~2005 年，中国人均收入增长率不仅没有下降，反而上升到每年 9.2%，比前 15 年的增长率高出 1/3 以上。实际上，没有令人信服的证据表明，中国的长期经济增长正在放缓（Fogel，2007）。

10.4 内生的经济增长

对于了解 1975 年之前增长理论家的非数学文献的人来说，他们不会认为内生经济增长理论是 20 世纪 80 年代末的发明。虽然索洛和其他一些擅长模型的经济学家在 20 世纪 50 年代和 60 年代的论文中确实将技术变革视为外生的，但西蒙·库兹涅茨、摩西·阿布拉莫维茨、西奥多·W. 舒尔茨和道格拉斯·C. 诺斯等文字型经济学家非常关注内生技术变革，强调劳动力和物质资本的质量改善与数量之间的协同作用。

例如，库兹涅茨（1966，1971a，1971b）强调，经济增长既需要经济结构（即投入或产出在主要经济部门之间的分配）的重大改变，也会带来经济结构的重大变化。农业生产率的提高是制造业快速增长的条件，而且新的制造技术能生产更高效的农业设备或肥料品种，是农业生产率提高的主要因素，并刺激了农业技术的变化。

库兹涅茨认为，当前的许多经济机遇和问题都是由缓慢发展的经济条件和关系决定的，往往需要几十年才能显现或解决。当凯恩斯宣称"从长远来看，我们都死了"时——这句格言不仅在 20 世纪 30 年代被许多经济学家重申，而且在 20 世纪 40 年代和 50 年代也是如此——库兹涅茨继续呼吁人们关注长期因素的作用，认为这些因素是决策者必须考虑的，并得出结论：在二战之后的几十年里，恢复高就业水平和快速经济增长的机会比人们普遍认为的更大。

库兹涅茨强调，20 世纪 60 年代末和 70 年代流行的社会问题，往往是过去经济增长的后果——是过去取得理想成就的后果，这些成就后来产生了不良的社会后果，需要补救性政策行为。在他对这一原则的众多例证中，有一个特别有说服力：二战后的 25 年里，因为出生率一直居高不下，而公共卫生政策和营养改善在不到一代人的时间里将这些地区的死亡率降低了 50% 以上，亚洲、非洲、大洋洲和拉丁美洲等欠发达国家人口激增，但这种人口爆炸会威胁到人们为提高令人沮丧的低人均收入水平所做的努力。解决这个问题的一个显而易见的办法是降低生育率，但传统的行为模式和信仰交织在一起，往往会保持高生育率。不过，库兹涅茨认为，可以设计适当的公共政策加速社会和观念的改变，从而降低生育率，并使这些社会倾向于对较少的孩子进行更大的投资（Becker，1960，1981；Becker and Lewis，1973）。这样一个方案不仅需要政府和私营部门开展节育技术宣传，而且需要调整社会结构、采取经济激励措施，为子女较少的家庭提供奖励。

然而，正如美国和其他发达国家的经验所显示的那样，降低生育率的计划的成功，必然会产生一系列新的问题，这些问题类似于现代妇女运动的核心问题：调整社会结构以促进妇女在所有职业市场机会均等。1945~1970 年的快速经济增长，也引发了人们对公平问题的新关注，尤其是白人、黑人和西班牙裔之间的公平问题，并推动了妇女平等权利运动①。

---

① 随着人口老龄化，生育率的下降会带来新的问题。参见 Fogel（2003，2004b）、Floud 等（2011）。

经济增长带来了社会问题，因为它彻底颠覆了传统的价值观和宗教信仰，破坏了长期存在的社会和家庭的组织模式，打破了许多特权垄断。尽管现代经济增长带来了人均寿命的提高和健康状况的改善，给下层阶级带来了以前只有极少数人才能享有的生活水平及社会和经济机会，并大大减少了发达国家收入分配的不平等，但现代经济增长所需要的社会结构调整却遭到了强烈抵制——有时是因为不愿放弃传统价值观和生活方式，有时是出于保护其古老的根深蒂固的阶级特权的决心。由于对变革的复杂反应，以及现代经济正处于增长时期，正在进行的社会结构调整的许多方面仍然模糊不清，难以预测（Kuznets，1966：15）。直到1972年，库兹涅茨还不得不指出，尽管有许多尝试性的局部概括、横截面研究和计量经济学实践，但迄今为止还没有"经过检验的概括，能够明显地专门用来对总体增长进行定量预测，即使是对增长过程中结构参数的变化的定量预测"（Kuznets，1972：58）。

库兹涅茨特别关注纵向问题，如确定在经济增长某个方面起作用的基本过程所需要的观察期长度。他问道，如何才能确定这样一个过程，一旦被确定，是否足够稳定，从而为预测提供可靠的基础？库兹涅茨是他那个时代最杰出的研究者，他在人口统计过程与现代经济增长之间的相互关系上阐明了这些问题。

一个特别重要的方面就是早期死亡率下降，导致了生育率降低。生育率降低使很大一部分女性劳动力转向有报酬的职业，加速了向现代家庭的转变，促进了流动性和对经济刺激的响应，并促进了有利于经济增长的新思想观念产生（1966：56~62）。在随后的研究中，库兹涅茨注意到，女性在美国劳动力中所占的比例从1890年的17%增加到20世纪80年代的将近一半，他将这归因于生育率降低、就业机会从体力劳动部门向服务部门转移和城市化，这些都使女性更容易进入有组织的劳动力市场（Kuznets，

1989；Fogel，1989a）。他还呼吁人们注意这样一个事实，即增长最快的职业——专业性、技术性和文书、销售等服务性职业——是女性取得最大进展的职业。然而，20 世纪 50 年代末 60 年代初，当新妇女运动还处于萌芽状态时，库兹涅茨并没有充分预见到女性在接下来的 1/4 个世纪里会爆炸性地进入劳动力市场，也没有预见到促进这一发展的新思想观念（1966：193~195）。

内生的技术变革的思想也深深植根于研究新技术扩散的经济学家的研究中。其中最早的研究是兹维·格里利切斯（Zvi Griliches，1956）的学位论文和以此为基础的论文（特别是 1957 年和 1960 年的论文），这些论文分析了影响杂交玉米扩散速率的因素。格里利切斯追踪了这一过程，从农业试验站的早期科学研究到商业生产者相继选用各个品种的种子。他还分析了农民传播这类种子的速度，观察了各州内和各州之间早期和晚期采用者的不同特征。事实上，杂交玉米花了半个多世纪的时间才取代了世界各地的竞争对手。

因此，在任何时候，现有的平均技术都是不同年份技术的加权平均，而不仅仅是杂交前的种子本身。当技术适应了特定区域和次区域的气候和土壤，种子生产商就会生产新年份的杂交种子。格里利切斯还将教育水平、制度关系和农民的个人收入与他们更换玉米新品种的速度联系起来。

格里利切斯研究的是农业新技术传播，埃德温·曼斯费尔德（Edwin Mansfield）研究的则是工业技术的传播。Mansfield（1971）测量了 46 项发明和创新之间的时滞。滞后时间从氟利昂制冷剂的 1 年到荧光灯的 79 年不等。其他一些著名发明的滞后时间是：加热和加压蒸馏碳氢化合物是 24 年，电视是 22 年，拉链是 27 年，雷达是 13 年，喷气发动机是 14 年。

然后他转向影响创新决策的因素。他强调与创新相关的风险（研发出来的新产品中只有 1/5 会成功商业化），阐述了领先和等待他人领先的成本与收益。他认为将一项全新的创新推向市场所需的投资通常是原始研究成本的 10~20 倍。

曼斯费尔德随后分析了 4 个行业（煤炭、钢铁、酿造和铁路）中 12 项创新的扩散速度。他发现新技术的传播通常是一个缓慢的过程。影响扩散速度的因素包括企业规模、投资创新的预期利润率、企业增长率、企业整体利润水平和企业流动性①。

影响新技术传播速度的不仅是企业的特征，还有管理者的特征。较早采用复杂新技术的公司总裁比较晚采用新技术的公司总裁更年轻、受教育程度更高。

在随后的研究中，Mansfield（1980）发现，企业和行业的研发支出对企业和行业的生产率增长率都有重大影响。无论是基础研究还是应用研究，无论是单独研发还是联合研发，都能提高生产率增长率。关于企业间、行业间和国际的技术转让，Mansfield（1975）在材料、设计和能力转移之间划定了边界。能力转移通常涉及人员的转移，因为"人与人之间的培训和援助往往没有替代品"，尤其是当转让的技术存在相对成本、能力、文化和气候的差异时，必须适应当地条件（Mansfield，1972）。

内生技术变革的概念并不是从格里利切斯和曼斯费尔德及其支持者开始的。沃尔特·W. 罗斯托（Walt W. Rostow）（1990，特别是第 15~17 章和第 20 章）总结了几个世纪以来知名的技术变革理论，包括内生的和外生的。与本章主题更相关的是约瑟夫·熊彼特的著作，他是继斯密和马尔

---

① 关于中国和印度在适应现代技术方面的滞后期的讨论，参见 Perkins（2006a）和 Maddison（1998）。

萨斯之后，到 1950 年他去世之前，最重要的增长理论家。他早期的研究集中于经济产出的长周期，他把这归因于发明和创新速度的波动（Schumpeter，1934）。根据他的分析，他把企业家作为变革的动力，指出经济增长的公平效应（体现在他的"创造性破坏"概念中），并使创造性的创新集群具有内在的扩张性。在其职业生涯的后期，熊彼特专注于集权经济与竞争市场之间的冲突，以及资本主义经济组织体系与在意识形态上反资本主义的政治、社会和思想运动之间的冲突。他认为，正是这些冲突，而不是长期以来投资机会的减少，威胁到了民主政治体制下经济增长的持续（Rostow，1990，特别是 233~242）。

西奥多·W. 舒尔茨是内生技术变革理论的另一个主要推动者。他因为对人力资本理论的贡献而受到最广泛的赞誉（Schultz，1962，1971）。但这只是他广泛关注经济增长和消除贫困的一个方面。这些关注促使他详细研究了发达国家和发展中国家的财政政策和对农业的干预所产生的影响，这些政策扭曲了农业生产，并对收入分配产生了不利影响。和熊彼特一样，舒尔茨关注未来收入增长的新来源，并认识到，在 20 世纪，在解释经济增长和收入分配不平等方面，人力资本比物质资本更为重要。根据人力资本理论，他得出结论：不受管制的高生育率是破坏农业部门稳定的一个主要因素。这些考虑也促使他强调改善营养和健康方面的投资的重要性，认为这是穷国经济增长的关键，并确定对"配置技能"的投资是解决失衡问题的关键（Bowman，1980）。

战后重建经历，影响了舒尔茨对人力资本的思考。尽管欧洲遭受了毁灭性的破坏，但所有饱受战争蹂躏的国家在 20 世纪 50 年代都经历了快速的经济增长，很快超过了战前的水平。这促使舒尔茨深入思考人力资本在现代经济增长中的核心作用，并考虑这样一种可能性：经济增长中所谓剩余因素中的重要份额是由于投入质量的改善，特别是人力资本数量的增加。尽管舒尔茨在这个问题上的实证研究集中在教育上，但他认识到，健康的改善、信息处理能力的提高、配置技能的优化和在职培训的加强，可能比正规教育本身的影响更重要。

阿布拉莫维茨是另一位非数学理论家，他在职业生涯中一直致力于解决内生技术变革问题。在 1972 年和 1993 年发表的论文中，他提请人们注意技术变革的转移偏差，1850~1950 年（铁路和电网建设时代），技术变革是物质资本密集型的，但此后就变成了人力资本密集型（Abramovitz，1972）。1950 年以来，"技术变革倾向于提高资本的边际生产率，其形式包括各种水平的劳动力教育和培训，通过有意识地投资于研发资源而获得的实用知识，以及其他形式的无形资本，如企业治理结构和企业文化的创建和支持，作为规模经济和范围经济基础设施的产品市场的开发"（Abramovitz，1993：229）。

阿布拉莫维茨还强调了技术进步与有形资本和人力资本积累之间的相互依存关系。他指出，有形资本和无形资本的形成都会影响技术进步的模式。但他又告诫卢卡斯（Lucas）、罗默（Romer）和其他"新增长理论"的贡献者，不要过分强调资本积累对技术变革方向的影响。尽管技术变化的偏差受到资本积累的影响，但它也受到"与要素供给条件完全无关"的科技知识演变的影响，包括要素的相对成本、科学技术的演变以及"发现和获取新知识所依赖的政治和经济制度及组织模式的影响"（Abramovitz，1993：237）。

10.5 两代技术变革理论家之间的桥梁

本节将比较兹维·格里利切斯、理查德·纳尔逊（Richard Nelson）和戴尔·W. 乔根森（Dale W. Jorgenson）的著作，从 20 世纪 50 年代中期到现在，他们一直致力于技术变革的研究。他们都把重点放在如何衡量技术变革这个难点上，探讨了技术变革的内源和外源。他们都在内生技术变革的识别和测度问题上投入大量时间。尽管他们研究的是国家的变化模式，但他们的研究大多集中在行业层面，以及组成行业的企业的特征上。他们三个都欢迎由罗默、卢卡斯、赫普曼（Helpman）、巴罗（Barro）、阿塞莫格鲁（Acemoglu）、阿吉翁（Aghion）、霍维特（Howitt）、克鲁格曼和杨（Young）等人领导的年轻研究团队对技术变革和经济增长的研究新热情[①]。

格里利切斯的研究因其展示的统计技能而闻名。他对设定偏差的经济计量模型、分布滞后模型以及处理"未观测到的"或"忽略的"变量（如能力）的模型做出了重要贡献。他还开发了定价技术，将复杂产品的价格变化分解为几个部分，以应对此类产品（如汽车和药品）的质量提高和通货膨胀。他也是研究研发投资对生产率影响的先驱者之一，这种影响包括企业、行业和总体三个层面。他强调，生产效率改进中许多未被计量的剩余是由于一个企业或行业对其他企业和行业的投入和产出的"溢出"效应（Heckman，2006；Trajtenberg and Berndt，2001；David，2003）。这些都是解释亚洲奇迹的要点（见 10.7 节）。

理查德·纳尔逊对发明经济学和将发明纳入生产和营销过程的方式进行了深入的分析。20 世纪 50 年代后期，他批判性地查阅了有关这些主题的经济文献，并指出了许多尚未解决的问题。他强调的要点包括研发中的高风险及公司发起商业上可行项目的积极性不高的问题（1959）。他还深入研究了全要素生产率变化的原因，并将索洛和丹尼森之间的差异大部分归因于劳动力和资本质量的提高速度以及资本存量的平均年限

---

① Helpman（2004，2008）对新增长理论进行了深入的介绍，指出了它的主要问题并评价了它的基础。

等问题。但他也强调，这些变量之间的相互作用还没有得到充分探讨，还需要重点关注不同企业处理问题的方式，这些方式会影响激励及其反馈（1964）。在后来的论文（1981，1988；Nelson and Wright，1992）中，纳尔逊强调需要关注企业内、企业间和行业间的新技术产生、评估和传播的过程。与斯坦利·费希尔（Stanley Fischer，1993）等人一样，纳尔逊非常重视宏观经济政策在为快速技术进步创造有利环境方面的作用。纳尔逊与哈罗德·帕克（Harold Pack，1999）合作，就亚洲奇迹与现代增长理论的相互关系进行了深入的讨论，并发表了一篇同名论文（见 10.7 节）。

乔根森一直站在生产理论的前沿，在衡量投入质量的改善、经济和社会生产组织的优化以及确定溢出效应（在未被计量的投入中占很大部分）等方面走在前列。乔根森的早期研究对二元经济中的经济增长理论做出了重要贡献，所谓二元经济，即同时具有先进部门和落后部门的两部门模型（1961a，1961b）。事实上，他的大部分研究都集中在如何从高度综合的分析转移到分解层面的分析。

因此，出于分析和计量的目的，他特别强调要转移到行业和企业层面进行分析，证明这样做可以解释索洛和丹尼森未测量剩余的大部分。为此，他指出，需要认识到，全要素生产率的变化大部分可以由以下两点来解释：一是高质量劳动力替代低质量劳动力；二是改进年份的资本替代较早年份的资本。他还试图计量一个行业或企业对另一个行业或企业的溢出效应（1967，与 Griliches 合作；1969，与 Christenson 合作；1980 和 1986，与 Fraumeni 合作；1980，与 Gollup 合作）。乔根森还提请大家注意，需要考虑到行业层面中间产品的质量变化，他认为相对于劳动和资本质量的改善，这些变化可以更好地解释行业产出的变化（1990，与 Kuroda 合作）。

乔根森带头解释了20世纪90年代以来美国生产率急剧增长的原因。他在美国经济协会的主席报告（2001）和与 Stiroh 合作的论文（1999，2000）中，将1990~2000年信息技术（IT）的快速传播归因于信息技术价格的下降，他认为，这是由半导体价格更早、更大幅度的下降引发的。此外，美国全要素生产率在1990~1995年的所有增长，以及1995~2000年2/3的增长，都是由信息技术进步带来的。

在最近的几篇论文中（2001，2005），乔根森发现在美国，使用信息技术的行业正在引领经济增长，并通过工资效应促进劳动力质量的提高，信息技术行业对七国集团其他国家也有类似的影响（Crafts，2004）。投入质量的改善是产出增长的主要因素，而投入质量的改善在行业层面最容易计量（1992，与 Gollop 合作；1999和2000，与 Stiroh 合作；2005，与 Nomura 合作；2005）。

在与 Dougherty 合作的一篇论文（1996）中，乔根森努力把内生经济增长解释为溢出效应。他将无法解释的生产率与外溢效应联系起来，认为外溢效应增加了不相关企业和行业的产出，但通常无法测量。乔根森对这种溢出效应的好处做了直接的说明。在与 Vu 合作的最新论文中，乔根森指出，1989~2006年全球化步伐的加快和信息技术的渗透可能是解释生产率迅速提高的重要因素。他估计，在此期间，亚洲发展中国家占全球经济增长的40%（Jorgenson and Vu，2009）。

10.6 经济史学家

在研究经济增长的学者中，没有哪个比经济史学家更关心内生技术变革。他们对这些问题的兴趣，与18世纪下半叶和19世纪上半叶的工业革命概念一样古老。他们追踪了改变纺织和钢铁行业的一系列发明，以及从

17 世纪初就开始的对蒸汽机的一系列改进，这些改进使得机械动力在采矿和制造业中取代人力、在运输业中取代畜力成为可能。

这种改进部分取决于偶然因素，但主要还是通过道德、宗教信仰及有利于增长的意识形态，创造了鼓励和支持新技术的经济、社会和政治环境。正如大卫·兰德斯（David Landes）所说，英国在技术上领先于法国［引自 Joel Mokyr（1985）和 Walt Rostow（1979）］，这并非偶然。随着一个又一个的创新，英国屡次成为领导者，法国和其他国家只能追随其后。

兰德斯表示，英国发明家是在应对当时劳动力成本越来越高（如纺织机械的发明）和煤矿越来越深（如蒸汽机的发明）的情况。此外，英国在木制品加工和机械制造等领域的技能储备明显大于欧洲大陆国家。这并不是因为英国垄断了大量的技能，而是因为"储备的规模，免费的、非公司的特征，以及努力和实践的方向（来源）。这些似乎起到了作用"（Landes，1994：650；Crafts，1997，1995；Harley，1992；Temin，1997）。

兰德斯（1994）继续说：

> 关键的发明属于斯密范式：农村家庭包工制的采用。这一制度可以追溯到中世纪，代表着对以城镇为基础的企业（行会）生产模式的一种重要背离。关键是劳动分工，以及在生产过程中妇女和儿童的加入。不用多说，其效果就是降低成本和价格，增加需求，拓宽市场，促进进一步的分工，为专业化打下基础，以便在技术上进行微小但累积的改进……价格的下降和国内外市场的扩大，其结果是英国成为世界工厂。

在撰写美国经济增长模式变化的经济史学家中，没有人比道格拉斯·C. 诺斯更强调制度在经济增长中的关键作用。在 1968 年发表的一篇文章中，诺斯估计，1600～1850 年，海运业的全要素生产率，大约提高了 300%。主要的技术变化是由船舶设计的变化带来的有效载荷容量的增加，船舶变得更大、更快。从 17 世纪初开始，这种效率更高的船只（称为弗鲁特商船）一直在波罗的海贸易中使用。但这种设计的船只很久之后才在大西洋贸易中占据主导地位，这是为什么呢？诺斯说，答案就是加勒比海盗的威胁。只要存在海盗的威胁，货船就必须配备武器，而装备武器需要更小更坚固的船只，只有这种船只才能够承受大炮的后坐力。直到海盗在加勒比海的基地被清除，更快、更长、成本更低的船只才成为跨大西洋贸易的主导。

两年后，诺斯与罗伯特·保罗·托马斯（Robert Paul Thomas）一起发表了《西方世界成长的经济理论》（1970）。在这篇文章中，他们认为，人口增长和市场规模扩大推动了产品和要素价格的变化，导致了一系列制度变革，将"激励提高生产率的经济活动……这些制度创新和随之而来的产权变化将生产力纳入了这一体系，使西方人最终摆脱了马尔萨斯循环"。之后，诺斯和托马斯再次合作，撰写文章解释庄园制度的兴衰（1971）以及定居农业如何取代狩猎和采集（1977）。

在与政治学家 Barry R. Weingast 合著的一篇极具影响力的论文中，诺斯（1989）研究了 1688 年英国光荣革命的影响，认为该革命"从根本上重新设计"了财政制度和统治制度，限制了王室的没收权。提高议会的作用和引进独立的司法机构"显著加强了对私人权利的保障"。结果，私人资本市场蓬勃发展，政府能够在 10 年内将信贷增加一个数量级。这种制度还为经济增长创造了更有利的条件，包括银行的增长和发展、私人信贷工具的创新和广泛的商业推广（North，2005）。

其他几位经济史学家对最近一波的增长理论浪潮也有重大影响。斯坦利·恩格曼和肯尼思·索科洛夫的论文提请人们注意，在确立影响当前经济增长模式的制度和路径上，过去的历史是很重要的（Engerman and Sokoloff，1997；Sokoloff and Engerman，2000）。这一主题引起了Acemoglu、Johnson 和 Robinson（2000，2001）以及 Ray（2008）等增长理论家的共鸣。Paul David 强调路径依赖的影响，认为路径依赖将特定的发明与其用户的大量投资联系起来，从而解释了用户难以用更高效的替代品替代原始创新，David 的这一解释也很有影响力（David，1985）。

在另一篇重要的论文中，David（1990）以发电机为例，解释了新技术发明对经济增长的影响有一个很长的滞后期。即使工程师们正确地预见到了电力的潜在用途，许多企业仍然以机械动力为基础，而且为使这种新型动力对不同产品和不同地区都有利，还有许多细节问题有待解决。此外，建筑师、工程师和管理人员必须接受有关设计、安装和操作新系统等方面的培训。资本家注意到风险很大，这足以让许多人对投资犹豫不决。这些问题都是慢慢解决的。从建立第一个发电站到向用户提供 50% 的电力，花了大约 40 年的时间。

经济史学家在研究产业组织及其与经济增长的协同作用方面也做出了重大贡献。管理史上的元老小阿尔弗雷德·钱德勒（Alfred Chandler Jr.）详细分析了美国大企业的发展史，阐述了促使职业经理人管理的大型企业崛起的原因。他还将美国的公司结构与英国和德国的大型企业进行了比较（Chandler，1977，1990）。钱德勒对 20 世纪最后 30 多年发展起来的产业组织理论产生了重大影响（Teece，1993；Caves，1990）。从 20 世纪 90 年代末至今，考虑到技术、市场、商业战略和通信的变化所带来的新产业结构，人们重新评估了钱德勒的遗产（Galambos，1997；Ghemawat，2002）。

新千年伊始，Lamoreaux、Raff 和 Temin（2003）提出产业组织的演变出现新的综合。他们不仅要考虑环境的变化如何导致传统的钱德勒式企业（纵向一体化和多样化）被更专业化和垂直分解的企业超越，还要提供一种关于公司和市场新趋势的理论。他们发展了一种双重视角，将商业选择背后的经济逻辑置于首位。产业结构和市场的变化反映了人均收入的大幅增加、信息处理成本和运输成本的大幅下降，从而改变了空间地图，使产品可以根据个人需求重新设计。

10.7 亚洲奇迹对增长理论的影响

早在亚洲奇迹全面显现之前，亚洲奇迹就开始对增长理论产生深远的影响。新一轮理论研究的早期论文出现在 1986～1990 年，主要研究 1950～1980 年欧洲和美国的发展。20 世纪 90 年代上半期，当理论家将部分研究重点转移到亚洲时，他们集中研究"亚洲四小龙"，有时也会关注印度尼西亚、马来西亚和泰国等有"奇迹"头衔的新竞争者。直到 20 世纪 90 年代后半期，中国大陆和印度才成为关注的焦点。

中国自 1980 年以来、印度自 20 世纪 90 年代中期以来超乎寻常的增长率，对理论家和政策制定者的论述提出了极大的挑战。这些惊人的增长率，如果持续二三十年，将从根本上改变全球经济格局，中国和印度将从"新兴工业化国家"转变为全球经济巨头。

表 10.7 和表 10.8 比较了 2000 年的全球经济情况与在未来不到一代人的时间里可能进行的结构调整后的全球经济情况。2000 年，全球经济由 6 个国家群体主导：美国；欧盟［当时由 15 个国家组成（EU15）］；印度；中国；日本；由 6 个东南亚国家和地区组成的集团［新加坡、马来西亚、印度尼西亚、泰国、韩国和中国台湾（SE6）］。这 6 个群体的 GDP

占全球 GDP 的 72.3%，人口占全球人口的 58.2%（见表 10.7）。世界其他地区（包括拉丁美洲、非洲和东欧）的 GDP 约占全球 GDP 的 27.7%，人口占全球人口的 41.8%。

表 10.7 按国家群体分列的 2000 年全球国内生产总值分布				
群体	人口（百万人）	占比（%）	GDP（十亿美元，PPP）	占比（%）
美国	282	4.6	9601	21.6
欧盟（EU15）	378	6.2	9264	20.8
印度	1003	16.5	2375	5.3
中国	1369	22.5	4951	11.1
日本	127	2.1	3456	7.8
6 个东南亚国家和地区（SE6）	381	6.3	2552	5.7
小计	3540	58.2	32199	72.3
其他地区	2546	41.8	12307	27.7
全球总计	6086	100	44506	100

注：PPP=购买力平价。
资料来源：Fogel（2007）。

表 10.8 列出了 2040 年的一组预测数据。人口预测是联合国做的。经济预测是我做的，但受到中央情报局（CIA）和《经济学人》（*The Economist*）预测的影响。在我看来，表 10.8 中最令人不安的预测是欧盟相对衰落，其原因是人口停滞，GDP 增长缓慢。

虽然 2000 年欧盟人口比美国多 1/3，但到 2040 年，欧盟人口将略少于美国。欧盟 15 国人口停滞的预测主要是基于持续的极低生育率。欧盟 15 国中的大多数国家，总生育率已经远远低于人口繁殖所需的水平（2.1 个子女），而且几十年来一直低于人口繁殖水平。

表 10.8 2040 年按国家群体分列的全球 GDP 分布				
群体	人口(百万人)	占比(%)	GDP(十亿美元, PPP)	占比(%)
美国	392	4.5	41944	13.6
欧盟(EU15)	376	4.3	15040	4.9
印度	1522	17.5	36528	11.9
中国	1455	16.7	123675	40.1
日本	108	1.3	5292	1.7
6 个东南亚国家和地区(SE6)	516	5.9	35604	11.6
小计	4369	50.2	258083	83.8
其他地区	4332	49.8	49774	16.2
全球总计	8701	100	307857	100

资料来源：Fogel（2007）和联合国（2009）。

　　低生育率意味着欧盟 15 国的人口正在迅速老龄化。例如，在 2000 年，意大利和德国的平均年龄约为 40 岁，比中国大 10 岁，比美国大 5 岁。到 2040 年，意大利和德国的平均年龄预计将达到 50 岁左右。欧盟 15 国中许多国家的人口迅速老龄化意味着它们的抚养比（非劳动年龄人口与劳动年龄人口的比率）将急剧上升。这些人口因素本身将大大削弱经济增长的能力，而政治和文化因素却似乎增加了经济增长的障碍。这些因素包括对每周工作时长的限制，为支持大型社会福利项目（尽管面临破产）而对企业征收越来越重的税，这些都有可能使欧盟 15 国的企业在全球市场上失去竞争力①。

　　这并不是说欧盟 15 国的劳动生产率和人均收入不增长。按照过去的标准，它们的增长速度并不算糟糕（每年约 1.8% 和 1.2%），只是无法与

────────────

① 欧盟 15 国扩大到欧盟 27 国将有助于通过增加跨国移民来振兴欧盟 15 国。然而，移民率不太可能大到足以抵消意大利、法国等欧盟国家的低生育率。此外，由于人们对失去民族认同的担忧增加，低生育率国家可能会加强对移民的抵制。

南亚和东亚普遍存在的快速增长相匹敌。到 2040 年，欧洲市场将比 2000 年增长 60%，而美国市场将增长 300%，印度市场将增长 1400%，中国市场将增长 2400%。事实上，2040 年的中国市场可能比美国、欧盟 15 国、印度和日本的市场总和还要大。英语在 2040 年以后可能仍然是主要的商业语言，但我怀疑，西方会出现一批会说汉语的商业经理人。

全球经济如此大规模重组的可能性极大地改变了 20 世纪 80 年代末增长理论家的对话。这些年的争论旨在改变增长模型的标准，将被忽略的变量（如知识和经验）和改进了的参数（如大的资本份额和不同的弹性）纳入考虑范畴，重新思考根据现有实证信息所提出的不同背景下规模报酬和外部性的含义，并引入"绝对收敛"和"有条件收敛"等新术语①。旧的议题仍然存在，但重心已经转移到新议题上。

增长理论家关注的核心问题主要有：第一，要素投入或全要素生产率的增长是不是亚洲经济快速增长的主要源泉（Perkins and Rawski，2008）；第二，政府和宏观经济政策在鼓励、允许和维持经济增长方面发挥怎样的作用（Young，1995；Krugman，1994，1998；Stiglitz，1996，2001；Kim and Lau，1994；Park，2002）；第三，在中国和印度，各省份与各社会经济群体经济增长不平衡是否会影响两国长期的经济和政治稳定（Chaudhuri and Ravallion，2006；Zakaria，2005，2006；Pei，2006，2007；Lopez，2004）。

Jere Berhman 长期研究发展中国家的经济增长，他查阅了有关亚洲和其他地区经济增长的文献（2001），指出二战结束以来观点在不断变化。他写道，在 20 世纪 50 年代，增长经济学家提出的关键问题是：①提高资本劳

---

① 参见 Barro 和 Sala-i-Martin（2004）对增长理论及其实证结果的出色回顾。关于这项新工作的基础，参见 Romer（1986）、Lucas（1988）、Barro（1991）与 Barro 和 Sali-i-Martin（1997），也可参见 Jones（1997）。关于这项研究的实证基础的评论，参见 Srinivasan 和 Bhagwati（2001）。

动比；②克服市场效率低下的问题；③工业化在克服低增长率方面的关键作用；④国际贸易有害于发展中国家，因为贸易的好处被富裕国家的垄断生产者夺走了；⑤政府是公正的，拥有充分信息，能采取适当的政策来促进增长。到 21 世纪初，这些想法大多数已经被抛弃。取而代之的观点包括：在发展中国家，仅仅投入资本是不够的；在资源配置方面，市场优于官僚（其中许多官僚是寻租者）；国际贸易会刺激增长而不是阻碍增长。

半个多世纪以来，德怀特·H. 珀金斯（Dwight H. Perkins）一直在研究中国和其他东南亚国家的经济、社会和政治发展。他最近对 1978 年以来中国人均收入的加速增长提出了自己的看法（2006a）。现有证据表明，中国从 13 世纪的相对繁荣到二战结束时的相对贫困，部分原因是科学在现代技术发展上的应用落后，部分原因是破坏性入侵，还有部分原因是内战阻止了强大的中央政府的出现，而强大的中央政府可以为现代经济增长提供制度基础。

珀金斯将过去 30 年中国人均收入的高速增长归功于 1978 年以来的改革。由于这些改革，政府能够产生较高的国内投资率，促进对外贸易，对外国投资持开放态度（以及随之而来的对先进技术和专门技术的引进），实行市场经济。然而，这些改革并未完成，未来的增长率将取决于能否成功完成必要的改革。他认为，未来的主要挑战将是"维持一个稳定的经济增长环境"（Perkins，2006b：263）。

珀金斯的历史视角有助于为解决增长理论家们观点的冲突提供思路（Maddison，1998）。纳尔逊和帕克在 1999 年的一篇论文中强调，东亚和南亚的快速增长不仅仅是因为先进技术的引入，更重要的是经济结构的调整能有效地吸收新技术。这种吸收需要一种政策制度，这种政策制度不仅要鼓励发展能帮助企业家和技术人员掌握和应用新技术的教育制度，而且要鼓励发展能使这一批新骨干获得有效利用新技术所需经验的产业结构。

"学会使用新技术，"他们写道，"要在新的部门有效运作，需要开发新的技能、组织活动的新方法，并熟悉和掌控新的市场"（Nelson and Pack，1999：418）。他们还强调，"一个人需要知道的东西只有一小部分……被编入机器手册、教科书和计划书中；大部分是隐性的，做和使用与阅读和学习一样，都能获取知识"（Nelson and Pack，418；Nelson and Winter，1982；Rosenberg，1994）。他们认为，通常的增长核算程序"会将增长的主要部分仅仅归因于资本的增长"，但吸收先进技术和产业结构调整才是推动增长的主要力量。

除了对现有资料的解读，增长理论家们还在激烈地争论：中国这种前所未有的高速的长期增长能持续多久？中国已成为一系列产品的主要的世界性生产厂商。中国目前的石油消费量仅次于美国，占近年来全球石油消费增长量的 40%，是世界上最大的钢铁、水泥和铜消费国（OECD，2005；Kato，2004；Morrison，2006）。

中国人均收入的增长（1978~2002 年增长了 69%）主要是由于劳动生产率的提高。在工业领域，劳动生产率的年增长率为 6.2%，农业为 5.7%。中国经济增长率的 30% 可能继续来自劳动力参与率的适度增长和产业间转移。中国大量的劳动力仍在农业领域，因此，随着中国向技术前沿迈进，农业劳动力向工业和服务业转移，中国仍有巨大的增长潜力。

资本投资，尤其是人力资本投资，在未来几十年内有可能快速发展。入学率大大增长，加上受过大学教育的工人的生产率是受教育年限低于 9 年的工人的 3.1 倍（高中毕业生的生产率是后者的 1.8 倍），这都构成了增长潜力的基础（Fogel，2006）。

由于人均收入快速增长，中国成为制造业产品生产和销售的主要参与者。如表 10.9 所示，2007 年中国汽车产量超过了除美国和日本以外的所有主要生产国。此外，考虑到目前所有国家汽车产量的增长率，中国很可能在 2010 年或 2011 年在全球汽车产量上领先①。

表 10.9　东南亚和南亚与 5 个西方国家和日本的汽车产量比较

国家/地区	2017 年产量(千辆)	比 2006 年增长(%)
中国大陆	8883	22
中国香港		
印度尼西亚	412	39
韩国	4086	6
马来西亚	442	-12
新加坡		
中国台湾	283	-7
泰国	1287	8
印度	1708	14
日本	11596	1
法国	3016	-5
德国	6214	7
意大利	1284	6
英国	1750	6
美国	10781	-5
世界	73153	5.7

资料来源：国际汽车组织，2006~2007 年调查（http：//ww．oica．net）。

在中国，其他主要耐用消费品的拥有率也在以惊人的速度增长。从 1990 年到 2007 年，中国家庭的空调拥有量每年增长 15%，电脑拥有量每年增长 32%，手机拥有量每年增长 48%（中国国家统计局，2008）。

中国和印度经济的快速发展，使得许多分析人士猜测这两个经济大国

---

① 尽管 2008 年中国汽车工业的生产有所放缓，但据中国汽车工业协会（CAAM）估计，2009 年汽车的年产量将增长 5%（Li，2009）。2009 年 2 月，中国的新车销量增长了 25%，部分原因是小型轿车的销售税降低（Ying，2009）。

将重新成为全球政治参与者。美国国家情报委员会（2008）的最新评估推测，到 2025 年，美国的政治主导地位将被所谓的"多极化"所取代。它所预言的这种多极化"不太可能产生唯一的具有支配地位的民族国家，使其有压倒性权力和合法性去充当制度改革的代理人"。

不过，我们已经处在一个多极化的世界。美国影响国际事务的能力，已经受到欧洲、俄罗斯、印度和中国的限制。克林顿和布什政府时期的外交就是在这种认知下形成的[①]。

我个人认为，美国未来的全球影响力要看情况。这在很大程度上取决于美国未来劳动生产率的增长率。如果美国能继续以每年 2%～4% 的速度增长，那么，到 2025 年及以后，在经济和政治影响力方面，美国仍有可能遥遥领先于其竞争对手。这在很大程度上取决于美国是否愿意大力投资于科学研究和开发，以及是否愿意提高受过科学教育的人口比例。我对这两方面都很乐观。美国处于当前的生产前沿，它的持续增长取决于开发新技术的速度，这需要大量的工程师来设计新的生产和销售系统，以及这些新系统所依赖的新科学。各产业将像过去一样对新技术做出反应，因为它们能提高劳动生产率、增加利润。

10.8 附注

本章初稿读者提出了以下三个关键问题：

（1）为什么我预测欧盟 15 国在 2000～2040 年的 GDP 年均增长率仅为 1.2%？

（2）为什么我认为美国 2000～2040 年的 GDP 将以每年 3.7% 的速度

---

① 参见 Zakaria（2006）和 Morrison（2006）。

增长？

（3）为什么我对中国未来的增长率如此乐观，认为 2000～2040 年的 GDP 年增长率将为 8.0%？

首先谈谈我对中国的乐观估计。中国如何以及为什么会成为一个经济巨人，不仅与经济有关，也与政治有关。中国经济分为三个主要部分：农业、工业和服务业。在 1978～2003 年的 25 年间，这些行业的劳动生产率都有了很高的增长，平均每年约为 6%。但在全国范围内，同期每个工人的产出每年会增长 9%。全国增长率超过了部门增长率，是因为工业和服务业的人均产出远远高于农业。因此，随着数百万人从农业（中国大部分劳动力集中在农业）转移到工业或服务业，中国的年增长率又提高了 3 个百分点。从 1978 年到 2005 年，大约有 1.95 亿名劳动力从农业转移到工业和服务业。换句话说，2005 年，国内移民占工业和服务业劳动力的 47%。预计在未来一代人的时间里，这种部门间转移将继续成为中国整体经济增长的一个重要因素（Fogel，2007）。

许多观察家认为，社会问题将阻碍中国的经济增长，包括显性的和隐性的。隐性的危险来自银行体系的不稳定状态、快速增长的沿海省份和增长缓慢的内陆省份之间的收入差距、城市劳动力和农村劳动力之间的收入差距以及高技能劳动者和体力劳动力之间的收入差距。其他潜在危险来自燃料供应和电力供应的压力、不断加剧的环境污染与水供给不足。中国领导人对这些问题了如指掌，正在积极寻求解决办法。到目前为止，政府已经在设法阻止潜在的危机。

由可靠机构进行的民意调查显示，中国人普遍相信，他们的生活条件已经改善，并将在未来继续改善。

还有一种可能性是，国内的增长将因国际冲突而受到阻碍。

中国保持高增长率的另一个重要因素是在提高中等和高等教育方面的

投资,这是另一个可能促进劳动生产率增长的关键转变。在 2006 年的一项研究中,我指出,相对于受教育年限少于 9 年的同龄人,美国高中毕业生的生产力是他们的 1.8 倍,受过大学教育者的生产力是他们的 3.1 倍。将这些发现外推到中国,并估计下一代高中入学率将增长到 100% 左右,大学入学率将提高到 50% 左右,这本身将使年增长率增加 6 个百分点以上(Fogel,2006)。

这些高等教育的目标并非遥不可及。1980 年,西欧国家的高等教育入学率〔学院和大学的学生人数与大学年龄段(一般是 18~22 岁)总人数的比率〕约为 25%,只有美国的入学率高于 50%。在西欧,从 25% 到 50% 的变化发生在 20 世纪末的短短 20 年里。以英国为例,高等教育入学率从 19% 提高到 52%,其中的 2/3 就发生在 1990~1997 年。

人力资本投资作为经济增长的引擎,其重要性受到了中国政府的重视。1998 年,中国政府实施一系列政策提高高等教育入学率。在接下来的 4 年里,高等教育入学人数增加了 165%(从 340 万人增加到 900 万人),出国留学人数增加了 152%。鉴于高等教育入学率在 2000~2004 年从 12.5% 提高至 19.0%,我对 2040 年的预测并不是盲目的乐观。中国已经走上了实现这一目标的道路(Fogel,2007)。

接下来是对欧盟 15 国的预测。在这里,人口统计是关键问题。令人担忧的不仅是人口的零增长率(该人口预测不是我做的,而是联合国人口司做的),还有人口年龄结构的变化。

经合组织成员国的人口正在迅速老龄化,而且这一趋势可能会在未来几十年继续保持。表 10.10 第(1)列和第(2)列显示了联合国人口司对西欧最大的 5 个国家年龄中位数变化的预测。在德国、意大利和西班牙,预测会提高 11~14 岁。在法国和英国,年龄中位数分别提高了 6 岁和 5 岁。

第（3）列和第（4）列预测了 65 岁及以上人口比例的变化。在德国和意大利，老年人占总人口的比重将增加到近 1/3。只有英国的老年人占总人口的比重不到 1/4。

表 10.10 2000 年和 2040 年 5 个欧洲国家的年龄中位数和 65 岁及以上人口比例				
	年龄中位数（岁）		65 岁及以上人口比例（%）	
国家	2000 年 (1)	2040 年 (2)	2000 年 (3)	2040 年 (4)
法 国	37.7	44.2	16.1	26.5
德 国	40.0	51.2	16.4	31.8
意大利	40.3	50.9	18.4	31.8
西班牙	37.6	49.1	16.8	28.1
英 国	37.7	42.3	15.9	22.6

资料来源：http：//esa. un. org/unpp。

人口迅速老龄化的根本原因是低生育率。几十年来，所有这些国家的总生育率都低于人口更替所需的水平。结果，育龄妇女的比例从 2000 年的 50% 左右（1950 年也是 50% 左右）下降到 2040 年的 35% 左右（预计）。因此，它们将面临双重打击：不仅育龄妇女的生育率会急剧下降，而且处于生育年龄的妇女的比例也会急剧下降（见表 10.11）。

表 10.11 2000 年和 2040 年 15~49 岁女性比例			
国家	2000 年	2040 年	下降率（%）
法 国	47.5	38.3	19
德 国	46.8	34.6	26
意大利	47.0	34.4	27
西班牙	50.8	35.8	30
英 国	46.8	41.5	11

资料来源：http：//esa. un. org/unpp。

人们对性的态度也发生了急剧的变化。150 年前，享受性爱被认为是一种罪恶，唯一合法的目的就是繁衍后代。但如今，即使是在罗马，年轻女性也认为性主要是一种娱乐活动。在生育率趋势的统计数据背后，是一种体现在文化中的伦理观念的巨大变化，这种文化与经历过二战的那一代人所接受的文化有很大不同。经历过二战的那一代人会早早结婚，并在 1945～1965 年创造了大规模的婴儿潮。

这种伦理观念的变化意味着欧盟 15 个主要国家的自然增长率（出生率减去死亡率）可能会下降。事实上，即使是在 2000 年，德国和意大利的自然增长率也是负值。到 2040 年，除英国外，上述所有国家的自然增长率很可能都是负值（见表 10.12）。

表 10.12	自然增长率的变化预测（每千人）	
国家	2000 年	2040 年
法　国	3.8	−0.3
德　国	−1.5	−6.2
意大利	−0.7	−4.3
西班牙	1.4	−0.9
英　国	1.3	0.7

资料来源：http：//esa.un.org/unpp。

尽管 20 世纪老年人口比重的提高充分体现了经济的迅速发展、生物医学的巨大进步和环境的改善，但这并不能自动保证未来几代人之间是均衡的。事实上，如果在 2040 年 65 岁及以上人口达到 1/3，会产生一些新的问题。

此外，由于年轻工人是新思想的主要来源，下一代的崛起放慢可能会延缓技术变革的步伐。要解决这些问题并不容易。

如表 10.13 所示，由于人口变动的趋势，2000～2040 年，在欧盟 15 国中，最大的 5 个国家中有 4 个国家的抚养比预计将大幅上升。

表 10.13 抚养比的变化预测			
国　家	2000 年	2040 年	增长率(%)
法　国	0.54	0.75	39
德　国	0.47	0.79	68
意大利	0.49	0.81	65
西班牙	0.46	0.72	57
英　国	0.54	0.64	19

资料来源：http：//esa. un. org/unpp（2008 年修订）。

1 加抚养比的倒数是衡量劳动力参与率（用 ρ 表示）的一个合理指标。表 10.13 表明，仅仅由于人口年龄结构的变化，劳动力参与率每年下降 0.4%。由于 2000～2040 年工作年限的缩短，我认为 ρ 每年会再下降 0.2%。这就使得 ρ 的年下降率提高到每年 0.6%。预计 5 个国家的劳动生产率年均增长率约为 1.8%，因此它们的人均收入和 GDP 的年均增长率都是 1.2%。

现在来谈谈对美国的预测。虽然美国和欧盟 15 国在 1975～2005 年的增长率相同，但这不是首要的考虑因素。关键问题在于欧盟在采用新的信息技术方面相对于美国而言进展缓慢。另外，与美国相比，欧盟更倾向于享受闲暇而非商品，而且欧盟劳动生产率年增长率从 1980～1995 年的 2.4% 下降到 1995～2004 年的 1.5%。相比之下，美国劳动生产率年增长率从 1980～1995 年的 1.5% 上升到 1995～2004 年的 3.0%（van Ark, O'Mahony and Timmer，2008）。

1995～2004 年，美国 GDP 以每年 3.7% 的速度增长。我相信，由于基因工程、医疗保健、信息技术、运输、能源生产和消费以及教育等领域的持续技术进步，这一高增长率将持续到 2040 年（van Ark，O'Mahony and Timmer，2008）。

参考文献

Abramovitz，M. 1956. "Resource and Output Trends in the United States since 1870." *American Economic Review* 46：5-23.

——. 1972. "Manpower, Capital, and Technology." In *Human Resources and Economic Welfare：Essays in Honor of Eli Ginzberg*, edited by I. Berg, 50-70. New York：Columbia University Press.

——. 1990. "The Catch-up Factor in Postwar Economic Growth." *Economic Inquiry* 28：1-18.

——. 1993. "The Search for the Sources of Growth：Areas of Ignorance, Old and New." *Journal of Economic History* 53：217-243.

Acemoglu，D.，S. Johnson，and J. A. Robinson. 2000. "The Colonial Origins of Comparative Development：An Empirical Investigation." NBER Working Paper no. 7771. Cambridge, M. A.：National Bureau of Economic Research, June.

——. 2001. "Reversal of Fortune：Geography and Institutions in the Making of the Modern World Income Distribution." NBER Working Paper no. 8460. Cambridge, M. A.：National Bureau of Economic Research, September.

Allen，G. C. 1972. *A Short Economic History of Modern Japan*. London：Allen and Unwin.

Asian Development Bank. 2003a. *Asian Development 2003 Statistical Appendix*. Oxford：Oxford University Press.

——. 2003b. *Key Indicators 2003*, volume 34. Manila：Asian Development Bank.

Barker，D. J. P. 1998. *Mothers, Babies, and Health in Later Life*. Edinburgh：Churchill Livingstone.

Barro，R. J. 1991. "Economic Growth in a Cross Section of Countries." *Quarterly Journal of Economics* 106：407-443.

Barro，R. J.，and X. Sala-i-Martin. 1997. "Technological Diffusion, Convergence, and Growth." *Journal of Economic Growth* 2：1-27.

——. 2004. *Economic Growth.* Cambridge, M. A. : MIT Press.

Becker, G. 1960. "An Economic Analysis of Fertility. " In *Demographic and Economic Change in Developed Countries*, Conference of the Universities-National Bureau Committee for Economic Research: A Report of the National Bureau of Economic Research, 209 – 240. Princeton, N. J. : Princeton University Press.

——. 1981. *A Treatise on the Family.* Cambridge, M. A. : Harvard University Press.

Becker, G. , and H. G. Lewis. 1973. "On the Interaction between Quantity and Quality of Children. " *Journal of Political Economy* 81: S279–S288.

Berhman, J. 2001. "Development, Economics of. " In *International Encyclopedia of the Social and Behavioral Sciences*, edited by N. J. Smelser and P. B. Baltes, 3566 – 3574. Oxford: Elsevier Science.

Bhagwati, J. N. , and S. Chakravarty. 1969. " Contributions to Indian Economic Analysis: A Survey. " *American Economic Review* 59 (suppl.): 1–73.

Blyn, G. 1971. "Review of Developing Rural India: Plan and Practice. " *Economic Development and Cultural Change* 19: 334–337.

Bowman, M. J. 1980. " On Theodore W. Schultz's Contributions to Economics. " *Scandinavian Journal of Economics* 82: 80–107.

Bratt, E. C. 1953. "A Reconsideration of the Postwar Forecasts. " *Journal of Business of the University of Chicago* 28: 1–18.

Caves, R. E. 1990. " The Transformation of Corporate Control by Neil Fligstein. " *Business History Review* 64: 352–355.

Chandler, A. D. 1977. *The Visible Hand.* Cambridge, M. A. : Harvard University Press.

——. 1990. "Response to Contributors to the Review Colloquium on ' Scale and Scope. ' " *Business History Review* 64: 736–758.

Chandrasekhar, S. 1968. "How India is Tackling Her Population Problem. " *Foreign Affairs* 47: 138–150.

Chaudhuri, S. , and M. Ravallion. 2006. "Partially Awakened Giants: Uneven Growth in China and India. " World Bank Policy Research Working Paper no. 4069. Washington, D. C. : The World Bank.

Clark, C. 1976. "Economic Development in Communist China. " *Journal of Political Economy* 84: 239–264.

Coale, A. J. 1975. " The Demographic Transition. " In *The Population Debate: Dimensions and Perspectives. Papers of the World Population Conference, Bucharest, 1974*, 347–355. New York: United Nations.

Colm, G. 1962. "Capital in the American Economy: Its Formation and Financing. "

Journal of the American Statistical Association 57: 693-696.

Copeland, M. A., and E. M. Martin. 1938. "The Correction of Wealth and Income Estimates for Price Changes." In *Studies in Income and Wealth*, volume II, Conference on Research in Income and Wealth, 85 – 131. New York: National Bureau of Economic Research.

Crafts, N. F. R. 1995. "The Golden Age of Economic Growth in Western Europe, 1950-1973." *Economic History Review* 48: 429-447.

——. 1997. "Some Dimensions of the 'Quality of Life' during the British Industrial Revolution." *Economic History Review* 50: 690-712.

——. 2004. "Social Savings as a Measure of the Contribution of a New Technology to Economic Growth." Working Paper no. 06/04. Department of Economic History, London School of Economics, July.

Crafts, N. F. R., and G. Toniolo. 1996. *Economic Growth in Europe since 1945*. Cambridge: Cambridge University Press.

David, P. A. 1985. "Clio and the Economics of QWERTY." *American Economic Review* 75: 332-337.

——. 1990. "The Dynamo and the Computer: An Historical Perspective on the Modern Productivity Paradox." *American Economic Review* 80: 355-361.

——. 2003. "Zvi Griliches on Diffusion, Lags and Productivity Growth: Connecting the Dots." Presented at the Conference on R&D, Education, and Productivity held in memory of Zvi Griliches, Carré des Sciences, Ministere de la Rechèrce. Paris, France, August 25-27.

Davis, L. E., and R. A. Huttenback. 1986. *Mammon and the Pursuit of Empire: The Political Economy of British Imperialism, 1860 – 1912*. Cambridge: Cambridge University Press.

Denison, E. F. 1962. "The Sources of Economic Growth in the United States and the Alternatives Before Us." *Supplementary Paper no. 13*. New York: Committee for Economic Development.

——. 1967. "Sources of Postwar Growth in Nine Western Countries." *American Economic Review* 57: 325-332.

Doblhammer, G., and J. W. Vaupel. 2001. "Life Span Depends on Month of Birth." *Proceedings of the National Academy of Sciences USA* 98: 2934-2939.

Dougherty, C., and D. W. Jorgenson. 1996. "International Comparisons of the Sources of Economic Growth." *The American Economic Review* 86: 25-29.

Engerman, S. L., and K. Sokoloff. 1997. "Factor Endowments, Institutions, and Differential

Paths of Growth among New World Economies: A View from Economic Historians of the United States. " In *How Latin America Fell Behind*, edited by S. Haber, 260-304. Palo Alto: Stanford University Press.

Fabricant, S. 1954. "Economic Progress and Economic Change. " In *34th Annual Report of the National Bureau of Economic Research*. New York: National Bureau of Economic Research.

Fischer, S. 1993. "The Role of Macroeconomic Factors in Growth. " *Journal of Monetary Economics* 32: 485-512.

Floud, R. , R. W. Fogel, B. Harris, and S. C. Hong. 2011. *The Changing Body: Health, Nutrition, and Human Development in the Western World since 1700*. Cambridge: Cambridge University Press.

Fogel, R. W. 1989a. "Afterword: Some Notes on the Scientific Methods of Simon Kuznets. " In *Economic Development, the Family, and Income Distribution: Selected Essays, Simon Kuznets*, edited by Louis Galambos and Robert Gallman, 413 – 438. Cambridge: Cambridge University Press.

——. 1989b. *Without Consent or Contract: The Rise and Fall of American Slavery*. New York: W. W. Norton.

——. 2000. *The Fourth Great Awakening and the Future of Egalitarianism*. Chicago: University of Chicago Press.

——. 2003. "Forecasting the Demand for Health Care in OECD Nations and China. " *Contemporary Economic Policy* 21: 1-10.

——. 2004a. "Changes in the Process of Aging during the Twentieth Century: Findings and Procedures of the *Early Indicators* Project. " *Population and Development Review* 30: 19-47.

——. 2004b. *The Escape from Hunger and Premature Death, 1700 – 2100: Europe, America, and the Third World*. New York: Cambridge University Press.

——. 2004c. "High Performing Asian Economies. " NBER Working Paper no. 10752. Cambridge, M. A. : National Bureau of Economic Research, September.

——. 2006. "Why China is Likely to Achieve Its Growth Objectives. " NBER Working Paper no. 12122. Cambridge, M. A. : National Bureau of Economic Research, March.

——. 2007. "Capitalism and Democracy in 2040. " *Daedalus* 136: 87-95.

Galambos, L. 1997. "Global Perspectives on Modern Business. " *Business History Review* 71: 287-290.

Ghemawat, P. 2002. "Competition and Business Strategy in Historical Perspective. " *Business History Review* 76: 37-74.

Goldsmith, R. W. 1952. *Income and Wealth of the United States: Trends and Structure.* Baltimore, M. D. : Johns Hopkins University Press.

Griliches, Z. 1956. "Hybrid Corn: An Exploration in the Economics of Technological Change. " PhD diss. , University of Chicago.

——. 1957. "Hybrid Corn: An Exploration in the Economics of Technological Change. " *Econometrica* 25: 501–522.

——. 1960. "Hybrid Corn and the Economics of Innovation. " *Science* 132: 275–280.

——. 1996. "The Discovery of the Residual: A Historical Note. " *Journal of Economic Literature* 34: 1324–1330.

Hansen, A. H. 1939. " Economic Progress and Declining Population Growth. " *American Economic Review* 29: 1–15.

Harley, C. K. 1992. "International Competitiveness of the Antebellum American Cotton Textile Industry. " *Journal of Economic History* 52: 559–584.

Healy, D. T. 1972. "Development Policy: New Thinking About an Interpretation. " *Journal of Economic Literature* 10: 757–797.

Heckman, J. 2006. " Contributions of Zvi Griliches. " NBER Working Paper no. 12318. Cambridge, M. A. : National Bureau of Economic Research, June.

Helpman, E. 2004. *The Mystery of Economic Growth.* Cambridge, M. A. : Belknap Press.

——. 2008. *Institutions and Economic Performance.* Cambridge, M. A. : Harvard University Press.

Hicks, G. 1989. "The Four Little Dragons: An Enthusiast's Reading Guide. " *Asian-Pacific Economic Literature* 3: 35–49.

Jones, C. I. 1997. "On the Evolution of the World Income Distribution. " *Journal of Economic Perspectives* 11: 19–36.

Jorgenson, D. W. 1961a. "The Development of a Dual Economy. " *Economic Journal* 71: 309–344.

——. 1961b. "The Structure of Multi-sector Dynamic Models. " *International Economic Review* 2: 276–291.

——. 2001. "Information Technology and the U. S. Economy. " *The American Economic Review* 91: 1–32.

——. 2005. "Information Technology and the G7 Economies. " Accessed December 12, 2008. http: //www. isae. it/Jorgenson_ Information. pdf.

Jorgenson, D. W. , and L. R. Christensen. 1969. " The Measurement of U. S. Real Capital Input, 1929–1967. " *Review of Income and Wealth* 15: 293–390.

Jorgenson, D. W. , and C. Dougherty. 1996. "International Comparisons of the Sources of Economic Growth." *American Economic Review* 86: 25–29.

Jorgenson, D. W. , and B. M. Fraumeni. 1980. "Capital Formation and U. S. Productivity Growth, 1948–1976." In *Productivity Analysis*, edited by A. Dogramaci, 49–70. Boston: Martinus Nijhoff.

——. 1986. "The Role of Capital in U. S. Economic Growth." In *Measurement Issues and Behavior of Productivity Variables*, edited by A. Dogramaci, 161–244. Boston: Martinus Nijhoff.

Jorgenson, D. W. , and F. M. Gollup. 1980. "U. S. Productivity Growth by Industry, 1947–1973." In *New Developments in Productivity Measurement and Analysis*, Studies in Income and Wealth, volume 44, edited by J. W. Kendrick and B. N. Vaccara, 17–136. Chicago: University of Chicago Press.

——. 1992. "Growth in U. S. Agriculture: A Postwar Perspective." *American Journal of Agricultural Economics* 74: 745–750.

Jorgenson, D. W. , and Z. Griliches. 1967. "The Explanation of Productivity Change." *Review of Economic Studies* 34: 249–280.

Jorgenson, D. W. , and M. Kuroda. 1990. "Productivity and International Competitiveness in Japan and the United States, 1960–1985." In *Productivity Growth in Japan and the United States*, Studies in Income and Wealth, volume 53, edited by C. R. Hulten, 29–57. Chicago: University of Chicago Press.

Jorgenson, D. W. , and K. Nomura. 2005. "The Industry Origins of Japanese Economic Growth." NBER Working Paper no. 11800. Cambridge, M. A. : National Bureau of Economic Research, November.

Jorgenson, D. W. , and K. J. Stiroh. 1999. "Information Technology and Growth." *American Economic Review* 89: 109–115.

——. 2000. "U. S. Economic Growth at the Industry Level." *American Economic Review* 90: 161–167.

Jorgenson, D. W. , and K. M. Vu. 2009. "Growth Accounting within the International Comparison Program." *ICP Bulletin* 6 (March): 3–19.

Kato, T. 2004. "Can the East Asian Miracle Persist?" Remarks by Takatoshi Kato, Deputy Managing Director, International Monetary Fund. Accessed February 2, 2009. http://www. imf. org/external/np/speeches/2004/120204. htm.

Kendrick, J. W. 1955. "Productivity." In *Government in Economic Life*, 35th Annual Report, edited by S. Fabricant, 44–47. New York: National Bureau of Economic Research.

Keyfitz, N. , and W. Flieger. 1990. *World Population Growth and Aging: Demographic*

Trends in the Twentieth Century. Chicago：University of Chicago Press.

Kim，J.，and L. J. Lau. 1994. "The Sources of Economic Growth of the East Asian Newly Industrialized Countries." *Journal of the Japanese and Industrial Economies* 8：235-271.

Kravis，I. B. 1970. "Trade as a Handmaiden of Growth：Similarities between the Nineteenth and Twentieth Centuries." *Economic Journal* 80：850-872.

Krishnan，R. R. 1982. "The South Korean 'Miracle'：Sell-out to Japan，US." *Social Scientist* 10：25-37.

Krugman，P. 1994. "The Myth of Asia's Miracle." *Foreign Affairs* 73. Accessed November 10，2008. http：//fullaccess. foreignaffairs. org/19941101faessay5151/ paul - krugman/the-myth-of-asias-miracle. html.

——. 1998. "What Happened to Asia?" Accessed November 17，2008. http：// web. mit. edu/krugman/www/DISINTER. html.

Krugman，P.，and R. Wells. 2005. *Macroeconomics.* New York：Worth Publishers.

Kuznets，S. 1961. *Capital in the American Economy：Its Formation and Financing.* Princeton，N. J.：Princeton University Press.

——. 1966. *Modern Economic Growth.* New Haven，C. T.：Yale University Press.

——. 1971a. *Economic Growth of Nations：Total Output and Production Structure.* Chicago：University of Chicago Press.

——. 1971b. "Modern Economic Growth：Findings and Reflections." Lecture to the Memory of Alfred Nobel，December 11. Accessed December 30，2008. http：// nobelprize. org/nobel_ prizes/economics/laureates/1971/kuznets-lecture. html.

——. 1972. *Quantitative Economic Research：Trends and Problems.* Fiftieth Anniversary Colloquium. New York：National Bureau of Economic Research.

——. 1989. *Economic Development，the Family，and Income Distribution：Selected Essays.* New York：Cambridge University Press.

Lamoreaux，N. R.，D. M. G. Raff，and P. Temin. 2003. "Beyond Markets and Hierarchies：Toward a New Synthesis of American Business History." *American Historical Review* 108：404-433.

Landes，D. S. 1994. "What Room for Accident in History? Explaining Big Changes by Small Events." *Economic History Review* 47：637-656.

Lau，L. J. 1969. "Asian Drama：An Inquiry into *The Poverty of Nations* by Gunnar Myrdal." *Stanford Law Review* 21：967-976.

Li，P. 2009. "China to Outstrip USA in 2009 Auto Sales." *China. org. cn*，February 11. Accessed March 29，2009. http：//www. china. org. cn/business/2009-02/11/ content_

17260994. htm.

Lin, J. Y. 1998. "How Did China Feed Itself in the Past? How Will China Feed Itself in the Future?" Second Distinguished Economist Lecture presented at Centro Internacional Mejoramiento de Maiz y Trigo. Mexico, D. F. , Medico, January 9.

Lopez, J. H. 2004. "Pro-growth, Pro-poor: Is There a Trade-off?" World Bank Policy Research Working Paper no. 3378. Washington, D. C. : The World Bank.

Lucas, R. E. 1988. "On the Mechanics of Economic Development. " *Journal of Monetary Economics* 22: 3-42.

Maddison, A. 1987. "Growth and Slowdown in Advanced Capitalist Economies: Techniques of Quantitative Assessment. " *Journal of Economic Literature* 25: 649-698.

——. 1991. *Dynamic Forces in Capitalist Development: A Long-Run Comparative View.* Oxford: Oxford University Press.

——. 1995. *Monitoring the World Economy.* Paris: Organization for Economic Cooperation and Development (OECD).

——. 1998. *Chinese Economic Performance in the Long Run.* Paris: OECD Development Centre.

——. 2001. *The World Economy: A Millennial Perspective.* Paris and Washington, D. C. : OECD.

Malenbaum, W. 1959. "India and China: Contrasts in Development Performance. " *American Economic Review* 49: 284-309.

——. 1982. "Modern Economic Growth in India and China: The Comparison Revisited, 1950-1980. " *Economic Development and Cultural Change* 31: 45-84.

Mansfield, E. 1971. *Technological Change.* New York: W. W. Norton and Co.

——. 1972. "Contribution of R&D to Economic Growth in the United States. " *Science* 175: 477-486.

——. 1975. "International Technology Transfer: Forms, Resource Requirements, and Policies. " *American Economic Review* 65: 372-376.

——. 1980. "Research and Development, Productivity, and Inflation. " *Science* 209: 1091-1093.

Mears, L. A. 1961. "Indonesia. " In *Economic Development: Analysis and Case Studies*, edited by A. Pepelases, L. A. Mears, and I. Adelman, 418 - 467. New York: Harper and Brothers.

Mellor, J. W. , T. F. Weaver, U. J. Lele, and S. R. Simon. 1968. *Developing Rural India: Plan and Practice.* Ithaca: Cornell University Press.

Mills, T. C. , and N. F. R. Crafts. 2000. "After the Golden Age: A Long-Run

Perspective on Growth Rates that Speeded Up, Slowed Down, and Still Differ. " *Manchester School* 68: 68−91.

Mokyr, J. 1985. *The Economics of the Industrial Revolution.* Totowa, N. J. : Rowman and Allanheld.

Morrison, W. M. 2006. "CRS Issue Brief for Congress: China's Economic Conditions. " Accessed February 2, 2009. http://www. fas. org/sgp/crs/row/IB98014. pdf.

Murphy, K. M. , and R. H. Topel. 2005. "The Value of Health and Longevity. " NBER Working Paper no. 11405. Cambridge, MA: National Bureau of Economic Research, June.

Myrdal, G. 1968. *Asian Drama: An Inquiry into the Poverty of Nations.* New York: Pantheon.

National Bureau of Statistics of China. 2008. *China Statistical Yearbook 2008.* Beijing: China Statistics Press.

Nelson, R. R. 1959. "The Economics of Invention: A Survey of the Literature. " *Journal of Business* 32: 101−127.

——. 1964. "Aggregate Production Functions and Medium-Range Growth Projections. " *American Economic Review* 54: 575−606.

——. 1981. "Research on Productivity Growth and Productivity Differences: Dead Ends and New Departures. " *Journal of Economic Literature* 19: 1029−1064.

——. 1988. "Modelling the Connections in the Cross Section between Technical Progress and R&D Intensity. " *RAND Journal of Economics* 19: 478−485.

——. 1991. "Diffusion of Development: Post-World War II Convergence among Advanced Industrial Nations. " *American Economic Review* 81: 271−275.

Nelson, R. R. , and H. Pack. 1999. "The Asian Miracle and Economic Growth Theory. " *Economic Journal* 109: 416−436.

Nelson, R. R. , and S. G. Winter. 1982. "An Evolutionary Theory of Economic Capabilities. " *American Economic Review* 68: 440−449.

Nelson, R. R. , and G. Wright. 1992. "The Rise and Fall of American Technological Leadership: The Postwar Era in Historical Perspective. " *Journal of Economic Literature* 30: 1931−1964.

North, D. C. 1966. *Growth and Welfare in the American Past: A New Economic History.* Englewood Cliffs, N. J. : Prentice Hall.

——. 1968. "Sources of Productivity Change in Ocean Shipping 1600−1850. " *Journal of Political Economy* 76: 953−970.

——. 2005. *Understanding the Process of Economic Change.* Princeton, N. J. : Princeton University Press.

North, D. C. , and R. P. Thomas. 1970. "An Economic Theory of the Growth of the Western World. " *Economic History Review* 23: 1−17.

——. 1971. "The Rise and Fall of the Manorial System: A Theoretical Model. " *Journal of Economic History* 31: 777−803.

——. 1977. "The First Economic Revolution. " *Economic History Review* 30: 229−241.

North, D. C. , and B. R. Weingast. 1989. "Constitutions and Commitment: The Evolution of Institutions Governing Public Choice in 17th Century England. " *Journal of Economic History* 49: 803−832.

Olson, M. 1982. *The Rise and Decline of Nations: Economic Growth, Stagflation, and Social Rigidities.* New Haven, C. T. : Yale University Press.

Organization for Economic Cooperation and Development (OECD). 2005. "Economic Survey of China, 2005. " Policy brief. Accessed February 2, 2009. http: // www. oecd. org/ dataoecd/10/25/35294862. pdf.

Park, J. H. 2002. "The East Asian Model of Economic Development and Developing Countries. " *Journal of Developing Societies* 18: 330−353.

Pei, M. 2006. "The Dark Side of China's Rise. " Accessed February 2, 2009. http: // www. foreignpolicy. com/users/login. php? story _ id = 3373&URL = http: //www. for eignpolicy. com/story/cms. php? story_ id= 3373&print= 1.

——. 2007. "The High Cost of Prosperity. " Accessed February 2, 2009. http: // www. carnegieendowment. org/publications/index. cfm? fa= view&id= 19059 &prog= zch.

Pepelases, A. , L. A. Mears, and I. Adelman. 1961. *Economic Development: Analysis and Case Studies.* New York: Harper and Brothers.

Perkins, D. H. 2006a. "China's Recent Economic Performance and Future Prospects. " *Asian Economic Policy Review* 1: 15−40.

——. 2006b. "Stagnation and Growth in China over the Millennium: A Comment on Angus Maddison's 'China in the World Economy, 1300−2030. ' " *International Journal of Business* 11: 255−264.

Perkins, D. , and T. G. Rawski. 2008. "Forecasting China's Economic Growth to 2025. " In *China's Great Economic Transformation*, edited by L. Brandt and T. G. Rawksi, 829−886. Cambridge: Cambridge University Press.

Ray, D. 2008. "Development Economics. " In *The New Palgrave Dictionary of Economics*, 2nd edition, edited by S. N. Durlaf and L. Blume, 468 − 479. New York: Palgrave Macmillan.

Romer, P. 1986. "Increasing Returns and Long-Run Growth. " *Journal of Political Economy* 94: 1002−1037.

Rosenberg, N. 1994. "How the Developed Countries Became Rich." *Daedalus* 123: 127-140.

Rostow, W. W. 1979. *Getting from Here to There.* New York: McGraw-Hill.

——. 1990. *Theorists of Economic Growth from David Hume to the Present.* New York: Oxford University Press.

Schultz, T. W. 1962. *Investment in Human Beings.* Chicago: University of Chicago Press.

——. 1971. *Investment in Human Capital: The Role of Education and Research.* New York: Free Press.

Schumpter, J. 1934. *The Theory of Economic Development: An Inquiry into Profits, Capital, Credit, Interest, and the Business Cycle.* Cambridge, M. A.: Harvard University Press.

Shenoy, B. R. 1968. "India: Planning for Economic Disaster." *Wall Street Journal*, May 23.

Simon, M. 1970. "New British Investment in Canada, 1865 - 1914." *Canadian Journal of Economics* 3: 238-254.

Sklaeiwitz, N. 1966. "India's Food Plight." *Wall Street Journal*, June 7.

Sokoloff, K., and S. L. Engerman. 2000. "History Lessons: Institutions, Factor Endowments, and Paths of Development in the New World." *Journal of Economic Perspectives* 14: 217-232.

Solow, R. M. 1957. "Technical Change and the Aggregate Production Function." *Review of Economics and Statistics* 39: 312-320.

——. 1958. "A Skeptical Note on the Constancy of Relative Shares." *American Economic Review* 48: 618-631.

——. 2007. "The Last 50 Years in Growth Theory and the Next 10." *Oxford Review of Economic Policy* 23: 3-14.

Srinivasan, T. N., and J. Bhagwati. 2001. "Outward Orientation and Development: Are Revisionists Right?" In *Trade, Development, and Political Economy: Essays in Honour of Anne Krueger*, edited by D. Lau and R. Snape, 3-26. London: Palgrave.

Stigler, G. J. 1947. "The Kinky Demand Curve and Rigid Prices." *Journal of Political Economy* 55: 432.

Stiglitz, J. E. 1996. "Some Lessons from the East Asian Miracle." *World Bank Research Observer* 11: 151-177.

——. 2001. "From Miracle to Crisis to Recovery: Lessons from Four Decades of East Asian Experience." In *Rethinking the East Asian Miracle*, edited by J. Stiglitz and S. Yusuf,

509-526. Oxford: Oxford University Press.

Stone, I. 1999. *The Global Export of Capital from Great Britain, 1865 – 1914: A Statistical Survey.* New York: St. Martin's Press.

Swan, T. W. 1956. "Economic Growth and Capital Accumulation." *Economic Record* 11: 334-336.

Teece, D. J. 1993. "The Dynamics of Industrial Capitalism: Perspectives on Alfred Chandler's Scale and Scope." *Journal of Economic Literature* 31: 199-255.

Temin, P. 1997. "Two Views of the British Industrial Revolution." *Journal of Economic History* 57: 63-82.

Tinbergen, J. 1942. "Zur Theorie der Langfifi rstigen Wirtschaftsentwicklung." *Welwirts Archive* 1: 511-549.

Trajtenberg, M., and E. R. Berndt. 2001. "In Memoriam: Zvi Griliches, 1930 – 1999." *Journal of Economic and Social Measurement* 27: 93-97.

U. S. Bureau of the Census. 1955. *Statistical Abstract of the United States 1955.* Washington, D. C. : Government Printing Office.

——. 2003. *Statistical Abstract of the United States 2003.* Washington, D. C. : Government Printing Office.

U. S. Intelligence Council. 2008. *Global Trends 2025: A Transformed World.* Accessed February 3, 2009. http: //www. dni. gov/nic/NIC_ 2025_ project. html.

United Nations. 2009. "World Population Prospects: The 2008 Revision Population Database." Accessed December 27, 2009. http: //esa/un. org/unpp/p2k0data. asp.

van Ark, B. , M. O'Mahony, and M. P. Timmer. 2008. "The Productivity Gap between Europe and the United States: Trends and Causes." *Journal of Economic Perspectives* 22: 25-44.

Ying, T. 2009. "China February Auto Sales Rise 25% after Tax Cuts." *Bloomberg. com*, March 10. Accessed March 27, 2009. http: //www. bloomberg. com/apps/news? pid = 20601087&sid = aDCOM2mACDYY&refer = home.

Young, A. 1995. "The Tyranny of Numbers: Confronting the Statistical Realities of the East Asian Growth Experience." *Quarterly Journal of Economics* 110: 641-680.

Zakaria, F. 2005. "Does the Future Belong to China?" *Newsweek*, May 9. Accessed February 3, 2009. http: //www. fareedzakaria. com/articles/newsweek/050905. html.

——. 2006. "How Long Will America Lead the World?" *Newsweek*, June 12. Accessed February 3, 2009. http: //www. fareedzakaria. com/articles/newsweek/ 061206. html.

11

致敬：肯·索科洛夫与技术经济史

乔尔·莫基尔（Joel Mokyr）

技术经济史是经济学分支的分支，是学科专业领域中一个极小的单元，其中，所有的研究人员都相互了解，而且通常作为期刊审稿人和书评者阅读彼此的作品。在这样一个小小的领域中，似乎存在两种平衡：一是在这个领域内大家相互合作、友好相处，以友好文明的方式进行交流，不因专业分歧而干扰个人判断；二是在这个领域内爆发严重的内讧，创造出类似戴维·洛奇（David Lodge）① 所勾勒的场景。这两种不同结果往往在于某个或某几个关键人物。一个位高权重、深受大家尊重和喜爱的学者，会营造一种氛围，引导大家重新考虑自己的立场，不要轻视别人的观点，这就可能使整个领域达成合作平衡。相反，领导人不宽容或极端利己，则可能会造成一连串的行动和报复。

在技术经济史领域，在我和肯·索科洛夫及其他一些人共同工作期间，一直都有着不同的关注重点和争论，但多年来，这个领域尽量保持着舒适和友好，至少是互相尊重和客气的。索科洛夫获得了如此广泛的尊重和喜爱，他的工作也如此扎实和有理有据，以至于整个领域几十年来都处于良好的平衡状态。有人可能会补充说，该领域的其他主要人员和最优秀的经济学家，如娜奥米·拉摩洛克斯、佐里娜·卡恩汗、曼努埃尔·特拉伊滕贝格和阿里尔·帕克斯，都是他的朋友和合作者。

如人们想象的那样，大部分的争论是关于技术进步的源泉问题。作为研究内生增长理论的先锋，肯·索科洛夫认为激励是最重要的。在他关于创新领域的大量研究成果中，有一些主题不断出现，这反映了他看待技术进步经济学的方式。他认为，发明大体上是一种理性的活动，由个人进行，这些人在决定从事发明工作之前，至少会粗略地计算自己的成本和收益。他清晰地认识到，这项活动在开展时对组织了市场并为潜在创新者设

---

① 英国著名小说家和文学评论家，《换位》、《小世界》和《美好的工作》的作者。——译者注

定了薪酬结构的制度高度敏感，但他坚信，总的来说，发明的供给是相当有弹性的。索科洛夫认为，只要为这些潜在的发明家提供合适的机会，发明的闸门就会打开。

他认为，在 19 世纪的美国，这些机会主要由两个因素提供：专利和市场。90 年代初，索科洛夫和卡恩合作，在《经济史杂志》上发表了两篇开创性论文（1990，1993），他们表明，当时的发明在易获性和民主性方面是独一无二的，不局限于狭隘的精英阶层。大多数美国发明家都不是古怪的人，他们基本上都是理性的企业家，会对市场机会做出反应并寻求利润。他们会投资发明所需的人力资本，主要涉及手工和机械技能，这些技能是产生增量式机械设备所必需的，而这些设备是这个时代美国发明活动的核心。索科洛夫和卡恩证明，19 世纪上半叶，工匠和机械师的发明占了近一半，因此，对于相当多的美国人来说，通过专利和发明获益的道路是可行的。他们的观点是，美国的发明首先是开放的、竞争性的，是由市场和激励机制驱动的。简而言之，从大多数方面来看，发明都是一种"经济"活动。

可以公平地说，在有关技术进步的经济史文献中，索科洛夫发现自己始终是一个需求的支持者。在他看来，专利似乎反映了商业周期，并且集中在市场准入条件较好的地区，这一事实有力地证明了需求占主导地位。对他来说，这种对需求条件的敏感性，毋庸置疑地证明了发明不是外生的这一事实（Sokoloff，1992：354）。在他看来，那些专注于重大技术突破的人，过分地将"注意力集中在所有单一事件的特殊方面"，"降低了整体机制在工作中的重要性"。这并不是一个完全没有争议的立场，因为它是从技术变革的科学起源中抽象出来的，诚然，这是一个困难且复杂的问题，但索科洛夫对此并不感兴趣。在他职业生涯的这一阶段，他的重点是 19 世纪美国的技术发展，当时大部分发明是机械装置和增量微发明，几乎不需要直接的科学投入。除了个别的，那些科学巨人们（其研究成果是后来发明的基础），如奥斯特（Oersted）、盖-吕萨克（Gay-Lussac）、谢弗勒尔（Chevreul）、法拉第（Faraday）、安培（Ampère）和李比希（Liebig）等，都在欧洲工作，他们对知识的补充显然是美国创造力的外源（Sokoloff，1992：368）。从这个意义上来说，索科洛夫在那个时期就已经相当全面地观察到了大西洋彼岸的进程。

然而，他小心翼翼地将美国的经验与其他国家的经验区分开来，在其他国家，由于这样或那样的原因，发明者更多地局限于特权精英阶层，他们也许对市场激励不那么敏感，更多地受到内部动机和同行压力的驱使。在那篇发表于 Berg 和 Bruland 卷（1998）的、最好且最有说服力的论文中，卡恩和索科洛夫仔细比较了美国和英国的不同专利环境对发明特征的影响。正如他们充分意识到的那样，由于种种原因，这种比较是一种冒险，但必须进行。在后来的一篇论文（Khan and Sokoloff，2004）中，他们非常恰当地补充说，美国的制度非常出色，因为它具有开放性，并认识到"专利权与其他财产权一样，定义明确、执行良好且易于交易，符合广泛的公共利益"。人们得到的印象是，索科洛夫自己清楚地感觉到，这样一个开放的、易于接受的专利制度是可取的、公正的，是美国发明不断涌现的关键。

对于这些观点，过去和现在都存有争议。最近，在 Boldrin 和 Levine（2008）一本具有挑衅意味的著作中，专利被谴责为寻租垄断，关于其对发明倾向（相对于专利倾向）是否具有确切的激励作用，仍然存在很多争议（Mokyr，2009）。然而，正如大家普遍认为的，这些都是艰难而复杂的问题，理性的学者可以在这些问题上提出异议，而不会产生不愉快。肯对此并没有任何偏见。

对索科洛夫来说，计量和定量分析是无可争议的。但对于研究技术进步的经济史学家来说，这是一个困境。因为从根本上说，每项发明都是独一无二的，只能发明一次。两项独立的发明本质上是不同的，"计算"它们遭到了强烈的反对。他对这个问题进行了长时间的艰难思考，正如一个哈佛毕业生会受晚年的兹维·格里利切斯的影响一样，最后他仍然发现使用专利数据是有吸引力的，确切地说是不可抗拒的。他比大多数人更清晰地认识到在技术经济史上使用专利数据的局限性（Sokoloff，1992：350）。但是，他付出了巨大的努力来纠正和调整这些难以计量的创新活动的数据的所有偏差。关于现代专利制度的经济学是复杂的，在18世纪的英国和19世纪的美国也没有什么不同。然而，它一直吸引着有能力的经济史学家（例如，Rick Sullivan、Harry Dutton、Christine Macleod 和 Petra Moser），因为它为我们提供了一个衡量发明如何在整体和区域层面真正发挥作用的标准。我们知道，就像用望远镜看夜空时我们只能看到我们想看到的部分，在许多方面，我们使用的钝器正在扭曲现实。但索科洛夫凭借其聪明才智、好奇心和精力，尽可能地克服了这些问题。

他所描绘的19世纪创新活动的图景令经济学家感到欣慰。创新与市场密切相关——实际上，创新本身就是一种市场活动，在这种活动中，技术创意被买卖。正如他在这一领域的第一篇论文（Sokoloff，1988）中所指出的，创新活动往往集中在市场容易进入和市场发达的地区。同样重要的是，创新活动紧随发明市场而来。正如他和拉摩洛克斯在那篇饶有趣味的关于玻璃工业的论文中所指出的，不是所有的生产者都是大发明家，也不是所有的发明家都是大生产者（Lamoreaux and Sokoloff，2000）。

集群效应和集聚效应都对经济有益，但在索科洛夫看来，在技术进步的历史现象中，最重要的市场是知识市场，他认为知识市场是经济成功的关键。他和拉摩洛克斯描述了专利转让市场的重要性，以及专利转让市场的发展如何促进新技术开发者与最适合使用新技术的人之间日益增长的、不可避免的专业化（Lamoreaux and Sokoloff，1996，1999c，2001）。某些核心地区存在支持专利转让和销售的制度，如有专利代理和律师、有可用的资金支持等，这是上述阐释的关键，也是创新活动核心地域能够持续的重点所在（Lamoreaux and Sokoloff, 1999b, 2009）。这些地区形成了创新活动的"集群"，因为集聚经济由制度化的基础设施提供而不是由某种知识溢出提供。更多的专利意味着更多的转让，而更多的转让反过来又有助于建立技术"市场"。这反过来又吸引了越来越多的发明家迁移到这些地区，创造了经济地理学上的正反馈模型。

按照这种解释，到 19 世纪末期，涌现出了一批具有独创精神的、多产的、全职的专业发明家，他们是"新技术知识的重要来源"（Lamoreaux and Sokoloff, 2009：53）。这些人以专利制度为生，越是优秀的发明人，越是愿意去发明、为发明申请专利，并将发明转让给能够充分利用它的生产者。除了所售产品的某些品质不同于一般商品外，索科洛夫的研究在很大程度上符合 William Parker 对美国经济史的著名描述："说到底，市场又做到了。"这一观点与诺斯的观点相一致，即增长是通过更好地支持市场的制度实现的，技术进步只是产权清晰、人才流动和信息传播顺畅的有益影响的一个特例。这是关于技术活动的出现及其随时间推移而扩散的独特见解，但是有充分的数据支持。

总的说来，索科洛夫是一位经验主义者，他在专业上致力于让数据说话，即使并不总是会产生他所预期的结果。他对美国在国家和地区层面的创新发展有着深刻的了解，这让他改变了对美国技术如何演变的思考：他看到，从在地下室（或车间）工作的单个发明家到熊彼特所指的大型企业发明家，两者之间没有直接的过渡。中间是一个复杂的、竞争激烈的、分散的市场，在这个市场里，具有天赋的、越来越专业的发明家们想出了一连串的创意，他们通过专利获得产权后，就将这些创意在市场上出售（或转让）。

然而，最终，他所崇拜的美国制度终结了。随着制造业活动的转移和发明性质的改变，新英格兰在整个 19 世纪持续存在的发明活动集群在 20 世纪开始衰落。技术越来越复杂，需要的固定资本越来越多，而过去为初露头角的发明家提供信贷的机构所提供的资金却不再充足。此外，发明家越来越需要正规的科学教育，而不像过去，非正式培训甚至自学就已经足够，成功的发明家所需要的"知识负担"［使用 Jones（2009）所使用的术语］也日益成为曾经开放的市场的障碍。典型的发明家不再是个体经营的企业家，而是越来越多地成为一家公司的员工，而该公司在更早的时候已经获准拥有或购买他的发明。在历史的这个阶段，尽管索科洛夫的视野也是微妙而复杂的，但在他的诠释中，熊彼特取代了诺斯（Lamoreaux and Sokoloff, 2009）。20 世纪的发明家，就像他们的前辈一样，通常会以经济学家所期望的理性方式选择和行使期权。

索科洛夫从不回避某些学术冒险，他会做出一些必要的假设来验证他的结论，只要这些假设能够用历史计量学的最佳传统进行充分和明确的阐述。那些心存疑虑的人，包括我自己，总是热衷于与他辩论，而他总是和蔼可亲、见多识广、思维缜密。与其他普通学者和绅士观点一致是愉快的，但与肯·索科洛夫意见相左往往更令人愉快。此外，他总是大方地称赞其他学者的见解（即使那些见解与他的不同），他对待对手也是彬彬有礼，给予对方充分的尊重。作为学者、老师和同事，他是我们的榜样。他的英年早逝是经济史领域的一大损失，但他出版的作品将继续被传阅和研究，由于他的领导，技术经济史这一小而活跃的领域将继续蓬勃发展。

参考文献

Sokoloff, Kenneth L. 1988. "Inventive Activity in Early Industrial America: Evidence from Patent Records, 1790-1846. " *Journal of Economic History* 48: 813-850.

Sokoloff, Kenneth L. , and B. Zorina Khan. 1990. "The Democratization of Invention During Early Industrialization: Evidence from the United States, 1790 - 1846. " *Journal of Economic History* 50: 363-378.

Sokoloff, Kenneth L. 1992. "Invention, Innovation, and Manufacturing Productivity Growth During the Antebellum Period. " In *The Standard of Living in Early 19th Century America*, edited by R. Gallman and J. Wallis, 345 - 378. Chicago: University of Chicago Press.

Khan, B. Zorina, and Kenneth L. Sokoloff. 1993a. "Entrepreneurship and Technological Change in Historical Perspective: A Study of Great Inventors During Early American Industrialization. " *Advances in the Study of Entrepreneurship, Innovation, and Economic Growth* 6: 37-66.

——. 1993b. "Schemes of Practical Utility': Entrepreneurship and Innovation Among ' Great Inventors ' During Early American Industrialization, 1790 - 1865. " *Journal of Economic History* 53: 289-307.

Pakes, Ariel, and Kenneth L. Sokoloff. 1996. "Science, Technology, and Economic Growth. " *Proceedings of the National Academy of Sciences* 93: 12655-12657.

Lamoreaux, Naomi R. , and Kenneth L. Sokoloff. 1996. " Long-Term Change in the Organization of Inventive Activity. " *Proceedings of the National Academy of Sciences* 93: 12686-12692.

Khan, B. Zorina, and Kenneth L. Sokoloff. 1998. " Patent Institutions, Industrial Organization, and Early Technological Change: Britain and the United States, 1790 - 1852. " In *Technological Revolution in Europe*, edited by M. Berg and K. Bruland, 292 - 313. Cheltenham, UK: Edward Elgar.

Lamoreaux, Naomi R. , and Kenneth L. Sokoloff. 1999a. " The Geography of the Market for Technology in the Late-Nineteenth and Early Twentieth Century United States. " *Advances in the Study of Entrepreneurship, Innovation, and Growth* 11: 67-121.

——. 1999b. "Inventive Activity and the Market for Technology in the United States, 1840 - 1920. " NBER Working Paper no. 7107. Cambridge, M. A. : National Bureau of Economic Research, May.

——. 1999c. "Inventors, Firms, and the Market for Technology in the Late Nineteenth and Early Twentieth Centuries. " In *Learning By Doing in Markets, Firms, and Countries*, edited by Naomi R. Lamoreaux, Daniel M. G. Raff, and Peter Temin, 19 - 60. Chicago: University of Chicago Press.

——. 2000. "Location and Technological Change in the American Glass Industry During the Late Nineteenth and Early Twentieth Centuries. " *Journal of Economic History* 60: 700-729.

Khan, B. Zorina, and Kenneth L. Sokoloff. 2001. "Intellectual Property Institutions in the United States: Early Development. " *Journal of Economic Perspectives* 15: 233-246.

Lamoreaux, Naomi R. , and Kenneth L. Sokoloff. 2001. "Market Trade in Patents and the Rise of a Class of Specialized Inventors in the Nineteenth Century United States. " *American Economic Review* 91: 39-44.

Khan, B. Zorina, and Kenneth L. Sokoloff. 2004. "Institutions and Democratic Invention in 19th Century America. " *American Economic Review* 94: 395-401.

——. 2006a. "Institutions and Technological Innovation during Early Economic Growth: Evidence from the Great Inventors of the United States, 1790-1930. " In *Institutions and Growth*, edited by Theo Eicher and Cecilia Penalosa Garcia, 123-158. Cambridge, M. A. : MIT Press.

——. 2006b. "Lives of Invention: Patenting and Productivity among Great Inventors in the United States, 1790-1930. " In *Les Archives de l'Invention*, edited by Liliane Perez, et al. , 181-199. Paris: CNRS/Université de Toulouse-Le Mirail.

Lamoreaux, Naomi R. , and Kenneth L. Sokoloff. 2009. "The Rise and Decline of the Independent Inventor: A Schumpeterian Story?" In *The Challenge of Remaining Innovative: Lessons from Twentieth Century American Business*, edited by Sally H. Clarke, Naomi R. Lamoreaux, and Steven Usselman, 43-78. Stanford: Stanford University Press.

Boldrin, Michele, and David K. Levine. 2008. *Against Intellectual Monopoly*. Cambridge: Cambridge University Press.

Jones, Benjamin. 2009. "The Burden of Knowledge and the 'Death of the Renaissance Man': Is Innovation Getting Harder?" *Review of Economic Studies* 76: 283-317.

Mokyr, Joel. 2009. "Intellectual Property Rights, the Industrial Revolution, and the Beginnings of Modern Economic Growth. " *American Economic Review Papers and Proceedings* 99: 349-355.

12 肯尼思·索科洛夫谈美洲不平等

彼得·H.林德特（Peter H.Lindert）

肯·索科洛夫对不平等比较史的探索充分展示了他研究领域的多变。肯和他的合作者们积累了新比较史学的清晰模式：20世纪中叶之前拉丁美洲和美国南部地区不平等和增长缓慢的根源在于制度差异，这些差异本身在设计上就是不平等的。罪魁祸首是历史偶然事件导致的政治发言权的集中。其手段主要有土地分配政策、大众教育政策、移民政策和税收结构政策。

肯这次的转变是令人惊讶的，因为他之前的研究都没有朝这个方向努力过。在过去十几年的研究中，他只在一个项目中与斯坦利·恩格曼等人一起对美洲的不平等现象进行了探索。那次对不平等的强烈兴趣，并没有发展为一个理论或个人偏好的表达，而是表现为一个明确的结论。他在专利史方面的研究，无论是独立完成的还是与佐里娜·卡恩合作完成的，都支持一个明显的平等主义的结论——在19世纪末之前，与其他国家的专利制度相比，美国早期的专利制度更多地鼓励普通人的技术进步，促进美国经济朝更加民主的方向发展。

肯揭示了隐藏在美国专利制度中的民主，这鼓励他进一步思考美国各地区之间以及美国与其他国家之间的不平等。这些主题之间的关系可能早在他的博士论文中就已经体现出来了。至少在20世纪80年代末，他已经做好了深入研究不平等比较史学的准备，并与斯坦利·恩格曼讨论了这些问题。1992年，当史蒂夫·哈伯（Steve Haber）找到肯，请他为一个关于拉丁美洲如何落后的会议撰写论文时，肯和斯坦利根本不需要从头开始，很快地，第一篇后来被广泛引用的论文得到校订和编辑，后续又发表了一系列相关论文①。

该篇文章描述了一个不断发展的计划，它将不平等与美洲经济史和政治史中几乎所有其他主要力量都联系在一起。由于对历史的丰富解读，恩

---

① Engerman 和 Sokoloff（1997）。感谢斯坦利·恩格曼和史蒂夫·哈伯的回忆。

格曼、索科洛夫及其合著者们率先认识到为解释增长和不平等的差异而对整个美洲进行截面分析的价值。与达伦·阿塞莫格鲁、西蒙·约翰逊和詹姆斯·鲁滨逊的团队①一样，他们利用了几个世纪前就存在的外在的国际差异。他们还在没有运用计量经济学的情况下，提出了有力的初步证据（大多数是）。他们挖掘了西半球丰富的比较史学，获得与自然实验接近的有效数据。相对于今天最先进的随机实验的计量经济学研究成果，他们的研究已经从检测的统计可靠性，转向更广泛的历史数据库的更强的启示作用②。虽然这一原则可能使撰写短篇文章更加难以满足期刊编辑和评审人员的要求，但它可以引发进一步的研究浪潮。

12.1 一张大网：敢于把不平等和增长与几乎所有事情联系起来

深切关注经济发展源泉的学者们直接面临着一个令人生畏的事实，即有太多可能的因果关系需要检验。作为一个团体，学者们必须至少检验图12.1中所有从相对外生变量指向内生变量的表示因果关系的箭头，具体如下。

箭头 A：政治史的偶然事件影响制度的形成③。

箭头 B：要素禀赋影响制度的形成（例如，土地、矿产、森林、农作物地理条件、熟练劳动力和非熟练劳动力等禀赋共同影响了土地政策、移民政策、劳动力所有权和税法的形成）④。

---

① Acemoglu、Johnson 和 Robinson（2001，2002）。
② 学生们报告说，肯经常在论文形成之初就建议他们："只需绘制数据图，看看它们似乎显示了什么。"
③ Engerman 和 Sokoloff（2005，2008，第 1 章，本卷）。
④ Engerman 和 Sokoloff（2008，第 1 章，本卷）。

箭头 C：制度影响要素禀赋的形成①。

箭头 D：要素禀赋直接影响不平等-增长组合②。

箭头 E：制度直接影响不平等-增长组合③。

箭头 F：制度影响大众教育的供给④。

箭头 G：大众教育的供给影响经济不平等和经济增长⑤。

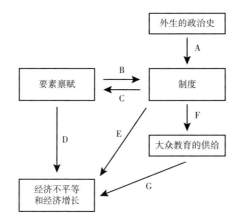

图 12.1　不平等和增长的因果关系

---

① Engerman 和 Sokoloff（本书第 1 章）。

② Engerman 和 Sokoloff（1997，2002）。

③ 参见 Engerman 和 Sokoloff（1997，2002，2008）以及 Sokoloff 和 Zolt（2006）。De Ferranti 等（2004）、Frankema（2009）、Nugent 和 Robinson（2010）以及特刊《经济历史回顾》（*Revista de Historia Económica*）（2010）也引用了他们的研究成果。这里省略了经济不平等和经济增长之间的全部因果箭头。我们应该避免在两个由叠加的外力驱动的内生变量之间画出因果箭头。就像是当价格和数量都是对供给和需求的外部影响共同决定时，人们不必费劲地去决定是价格驱动数量还是数量确定价格。恩格曼和索科洛夫及其合著者也避免了这个陷阱。虽然他们的某些章节似乎暗示不平等阻碍了拉丁美洲的经济增长，但他们谨慎地将这种不平等与导致不平等的外部根源联系了起来。

④ 参见 Engerman、Mariscal 和 Sokoloff（2002，2009）以及 Mariscal 和 Sokoloff（2000）。Latika Chaudhury（2009）（他对印度各地区教育融资的制度因素进行了比较分析）、Go 和 Lindert（2010）以及 Lindert（2010）紧随其后。

⑤ Engerman、Mariscal 和 Sokoloff（2002，2009）；Mariscal 和 Sokoloff（2000）；Frankema（2009）。

只有最有能力的人才能成功地推动我们对所有这些问题产生共同的认知。恩格曼和索科洛夫在他们的美洲比较史中已经这样做了，他们探索了图12.1中所有的因果箭头。他们的合著被广泛引用，其他作者也纷纷效仿。

12.2 哪些资源是最好的外源工具？

"制度是外生的还是内生的？它们怎样灵活地适应条件的变化？这些问题对于更好地理解制度在经济发展中的作用至关重要。"

——恩格曼和索科洛夫，本卷

要厘清这些纠缠不清的关系绝非易事，就像著名的拉奥孔与儿子们雕塑中的人物形象一样①，为此，恩格曼和索科洛夫忙得不可开交。不过，可以公平地说，对于那些有关拉丁美洲不平等根源的专业判断，他们的研究是最好的总结。在这里，我仅对他们所研究的那些联系中，哪些联系最强、未来的研究最可能集中在哪些联系上，提供一些设想。

在图12.1中，右侧的箭头可能会得到更多的重申和强调。他们关于政治发言权作用的论证在进一步研究中仍然禁得起检验，特别是在拒绝大众教育补贴所产生的影响方面（箭头A、E、F及争议不大的G）。在接下来的十年里，我希望其他学者通过时间序列的自然实验来强化这些联系，以补充他们收集到的大量截面数据。随着时间的推移，我们对拉丁美洲不平等现象变化的认识已经开始丰富，这主要是受到了恩格曼和索科洛夫观

---

① 拉奥孔与儿子们，亦称为拉奥孔群雕，是一座著名的大理石雕像，现藏于梵蒂冈博物馆。该雕像表现了特洛伊祭司拉奥孔与他的儿子们被海蛇缠绕而死的情景。——译者注

点的启发①。随后可能会加强对结构变化的分析，将教育政策和税收结构的变化与体制变化联系起来。

这种对不平等政策外源性的强调可能会弱化对要素禀赋作用的强调。当然，恩格曼、索科洛夫在第 1 章似乎认为要素禀赋有助于解释美洲国家在移民制度方面的差异。

然而，有三组比较研究倾向于强调外生的制度在形成不平等中的作用。第一组将俄罗斯与西欧进行比较，表明在造成不平等和增长缓慢的制度方面，政治力量比要素禀赋重要得多。如果说土地丰富、劳动力匮乏对移民有吸引力，因为这可以为普通民众提供更好的待遇，那么我们该如何解释，俄罗斯在 1861 年之前几个世纪的扩张却带来更大的压迫和经济相对停滞的事实呢？正如 Niebohr、Blum 和 Domar 等人所强调的那样，俄罗斯帝国发展了政治力量，在新的土地上把农奴与其领主更加紧密地联系在一起。要将俄罗斯的经验与恩格曼、索科洛夫进行的美洲各国之间的对比放在一起分析，就需要强调其研究的外部制度方面，而不是要素禀赋方面。

第二组这样的比较研究是纽金特（Nugent）和鲁滨逊提出的中美洲自然实验。哥伦比亚、哥斯达黎加、萨尔瓦多和危地马拉这 4 个国家独立时的要素禀赋非常相似。它们的土地都适合种植咖啡，人均土地面积大致相同。但相比萨尔瓦多和危地马拉，哥斯达黎加和哥伦比亚的教育覆盖面更广泛、城市更发达、不动产所有者更独立、收入更平等和人均国内生产总值更高。纽金特和鲁滨逊令人信服地指出，正是政治历史的

---

① 例如，Leticia Arroyo Abad（2008）正在搜寻证据，证明在整个 19 世纪，5 个拉丁美洲国家的工资与地租之间的关系存在波动。Jeffrey Williamson（2010）利用国际回归结论和一些关于收入决定因素的数据来证明，独立以来，拉丁美洲的不平等现象有明显下降和上升。另参见 Baten 等（即将出版，图 3）绘制的基尼系数的变动趋势。

外部事件使这两组国家走上了截然不同的道路，尽管它们的初始要素禀赋相似①。

为了检验恩格曼和索科洛夫关于美洲的假说，我扩展了实验基础，这时出现了第三组比较。为了测试图 12.1 中右侧箭头 F 和 G 的强度，我探讨了拉丁美洲和其他地区有关大众初等教育的公共政策的差异②。恩格曼和索科洛夫关于这一制度的研究得到了普遍的支持，尽管地理重点有所修订。在整个 20 世纪，拉丁美洲各国政府对初等教育提供的财政支持比其他大陆要少。在许多情况下，拉丁美洲国家的人均国内生产总值比其他大陆的一些国家更高，但大众教育支出较少。图 12.2 从小学教育支出比较数据出发，强调了该地区在教育支持方面的不平等倾向，从而说明了这一点。很明显，在 1900 年前后，虽然每个学生获得的开支是相同的，但其背后是拉丁美洲学龄人口比例低于其他地区。例如，在阿根廷，正如人们对美好时代的繁荣期望那样，每个学生的小学教育开支相对较多，但是，比起许多更穷的国家，如古巴、牙买加、日本、特立尼达，以及欧洲大部分国家，阿根廷的入学率较低。并不是阿根廷父母对孩子入学率的要求特别低，最有可能的解释是那些控制地方政府的人把支出集中在布宜诺斯艾利斯和较富裕的社区，因此很少有孩子能在当地进入好的学校。在整个 20 世纪，阿根廷在初等教育方面的支出仍然低于其平均收入应有的水平。委内瑞拉的情况更严重，尤其是从 20 世纪 30 年代开始，尽管该国石油资源丰富，但考迪罗主义（Caudillismo）还是造成了其较低的入学率。这种低效率的根源似乎正是恩格曼和索科洛夫所强调的：缺乏将税收用于大众教育的政治意愿。

目前正在进行一项自然实验，以进一步检测不平等政治对大众教育的

---

① Nugent 和 Robinson（2010）。
② 本段基于 Lindert（2010）的总结。

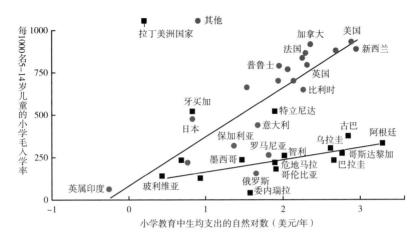

图 12.2　1900 年前后小学入学率与生均教育支出

影响。从 1980 年到 2000 年，有几个拉美国家转向民主，行政权力受到更
多限制，选举的竞争性也更大。其他国家，如哥斯达黎加，则没有经历这
样的变化，因为它们的民主已经相对充分，但委内瑞拉则从民主退回到
"玻利瓦尔民主"[①]。与此同时，拉丁美洲已开始对初中和高中学生进行国
际可比的测试。该测试分数与国家平均收入相关，最明显的异常值是得分
高的哥斯达黎加和得分低的委内瑞拉[②]。在那些转向民主及保持民主的国
家，转向民主是否会提高教育质量？

12.3　财政结构

　　另一个前途光明的研究前沿是肯与埃里克·佐尔特（Eric Zolt）未
完成的研究，即权力不平等如何影响税收制度。这里的证据同样来自

---

① 　Lindert（2010，图 8，使用政体四数据）。
② 　Hanushek 和 Woessmann（2009）。

美洲。索科洛夫和佐尔特把制度和不平等问题放在了中心位置，从而改变了长期以来人们对税收结构如何形成的一般观点。这些观点认为，税收结构的演变与更加累进的和分权的政府税收制度的发展有关[①]。索科洛夫和佐尔特认为，政治权力的集中具有更强的解释力。从一开始，拉丁美洲国家的税收制度是比较累退的，因为它们的政治发言权更加集中。鉴于确定不同收入阶层的税收（和支出）净额困难重重，索科洛夫和佐尔特只能表明，与拉丁美洲相比，美国和加拿大倾向于更多地依赖直接税，而直接税（如财产税）至少在传统上被认为更具有累进性[②]。

索科洛夫和佐尔特还介绍了中央政府向地方政府下放财政权力的一些明显历史差异。在 19 世纪和 20 世纪早期，这种分权在加拿大和美国北部比美国南部更多，而后者又比拉丁美洲任何一个国家都要多[③]。类似的财政结构演变问题现在正在欧洲经济史的广度上被探讨，部分是为了回应肯的工作。加州大学洛杉矶分校经济史大家庭的另一位成员 Mark Dincecco 是探索这一主题的先驱[④]。

[①] 关于税收能力的作用，参见 Harley Hinrichs（1966）和 Richard Bird 关于税收结构和经济发展的许多著作，包括专门分析拉丁美洲的著作。

[②] 索科洛夫、佐尔特的论文包含了一个尚未解决的关于消费税的矛盾。发达国家的税收结构"更累进"和发展中国家的税收制度更累退被看作显著特征（如第 3 页）。未来的研究人员应该能够通过关注消费税的两个基本点来缓解这一矛盾。首先，只要储蓄回报率与未来消费的贴现率相匹配，就其对所得税份额的影响而言，固定和永久的消费税不是真正的累退。其次，累进和累退的定义既要考虑税收的影响，也要考虑其支出的影响。这个简单但常常被忽视的一点让我们认识到，现代福利国家的消费税是累进的，因为它们为非常累进的支出（例如，全民公共卫生）提供资金，而拉丁美洲的消费税的支出并不利于穷人。

[③] Go 和 Lindert（2010）指出，政府预算权力变动模式非常符合索科洛夫和佐尔特的假设。他们指出，在北部各州，权力更多地下放给镇政府和市政府，而在南部各州，州立法机构牢牢掌握着预算和立法控制权。

[④] 参见 Dincecco（2009a，2009b，2010）和他的新书。

12.4 结论：政治不平等及缺乏增长与平等的权衡

恩格曼和索科洛夫的开创性工作最终将我们的注意力转移到了政治不平等及其制度表现上。确实，他们的著作引发了一种解释，即经济不平等，尤其是土地所有权不平等，导致了拉丁美洲经济增长表现不佳。但他们强调选举权制度的作用，这隐含着政治发言权是一个强有力的外生因素。根据图12.1，他们在美洲内部的对比有效地突出了从箭头A向下延伸的因果箭头，尽管他们也试图论证要素禀赋的作用。美国北部各州和上加拿大各省扮演着平等主义的角色，与美国南部和拉丁美洲相比，这些地区的政治发言权更具地方性、更为平等。他们关于美洲的故事可能会被解读为一个不平等的政治权力如何导致经济不平等和经济增长放缓的故事[①]。

如果将政治不平等作为影响经济不平等和经济增长的首要因素，按常理应该抛弃在增长与平等两者之间必然存在权衡这一信念。因为只有在政治进程中，促进这两个目标的政策已经尽可能制定的情况下，这两个目标之间才可能存在不可避免的权衡。然而，人类历史似乎缺乏这种政治上的完美。在历史上，平等主义的一端，如北欧的福利国家，取消了绝对有利于土地所有者的农业政策，从而放弃了同时促进公平和效率的机会。而在不平等的一端，那些优先考虑增长目标的国家，却放弃了在公共卫生和大众教育方面进行平等且利于增长的投资的机会。恩格曼和索科洛夫关于拉丁美洲和美国南部历史上政治失败的故事充分说明了这一点。

---

① Lindert（2003，尤其是第323~325页）已经强调了政治不平等的因果作用而不是经济不平等的因果作用，Acemoglu等（2007）关于哥伦比亚的历史数据在计量经济学上支持了这种强调。

参考文献

Acemoglu, Daron, María Angélica Bautista, Pablo Querubín, and James A. Robinson. 2007. "Economic and Political Inequality in Development: The Case of Cundinamarca, Colombia." NBER Working Paper no. 13208. Cambridge, M. A. : National Bureau of Economic Research, June.

Acemoglu, Daron, Simon Johnson, and James A. Robinson. 2001. "The Colonial Origins of Comparative Development." *American Economic Review* 91: 1369–1401.

——. 2002. "Reversal of Fortune: Geography and Institutions in the Making of the Modern World Income Distribution." *Quarterly Journal of Economics* 117: 231–294.

Arroyo Abad, A. Leticia. 2008. "Inequality in Republican Latin America: Assessing the Effects of Factor Endowments and Trade." Global Prices and Income History Group Working Papers, no. 12.

Baten, Jorg, Peter Foldvari, Bas van Leeuwen, and Jan Luiten van Zanden. Forthcoming. "World Income Inequality 1820–2000." *Revista de Historia Económica*.

Chaudhary, Latika. 2009. "Determinants of Primary Schooling in British India." *Journal of Economic History* 69: 269–302.

De Ferranti, David, Guillermo E. Perry, Francisco H. G. Ferreira, and Michael Walton. 2004. *Inequality in Latin America: Breaking with History?* Washington, D. C. : The World Bank.

Dincecco, Mark. 2009a. "Fiscal Centralization, Limited Government, and Public Revenues in Europe, 1650–1913." *Journal of Economic History* 69: 48–103.

——. 2009b. "Political Transformations and Public Finances: Europe, 1650–1913." Paper presented at the International Economic History Congress. Utrecht, The Netherlands, August 3–7.

——. 2010. "The Political Economy of Fiscal Prudence in Historical Perspective." *Economics and Politics* 22: 1–36.

Engerman, Stanley L. , Elisa Mariscal, and Kenneth L. Sokoloff. 2002. "Schooling, Suffrage, and the Persistence of Inequality in the Americas, 1800–1945." Unpublished Manuscript.

——. 2009. "The Evolution of Schooling Institutions in the Americas, 1800–1925." In *Human Capital and Institutions: A Long Run View*, edited by David Eltis, Frank Lewis, and

Kenneth Sokoloff, 93-142. New York: Cambridge University Press.

Engerman, Stanley L., and Kenneth L. Sokoloff. 1997. "Factor Endowments, Institutions, and Differential Paths of Growth Among New World Economies: A View from Economic Historians of the United States." In *How Latin America Fell Behind*, edited by Stephen Haber, 260-304. Stanford: Stanford University Press.

——. 2002. "Factor Endowments, Inequality, and Paths of Development Among New World Economics." *Economía* 3: 41-109.

——. 2005. "The Evolution of Suffrage Institutions in the New World." *Journal of Economic History* 65: 891-921. Winning article, Arthur H. Cole Prize 2005-2006.

——. 2008. "Debating the Role of Institutions in Political and Economic Development: Theory, History, and Findings." *Annual Review of Political Science* 11: 119-135.

Frankema, Ewout H. P. 2009. *Has Latin America Always Been Unequal? A Comparative Study of Asset and Income Inequality in the Long Twentieth Century*. Global Economic History Series. Leiden and Boston: Brill.

Go, Sun, and Peter H. Lindert. 2010. "The Uneven Rise of American Public Schools to 1850." *Journal of Economic History* 70: 1-26.

Hanushek, Eric A., and Ludger Woessmann. 2009. "Schooling, Cognitive Skills, and the Latin American Growth Puzzle." NBER Working Paper no. 15066. Cambridge, M. A.: National Bureau of Economic Research, June.

Hinrichs, Harley. 1966. *A General Theory of Tax Structure Change during Economic Development*. Cambridge, M. A.: Law School of Harvard University.

Lindert, Peter H. 2003. "Voice and Growth: Was Churchill Right?" *Journal of Economic History* 63: 315-350.

——. 2010. "The Unequal Lag in Latin American Schooling since 1900: Follow the Money." *Revista de Historia Económica* 28: 375-405.

Mariscal, Elisa, and Kenneth Sokoloff. 2000. "Schooling, Suffrage, and the Persistence of Inequality in the Americas, 1800-1945." In *Political Institutions and Economic Growth in Latin America*, edited by Stephen Haber, 159-217. Stanford: Hoover Institution Press.

Nugent, Jeffrey B., and James A. Robinson. 2010. "Are Endowments Fate?" *Revista de Historia Económica*. 1. 45-82. Cambridge: Cambridge University Press.

Sokoloff, Kenneth, and Eric Zolt. 2006. "Inequality and the Evolution of Institutions of Taxation: Evidence from the Economic History of the Americas." Unpublished Manuscript.

Williamson, Jeffrey G. 2010. "Five Centuries of Latin American Inequality." In *Revista de Historia Económica*.

13 缅怀我们亲爱的
朋友肯

曼努埃尔 · 特拉伊滕贝格

（Manuel Trajtenberg）

距离肯因病去世已有三年。三年前，正当他努力使经济学成为一门更好的学科，使世界成为一个更好的旅行之地时，这位在我们的视野中闪耀着光芒的杰出人物却很快离开了我们，离开了他无数的朋友、弟子和同事，留给我们太多的空虚和对他的思念。

"美丽心灵"不仅是一个鼓舞人心的故事的成功标题，而且是一个强有力的词语组合，让人联想到一个被精神疾病困扰的伟大智者的形象。换句话说，肯有一个"美丽的灵魂"，却被困在一个不争气的身体里，从童年起，他就疾病缠身，直至去世。这颗"美丽的灵魂"释放了满满的善意、无限的同情，以及对朋友的体贴、温柔和忠诚——我们是如此幸运，以至于命运把我们带到了肯的生活中。

肯拥有一颗美丽的灵魂和美丽的心灵，他给我们的职业和日常生活带来了强大的智慧，这种智慧包含了文学、历史、政治、科学，远超出一个普通经济学家所拥有的。对他来说，没有一个学科是陌生的，人类知识或艺术的任何一个角落都逃不过他的注意和好奇。正如这本书中充分展示的那样，肯在经济史领域做出了杰出的贡献，必将对后代产生深远影响。但这只是故事的一部分：按古话说，他是一个伟大的智者，其故事远不止他发表的文章、所获的奖项或所做的演讲——通过与学生、同事和朋友的互动，他美丽的心灵发出最为耀眼的光芒，照亮了我们的阴影。

30多年前，我第一次来到哈佛大学学习，有幸认识了肯。我们在一起住了两年：他的后两年，我的前两年。虽然没有血缘关系，我们却情同手足。在我成年后的几乎所有时间里，肯都是我生活的主要支柱，在很大程度上影响了我关于世界、人性、友谊和感情的观念。

我们没完没了地讨论政治、思想，讨论为什么、什么时候、怎么做，时而强硬，时而争吵，时而温和，时而安静，但不管怎样，他总是激励着我。他坚信一些基本原则，如民主、公平、机会平等、自由、进步的能力、知识和人才的价值。即使是在美国政治最黑暗的日子里，肯始终热爱他的祖国，热爱它所代表的一切，但他也同样尖锐地批评国内外的权力过度与政府的短视、贪婪、腐败和不公平。我在一个不那么幸运的国家①长大，通常比肯更敏感多疑，但他成功地向我灌输了一套信念，这些年来，这些信念帮助我应对这个混乱而又愤世嫉俗的世界。

肯密切关注着朋友们的家人生活，成为我们幸运的孩子们传说中的好叔叔，每次从远方回来，他都会给孩子们送上精心挑选的礼物，带着温柔的微笑。我们每个人都希望肯对自己是不同的，事实上我们也都有这样的感受。这是肯最伟大的天赋之一：他为许多人做了许多事，但每个人都觉得自己是独一无二的。

即使是在他油尽灯枯、即将离世时，他担忧和思虑的仍然是我们，是那些前来向他道别的朋友们。像往常一样，肯希望尽可能公平地分配他宝贵的最后几个小时，确保我们每个人都得到足够的关注，甚至是安慰我们。很难想象他是怎么能够在与这种残酷疾病的顽强斗争中表现出如此慷慨的精神和无私的爱的。

肯不是信徒，他的头脑过于理性，无法适应宗教，但他的生活、他的人品，他触及的一切却近乎神圣。我们都知道他很特别，但只有当他不在时，我们才意识到他有多重要。"美丽的灵魂，美丽的心灵"，这就是我们在心目中应该保持他光辉记忆的方式——也许这光辉会持续很多辈子。

带着巨大的悲伤和无限的爱，缅怀我们亲爱的朋友。

曼努埃尔·特拉伊滕贝格

---

① 指以色列。——译者注

图书在版编目（CIP）数据

理解长期经济增长：地理、制度与知识经济／（美）
多拉·L.科斯塔（Dora L. Costa），（美）娜奥米·R.拉
摩洛克斯（Naomi R. Lamoreaux）著；曾咏梅，漆文萍，
孙步忠译.--北京：社会科学文献出版社，2023.7（2024.2 重印）
（量化经济史经典译丛）
书名原文：Understanding Long-Run Economic
Growth：Geography，Institutions，and the Knowledge
Economy
ISBN 978-7-5228-1868-9

Ⅰ.①理…　Ⅱ.①多…　②娜…　③曾…　④漆…　⑤孙
…　Ⅲ.①经济增长-研究　Ⅳ.①F061.2
中国国家版本馆 CIP 数据核字（2023）第 113887 号

· 量化经济史经典译丛 ·

理解长期经济增长：地理、制度与知识经济

主　　编／〔美〕多拉·L.科斯塔（Dora L. Costa）
　　　　　〔美〕娜奥米·R.拉摩洛克斯（Naomi R. Lamoreaux）
译　　者／曾咏梅　漆文萍　孙步忠

出 版 人／冀祥德
组稿编辑／高　雁
责任编辑／颜林柯
责任印制／王京美

出　　版／社会科学文献出版社·经济与管理分社（010）59367226
　　　　　地址：北京市北三环中路甲 29 号院华龙大厦　邮编：100029
　　　　　网址：www. ssap. com. cn
发　　行／社会科学文献出版社（010）59367028
印　　装／三河市尚艺印装有限公司

规　　格／开　本：787mm×1092mm　1/16
　　　　　印　张：31　字　数：397 千字
版　　次／2023 年 7 月第 1 版　2024 年 2 月第 2 次印刷
书　　号／ISBN 978-7-5228-1868-9
著作权合同
登 记 号／图字 01-2023-1647 号
定　　价／128.00 元

读者服务电话：4008918866